Frank Köstler

Kulissenriss

Innere Kulissen, äußere Kulissen und das Dahinter
Remote Viewing und das Phänomen der Wahrnehmung

Frank Köstler

Kulissenriss

Innere Kulissen, äußere Kulissen und das Dahinter

Remote Viewing und das Phänomen der Wahrnehmung

Vom selben Autor erschienen bei AAA:
Geheimnisse des Remote Viewing
Verdeckte Ziele
Der verborgene Plan
Alltägliche Wunder

Frank Köstler

Kulissenriss

Erstauflage 2020

Titelseite:
Gestaltung: Frank Köstler

Lektorat: Antonia Féret

Layout: Frank Köstler
Alle Bildrechte beim Autor, wenn nicht anders angegeben

Druck und Bindung: PRESSEL Digitaler Produktionsdruck, Remshalden

ISBN (Print): 978-3-95990-002-7
ISBN (Epub): 978-3-95990-502-2

Ahead and Amazing Verlag, Jelinski GbR,
Magnussenstr. 8, 25872 Ostenfeld
www.aheadandamazing.de
www.rv-akademie.de

Für Dich,
Held und Sammler des Ganzen.
Mach´ weiter.

Und für Jonas.

Die Menschen sitzen in engen Reihen, dicht bei dicht im schummrigen Zwielicht. Selbstvergessen und regungslos starren sie mit bleichen grauen Gesichtern gebannt auf die bunte Bilderleinwand vorne.

Ihre Köpfe werden bedacht. Lauter viele verschiedene fremde Gedanken. Sie denken an alles, sind überall, nur nicht bei sich.

Vorne, im gleißenden Licht, werden die Dramen inszeniert.
Sie erzählen von Unfällen, Finanzproblemen, Schiffsunglücken, Wahlen, Krieg und Terror.
Und die Menschen denken, sie denken und werden doch nur gedacht.
So geht das nun schon lange Zeit.

Bis mit einem lauten „*Ritschsch*" ein Teil des Bühnenbildes einreißt.
Viele zucken erschrocken zusammen.
Dahinter ist es hell.
Die Sonne scheint.
Lichtstrahlen fallen herein. Sie suchen, greifen nach den Menschen.
Außen wird innen und innen wird außen.
Es findet sich. Verschmelzung.
Der Jahrtausende alte Bann bricht.

Einige reiben sich ungläubig die Augen, so, als würden sie aus einem langen Schlaf erwachen. Aus dem Durchbruch wird der Durchblick.

„Es war alles nur ein Theaterstück", sagt einer.
„Ich hatte das völlig vergessen", antwortet der andere.
„Ich war völlig darin versunken", ein Dritter.

Die Trance ist vorüber.

Kulissenriss.

Innere Kulissen, äußere Kulissen und das Dahinter

Innere Kulissen - Im Karton

Äußere Kulissen – aus dem Karton – das Pflaster platzt

Höhlenkino

Wer im einleitenden Text zu Beginn dieses Buches eine moderne Form von Platons Höhlengleichnis entdeckt, mag zu Recht den Kern des Geschehens auf den folgenden Seiten vorausgeahnt haben.

Dieses ganze Buch dreht sich in seinen Darstellungen um jahrtausendealte Gedanken antiker Philosophen und endet mit moderner Physik. Schon Platon stellte fest, dass es uns unmöglich ist, die „wahre" Realität zu erfassen, da wir sinnenbasiert wahrnehmen. Wir sehen also nur „Schatten" wie er sich ausdrückte und niemals die Objekte selbst. Was bei ihm die Schattenwelt inmitten der Höhle war – ich spreche hierbei von unserer tagtäglichen „Realität" – ist für einen modernen Physiker des 20. Jahrhunderts (Burkhard Heim) der so genannte „Erlebnisraum". Er würde vielleicht ausdrücken, dass wir statt „Schatten" „Ableitungen" wahrnehmen. Umgangssprachlich würde man vielleicht einfach sagen, Energien und Informationen aus anderen Dimensionen finden hier ihren materiellen Ausdruck. Ein Hinduist spricht von der großen „Maya". Neuzeitliche Kinofilme nennen es „Matrix". Man nennt es auch Diesseits und Jenseits, in der Dualisierung des westlichen Weltbildes wird es leider fehlerhaft schnell zu "Realität" und "Fantasie" verzerrt – und beide müssen sich dann natürlich auch gegenseitig ausschließen. Dass unsere Dimensionen, Diesseits und Jenseits, Materieraum und Energieraum, dichtere und lichtere Welten sich gegenseitig ergänzen können, ist wohl eher ein Teil der *Lösung* (Polarität der Ebenen).

So geht es auf jeder einzelnen Seite dieses Buches immer nur um die illusionäre (oder kulissenhafte) Natur unseres Daseins im Hier – und das ganz handfest und praktisch. Im ersten Teil des Buches um die Illusion unseres Ich, das uns bedenkt. Hier betrachten wir unsere Gedanken. Das habe ich an die Erscheinungsweise der verschiedenen Gedanken in Remote Viewing Sessions angelehnt, was für den Leser den Vorteil hat, hier auch einen praktischen Zusatzeffekt für die eigenen RV Sessions herausziehen zu können. Es ist die Kulisse unseres für eigen gehaltenen Ichs, das wir nach und nach wie von extern betrachten können.

Der zweite Teil des Buches ist der Illusion des Außen gewidmet. Also der Kulissenhaftigkeit unserer scheinbar so unumstößlichen Realität da draußen. Das ist, als wollte man vom Dies- auf das Jenseits rückfolgern. Wie das gehen soll?

Genauso, wie in dem Kinofilm „Matrix" eine Störung im Programm (durch eine laufende Katze ausgedrückt), Neo auf- und bemerken lässt, in einer Art Kulisse zu sein, so betrachten wir im zweiten Teil des Buches eben genau solche Störungen – Risse in der Kulisse. Es sind die Serien – Wiederholungen im Weltgeschehen – oder auch seltsame Sinnzusammenhänge (Synchronizitäten). Wenn Sie gegen Ende des Buches ein tiefes Gefühl in sich tragen, dass hinter unserer Welt alles perfekt geordnet und verbunden ist, vieltausendfach verwoben, unendlich strukturiert und für uns Menschen in seiner spiegelhaften Vielgestalt verborgen bleibt, freue ich mich. Dann haben diese Zeilen hier ihren Zweck erreicht: Neugier wecken, staunen lassen, weiterforschen wollen, Initiative wecken, inspirieren.
Kurz gesagt also, werden die Kulissen des „Ich" und des „Es" behandelt.
Es liegt in der Natur der Sache, dass es bei diesem Thema keine Lösung im eigentlichen Sinne geben kann. Warum? Weil Facetten des Phänomens Leben behandelt werden. Wir betrachten einfach brillante Erscheinungsweisen des Seins – wie sollte es Lösungen geben, wo seit Jahrtausenden das Mysterium Leben waltet?

Es ist.
Immer weiter, immer länger – ewig.
Und spielt.
Mit den Erscheinungsweisen der Natur, durch Dimensionen hindurch, bis hierher, in die dichte Materie hinein.
Und wir, Sie, ich, mittendrin.
Und ich sage es Ihnen gleich, es ist wie in Brechts Theaterstücken:
Das Buch endet, wie es hier begann. Nach einer Expedition durch die Kulissen sitzen Sie genau wie jetzt da. Inmitten dieser Staffage aus Materie. Das Buch in der Hand. Wie jetzt.

Aber um ein paar Gedanken darüber reicher.

Im Buch wird der Begriff „Kulisse“ als Sammelbegriff für Umstände benutzt, die uns trennen. Was trennt uns? Die Illusion.
Wir verbinden eine Kulisse mit einem künstlichen Hintergrund, der uns ein Bühnenbild als die echte Welt vortäuscht. Oft ist sie z.B. in Filmen derart gut in Szene gesetzt. Dort wird sie heute durch Computertechnik ersetzt und spielt im körperlichen Sinne keine Rolle mehr. Allerdings bestehen die Filme in Gänze fast nur noch aus dieser „Computerkulisse“. Manchmal verbirgt sie auch Dinge vor den Blicken der Menschen. Die Kulisse ist also Blickgrenze. Sie täuscht vor oder verschleiert. Sie ist bewusst zu einem Zweck eingesetzt und künstlich.
Da ist zunächst die Objekt-3D-Welt aus Materie, deren Kulisse wir einreißen.
Dann haben wir unsere „Inneren Kulissen“ als die Summe der vielen Gedanken, die einer Wolke oder Nebel gleich, die Natur unseres Selbst verhüllen. Als würden wir inmitten einer Theaterkulisse leben und diese mit der Wirklichkeit verwechseln, leben wir auch inmitten unserer Gedanken. Wir identifizieren uns mit Ihnen, halten uns für diese. Über die verschiedenen Ebenen des Denkens hinweg, bleibt tief drunten unser Wesenskern hinter den brillierenden Kaskaden der Wahrnehmung verborgen. Er wird sozusagen von der Geräuschkulisse der vielen Ebenen des darüber liegenden Gedankengeplappers übertönt.

„Äußere Kulissen“ bestehen in der „Welt“ die uns als wahr verkauft wird. Die Welt besteht aus Geschichten. Alles ist Geschichte.
Die Benutzung der Massenmedien, also speziell „Mediale-Manipulation“ spielt bei der Verbreitung dieser Narrative in unsere Köpfe hinein eine mächtige Rolle wie nie zuvor. Die Massenmedien sind die unangefochtenen Verbreiter dieser Weltbilder. Nie zuvor bestimmten so wenige, welche Geschichten von so vielen als wahr angenommen werden. Dabei macht man sich sehr raffiniert alle legalen und immer öfter auch illegalen Techniken zur Manipulationen der Menschen zunutze und verfolgt eigene Ziele.
Dann gibt es noch den Sonderfall „magisch-medialer Manipulation“, die einen Hinweis auf das Wesen des Absenders dieser Beeinflussungen gibt.

Sophie klopft an

Ich lebe mein Leben in wachsenden Ringen,
die sich über die Dinge ziehn.
Ich werde den letzten vielleicht nicht vollbringen,
aber versuchen will ich ihn.

Ich kreise um Gott, um den uralten Turm,
und ich kreise jahrtausendelang;
und ich weiß noch nicht: bin ich ein Falke, ein Sturm
oder ein großer Gesang.
Rainer Maria Rilke

Ich bin noch heute – 17 Jahre nach meiner ersten Remote Viewing Session – damit beschäftigt, das Erlebte aufzuarbeiten. Ganz im positiven Sinne.
Es war der Beginn einer sehr abenteuerlichen Zeit. Denkweisen wurden aufgebrochen.
Vieles ist wert, weitergegeben und festgehalten zu werden. Ich möchte und kann auf den nachfolgenden Seiten nichts beweisen. Mein Ziel war immer, zu inspirieren und Menschen zu neuen Gedanken und Sichtweisen anzuregen.
Rückbetrachtet waren weniger die kuriosen Erlebnisse selbst in den Sitzungen so bahnbrechend, auch nicht das Zerbrechen unseres alten Weltbildes. Das alles war sehr abenteuerlich und Teil der letzten Jahre, aber hatte einfach seine Zeit.
Was mich bis heute nicht losließ, waren die Ableitungen der sich aus den Ergebnissen stellenden Fragen:

1. Was passiert in einer Remote Viewing Session?
2. Warum funktioniert Remote Viewing?
3. Wie könnte man die Effekte besser aufdecken und erklären?
4. Wo leben wir wirklich? Was ist Realität? Wer oder was fühlt? Wer sind wir? Wem sind unsere Gedanken? Und viele Fragen mehr.

Das hört sich vielleicht langweilig an, vielleicht auch überspannt, theoretisch oder kopflastig. Ist es aber nicht, wie dieses Buch beweisen wird. Und: Ich glaube, es gibt jetzt einen echten Durchbruch. Deshalb auch der Buchtitel „Kulissenriss".
Wenn ich heute eine Zukunftssession auf ein Target in 2,3 Monaten oder Jahren mache, und die Ergebnisse stimmen später überein, dann

mag das toll erscheinen, ist aber sehr problematisch, weil es nicht in unser Erleben passt. Ins Mainstream-Weltbild schon gar nicht. Und noch heute habe ich dabei das Problem ähnlich der Kreisquadratur. Ja, ich kenne die Theorien der Vielwelten, die als Erklärung für Präkognition herhalten könnten und so weiter. Aber es bleibt mir – letztlich – unfassbar. Wir können doch nicht vorher wissen, was nachher passiert. Da sträuben sich mir noch immer die Haare. Unsere Wahrnehmung von Leben funktioniert nicht mit einem „umgekehrten Zeitpfeil“. Alles, was wir zu wissen glauben, widerspricht dem.

Aber ist dieser Widerspruch ein schlagendes Argument? Ist dieses Fühlen verlässlich? Kann Realität tatsächlich in Wirklichkeit nur in eine Zeitrichtung funktionieren, nur weil wir derart wahrnehmen? Wohl kaum.

So führten diese Erfahrungen zum Beispiel zur Frage nach der Realität: In welcher Realität lebe ich, wenn ich im Geist Zeitsprünge machen kann? Hüpfe ich dann auf einem gedachten Zeitpfeil in die Zukunft und bringe die Ergebnisse "nach Hause" in die Gegenwart?

Oder aber lebe ich inmitten einer vieldimensionalen Welt und reise in eine Art "Gedanken-und-Schöpfungs-Jenseits" und hole dort die momentan möglichsten Ergebnisse eines Schöpfungsprozesses, der sich letztlich nur hier in dieser Ebene manifestieren kann und nur hier ausgelebt wird?

Oder sollten die Ergebnisse sogar aus einer von unzähligen von meinen Ichs in Vielwelten gelebten Realitäten hierher geholt werden?

Auch dieses führte in den nächsten Jahren zu einem "Schweinsgalopp" durch die Themen Zeit, Materie, Wahrnehmung, Bewusstsein und auch viele andere alternative und die Welt erklären wollende Sichtweisen. Remote Viewing spielte darinnen eine zentrale Rolle.

Was passiert in einer Session? Eine Kurzzusammenfassung für alle, die die vorigen Bücher nicht kennen.

In einer RV Session schwingen sich der/die Teilnehmer auf das Ziel (Target) ein. Je nach Schwingungsfähigkeit des Viewers, gerät er in Resonanz mit dem Zielgebiet. Je besser dieser Prozess läuft, umso besser die Ergebnisse. Ergebnisse entstehen durch den Austausch und Fluss der Informationen zwischen einem als "außen" angenommenen Informationsfeld ("außen" in Klammern, da dreidimensionale Lokalisierungen in Mehrdimensionsmodellen nur begrenzt Sinn ergeben) und dem Gehirn des Viewers "hier". Dies alles läuft zum Großteil gedanklich ab. Nach außen treten Informationen nur durch Aufschreiben des Viewers und einige Formulierungen (Wörter und Zeichnungen). Das innere Erleben ist viel facettenreicher. Vieles kann nicht ausgedrückt werden, weil es zu "groß", "vage gefühlt", flüchtig oder "unausgepackt" daher kommt. Jede Konkretisierung in Form von Wort oder Schrift o-der Einschreiten des Monitors bedeutet auch immer einen "Abrieb-prozess" und eine Unschärfe – selbst wenn man ins Detail geht. Ein Stück weit haben PSI Informationen eben die Eigenart letztlich nicht "festnagelbar" zu sein.

Hier hilft die Heisenbergsche Unschärferelation zur Erklärung ein kleines Stück weiter. Sie besagt, vereinfacht ausgedrückt, dass die Messung eines Teilchens umso genauer ist, je kürzer die Wellenlänge. Aber je genauer wir messen, umso verschwommener wird unser Wissen über seinen Impuls. Genau das erinnert mich zum Beispiel an das "Nachfassen" von Daten in RV Sessions durch den Monitor. Während der Viewer im Datenfeld schwimmt, alles an ihm vorbeifließt, ähnlich den bildlich, zwanglosen Gedanken vorm Einschlafen, hakt der Monitor an einem Detail herum (was den Viewer schon sehr oft stört). Er will ein Detail genauer wissen und "geht hier in die Tiefe", während die Qualität der Daten exponentiell abnimmt (oft bei gleichzeitiger scheinbarer "Detailfülle"). Der Fluss wird abgebrochen, dann auch der Zielkontakt geringer.
Heisenberg und RV Daten bildlich ausgedrückt, könnte man sagen:

"Entweder weiß man, wo man ist, aber nicht, wohin man geht, oder man weiß, wohin man geht, aber nicht, wo man ist."

Dies ist ein Satz, der quantenphysikalische Prozesse beschreibt. Dafür habe ich ihn bis hierhin auch benutzt. Nun versuchen Sie bitte einmal, diesen psychologisch zu fühlen, zu verstehen, zu interpretieren.
Denn er beschreibt auch sehr genau die Stimmungslage und das Empfinden eines Viewers in weiten Teilen einer Session. Jedenfalls solange, wie kein Vollkontakt zu Stande kommt. Der Viewer ist mal örtlich, mal zeitlich, mal gefühlt unterwegs. Er ist selbstvergessen, fasziniert, sieht ein Detail, weiß nicht wohin es gehört, ihm auch egal, es ist wunderbar blau, "so blau, oh was für ein blau" und schreddert, mal quer durch E-lemente des Zielgebietes. Dabei hat er manchmal auch eine Ahnung davon, wo er ist, manchmal zieht ihn was an, aber er weiß nicht wo er

ist. Das ist Unschärferelation pur! RV ist Telepathie mit Informationsfeldern.
Meiner Erfahrung nach ist hier sehr viel Einfühlungsvermögen des Monitors angebracht, wann man einen Viewer unterbrechen und leiten kann, und wann man lieber den Gedankenstrom des Viewers aufnimmt und nur darauf achtet, dass Daten auf dem Blatt landen. Denn vielen Viewern wird das lästig, es ist viel schöner im Informationsfeld zu schweben, sprich in Resonanz damit zu bleiben, und sich gehen zu lassen.
Bevor ich mich also in weiteren Detailschilderungen verliere, war das das perfekte Stichwort: Die Resonanz eben.
RV funktioniert, weil wir geistige Wesen sind und in Verbindung mit geistigen Schöpfungsebenen, die unsere Realität, also diese 3D Welt hier, formen. Materie ist gefrorenes Licht, formulierte Einstein. Die Objekte dieser Welt hier also erstarrtes Licht. Da Licht Energie ist und einen Impuls hat, könnte man vielleicht auch "in Form gebrachte Absicht oder Intention" formulieren. RV schlägt also eine Brücke zwischen Hier und Dort. Ich schreibe dies so generell, da uns hier eine Menge an unterschiedlichen Konzepten begegnet, sobald wir konkretisieren wollen. Verschiedene Interpretationen vom Jenseits oder vielen Dimensionen oder morphischen Feldern.
Religiös könnte man sagen, wir haben eine Verbindung zu den Absichten eines Schöpfers (indisch: Brahma, als Schöpfer, "träumt" unsere Welt), computertechnisch wären wir mindestens in Verbindung mit dem Programmcode dieser Welt (dieses erschien mir in den letzten Jahren als neutralste Variante, weshalb ich im "Verborgenen Plan" darauf einging. Und das Wort „mindestens“ habe ich gebraucht, weil auch der Programmcode einen Schöpfer hat).
Physiker wie Heim würden vielleicht sagen, dass wir in einer vieldimensionalen Welt die "lichteren" Bereiche bereisen, wobei auch er mehrere Konzepte zwischen denkendem Schöpfergott und den Abstufungen des freien Willens in den untergeordneten Dimensionen (also uns) offen ließ. Literarisch könnte man den Jugendroman "Sophies Welt" anführen, in dem der Autor in Kontakt mit seiner Protagonistin im Buch steht und aus Sophies Perspektive heraus schreibt. Und das Wunder geschieht: Sophie sprengt die ihr vorgegebene Rolle als Statist und kann sich in der Interaktion mit dem Autor Mitbestimmung – Willensfreiheit – erarbeiten. Sie als erdachtes Produkt mit vordefiniertem Leben wird sich eines eigenen Willens bewusst und verschafft sich Gehör bei ihrem Schöpfer, was sie letztlich „befreit“. Die Wahrheit des

Romans ist aber auch: Sophie und Schöpfer – also Autor – waren immer eins.
Zurück zum Generellen würde ich sagen, wir erhalten mit RV Informationen aus einem Bereich, der unseren hier einerseits dirigiert und andererseits verwaltet, wie wir ihn auch mit Gedanken speisen. Ich komme immer mehr zu der Einsicht, dass auch bei uns Schöpfung, Schöpfer und Geschöpfe in einem resonanten Prozess miteinander verbunden sind.

"Wir suchen, was uns sucht."

Das drückt einen fragilen Wechselprozess zwischen diesem Schöpfer und Geschöpfen aus. Wechselprozesse müssen jedoch immer auf Kommunikation beruhen. Ohne Kommunikation kann es keinen Prozess geben. Geht nicht.
Kommunikation ist der Austausch von Information. Vielleicht aber wechselt Information gar nicht den Ort, das Bewusstsein oder den Status, sondern wird einfach in neuer Spielart nur ständig neu erlebt, während sie immanent und konstant vorhanden ist. Eines der berühmtesten hinduistischen Mantren verweist auf diesen Zusammenhang. Es lautet:

„Om namo narayana."
Es besagt, dass Gott in allen Wesen und im gesamten Kosmos ist
und alles aus ihm gemacht ist.
„In dem Alles ist, aus dem Alles ist."

In diesem Fall ist die gesamte Schöpfung und der Schöpfende ständig gegenwärtig in uns vorhanden und es ist auf eine Frage des Wiedererlebens und unserer Schwingungsfähigkeit reduziert, ob wir Informationen dessen erhalten können. Oder anders gesagt – wie in einer Remote Viewing Session – fähig sind, *in Resonanz, Gleichklang, Harmonie mit dieser Energie zu kommen.*
Wenn wir in Kontakt mit dem Schöpfer, der Schöpfung oder dem Großen Ganzen stehen, wann sind diese und auf welche Art in unserem Bewusstsein fassbar oder bemerkbar?
Jetzt sind viele Begriffe neu aufgetaucht, die ich erst eingrenzen möchte:
Geschöpfe = Menschen, Tiere und andere Lebensformen
Schöpfer = Gott, allmächtige Intelligenz

Schöpfung + = die Gesamtheit der Universen und Dimensionen Großes Ganzes (physische und nichtphysische Realitäten, „was ist")

Die Schöpfung umfasst logischerweise die Geschöpfe, also Menschen und Tiere. Ich gehe in den Betrachtungen hier davon aus, dass Schöpfung auf Intention und Bewusstsein beruht, also müssen konsequenterweise auch alle ihre Produkte, die Geschöpfe, beseelt sein und Bewusstsein in sich tragen. Bei Menschen und Tieren erscheint uns dies spontan logisch. Ich meine hier aber tatsächlich alles Physische. Steine, Wasser, Pflanzen, Sonnenstrahlen, Gedanken (ja, Gedanken sind physisch).
Unsere Erde und „normale" 3D Realität ist nur ein Ausschnitt dieser Schöpfung. Sämtliche andere Dimensionen, lichtere oder düstere Welten und ganze Universen gehören ebenso hierzu. Ich schreibe hier von Dimensionen. Sie werden also diese nicht in unserem Universum finden, so unendlich dieses sein mag. Erahnen Sie, welche Fülle sich darin verbirgt?

Warum schreibe ich all dies?
Wegen eines kleinen Details dabei.
Zwischen uns, die wir seit Anbeginn etwas suchen und der allmächtigen Intelligenz des Ganzen besteht, wie geschlussfolgert, eine Informationsmöglichkeit.
Dazwischen kann es ganze Ebenen von Realitäten geben, die sich bis zu uns immer weiter in Materie verdichten. Altes Wissen gründet in der Annahme von zahllosen Welten, die sozusagen hierarchisch aufgebaut über und ineinander lagern und von oben nach unten verwaltet werden und organisiert sind. Da ist viel Platz für Wesenheiten von Gut bis Böse, lichterer oder materieller Bauart, Engel, Dämonen und viele weitere Lebensformen.
Auch viele Remote Viewing Ergebnisse legen die Gedanken von Vielwelten und unzähligen Wesenheiten, die man hier der reinen Fantasie zuordnen würde, nahe. Die Erde ist in dieser Weltenstruktur sehr weit „unten", wird also von zahllosen Kräften bestimmt, die teilweise auch gegensätzlich sind und sich folgerichtig in unserer Realität hinsichtlich ihres Wirkens abbilden. Ob diese auch tatsächlich im Widerstreit stehen wird dabei zu untersuchen sein.
Über Jahrtausende wurde es jedenfalls in Sagen, Märchen, Gleichnissen, Symbolen und Heldensagen so kolportiert und weiter gegeben.

Für die Möglichkeit einer Kommunikation gibt es damit viele Möglichkeiten:

1. Wir können in Kontakt mit diesen Dimensionen und Kräften kommen, denn sie sind wie wir ein Teil der Schöpfung und damit informatorisch anzapfbar.

2. Wir sind ein direkter Teil des Ganzen und deshalb direkt verbunden.

Es gibt hierbei keine eigentliche Trennung zwischen dort und hier, uns und ihm, innen und außen. Das All-Es ist holografisch strukturiert und ist selbst Spiegel jedes Details. Wir sind ein Teil, wie wir andererseits individuell sind. Wir als Teil des Ganzen sind Teil von Allem, was von uns als außen oder andere Wesenheit wahrgenommen wird ist eine Erfahrung unserer selbst. Wir erleben uns in Großteilen individuell, sind jedoch auf dem Grund unseres Seins eine zusammengesetzte, holografische, vielfältige, alles beherbergende Ganzheit. Sehr schwer zu verstehen und nur in Gleichnissen fassbar.

3. Es gibt eine Trennung und die durch Bewusstsein erlebten Informationen „reisen“ tatsächlich von den Wesen hin in „Felder“ hinein, wie diese auch von den Feldern in die Wesen zurückfließen können. Wir kommunizieren dann weder mit dem Gott persönlich oder einem wesenhaften Großen Ganzen oder anderen mit Kreaturen stofflicher oder feinstofflicher Welten, sondern mit den „geistigen Fußabdrücken“, den diese hinterlassen haben. Mit ihren als Information abgelegten Bewusstseinsechos. Vielleicht vorstellbar als eine riesige Blase von Bewusstsein, im Kern also Information, gebaut aus individueller Erfahrung. Ein Sammelbecken von Erlebtem. Zeitlos, raumlos, allumfassend und allgegenwärtig.

Dazu würde passen, unser Dasein in einer physischen Realität zu verorten und diese Intelligenzen hauptsächlich in feinstofflichen bis nichtphysischen. Dann muss es Transkriptionsprozesse geben. Wenn wir eine Eingebung haben, muss sie zu uns gereist und übertragen worden sein. Oder aber, wir haben diese aus unserem eigenen Urgrund geschöpft, *weil ein Teil von uns diese Eingebung ist.*
Eines ist sicher: Irgendwoher muss Information stammen. Nichts ist grundlos da. Also hat alles was da ist, eine erste Ursache oder Entstehungspunkt.

Also muss jeder Gedanke, jeder Einfall, jede Phantasie, jede Geisteskonstruktion einen Ursprung haben.
Welchen? Wo ist dieser?
Auch das wird zu untersuchen sein. Und dabei wird uns die Untersuchung von Gedanken bei Remote Viewing Sitzungen und im Alltag eine wertvolle Hilfe bieten.
Vorab: Wenn wir nach dem Ursprung von Dingen suchen, unterteilen wir nach innen und außen. Der Ursprung von jederlei Ding zum Beispiel, einem Tisch, einem Baum, der Erde, uns Menschen äußerlich oder Gedanken, Gefühlen, Einfällen innerlich. Also wird auch diese Grundunterteilung hier im Buch eingefügt. Innere und äußere „Schalen" und tiefere Schichten.
Ein Gedanke oder Impuls entsteht vielleicht tief in uns selbst, in einem kreativen Prozess von Chaos und Ordnung und einer neu gefundenen Balance auf dem Urgrund unseres individuellen Bewusstseins.
Landläufig würden wir den dann, einfach mal so rausgehauen, als Fantasie bezeichnen.
Doch selbst dann müssen wir konsequenterweise fragen: Woher kommt die Fantasie? Ist diese ein Zufallsprodukt?
Carl Gustav Jung beschrieb diese Frage einmal in folgendem Zitat:

„Ich möchte niemand anderem einen Weg vorzeichnen, denn ich weiß, dass mir der Weg von einer Hand vorgeschrieben wurde, die weit über mich hinausreicht."

Oder ist ein Gedanke das Ergebnis eines Einschwingungsprozesses ähnlich einem Radio? Wir sind nur fähig, das zu denken, im Sinne von *empfangen*, was wir in Resonanz wahrnehmen können? Wir sind nicht Erschaffer oder Eigentümer von Gedanken, sondern sind nur fähig, diese auf Basis unseres Seins aus dem Großen Ganzen auszulesen. Alles ist bereits gedacht und wir können, je nach individuellem Programm in uns selbst, je nach persönlichen Filtern, Fraktale davon empfangen? Wir sind immer verbunden und haben unsere persönliche „Standleitung", die uns „denken lässt".
Es wird also spannend.
Verfolgen wir die erste „Erschaffertheorie", dann sind wir tief in unserem Gehirn, bei sich gegenseitig befeuernden Gehirnzellen. Da diese einen „Trigger" benötigen, wäre dies das die Zellen dirigierende Bewusstsein. Bewusstsein wäre zu definieren. Ist es ein Teil eines Kollektivs oder ein individueller Aspekt – oder beides?

Würden wir uns für einen äußeren Impulsgeber mancher unserer Gedanken entscheiden und die „Empfängertheorie" verfolgen, dann sind wir bei Engeln, Gott, der Matrix, Gedächtnisfeldern und so weiter. Diese tragen Bewusstsein und wir zapfen es an. Wir sind hier quasi ferngesteuert.
Es ist, wie weiter oben bereits skizziert, die Frage danach, ob wir holografisch verbunden sind, wir also alles sind und in uns haben oder ob wir in Kontakt mit externen Ebenen stehen.
Jetzt hat man Eingebungen nicht nur bei Remote Viewing Sessions, sondern auch sehr oft im Alltag. Sensible Menschen bemerken Energien oder mit Informationen aufgeladene Objekte oder Orte öfter, als ihnen lieb ist.
Untersuchen wir also die verschiedenen Interaktionen von Geist miteinander. Zwischen Menschen und Orten oder Menschen und Menschen – immer kommuniziert Bewusstsein.
Sei es in der Interaktion der Menschen miteinander oder an verschiedenen Orten.
Davon handeln die beiden nächsten Kapitel.
Warum dieses Kapitel nun „Sophie klopft an" heißt?

1. Sie fangen an ein Buch oder eine Geschichte zu schreiben und stellen fest, dass die Personen ein Eigenleben entwickeln. In Ihnen selbst. Die wollen wissen, wie alles weitergeht mit Ihnen.
2. Sie lesen das Buch von Jostein Gaarder „Sophies Welt". Da geht es um diesen Fakt aus Sicht der Romanfigur und die Interaktion mit dem, der sie denkt. Also sozusagen dimensionsübergreifend.

Sophie sucht eben auch, was sie denkt und der Autor wird sich ihrer auch langsam bewusst.

Es ist ein gegenseitiger Wahrnehmungs- und Bewusstwerdungsprozess.

Das Buch und die Realität, in der Sie gerade dieses Buch halten.

Gesehenes Fühlen

Die ganze Sinnenwelt strebt danach zu sein wie die Ideenwelt, vermag es aber nicht, sondern bleibt dahinter zurück.
Platon

Unser Leben ging weiter und wir bemerkten, wie auch im Alltag ein neues Erleben und Wahrnehmen eintrat. Erst verlor der sonst allgegenwärtige Verstand etwas an Oberhand, dann trat ein Vertrauen in das eigene Wahrnehmen über die Diktionen der zur Ordnung rufenden Rationalität. Es gab kein „es kann nicht sein, was nicht sein darf" mehr. Vor dem Urteil wurde immer wieder versucht, zu prüfen und sich selbst zu glauben. Telepathie wurde alltäglich, blieb bis heute jedoch spontan und ließ sich nie erzwingen. Als Grundlage vermuteten wir Liebe, Gleichschwung und Offenheit. Aber das blieb nicht auf die Beziehung begrenzt.
Das Leben verlagerte sich in gedankliche, geistige Bereiche hinein. Immer öfter geschah es mir, dass ich die "Gedanken lesen" konnte, während ich mit Menschen sprach. Damit meine ich kein wortwörtliches "Lesen" sondern eine ganze Palette von Erleben. Man weiß zum Beispiel wann und sobald das Gegenüber lügt (Nur was will man sagen?) oder ich bekomme ein Bild, während jemand an mich denkt, mein Bauchgefühl ist wahnsinnig angewachsen und leitet mich. Mal kann ich zwischen den Zeilen eines Emails lesen, mal erzählt mir eine weggeworfene Plastiktüte etwas über den Besitzer, mal bekomme ich einen Gedanken oder Gefühl ab, wenn ich einen persönlichen Gegenstand sehe oder berühre. Jedes Treffen mit jedem Menschen ändert stets die Energie im Raum um den Körper, die Atmosphäre verändert sich. Und das Gute ist: diese Wahrnehmung hat immer Recht. Es ist ein Kompass, der immer Recht hat und absolut zuverlässig ist.
Überhaupt ist das ganze Erleben wahnsinnig empathisch geworden und musste erst einmal "verdaut" werden (In dem Sinne, nicht mehr wahllos "alles" einzufiltern, sondern sich auch bewusst abzugrenzen und Informationen NICHT mehr zu erhalten, sprich, die "Eigenstabilität hochfahren".). Auch könnte man nun lauter Bilder zu energetischen Prozessen formulieren. Entschuldigung: in Normaldeutsch wollte ich einfach sagen, ich habe nun ein bildhaftes spontanes Erleben zu eigenen wie fremden Gefühlen, bzw. habe mir dies bewusst gemacht. Gerade Gefühle sind sehr schön in – subjektive – Bilder zu fassen:

Wut ist wie viele kleine Energiepfeile oder Blitze, die auf einen treffen. Man explodiert. Unkontrollierte Energienverschwendung.

Liebe ist ein wärmendes, weitendes Gefühl, das ähnlich einer großen Welle auftrifft. Befreiend. Löst Begrenzungen auf.

Zweifel bohrt und löchert. Er dringt ein und kleine Kügelchen explodieren manchmal. Hartnäckig.

Unsicherheit schwankt tatsächlich. Das Energiefeld des Anderen ist durchlässig, wankt, ist wankelmütige Energie: Diverse Ladungen unterschiedlicher Qualität schwirren umher. Oft auch wie eine Implosion.

Hass: Ähnlich wie Wut, nur nicht so persönlich gefärbt (neutraler) und "en bloc". Auch subtiler. Weniger Monsterwelle als ein kleines, kaltes, ständiges Plätschern.

Enttäuschung: Beim Anderen sieht man quasi, wie ein Kartenhaus zusammenfällt oder ein Luftballon die Luft verliert, es ist ein Loslassen darin. Eine Art negative Entspannung. Ein in sich Zusammenfallen oder -fließen von Energie ins Nichts hinein. Sie verpufft.

Entspannung: Energie, die mal da war und nun fort ist. Aber kein Defizit. Niedriger Level auf ausgeglichenem Niveau. Sanft fließend.

Rationalität ist Neutralität.

Konzentration: ein Energiefeld bündelt sich. Eine Art Gedankenlaser, ein Licht geht vom Kopf aus und wird immer kleiner. Der Raum kann aufladen.

Freude und Liebe: ein heller Lichtschein erwärmt, erstrahlt den Raum. Rundum wird es tatsächlich „heller“ wie bei einer externen Lichtquelle. Wärme und Weite schwingen mit. Sanfte und starke, mächtige Vibration.

Ärger: Viele kleine schwarze Staubteilchen wie Nebel.

Alkoholsucht: Um die Person herum sowas wie schmutziger Nebel oder schlammig, etwas wie schleimig oder glibberig dabei.

Empathie: Weite und Öffnung und „Aufnehmen-Wollen“ beim Gegenüber, wie eine sich öffnende weiche Tür.

Interesse: Wie Empathie, nur gebündelter.
Gier, Begehren: Defizit. Schwarzes Loch. Versucht Energien anzuziehen.

Begeisterung: viele kleine bunte Sternchen explodieren. Bisschen wie ein Silvesterfeuerwerk, nur viel kleiner und auf einmal.

Angst: ein dunkles Loch im Bauch mit Unterdruck. Eigentlich sogar dem Hunger ähnlich. Will sich einziehen. Engt und schnürt ein. Begrenzt.

Überraschung: Die Polumkehrung ist spürbar. Die Energie dreht und wandelt sich so schnell, dass es mich selbst dann überrascht.

Fügsamkeit: Jemand scheint tatsächlich kleiner, als er ist.

Angewidertheit: Eine kleine Wand aus durchsichtigem Papier ist vor dem Gesicht.

Das mal als kleine Auflistung von bebilderten Emotionen. Es ist ein wenig, als habe sich eine lichtere Parallelwelt geöffnet, die einfach da ist. Energien werden als Bild transkribiert und wahrgenommen.
Auch dass jeder Mensch eine ganz eigene individuelle Energie ausströmt, die man aufnimmt. So etwas wie eine energetische Duftmarke. Ich habe wirklich noch keine zwei Menschen mit einer gleichen Ausstrahlung getroffen.
Ich bin davon überzeugt: Menschen haben früher grundsätzlich über Telepathie und die Übertragung ähnlicher komplexer Energien, wie hier besprochen, direkt kommuniziert. Wer die Ausführungen auf den vorangegangenen Seiten schon einmal erlebt hat, weiß, wie genau und wie viel Information hier auf einmal übertragen wird. Und der Volksmund weiß um diesen Umstand sehr wohl und sagt:
„Der ‚x‘ liegt voll auf meiner *Wellenlänge*!“ und meint damit, jemanden getroffen zu haben, mit dem der Austausch von Information stark erleichtert ist, weil beide sich „blind verstehen“, also Informationen auf gleicher Schwingungsebene austauschen können. Es passiert eben all-

täglich etwas Unsichtbares zwischen Menschen, was in seiner Komplexität weit über Sprache hinausgeht.
Schrift und Worte sind hier völlig rückständig und als kompliziert, rudimentär, fehlerbehaftet und lückenhaft zu werten. „Ein Bild sagt mehr als tausend Worte", lautet ein deutsches Sprichwort und genau das trifft auf das beschriebene Phänomen zu. Denn alle diese Bilder hier haben natürlich noch eine Reihe Facetten in den Farben oder ihrer Intensität.
Oder denken Sie nur einmal an eine Remote Viewing Session. Wieviel Sie schreiben müssen für ein kleines empfangenes Bild und wie lästig und umständlich Sie das in diesem Augenblick empfinden...
Früher waren sich Menschen der zwischen ihnen pulsenden Energien wahrscheinlich wesentlich bewusster. Einen Hinweis darauf findet man noch heute im Überleben alten „Aberglaubens" wie zum Beispiel dem „bösen Blick" oder den in der Türkei und Griechenland überall und millionenfach anzutreffenden „Augen" aus Stein, die vor diesem Blick, aber auch Neid und Missgunst Dritter schützen sollen. Schließlich bildet die Grundlage für das erwünschte Wirken dieser Gebilde ja die Einsicht, Menschen würden mit ihrem Bewusstsein wirksame Energien auf andere übertragen können.

So genannte „Augen" sollen vor Neid, Missgunst und dem bösen Blick schützen.

Da Informationen in Form von Energie nicht nur zwischen Menschen übertragen werden, sondern auch zum Beispiel zwischen Objekt und Subjekt, also Ort und Lebewesen, wird dies im nächsten Kapitel etwas näher betrachtet. Hier geht es dann um die Informationen an Orten.

Gedächtnisfelder in Orten

Hinter den Dingen die Dinge und vor den Dingen die Dinge sind in Verbindung.
Manfred Hinrich

Unsichtbare Harmonie ist stärker als sichtbare.
Heraklit

Wir fuhren vor Jahren nach Israel. Was für ein wunderschönes Land. Wüste, sanfte Hügel mit Bewuchs, Jerusalem, Bethlehem. Das Land ohne die sich dort bekriegenden Menschen würde aufatmen.
Denn im scharfen Kontrast zur Ästhetik des Landes war überall die Luft förmlich mit Energie aufgeladen und latente Gewaltbereitschaft allerorten körperlich sogar schon auf der Haut spürbar. Als Geräusch vorgestellt, wäre es ein niederfrequentes Brummen über dem ganzen Land. Verbildlicht, die Ladung einer Batterie über dem Land verteilt, überall in der Luft. Die Gereiztheit konnte man überall förmlich fassen. Der Begriff „dicke Luft" hatte hier eine ungeahnte Qualität.
Beim Übertritt nach Bethlehem verließen wir israelisch genutzte Gebiete und gelangten in palästinensisch kontrolliertes Land. Ich erschrak: Aus dem Busfenster heraus starrte ich auf eine riesige graue Fläche. Eine hellgraue Mauer mit Wachturm und Stacheldraht. Das sah aus wie die „Zonengrenze", als Deutschland noch geteilt war. Mitten in der Wand starren mich plötzlich zwei große weibliche Augen an.

Ein Graffiti. Daneben ist zu lesen: „To exist is to resist." Während ein Soldat schwerbewaffnet durch den Bus geht, gelingt mir ein Foto.
Die Schablone ist überall die gleiche: Nord- und Südvietnam, Ost- und Westdeutschland, Israel und Palästina. Überall wird entzweit.
Später erlebten wir einen Raketenangriff. Erst heulten die Sirenen auf, was wir zunächst nicht hören konnten, da der Taxifahrer die Musik extrem laut hatte. Doch direkt vor unserer Windschutzscheibe zog ein Vater seinen Sohn plötzlich unters Auto. Binnen Sekunden schlugen Flugkörper in der Stadt ein und es krachte nur so.
Na bitte, da hatte sich die Energie doch bestens verkörpert, sozusagen materialisiert und dann entladen. Aus einer Aufladung in der Luft wurden sehr schnell mehrere Raketenexplosionen. Was mir auffiel, war überall, wie wehrhaft und kampfbereit die gesamte israelische Öffentlichkeit war.
Das begann mit den überall in den „heiligen Stätten" patrouillierenden Soldaten. Als ich mich mit ihnen unterhielt, erfuhr ich, dass es klassenweise eingezogene Abiturienten waren, die hier Dienst in Gruppen taten. Und dass man, wollte man später eine Arbeitsstelle bekommen, seinen Wehrdienst nachzuweisen habe. Das gehöre sozusagen zum guten Ton, seine Einsatzbereitschaft für sein Land nachzuweisen. Wer das nicht tat, reduzierte seine Chancen auf eine Lehrstelle erheblich. Ja, Nationalität und Patriotismus galten hier offensichtlich eine ganze Menge. Aber das war mir schon vorher aufgefallen. Schnell fielen mir auch zivile orientalisch anmutende Männergruppen auf. Das war das palästinensische Pendant zu den israelischen Militärgruppen, die hier ebenfalls kontrollierten und Präsenz zeigten. Heilige Orte, an denen sich Menschen argwöhnisch und misstrauisch belauern, zeugen vom Zustand unserer Welt und der Glaubenssysteme.
Auch hinsichtlich der zivilen Wehrhaftigkeit bestachen die Israelis, als die Flugkörper über die Stadt zogen. Binnen Sekunden hatten sich die Leute von der Straße zurückgezogen, hatten Menschen andere geschnappt und in Deckung gezogen, waren Ladenjalousien als Splitterschutz heruntergefahren worden, wurden Zivilisten in Geschäften nach hinten in Sicherheit gedrängt um nicht durch Explosionspartikel getroffen zu werden und vieles mehr. Die Reaktionszeit war enorm kurz.
Noch lange war ich beeindruckt und dachte darüber nach, wie lasch wir hierzulande mittlerweile sind. Gegenüber dieser zivilen Bereitschaft einfach nur hilflos ausgeliefert und verweichlicht. Keine Chance.

Aber auch das wird sich in wenigen Jahren ändern oder wir sind dann fort.
Die knallharte Dualität bestand in dem Vorhandensein der heiligen Stätten, wie der Klagemauer oder dem Tempel, die ja zumindest heilige Assoziationen bewirken sollten und der ebenso überall vorhandenen Gewaltbereitschaft und der Präsenz von Militär und Waffen allerorten.
Wie sinnbildlich. Hier war nichts mehr heilig. Reste dieser Energien waren überdeckt von steter Aggression, Intoleranz, verhärteten Fronten und Gewaltbereitschaft.

Das Wahrzeichen Jerusalems: Der Tempelberg mit der goldenen Kuppel des Felsendoms und den Überresten des zweiten Tempels (heute Klagemauer) im Hintergrund

Jerusalem (oder der Gaza Streifen) heißen heute die örtlichen Platzhalter für dualistisch auf die Spitze sich entgegen treibende Energien, die sich in Intoleranz und Krieg transformieren und stellvertretend für unseren Geisteszustand Grausamkeit, Tod und Verderben materialisieren. Das Innenleben der Menschen spiegelt sich im Außenbereich der gequälten Gemäuer und Gesteine. Der ganze Trip hier war für uns ein Spiegel von sich wandelnden Energien. Das war ein riesiges Spiegelkabinett für den Zustand unserer Welt und unseres Geistes.

Es ist nicht verwunderlich, dass über Landstrichen wie dem heutigen Israel eine Schwingung in der Luft wahrnehmbar ist, die mit Gereiztheit gut zu beschreiben ist.
Soviel zu Israel und Energien, die ich selbst erlebt habe und hier einmal beschreiben wollte.
Es erscheint natürlich und logisch, dass zwischen menschlichen oder tierischen Bewusstseinsenergien und Orten Wechselwirkungen auftreten können. Wenn also Menschen an bestimmten Orten etwas erlebt und gefühlt haben, wäre die Annahme nur logisch, dass diese Gefühle und Gedanken in den Ort „eingebrannt" wurden und Menschen, die für bestimmte Emotionen eine niedrige Wahrnehmungsschwelle besitzen, noch Jahrhunderte später in Resonanz geraten.

Beobachten Sie nur einmal Ihre Lebens-, Gewohnheits- und Verhaltensveränderungen nach einem Umzug genau. Seltsam, oder? Anderer Ort – anderes Leben. Viele Ursachen lassen sich gar nicht rational erklären. Wohl aber sind wir Meister darin, „vernünftige Erklärungen" zu erfinden. An anderen Orten sind wir auch andere! Wir werden beeinflusst durch den Ort und dessen Energien selbst.
Es scheint, als sei dieses Wissen auch tief in uns bewahrt geblieben.
Selbst Hape Kerkeling, der einen eher bodenständigen Eindruck abgibt, beschreibt in seinem Buch „Ich bin dann mal weg" die Ereignisse des 16. Juli 2001, als er in einem Tal mit sehr nahem hässlichem Wald seltsame und bösartige Erlebnisse mit mehreren anderen Personen teilen muss. Im Nachhinein stellt sich heraus, dass diese Gegend als verhext und unheimlich verrufen ist, weshalb sie „valle de la brujas" (Tal der Hexen) genannt wird.
Gerade Wälder sind ja oft als Hort von Unheimlichkeiten bekannt, wie auch der Aokigahara-Wald in Japan (Wald der Selbstmörder). Der Wald am Fuße des Fuji ist seit Jahrhunderten bekannt als Ort von Dämonen und Geistern und zieht Selbstmörder wie magisch an. Seit den 1950er Jahren sollen dort mehr als 500 Menschen den Freitod gewählt haben.
Würden Sie gerne in einem Haus wohnen, in dem ein Mord begangen wurde? Oder das auf einem alten Friedhof oder Schlachthof steht? Wir hegen eine instinktive Abneigung dagegen. Nur sehr robuste Naturen bleiben hier gleichgültig. Würden die negativen Gefühle nicht den Ort informieren und sich vielleicht auf unser Leben, unsere Gedanken, unsere Entscheidungen und unseren Schlaf auswirken? Oder würde es darinnen vielleicht sogar spuken?

Schlachthäuser sind Orte millionenfachen Leides. Es ist in diesem Zusammenhang sehr interessant zu erwähnen, dass das Gebäude der UNO auf dem Grundstück einer sehr verschmutzten Gegend Manhattans erbaut wurde, auf der ursprünglich ein *Schlachthaus* stand. John D. Rockefeller schenkte es an die UNO zum Bau des heutigen UN-Hauptquartiers. Ist es so abwegig, zu verorten, die Leiden und Gefühle zahlloser ermordeter Tiere hätten die Kraft, in eine Wechselwirkung mit dem Ort zu treten und den Boden zu informieren? Und was würde das für ein Gebäude bedeuten, das Frieden und Verständigung auf der Welt repräsentieren soll? Haben Sie einen Sinn für den zutiefst schwarzen Humor in dieser Gemengelage? Die Zentrale des Gebäudes für Völkerverständigung erbaut auf dem Boden eines Schlachthauses? Es könnte auch eine Satire sein...ist es aber nicht. Könnte sich dies alles nicht stark negativ auf die dort miteinander agierenden Menschen auswirken?

Alles nur Einbildung? Mit Sicherheit nicht. Alles ist aus Energie gemacht. Jede Art Materie.

Auf Basis der die Informationen tragenden Energie ist es nur sinnvoll, von einer stetigen und fortdauernden Wechselwirkung zwischen Materie und Information auszugehen. In Wahrheit ist es die gleiche Basis mit unterschiedlichen Erscheinungsformen:

Bewusstsein. Wechselwirkendes Bewusstsein. In diesem Fall von einem Schlachthof und einem Hauptquartier für Völkerverständigung.

Nun, die fortdauernden Kriege sprechen eine eigene Sprache über das Ergebnis der Wechselwirkung.

Weil die Kenntnis um Energien absolut Altes Wissen ist, wurden deshalb andererseits auch positive Orte schon früh von Menschen als Zeremonial- und Ritualplätze genutzt. Sehr schön verbildert ist dies zum Beispiel im Spielfilm Avatar, in dem dies durch einen großen Baum angedeutet wird. Dort werden tiefe Wahrheiten über uns Menschen und unsere Beziehung zur Erde spielerisch vermittelt.

Die Germanen nutzten für ihren Thing und ihre Zeremonien durchweg Kraftplätze, um in Kontakt mit ihren Göttern zu treten. Hierzulande sind wohl die Externsteine ein Kraftplatz erster Wahl.

Hier sollte die Verbindung zwischen Erde und Himmel sein, symbolisiert durch den Weltenbaum Irminsul. Dieser soll hier gewachsen sein. Einen Besuch vor Ort kann ich als absolut eindrucksvoll bezeugen. Der Ort birgt auch Kaskaden von Felsgesichtern, wie ich sie im Buch „Alltägliche Wunder“ neben vielen anderen abgelichtet habe. Rund um den Kraftplatz fand man Nachweise von bereits steinzeitlicher Nutzung. Ein Teil der Steine wurde schon als Sternwarte benutzt.

Diverse Forscher verweisen auf einen Zusammenhang zwischen Astronomie und dem Ursprung von Priesterschaft. Zunächst wurden Sterne beobachtet. Dann wurden diese gedeutet und fanden als erste religiöse Geschichten Einzug ins Menschheitskollektiv.
Auf Remote Viewer sehr anziehend wirken die Pyramiden von Gizeh. Eigens durchgeführte Sitzungen auf diesen Ort bestätigten eindeutig diverse durchgeführte Zeremonien durch okkulte Gruppen oder Priesterschaften.
Der in Deutschland und Österreich befindliche Untersberg (auch Wunderberg oder magischer Berg genannt), ist ebenfalls ein solcher Kraft- und Heilungsort. Der Dalai Lama nannte ihn 1992 „das Herzchakra Europas".
Und so könnte die Liste noch fortgesetzt werden, und auch dies wäre ein eigenes Thema.
Es ist abschließend nur allzu logisch anzunehmen, alle möglichen Energien manifestierten sich auf verschiedenen Punkten dieser Erde, so

wie die Körperzellen eines Organismus unterschiedliche Aufgaben und Funktionen haben. Die Erde ist ein Lebewesen und ihre Orte versinnbildlichen Verdauung, Stoffwechsel, Atmung und Transformation, Herz, Liebe und Gefühl, sowie Entgiftung, Kreativität, Stoffaufnahme und -abgabe, Reinigung und so weiter. Und alle diese Orte wahren einerseits auch die entsprechenden Attribute und Schwingungen, wie sie offen für die heutigen Energien der Menschen sind und diese aufnehmen.
Zusammenfassend gesagt, könnte man formulieren, wir hatten das Gefühl immer „online“ zu sein und mindestens im „Standby Modus“ herumzulaufen. Wir sehen die Welt und eine andere – die der Energien und Informationen – parallel. So vielleicht, wie die „Eier“ des „global consciousness project“ Empfänger menschlicher Gedanken sind, so geschah uns das auch. Und mehr: wie ich beschrieb funktioniert es eben auch mit „nicht lebendigen Dingen“, wie Orten oder bei heiligen Stätten. Nicht immer gleich, nicht linear und natürlich spielt die Tagesform, was man an weltlichen Gedanken mit sich herum schleppt eine Rolle. Aber die Tendenz hin zur Wahrnehmung dieser leisen Informationen wurde immer stärker.

Wobei eines blieb, und das ist keine Ausflucht oder Hintertür jetzt: es ist ein spontanes Phänomen, es hat sich nie erzwingen oder in Regeln pressen lassen. Höchstens die Intensität ließ sich steigern, durch ein Mehr an „Lust daran“ Spaß, Hingabe oder positiver Hinwendung. Aber auch der eigenen Leere, Gelassenheit, Wunschlosigkeit und Durchlässigkeit.

Und irgendwann kapierte ich: Das geht mit allem so! Ausnahmslos!

Nicht nur das Leben, die Orte und Gebäude oder das Schicksal, Zahlen, Worte, unser Sein, Prinzipien einfach alles – auch unsere Mutter Erde – sind ein resonanter Energieprozess, Alles spiegelt sich in Jedem wider.

Das ist etwas Grenzen sprengend jetzt. Deshalb ein weiteres Beispiel.
Wir können uns unsere Erde einmal als weibliche Eizelle vorstellen. Wie würde dann ein Schöpfungsakt stattfinden? Na eben durch Spermien von außen. Die Spermien sind hier die Kometen mit den schockgefrorenen Lebensbausteinen, welche die Schöpfung in Gang setzen. Sie schlagen in die Erde, wie das Spermium durch die Hülle des Eis tritt und sich einnistet. Sie benutzen das Umfeld, den Boden, seine Nährstoffe, um zu wachsen, wie auch das Spermium es tut. Dann

wachsen sie und bilden einen eigenständigen Organismus. In beiden Beispielen gleich. Entwicklung von Leben beginnt. Auf der Erde. In der Frau. Bei der Abhandlung über Kometen weiter hinten im Buch werden wir diese Gedanken noch einmal vertiefen.
In diesen Gleichnissen funktioniert Schöpfung.
Wir leben inmitten eines riesigen Spiegelkabinetts.
Ich weiß, das ist etwas fordernd gerade. Aber wir vertiefen es später noch.
Man könnte es auch so ausdrücken, dass Information einfach jedwedes „Vehikel“ benutzt. Ganz egal. Es können Menschen, Tiere, Orte sein. Völlig egal, da alles lebt und alles voller Bewusstsein ist. Genau deshalb ist in allem Information und wechselwirkt auch überall Information.
Besonders empfindlich - oder besser – empfänglich – für das Aufnehmen von Informationen über Bewusstseinsenergien ist Wasser. Wasser ist eine Art biologische Festplatte. Hier werden Informationen sehr leicht in Materie eingeprägt. Unsere Körper bestehen zu 72% aus Wasser. Wir wechselwirken also auf materieller Ebene zu 72% mit Wasser. In dem Maß, wie wir Trinkwasser impfen, mit Bewusstseinsenergien versehen, besingen, bebeten, mit Blumen schmücken, mit Edelsteinen, Gold oder Silber aufwerten oder als gesund und heilig besprechen, wird es sich mit Informationen aufladen und unseren Organismus verändern. Weihwasser ist deshalb tatsächlich heilig, weil es durch entsprechende Bewusstseinsenergien gesegnet wurde. Wir können dies jederzeit selbst wieder derart polarisieren.
Und plötzlich ergab es auch wieder Sinn, dass wir genau diesen natürlichen Prozess des gegenseitigen, ständigen Informierens heute über Technik abbilden und simulieren. Technik ersetzt dann einstmals ursprüngliche biologische Vorgänge, sei dies nun die Technologie des Internets, wie auch der Blockchain oder der Mobiltelefonie.
Zum Beispiel hatte man früher über Telepathie eine ausgeprägte gegenseitige Verbindung oder „biologische Standleitung“, heute ersetzen wir diese mit einem Mobiltelefon. Aber zwischen liebenden Menschen – Liebespaaren, Eltern und Kind – überall dort, wo die Schranken des begrenzenden Egoismus heruntergefahren werden können, funktioniert sie grundsätzlich noch immer. Auch unsere Kommunikation mit der Natur funktioniert auf diese Weise – oder auch nicht. Je mehr wir unsere Persönlichkeit pflegen, beachten, verstärken und uns mit ihr identifizieren, umso weniger werden wir Teil des Ganzen sein und Informationen davon erhalten.

Diese und mehr Gedanken führten zu meinem Buch "Alltägliche Wunder", wo ich mich hier in unserer 3 D Kulisse auf die Suche nach den vielen Entsprechungen aus anderen Welten machte. Ich wollte das "Dort" im "Hier" erblicken. So, wie man vom Geschöpften auf den Schöpfer rückschließt, vom Computerbild auf den Programmcode, vom Materiellen auf das Geistige, führt die Energie auf das „Dahinter" zurück.
Deshalb haben die Menschen früher auch immer in Gleichnissen geredet! Was mir tierisch auf den Sack ging, denn es erschien mir mit der "wissenschaftlichen Denkschablone" rund um den Kopf niemals hinreichend konkret. Dabei ist es die einzige Art, Sachverhalte über Jahrtausende hinweg so zu beschreiben, dass sie wieder „entpackt", verstanden werden können! Man kann solche Gesetze jederzeit durch Selbstdenken wieder ins Detail zurück entpacken. Das war die Garantie, dass Wissen nie verloren geht. Die verpackte Information in Gleichnissen. Und jetzt, während Sie dieses Buch lesen, durchleben wir gerade wieder eine Zeit, in der nicht nur altes Wissen, sondern auch Wahrheit und Bewusstheit in jeder Form wieder wahrgenommen werden wollen. Kann Wissen verloren gehen? Wahrscheinlich doch, ist es immer da und wird in Zyklen wieder und wieder entdeckt.
Die Lügen in unseren Tagen werden deshalb immer mehr, schneller, hektischer, weil sie immer mehr „Löcher stopfen" müssen (wie auf der Einbandrückseite dieses Buches das Pflaster). Man hat uns doch schon als Kind eingeprägt: Eine Lüge zieht die nächste nach sich. Und ein Lügengebäude wird immer, immer wackliger, bis es unweigerlich zusammenbrechen muss.
So ist das.
Abwarten und beobachten!
Und hier geht die Reise jetzt weiter.
Ich möchte auf den Tellerrand klettern, um den Horizont ein wenig zu vergrößern. Paradoxerweise führt der Weg dabei auch wieder zu Remote Viewing „zurück". Dazu war es für mich persönlich wichtig, diese weite Schleife über x Themen und Jahre zu gehen, nur um zu erkennen, das absolut wichtige Puzzlestücke in den Grundzügen der Ausübung von Remote Viewing zu finden sind. Deshalb werde ich in diesem Buch nach Jahren auch wieder sehr viel Platz und Detailarbeit in diese Bereiche zur Verfügung stellen.
Sie werden verstehen warum. Und dann ein bisschen wie Sophie aus dem Buch heraus treten und mit dem Schöpfer reden und wie ganz

früher das Gefühl erkämpfen, einen freien Willen zu besitzen oder zu erhalten.
Ich habe eine Zeit lang überall nur noch Dinge, Tiere und Menschen gesehen, die tun, was sie sollen. Das ist ganz schön erschreckend, kann ich Ihnen sagen! Echt!

Gesetz: Ein Stein fällt immer nach unten. Na klar, würde auch nur einer nach oben fallen, wäre das Gesetz ungültig.

Objekt: Ein Kühlschrank kühlt und fliegt nicht. Immer.

Pflanze: Ein Baum filtert Luft und wurzelt im Boden und schwimmt nicht.

Tier: Ein Pferd ist ein Fluchttier, rennt schnell und hat eben die Eigenarten eines Pferdes, nicht eines Fisches. Es macht, was es soll, eng in seinem (vorgedachten) Begrenzungsrahmen. Es handelt nach seinem Schema. Und nie anders. Das Sichtspektrum einer Fledermaus bleibt ihm verschlossen.

Mensch: Ein Mensch ist ein Mensch mit seinem engen Wahrnehmungsspektrum. Ich sprach dabei schon von dem „Wahrnehmungssystem Mensch". Das klingt jetzt ein bisschen so, als hätte ich vielleicht die Menschlichkeit selbst oder das Mitgefühl verloren; das Gegenteil war der Fall. Das "Wahrnehmungssystem Mensch" beschreibt die Begrenztheit unserer sinnlichen Dekodierungsfähigkeiten und was wir davon ausdeuten, nicht uns selbst. Wir kriegen mit unseren Sinnen eben kaum was mit, haben ein ganz enges Wahrnehmungsfenster. Und das ist nur ein Problem!

Andererseits leben in uns Menschen latent sämtliche Eigenschaften der Erscheinungsformen auf diesem Planeten. Eine Fliege mag Beharrlichkeit verkörpern, ein Pferd Eleganz, ein Ochse Kraft, eine Katze Grazie, eine Eidechse Flinkheit, ein Fuchs Intelligenz und so weiter – und alles das ist in uns mehr oder weniger ausgeprägt vorhanden. In uns sind alle Erscheinungsformen angelegt. Die Anlagen für jede mögliche Eigenart sind in uns Menschen angelegt. Jeder Mensch spezialisiert sich individuell auf einzelne – oft vermischte – Attribute.
Menschen tun überall was sie sollen, nicht was sie wollen. Und selbst, wenn sie etwas tun, was sie vermeintlich wollen, woher kommt der

Impuls? Aus einer anderen Dimension? Ich werde hier nun nicht in die Tiefe gehen! Aber falls sie das eben zu „geistig" oder „esoterisch" fanden, mit diesem Impuls aus einer anderen Dimension, könnte ich auch zynisch umschwenken im Sinne von umdenken und antworten:
„Der Impuls kann auch in einem Fernseher bestehen!"
Ganz irdisch, trivial und brutal! Entscheidend ist die Fremdsteuerung. Die Beeinflussung von außen.
Im ersten Buch „Geheimnisse des Remote Viewing" waren meine Frau und ich ganz viel in dieser Welt hier und reisten kurz mal in eine andere Welt. Heute kommt es uns so vor, als seien wir ganz viel in einer anderen Welt und trotzdem noch hier. Mit allem Drum und Dran; Das ist geblieben! Also die Rechnungen, Sorgen und kleinen Nöte des Alltags. Aber in uns drinnen ist etwas passiert. Es hat nichts mit Irrsinn oder verschobener Wahrnehmung zu tun, auch wenn sich das vielleicht immer mehr so anhören mag.
Es fühlt sich nach den vielen Jahren eher an wie eine eintretende geistige Klarheit, Sicherheit, Präzision.
Jetzt könnte man fragen: Wie bitte, fühlt sich „Präzision" an? He?
Ich würde antworten: „Als sei man ein Pfeil, der losgeschossen wurde, und weiß, dass er trifft. Mittenrein. Und das ist ein gutes Gefühl!"
Wir alle sind auf dem Weg.

Bevor das jetzt zu kuschelig wird, beende ich es hier.

Ich überlege gerade, ob ich Sie nun nachfolgend mit dem Verhalten von Haien konfrontiere oder mit einer exponentiellen Funktion.
Ich nehme die Haie.
Wir benutzen nachfolgend die Haie, um uns bewusst zu machen, wie sehr wir über unsere Sinne in einer „Realitätssimulation" verfangen sind, bevor wir dann zum Remote Viewing kommen.

Homöopathisch jagen

Jeder von uns besteht aus 10^{28} Atomen. Das sind mehr Atome, als es Sterne in unserem bekannten Universum gibt. Atome, die es schon gab, lange bevor es uns gab. Vielleicht war ja eines Ihrer Atome mal Bestandteil von Kleopatras Nase. Oder Napoleons Knie. Mit jedem Atemzug atmen wir ein paar Atome von jedem Menschen ein, der je auf Erden gelebt hat.
Vince Ebert, Programm „Evolution"

Hallo Ihr Hartnäckigen: Ihr habt Recht!
Ja. Echt.
Diese Welt mit allem was man anfassen und spüren kann, die Newton'schen Naturgesetze, die Fernsehsendungen „Wissen macht Ah", die „Tagesschau" und Guido Knopps gefühlte 500ste Dokumentation über den 2ten Weltkrieg sind alle echt und wahr. Ja! Schließlich existiert es! Wie könnte man es also verneinen? Das was besteht; ist.

ES IST.
Das ist die gute Nachricht für euch.
Die Unbequeme, weil jetzt das Umdenken beginnen kann, ist: Es existieren noch eine RIESENMENGE anderer und weiterer Wahrheiten hier (und „dort"). Es ist eine Frage des Blickwinkels.
Im Folgenden möchte ich erst einmal zeigen, dass wir Menschen nur einen winzig kleinen Teil eines Spektrums als „Wahrheit" mit unseren Sinnen aufnehmen.
Haben Sie schon einmal Meerwasser geschluckt?
Ja? Wie schmeckt das?
Also bei mir war es salzig. Eigentlich fast nur salzig. Zum Spucken salzig. Dann kam lange nichts und dann hatte es vielleicht noch eine Ahnung von Teer oder Tang und etwas fischig. Aber hauptsächlich salzig. Punkt.
Ich glaube, darin stimmen wir überein. Wenn nicht, ist nun der Zeitpunkt für Sie gekommen, das zu ergänzen.
Wie, so habe ich mich gefragt, könnte ich mir vorstellen, schmeckt oder riecht ein Hai das Meerwasser?
Viel viel besser! Der riecht mein Blut darin, meinen Schweiß und tausende anderer gelöster Bestandteile im Wasser.
Und jetzt schauen wir uns die Tiere an.
Haie sind ja großartige Jäger. Größere Mengen von Blut können diese Tiere bei guten Bedingungen in einer Entfernung von bis zu zwei Ki-

lometern riechen. Dabei riecht er im Grunde genauso, wie auch wir Menschen es tun. Ich meine den Prozess auf materieller Ebene. Das bedeutet, dass Duftmoleküle, die different von den sonstigen Düften im Meer sind (die sich ebenfalls wieder aus tausenden diversen Düften zusammensetzen und ständig in ihrer Zusammensetzung variieren), in die Riechzellen gelangen und vom Gehirn zugeordnet werden. Was für eine großartige Leistung. Riecht ein Hai also „Blut" in geringster Dosis, erkennt und dekodiert sein Gehirn „Blut".

Ich möchte mein Hauptaugenmerk hier nicht auf diesen wahnsinnigen Dekodierungsprozess richten, sondern auf das Geruchsvermögen. Also dessen Fähigkeit. Die ist nämlich wesentlich besser als die unsere! Ihm reichen nur ein paar dieser Duftmoleküle im Wasser, um sein Opfer zu orten. Biologen schätzen heute ab, dass die Wahrnehmungsbarriere des Haies beim Riechen im Verhältnis von 1:1 Milliarde verläuft. Das heißt: Unter 1 Milliarde Wasserteilchen, filtert er 1 Teilchen Blut aus und reagiert. In der Natur kann er damit auf hunderte Meter Blut riechen unter optimalen Bedingungen bis zu mehreren Kilometern!

Dieses Geruchsvermögen ist wahnsinnig! Und da sind wir immer noch mittendrin in der „nur" materiellen Welt! Alles nur kleine Teilchen, also Materie.

Noch wahnsinniger aber ist die auf Fakten basierte Vorstellung dieser uns unbekannten Welt. Wir können uns diese nur auf Vernunft und Logik basierend erdenken, weil wir eben nicht die hierfür notwendige direkte Wahrnehmungsfähigkeit haben. Wir schwimmen dort entlang, und selbst, wenn wir wie gesagt einen Schluck Meerwasser trinken würden, wäre das Fazit unserer Sinne eben nur „Salzig"; die zugeordnete Reaktion in Form eines Reflexes nur „ausspucken". Von Blut keinerlei Rede.

Jetzt ist ein Hai als Räuber und Meeresjäger auf Blut geeicht. Deshalb die speziell für diesen Geruch niedrige Wahrnehmungsschwelle. Denken Sie nicht, er habe diese Fähigkeit für jeden Geruch.

Und dann riecht er ein einziges Teilchen Blut!

Seine angenommene Riechleistung von eins zu einer Milliarde entspricht der homöopathischen Dosis D9. Klasse, was? Der Hai jagt tatsächlich homöopathisch.

Homöopathie mal so ganz schulwissenschaftlich aufgezeigt. Macht der Hai das mal eben so, seit ein paar Milliarden Jahren, und sagt nicht Bescheid. Und wir diskutieren, ob Homöopathie wirksam ist. Dies wäre ein Tropfen auf einen Öltanklaster mit Anhänger, um es zu verbildlichen. So, wie die nachfolgende Tabelle das zeigt.

Potenz	Verdünnung	entspricht durchschnittl. einem Tropfen auf
D1	1:10	das Volumen einer Erbse
D2	1:100	einen halben Esslöffel
D3	1:1000	zweieinhalb Schnapsgläser
D6	1:1 Million	den Inhalt einer kleinen Mülltonne
D9	1:1 Milliarde	einen Öltanklaster samt Anhänger
D12	1:1 Billion	25 olympische Schwimmbecken
D20	1:100 Trillionen	den Michigansee in den USA
D23	1:100 Trilliarden	das Mittelmeer
D30	1:1 Quintillion	50mal das Volumen der Erde

In was für einer Welt bewegt sich unser Hai? Wie sieht dessen Abbild im Gehirn aus, wenn er homöopathische Dosen riechen kann? Sie ist so ganz anders als unsere.

Der Aal jedoch „schießt den Vogel ab", wie man hierzulande so sprichwörtlich sagt. Gegen den ist ein Hai mindestens stark verschnupft. Sie können kaum sehen, haben jedoch einen weltweit unübertroffenen Geruchssinn. Bei ihrer Nahrungssuche genügt eine unglaubliche Verdünnung: Man könnte 1 cm^3 eines Geruchsstoffes mit der Menge des Bodensees vermischen und danach 58fach verdünnen. Den Inhalt des Röhrchens gibt man danach in den Bodensee zurück – der Aal würde es riechen. H. Teichmann wies dies mit seinen Aufsehen erregenden Versuchen mit Rosenduftöl und Wasser nach.

Wie müssen wir uns die Wirklichkeit des Aals vorstellen? Können wir das überhaupt? Was für eine Welt ist das, von der wir nichts ahnen? Dort scheint wirklich ultimativ alles miteinander und ineinander verwoben zu sein. Kommt mir dieser Gedanke gerade sehr bekannt vor?!

Die menschliche Geruchsschwelle verläuft ab (!) etwa 10 000 000 Teilchen pro Dezimeter Luft. Darunter können wir nichts riechen. Im Vergleich zu diesen Tieren sind wir also sozusagen total „riechblind". Dies soll einen ersten Hinweis darauf geben, dass das, was wir Realität nennen, von Lebewesen zu Lebewesen unterschiedlich wahrgenommen wird.

Aber es gibt noch eine weitere Variante dabei. Noch einmal das Beispiel:

Sie, werter Leser, sind im Wasser. Sie riechen und schmecken nichts. Also nur Wasser, Salz etc.

Ein Hai ist im selben Wasser und riecht Blut (welches objektiv vorhanden sei).

Achtung: BEIDE haben Recht.

Realität ist ein Wahrnehmungsprozess.
Vielleicht sind Sie ja der Meinung, das sei alles gut und schön, aber schließlich habe, objektiv betrachtet, ja der Hai „Recht". Denn es ist ja Blut im Wasser und es ist nun einmal so, dass nur die Sinne des Menschen nicht ausgereicht haben, dieses zu riechen.
Das ist richtig.
Aber wenn ich diesen Einwand nun beim Wort nehme, erwarte ich Ihre Offenheit, die logische Konsequenz daraus zu ziehen.

Bereit?
Die Natur verschwendet nicht. Aber stellen wir uns für unser weiteres Gedankenbeispiel einmal idealtypisch vor, der Hai *hätte* tatsächlich das Riechvermögen von Blut generell für alle möglichen Gerüche.
Wie könnte sich also Meerwasser für einen Hai darstellen, wenn man ein Teilchen in einer Milliarde anderer Teilchen bemerkt und rundum alles in dieser Dosierung wahrnehmen könnte?
Ich stelle mir gerade eine Meeresbucht vor, dessen Wasser aus unzähligen Atomen zusammengesetzt ist. Es sind viele und viele unterschiedliche und unfassbar klein. Und irgendwie diffundieren da alle Stoffe ineinander, alles spiegelt sich darin wieder, wie ein riesiges Sammelbecken an Informationen, die sich atömchenweise und millionenfach verteilt haben. Vielleicht jede Information ein Punkt. Da sind Gerüche nach Wasserpflanzen, Steinen, Boden, Salz, Mineralien, Sonne, Sauerstoff, Staubkörnern, Pflanzenteilen, Vermoderung, Verfaulung, Vergärung, Urin, Sprit, Plastikteile, Klärschlamm, Sonnenöl, Parfum kurz – Milliarden von Gerüchen, ein ganzer Kosmos von Teilchen – und unser omnipotenter Nasen-Hai kann das alles riechen. Was für ein Universum!
Das Riechen des Haies ist aber nur ein kleines Beispiel. Es ließe sich beliebig fortsetzen mit anderen Tieren und schließlich auch mit unserer begrenzten Aufnahmefähigkeit beim Sehen. Denn wir sind nur in der Lage einen sehr kleinen Teil zu sehen. Für die Bereiche über- und unterhalb dieser Schwellen sind unsere Augen einfach nicht geeignet. Das heißt, wir sehen nur einen sehr kleinen Teil. Vögel sind zum Beispiel in der Lage viel mehr Farben wahrzunehmen als wir.

Mit dem Hören geht das genau so weiter. Wir hören nur einen winzigen Ausschnitt des Möglichen. Und sicher, auch hier gibt es vielleicht ein paar Tiere – ich mache mir die Mühe nicht, Sie nun mit Beispielen zu langweilen und diesen Abschnitt in der logischen Konsequenz in die Länge zu ziehen –die eine Masse mehr niedrige und hohe Töne hören.
Wir brauchen nicht einmal alle Sinne durchzugehen und sie mit Tieren zu vergleichen.
Selbst dann. Dann müsste ich noch von Fledermäusen erzählen, die sich mittels Echos in einem dreidimensionalen Raum orientieren und deren Bild der Welt ganz anders aussieht. Oder den Schlangen und ihren Wärmesensoren. Sie besitzen auf einen Quadratzentimeter Haut 150 000 wärmeempfindliche Sensoren, wo wir gerade einmal 3 haben. Das Ergebnis: sie sind in der Lage, auch nachts über Wärmebilder zu sehen. Oder ein Tiefseefisch, der in der Lage ist, ein starkes Infrarotlicht auszustrahlen und in der Schwärze der Tiefsee sein Opfer zu überraschen. Er sieht in einem weiteren Spektrum als sein Opfer. Und so weiter.
Also, alle diese Tiere zusammen genommen, erhalten wir so etwas wie einen Türspalt mehr Licht in unsere Welt hinein. Ist das nun Realität?
Mit „objektiver Realität" hat dies jedoch immer noch nichts zu tun. Es sind nur viel mehr Wahrnehmungssysteme, die immer mehr und immer breiter wahrnehmen können. Sie lesen immer mehr Frequenzen aus „dem Alles“. Mehr nicht.

Was bedeutet das in der Konsequenz?
Wir Menschen haben keine Chance, die „objektive oder umfassende Realität“ zu erkennen. Unsere sinnliche Wahrnehmung ist ein unvorstellbar kleiner Teil eines Spektrums. Wir haben keinerlei der ganzen Wahrheit auch nur entfernte Vorstellung von Realität.
Und Sie haben es sicher bemerkt: ich schreibe hier beispielhaft nur über die physische Umwelt, nicht einmal von lichteren Welten oder dimensionalen Räumen ...
Der Hai hat Recht, weil seine Sinne besser sind. Beim nächsten Tier gerät er ins Unrecht, weil dies wiederum Dinge wahrnimmt, von dem der Hai keinen Schimmer hat.
Und ich konnte nur idealtypisch – gottgleich – hier im Buch schreiben, da sei „objektiv“ Blut im Wasser. In der Realität ist diese Position zwar denkbar, jedoch nicht beweisbar. Zu wem könnten Sie in sozusagen „letztrichterlicher Instanz“ – gehen und entscheiden lassen, was alles im Wasser schwimmt? Wer oder was könnte alles wahrnehmen und

dann für uns ausdrücken, sozusagen die „ultimative Realität“ bezeugen? Und wäre dieser dann nicht auch durch Sinne limitiert? Zumindest potenziell?
Dieses Beispiel zeigt, wie schnell wir unsere Alltagsvernunft aufs Glatteis führen können. Wir alle haben eine Vorstellung und einen Glauben an so etwas wie „objektive Realität“, dabei ist dies nur eine Sichtweise und Interpretation der Philosophie.
Wer hat da oben ins Beispiel geschrieben und behauptet, es sei objektiv Blut im Wasser? Ja, ich. Und Sie haben es mir geglaubt. So läuft das. Mit objektiver Realität hat es aber tatsächlich nichts zu tun.
Gemein. Ich weiß.
Unsere menschlichen Sinne begrenzen uns völlig. Das ist eine logische Schlussfolgerung aus dem Hai-Beispiel. Objektivität ist bei Wahrnehmungsprozessen mindestens schwierig, wenn nicht unmöglich. Das ist eine zweite Schlussfolgerung.
Umgesetzt heißt dies: Erkenne bitte, lieber Leser, dass Deine „Realität" nur ein Sammelsurium Deiner Sinneswahrnehmungen ist. Der Möglichkeiten Deines Wahrnehmungssystems. Ohne Ausflüchte. Ohne „Ja, aber und ich mache trotzdem so weiter! Und irgendwie stimmt das alles, was ich sehe, höre, rieche, fühle und dann als Realitätsabbild zusammensetze ja doch und der Rest ist irgendwie nur Theorie."
Es stimmt zwar, aber nur, wie die Tagesschau und die aktuelle Kamera „stimmten“. Und das ist ein echtes Problem .
Es ist eben EIN Realitätsabbild. Eine Interpretation von Wirklichkeit. Mit Realität hat das nur sehr bedingt zu tun.
Es gibt aber einen kleinen Ausweg heraus.
Unser Denken kann diese erste Hürde überschreiten. Das haben wir nun getan. Und mit unserer Vernunft – mehr benötigen wir hier noch nicht – WISSEN wir:

Realität ist VIEL größer und weitumspannender, als wir das täglich erfahren.
Wir sehen den kleinsten Teil einer uns ansonsten verborgenen Welt.
Denken kann ihn erweitern (oder verkleinern). Vernunft und Logik können ihn erweitern. Gepaart mit kreativer Wahrnehmung und einer Anbindung an andere Dimensionen, mögen diese nun in uns sein oder extern, könnte das sogar richtig spannend werden.
Remote Viewing ist eine Chance, anders zu denken und mehr gedankliche Räume zu erschließen. Und paart es nicht Vernunft und Intuition? Ist das nicht ein weiterer Sinn, den man trainieren kann? Dann kann

man doch auch seine Realität erweitern!? Welche Art Gedanken hat man in einer Remote Viewing Session als in Kontakt stehender Viewer und wie lassen sich diese klassifizieren?
Wo ist dann der Unterschied zur reinen Fantasie? Erweitert die nicht auch das Denken? Jetzt geht es in den Kern des Buches hinein. Ich beginne, einige Phänomene und Gedanken von Remote Viewing Sitzungen zu beschreiben.
Wo ist der Unterschied zum Channeling?
Woran bemerke ich „on target" zu kommen?
Was geschieht dabei an gedanklichen Veränderungen in mir?

Zielkontakt

Und diejenigen, die man tanzen sah,
wurden von denjenigen, die die Musik nicht
hören konnten, für verrückt gehalten
Friedrich Nietzsche

Man kann nicht sagen, dass RV- und Esoterikszene eine enge Verbundenheit pflegen würden. Ich denke, das kann man nun, nach über 20 Jahren Beobachtung der Szene mal einfach so raushauen. Eingefleischte Channeller oder Leute mit Standleitung zu Jesus oder Erzengel Gabriel mögen kein „Protokoll“ und scheuen die doch sehr technischen, oftmals mental anstrengenden und sehr auf Disziplin bedachten Vorgänge bei der Abarbeitung des Protokolls wie der Teufel das Weihwasser. Es engt ein, nimmt gedankliche Freiheit, ermüdet, wirkt anstrengend und erinnert doch sehr an mentale Arbeit und nicht an als „erleuchtend“ empfundene Prozesse. Auch ist das Ego des Viewers bei der Ergebnisfindung nicht derart beteiligt, wie beim Channeln. Der Viewer betrachtet seine Ergebnisse ebenso staunend wie das Auditorium, identifiziert sich nicht damit, wie es ein Channeller oft macht und definiert in aller Regel keine „ich bin saucool“-Ego-Rolle. Dass dann die Ergebnisse aus beiden Disziplinen oft nicht kongruent sind, kommt erschwerend hinzu.

Kein Wunder. Während sich RV Ergebnisse oftmals in einer eher wortkargen komprimierten Brillanz darstellen, die man im Nachhinein auch mal bewundern kann (Beispiele kommen hier im Buch noch),sind Channelergebnisse – ja – hm – „sehr frei“ und mit vielen Worten geschmückt. Oftmals blümerante Produkte eines ausschweifenden subjektiven Geistes. Mir kommt das so vor, als führen Channeller manchmal quasi eine Art Film auf Cannabis oder so.

Wer einen sanften Spott herausliest, wenn ich von der „Gabrielstandleitung“ oder dem „Film fahren“ schreibe, möge es mir verzeihen – er hat Recht. Ich möchte keinesfalls die grundsätzliche Möglichkeit einer subjektiven Direktverbindung zu weisen, positiven Wesenheiten bezweifeln, sehr wohl aber die quantitative Masse mit der dies von Menschen einerseits kolportiert und andererseits detailliertest ausgelesen wird. Einzelne mögen aufgrund ihres So-Seins in ungetrübter Verbindung zu höheren Wesenheiten stehen. Bei der Masse mit der dies scheinbar stattfindet, gäbe es tausende weise Menschen allein im deutschsprachigen Raum mit Direktverbindung in die lichten Sphären.

Deren Aussagen bleiben dann trotzdem oft wachsweich, moralisierend und austauschbar. Evidenz und harte Fakten finde ich da ebenso selten, wie tatsächlich über menschlichen Normen oder angelernten Moralvorstellungen und Konditionierungen stehende Aussagen. Man vergleiche diesbezüglich nur Channellings europäischer und amerikanischer Medien: der Lokalkolorit ist deutlich.
Wirklich ernst zu nehmende positive Beispiele positive Beispiele für gelungenes Channeling bilden das umfangreiche Seth-Material von Jane Roberts.
Tatsächlich liefert RV beständig und seit Anfang an Ergebnisse in einem Kernbereich der Esoterikszene. Ich bezweifle, dass das bislang überhaupt aufgefallen ist – nicht einmal den RVern selbst. Ich habe bislang noch nicht eine einzige Diskussion über das nachfolgende Thema gehört, obwohl es die Szene lange gibt, viele Menschen mittlerweile die unmittelbare Erfahrung des Viewens gemacht haben und wir eine Masse an „Durchführungskompetenz" über die Jahre und als Gruppe, Feld oder Schwarm angesammelt haben.
Ich rede von Bewusstwerdung. Eigentlich doch das Lieblingsthema des New Age und in allen Esoterikkreisen einfach *der* Renner. Welch eine Ironie, dass gerade das „ach so rationale" Remote Viewing hier ständig Beiträge leistet.
Für mich gehören RV und Bewusstwerdung ganz eng zusammen. Für meine Frau übrigens auch. Und ja, über viel mehr Menschen kann ich eigentlich dann auch nichts schreiben, da ich deren Bewusstseinsprozesse nicht in dermaßener Tiefe (oder überhaupt) bezeugen könnte. Ich glaube also ungefähr so schlussfolgern zu dürfen: „Wir sind nicht grundlegend anders als andere Menschen, die das gemacht haben, also müssten bestimmte Ergebnisse, Wandlungen, Erfahrungen ebenfalls deckungsgleich sein." Wenn uns also Remote Viewing hinsichtlich des Verständnisses unserer Bewusstseinsprozesse weiter gebracht hat, müsste dies auch anderen Remote Viewern so ergehen oder zumindest die Chance dafür bei Ausübung der Methode erhöht werden. Mit anderen Worten: Remote Viewing öffnet und weitet das Bewusstsein.
Dabei ist das doch ein Kernthema der Esoterik! Da gibt es eine Masse von „Erkenne-Dich-selbst"-Büchern. Oftmals geht es dann im Kielwasser der Selbsterkenntnis um Selbstbefreiung, Stresspegelsenkung, Glückserhöhung, Zeitmanagement, positives Denken, korrektes Wünschen und vorwiegend bei amerikanischer Literatur um eine Menge Geheimnisse („Secret") und letztendlich den Bungalow, den Pool und die Jacht. Ich sehe das sehr kritisch. Das Lebensupgrade erstreckt sich

dann auf alle Bereiche und gerät schon wieder zum Stress, da man selbst überall Verbesserungspotential an sich selbst entdeckt, gleichermaßen zum „Manager wie Knecht seiner Selbst“ wird und ständig nach „Verbesserungen“ lechzt. Mehr Attraktivität, mehr Geist, mehr Energie für den Alltag, mehr Einkommen. Es ist übersetzt der „American Dream“ auf Niedrigmentalpegel. Weitgehend unbemerkt blieb die enorme Brutalität dieser „Philosophie“. Umgekehrt heißt sie: „Hast Du kein großes Auto, guten Job, Pool, Haus und siehst vielleicht nur durchschnittlich aus, dann, ja dann, weißt Du nun wenigstens, dass Du alleine Schuld daran bist! Denn Du – und nur Du, hättest es mit korrektem Denken ändern können.“ Du bist gleichermaßen verantwortlich für Deinen Erfolg wie Dein Dilemma. Verantwortlich für Deinen Job, Deine Lebensumstände ... kein Wort davon, dass wir Menschen einen definierten Platz in diesem Universum, diesem Leben haben könnten. Dass wir genau jetzt und hier und so richtig sind, wie wir sind und alles einem übergeordneten Plan folgen könnte ... einschließlich uns selbst und unserem Leben.

Joa, da putzt die neuzeitliche sogenannte Philosophie dem Neoliberalismus mal eben die Schuhe. Aber spiegelblank und auf den Knien.

Dabei ist die Idee eines freien Willens, einer aktiven Gestaltungsfreiheit von uns selbst eine neuzeitliche und sehr moderne. Jetzt ist eigentlich egal, wann was erfunden oder erdacht wurde, entscheidend für eine Beurteilung mögen die Auswirkungen sein. Und die Idee, wir könnten mit genügend Anstrengung, Fleiß und Disziplin unser Leben frei gestalten, setzt Menschen permanent in den Unfrieden „nicht gut genug“ zu sein. Immer noch mehr leisten zu können, um mehr „aus sich zu machen“ und „heraus zu holen“. Das sind allesamt marktwirtschaftliche und wieder einmal knallharte neoliberale Begleitumstände. Was fehlt ist Selbstliebe, Akzeptanz seiner selbst und seines Lebens. Unbemerkt wurden die Menschen ins Gegenteil des Gewollten getrieben: Mitten hinein ins Ego statt die Erleuchtung. Materielle Fülle statt innere Leere, Pool und „Lambo“ statt Erleuchtung. Einzig das Ego wollte und will von allem unersättlich mehr: Geld, Macht, Ruhm, Liebe. Es ist immer im Defizit, es hat nie genug. Das einzige, was das Ego im Übermaß kennt ist Gier – und die stirbt erst mit dem Ego selbst.

Wenn Sie nun herauslesen, ich argumentiere hier, dass in vielen Eso-Lifestyle-Lebenshilfebüchern der Bock zum Gärtner gemacht wurde und der Mensch in Wahrheit nicht für Bewusstwerdungsprozesse geöffnet, sondern im Gegenteil ins Ego getrieben wird, haben Sie richtig gelesen.

Aber auch hier gibt es wirklich super positive Beispiele, auch wenn ich die nun nicht voll der Eso-Szene zuordnen würde. Eckhart Tolle mit seinem tiefsinnigen Kracher „Jetzt“ sei da mal ganz vorne als positives Beispiel genannt.

Und mit dem Buchtitel sind wir wieder mitten beim RV und dem Dienst, den es leistet. Wenn Sie intensiv an einer RV Sitzung arbeiten, sind Sie nämlich genau im Jetzt. Es gibt keine Sorgen über Zukünftiges, kein Grübeln über Vergangenes, nicht das ewige Hin- und Herspringen zwischen diesen Zeiten. Nein. Sie sind Hier an ihrem Tisch und bearbeiten „Jetzt“ das Protokoll. Man ist zeitlich und örtlich gegenwärtig (sieht man von den Bilokationseffekten einmal ab). Das ist toll, aber nicht unbedingt eine spirituelle Hilfe. Schließlich würde ihr Kind vor der PS4 und einem Ballergame das gleiche behaupten: Es ist zeitlich und örtlich schließlich ebenso gegenwärtig. Im Hier und Jetzt. Allerdings voll im Stress und den Kopf mit Gedanken im Übermaß angefüllt. Also Vieldenk statt hingebungsvoller Leere.
Die Lektüre da oben lohnt sich definitiv, da sie ein paar Ähnlichkeiten mit RV hat: Es geht um den Blick ins Innere, um die Beobachtung der eigenen Gedanken, um die Distanz zu sich selbst, um die Einordnung der Gedankenvorgänge im Kopf. Wir sind nicht mehr länger der Kopf, die Gedanken, die Gefühle, die gedacht werden, sondern wir erleben es zwar, beobachten aber! Zeitgleich. Es gibt die Gedanken und den Gedankenbeobachter. Eine aktive Denkinstanz und eine passive Beobachtungsrolle.
Und genau das sollte Ihnen doch maximal bekannt vorkommen alles, oder? Diese zwei Rollen. Den Denkenden oder Datenerheber und den Beobachtenden oder Registrierenden. Diese Spaltung gibt es genauso im Remote Viewing.
Das nehmen wir jetzt sehr genau auseinander und das wird enorm spannend! Denn neben allen Ergebnissen, die ja schließlich der Trigger für das Durchführen der Sitzungen sind, ist RV ein geistiges Handwerkszeug, ein Mittel, ähnlich Yoga oder einer Meditation, die uns selbst verändert. Und zwar mit der stetigen Wiederholung der Ausübung massiv und nachhaltig. Während der Durchführung sind wir präsent und bewusst erlebend gegenwärtig.
Nehmen wir den normalen Fall: Sie haben sich über vielleicht 5-10 Minuten und Stufe 1 und 2 (oder 2 Mal 1) an das Target herangearbeitet.

Sie bemerken ihren Zielkontakt über die:

1. Erschwernis des Schreibens (es ist ein bisschen so wie in der 1. oder zweiten Klasse)
2. Das Drehen der „Stimmung" oder Energie im Außen
3. Ihrer eigenen (verhältnismäßigen) Geschwätzigkeit, Unbedachtsamkeit, dem „Herz auf der Zunge tragen".

Zu 1. Das Schreiben ist tatsächlich schwer. Sie erleben einen internen Konflikt. Einerseits haben Sie es mit entweder sehr vielen oder sehr komplexen Eindrücken zu tun (oder beidem), die interessant sind und von denen man fordert, sie auszudrücken und aufzuschreiben.
Dies sind schon wieder zwei Präzisierungsvorgänge, die die Grenze des „gefühlt Machbaren" weit zu übersteigen scheinen. Jetzt sollen Sie andererseits auch noch auf solche verdammt umständlichen Dinge wie Feinmotorik achten und Wörter (schon wieder Abstraktionen!!) auf ein Papier zeichnen.
Ok. Es nervt. Echt. Ich weiß. Einerseits dieses Fühlen von zum Beispiel „etwas Großes; Erhabenes" gemischt mit „ich kenne diese Form von Energie" und „komme einfach nicht drauf", „vernebelt" bis zu andererseits spontan einfallenden Wortabstrakten wie „Königswürde" gefolgt von einem AUL „englisches Königshaus" und „Opas Büro" und so weiter. Andererseits soll Ihre Hand ganz profan nun aber Königshaus schreiben und es fühlt sich so schwer an. Was für eine Wohltat den Schlenker vom „K" weg zu lassen und statt dem „g" tuts doch auch ein Strich, nicht? Aus dem „haus" vom „Königshaus" wird dann ein vertikaler Strich mit einer langen geraden Linie hinten raus. Reicht doch auch! Oder? Ist einfacher, schneller und bequemer.
Überhaupt – fragt man Sie in diesem Moment, dann sind Sie sicher – das Niederschreiben wird total überbewertet, braucht keiner, können wir lassen.
Ich sage es direkt: quälen Sie sich. Schreiben Sie auf. Ordentlich. Nicht nur wegen der Nachvollziehbarkeiten, nicht nur wegen der Vollzähligkeit. Gerade Redewendungen und Umschreibungen, die sie jetzt als „sowieso umständlich" bewerten und viel kürzer und prägnanter „abkürzen" können (um nicht so viel zu schreiben) entpuppen sich später als brillant, vielschichtig und wie ein Hologramm mit faszinierenden Zielaspekten aus vielen Perspektiven. Schreiben Sie! Genauso, wie es Ihnen in den Kopf kam (nicht, die rational überarbeitete abgekürzte Variante nach Überdenken). Auch, weil Sie Ihr Gehirn noch weiter in

die Vollauslastung treiben. Die beste Voraussetzung für Viel- und Schnelldenker „on target“ zu kommen.
Eine Ausnahme sei hier erwähnt. Und zwar ist es das eigene Kennenlernen der geistigen Ressourcen da oben in Ihrem Hinterstübchen. Schnelldenker sind beileibe nicht die guten oder besseren Remote Viewer, denn Sie müssen „gebrochen“ werden. (Wie eben beschrieben zum Beispiel durch Überlastung). Wenn Sie zum Beispiel ein sehr sorgfältiger, langsamer Denker sind, werden Sie sich wahrscheinlich erst gar nicht wie beschrieben und bis zum Exzess in diese Schnelldenkspiele hineinbegeben müssen, sondern schon vorher einen – Ihren – langsameren Rhythmus zwischen den Einfällen beim Abfahren der Linie und dem Niederschreiben finden. Geht das Schreiben nun langsamer und schwerer gilt auch für dieses Klientel trotzdem unbedingt dasselbe: Schreiben Sie alles genau so auf, wie es in den Kopf kam. Achten Sie wie ein Dolmetscher darauf, es eins zu eins niederzuschreiben.
Das Ziel hätte hier eine Packung Zigaretten Marke „Overstolz“ sein können. Ihr Großvater hat die damals geraucht. Auf die Beispiele der AULs oben („Königswürde“, „Königshaus“ in Bezug auf „Overstolz“) wird unter anderem Kontext noch einzugehen sein, denn sie hegen Geheimnisse. Aber nicht jetzt.
Sie haben es mit einem wirklich umfangreichen Transkriptionsprozess zu tun, Sie leveln gerade erfolgreich Eindrücke aus einer Welt ohne Sprache, ohne Kippen und Großväter, ja ohne jegliche Objekte hier herunter auf den Planet der Affen. Sie sind der Dolmetscher, der dimensionsübergreifende Übersetzer. Da darf es doch ruhig einmal etwas dauern, oder?
Ja. Da ist schreiben schwer. Freuen Sie sich. Sie sind im Zielgebiet. Man hat Ihnen nur leider geistige Betonschuhe angezogen.
Für die Leute mit Erinnerung: Es fühlt sich ein bisschen so an, wie die allerersten Jahre hier auf diesem Planeten. Man hat eine klare Wahrnehmung von sich selbst und der Umwelt, allerdings fehlt es, wie in einer Art biologischem Knast an der Körperbeherrschung und vom Sprechen lassen wir es mal ganz.
Die Leute im Umfeld halten einen offensichtlich für geistesgestört. Jedenfalls gehen die so mit einem um und intonieren auch so. Zugegeben. Laufen klappt nicht wirklich, die Möglichkeiten sind sehr begrenzt, man kann noch nicht einmal einen Löffel mit Brei gerade halten und den Darm lernt man gerade erst kennen und kontrolliert ihn noch längst nicht. Aber das Bewusstsein ist da! Und das Gegenwärtig sein!

Und das Fühlen eines „Ich-bin" (nicht so blöde wie ihr denkt und kapiere wesentlich mehr als ihr glaubt) ...
Es ist also ein bisschen so wie ganz ganz früher: Man will so viel und kann so wenig.

Zu 2.: Sie haben die Sitzung zusammen in Ihrem Wohnzimmer begonnen. Der Abend ist, wie er ist und fühlt sich auch genauso an. Vielleicht atmet er noch die vielen Aktivitäten des Tages aus, die Gegenstände im Raum vibrieren noch etwas nach, eine gewisse (Strom-)Spannung liegt noch in der Luft und legt sich langsam. So etwas wie Gelassenheit scheint hinter der Tür zu warten und Einlass zu begehren. Ruhe senkt sich langsam über die Szenerie.
Sie sind etwas müde, fühlen sich gelassen, etwas geschafft, aber angenehm leer im Kopf.
Es gibt in diesem Bild zwei Szenerien. Die – nennen wir sie – „objektive Realität" des Raumes und das innere Fühlen des oder der Subjekte.
Schauen wir zuerst auf das innere Fühlen, die subjektive Realität.
Ich habe hier bewusst zwischen dem inneren Fühlen und der äußeren Atmosphäre unterschieden. Es ist nicht immer alles nur eine Spiegelung unseres inneren Bewusstseinszustandes, auch wenn ein jeder in seiner eigenen Welt lebt und folglich gerade 7 Milliarden Realitäten auf diesem Planeten wahrgenommen werden. Anders gesagt:
Wer Schrödingers Katzenkiste nach 3 Monaten öffnet und die Katze tot vorfindet und im Nebel der entweichenden Düfte grün im Gesicht ist, erfährt nicht die Manifestation seiner Sinne im Außen, erlebt nicht sein inneres Weltbild nach außen gekehrt oder eine Ein-Bildung, sondern er riecht einfach intensiv tote Katze. Seine Sinne stehen in Resonanz mit einem Teil der äußeren Wirklichkeit.

Es kann also ein inneres Erleben und eine äußere Stimmung geben. Können wir uns darauf verständigen? Noch nicht? Ja, ich verstehe, ich kenne die Gedanken, wonach unsere Welt, unser Universum nur in unserem Kopf entsteht. Wo alles wir selbst sind. Schlagwort dafür wäre das „Ich bin das"– Mantra (Ich bin, der ich bin).
Falls Sie das jetzt nicht kennen, sage ich mal salopp: „Ist für die weiteren Ausführungen nicht so wichtig, die kommen Ihnen dann höchstens überflüssig vor." Falls Ihnen derartige Gedanken vertraut sind, möchte ich die Position, dass es zugleich inneres Erleben und äußere Realität geben kann, noch einmal vertiefen.

Seit 1935 geschlossene Box geöffnet: Schrödingers Katze ist eindeutig tot

Wien (dpo) - Durch einen Zufallsfund wurde eine fast 100 Jahre alte wissenschaftliche Frage endgültig geklärt: Ist die Katze aus dem unter dem Namen "Schrödingers Katze" berühmt gewordenen Experiment tot oder lebendig?

Ok. Soviel zum Witz. Der Postillon mal wieder.
Das war Satire. (Es wird ja immer wieder empfohlen, das hinzuschreiben.)

Kommen wir zu einigen Gedanken über „objektive Realität":
Also los. Ich sah einmal ein Pärchen an einem Strand. Bestes Wetter, azurblaue See, ein Kind baute eine Sandburg – eine komplette wundervolle Urlaubsszenerie. Da wir in Frankreich waren und das Paar Deutsch sprach, war die Schlussfolgerung wohl zulässig, dass die beiden ebenfalls ihre Ferien verbrachten. Ich denke bis heute unheimlich oft an die beiden zurück. Sie sind mir eine Lehre. Denn der Mann war total fies gelaunt, nörgelte und moserte umher und an seinen Bewegungen war sein Verdruss ebenfalls abzulesen.
Als ich das sah, schoss mir „eigentlich egal wo er jetzt gerade ist", in den Kopf. Schließlich nimmt er von seiner Umwelt – mag diese noch so schön sein – nichts wahr. Sämtliche Tore oder Zugänge nach außen sind blockiert. Tatsächlich: Bei einigem Nachdenken kennen wir alle

diese Situationen, wo wir total in uns verfangen sind, von der Umwelt nichts mehr wahrnehmen und im Gefängnis unserer selbst unsere trüben Gedanken in einer Art Karussell betrachten und selbst immer weiter bestärken. Wir können dann sein, wo wir wollen und sehen die Schönheit im Außen nicht. In diesem Moment wurde mir der Irrsinn bewusst, teure Urlaube zu buchen, wenn wir dann nicht innerlich ausgeglichen und fähig sind, am besten alles wahr- und aufzunehmen. Um ihn herum tobt das Leben, ist Freude, Ausgelassenheit, Sonnenschein, Badespaß, sind irrsinnig viele Energien von Menschen und er nimmt diese nicht wahr, weil er emotional blockiert ist. Sein Gehirn befand sich sozusagen mitten auf der Arbeit. Verstehen Sie? Für mich war das ein Aha-Erlebnis. Ausschlaggebend ist nicht, wo wir sind, sondern wie wir drauf sind. Wir sind immer mit uns selbst konfrontiert, immer in uns selbst. Wir können verreisen, aber nicht von uns selbst fortfliegen oder fliehen. Und unser mentaler Zustand bestimmt über unser Erleben. Nicht die Schönheit des Außen. Im Umkehrschluss ergibt sich daraus, was spirituelle Lehrer immer wieder sagen: Wir sitzen bildlich auf einer Schatzkiste; wir haben unser Paradies immer dabei. Hier ist immer das Paradies; einen Gedanken weit entfernt befinden sich Harmonie, Gelassenheit, Glück, Empathie.
So wie den Mann am Strand, stelle ich mir – nebenbei gesagt – die Situation von uns Menschen auf der Erde im Vergleich zu höheren Dimensionen vor. Wir sind einfach momentan nicht fähig, mit mehr oder stärkeren Energien in Resonanz zu gelangen. Unsere Frequenzbreite genügt nicht. Irgendein spiritueller Lehrer, der Name ist mir leider entfallen, sagte einmal sinngemäß, „die Wahrheit würde uns verbrennen". Kann ich mir gut vorstellen, wenn ich dabei an durchgeschmorte Kabel und dergleichen denke. Zuviel nicht transformierbare Energie!
(Wer hierfür ein einprägsames Sinnbild möchte, schaue bitte einmal den Film „Mars attacks". Insbesondere die Szenen, in denen die Marsianer gegen Ende mit dem Oldie Song konfrontiert werden. Sehen Sie, was mit deren Köpfen passiert?)
Das bedeutet aber auch: Wir können aus der Umwelt immer nur damit in Resonanz treten, immer nur das auslesen, was wir selbst bereits in uns integriert haben. Resonanz ist Gleichklang, diesen Resonanzraum immer weiter zu erschließen, ist geistiges Wachstum und Überwindung eigener Grenzen. Dinge in sich zu integrieren heißt damit, die Möglichkeiten der Wahrnehmung zu erweitern, heißt, das Frequenzspektrum zu verbreitern und immer mehr und differenzierter wahrnehmen zu können.

Um die Freude am Strand wahrzunehmen, muss er nicht selbst freudig sein, er müsste die Energie nur aufnehmen, dekodieren und benennen können! Das ist wichtig. Denn es bedeutet, dass wir nicht von „unseren" Gefühlen abhängig sind oder diese sind, sondern dass sie nur in uns eine Art Eigenleben führen und wir diese beobachten können. Der Herr am Strand müsste die Freude im Laufe seines Lebens irgendwann nur kennen gelernt und in sich integriert haben, um diese nun wenigstens theoretisch bemerken zu können. Wir können nur wahrnehmen, was wir kennen und erfahren haben. Alles andere ist unbekannt und wird schlicht nicht registriert. Er könnte also tatsächlich „die sind aber richtig gut drauf, lustig und beschwingt" analysieren, während er es mit seinem persönlichen Zustand vergleicht und „nervt mich total" (emotionale Interpretation) bilanziert.
Was will ich mit diesem kurzen Beispiel skizzieren? Es gibt also zweifellos eine objektiv vorhandene äußere Realität (das Strandleben mit z.B. seinen pulsierenden subjektiven Energien) und die innere Realität des „Motzers". Das ist, was ich kurz bilanzieren wollte. (Es gibt auch hierfür ein Gegenargument: Man könnte einwenden, der Motzer und die Strandszenerie mit allen Energien existieren „beide" nur in meinem Gehirn - dem Beobachter und Schilderer der Szenerie. Alles existiere nur in meinem Gehirn. Und Ihrem jetzt natürlich auch. Da sind wir schon sehr weit in Randbereichen der Philosophie. Nun gehen wir noch ein zwei letzte Schritte. Ergänzend stellen Sie sich bitte alle Materie noch als schwingende Energiefelder vor, was als erwiesen betrachtet werden kann und unser Gehirn als ebensolches Schwungfeld. Denn natürlich sind auch alle Teilchen in Ihrem Gehirn letztlich nur Energie. Dann interagiert beim Wahrnehmungsprozess eines jedweden Menschen einfach nur Energie mit Energie. (Wir bringen individuell in Erfahrung, was ES erfahrbar machen möchte) Die Art unserer Erfahrung ist dann abhängig von unserem Resonanzspektrum; wie breit können wir mitschwingen; was liegt außerhalb unseres möglichen Resonanzrahmens?)
Und was ist Energie? Die Quantität. Der Träger, physikalische Grundstoff. Materie, gemessen in Giga-Elektronenvolt. (GeV)
Was ist dann die Qualität? Bewusstsein. Information.

Die Antwort auf den Einwand, die Szenerie samt Motzer existiert letztlich nur im Gehirn des Beobachters heißt und es gibt demnach keine objektive Realität, heißt: Letztlich ist auch Materie nur Energie verschiedener Frequenz und auf informatorischer Basis durch Bewusst-

sein geladen. Und „ja“, diese unterschiedlichen Qualitäten von Bewusstsein interferieren miteinander und bauen ständig an einer instabilen, sich voran rechnenden Gegenwart und Realität.
Wenn Sie nun einwenden, ich habe damit die Lösung von objektiver und subjektiver Realität auf die Spitze getrieben und danach nur in der Ebene verlagert, haben Sie Recht. Es ist jedoch mit meinem Kenntnisstand das Letzte, was es hier lösungsorientiert zu sagen gibt. Letztlich sind es offene philosophische Fragen.
Für uns als Remote Viewer bleibt wichtig :
- dies in der Tiefe durchdacht zu haben
- sich dessen bewusst zu sein
- unsere subjektive Wahrnehmung zu öffnen (auch im Alltag) und
- zu trennen von Energien des Ortes, Objektes oder etwas Abstraktem

(Es ist klar, dass gerade der letzte Punkt natürlich wie das Beispiel mit der Strandszenerie immer ein Resonanzphänomen bleibt! Wir können Energien eines Ortes wahrnehmen, weil wir in Resonanz stehen.)
Somit sollten wir nun unseren Ausflug in innere und äußere Realität beendet haben. Man könnte Bücher darüber füllen, aber hier soll es so weit genug sein.
Wichtig für den Fortgang ist: Sie sind in Ihrem Wohnzimmer und beginnen die Sitzung bei einer bestimmten „äußeren Atmosphäre“.
Sobald Sie sich im Zielgebiet herumtreiben, werden Sie bemerken, wie sich diese ändert! Mit der Näherung ihrer Sinne in den Randbereichen des Targets verändert sich die empfundene Stimmung im Raum oder der „Luft“. Wie und wo auch immer Sie diese festmachen. Es kann zum Beispiel sein, dass Sie es generell spannender oder auch angespannter finden.
Mit anderen Worten: Ihre „äußere Realität“ erhält eine weitere Facette. Zunächst mögen Sie noch die Atmosphäre im Wohnzimmer als nun spannender empfinden, wo vorher doch noch Gelassenheit dominierte. Im Laufe der Sitzung und Targetanbindung aber, werden Sie diese Aspekte immer klarer dem Target zuordnen können. Nicht im Wohnzimmer ist es spannend, sondern „dort“ im Target! Und „dort“ werden Sie im Laufe der Zeit immer mehr beschreibende und charakterisierende Elemente zuordnen können.
Kurz: Ihre Wahrnehmungswelt hat nun ein drittes Standbein: Das subjektive Erleben „Innen“, die äußere objektive Welt, jedoch aufgesplittet in die beiden Ebenen „Wohnzimmer“ und „Target“.

Punkt 3, die Geschwätzigkeit: Zeitgleich bemerken Sie vielleicht so etwas wie eine fallende Redehemmung, denken sinngemäß, während Sie die Signallinie abfahren. Dann kann ich auch ruhig ein bisschen mehr erzählen, was ich so merke. „Einfach befreit drauflosplaudern, wenn ich was feststelle." Mit anderen Worten gesagt: Ihre Bereitschaft, spontan ungeprüft und ohne bewusste Verstandesendkontrolle Eindrücke fast direkt in Worte zu geben, ist erhöht. Ein Anzeichen für eine verminderte Ratiotätigkeit und mehr Kreativität und Spontaneität auf der anderen Seite. Erklärung? Zielkontakt!
Für erfahrene Remote Viewer ein Hinweis am Rande. Unbedingt zu notieren wäre in Gänze:
„Einfach befreit drauflosplaudern, wenn ich was feststelle."

Warum?
Auffällig sind die Worte „befreit" und vielleicht auch „plaudern". Vielleicht auch der ganze Terminus: „Einfach befreit drauflos ..." Diese könnten in Beziehung zum Target stehen. Als erfahrener Viewer kennen Sie das. Es gibt immer wieder hervorstechende Wörter, Redewendungen und Begriffe, die wie zufällig und nichtssagend eingeschleift werden und scheinbar überhaupt nichts zur Lösung am Target beizutragen haben. Bei Kenntnis des Targets entfalten diese aber eine verblüffende Bedeutungstiefe. Oft beleuchten diese Begriffe dann die Lösung vollkommen neu.
Ich hoffe, die letzten Seiten helfen Ihnen, bei den nächsten Sitzungen Ihren Kontakt mit dem Ziel vielleicht besser zu bemerken, auch wenn die Ergebnisse zu diesem Zeitpunkt gerade unlogisch erscheinen mögen. Vielleicht haben Sie ja damit eine Art inneren „Signalstrahl", mit dem Sie durch die Sitzung gehen können.

Der ganz normale Wahnsinn – Ich-Verhaftung

Ich bin nicht ich.
Ich bin jener,
der an meiner Seite geht,
ohne dass ich ihn erblicke,
den ich oft besuche,
und den ich oft vergesse.
Jener, der ruhig schweigt, wenn ich spreche,
der milde verzeiht, wenn ich hasse,
der umherschweift, wo ich nicht bin,
der aufrecht bleiben wird,
wenn ich sterbe.
Juan Ramón Jiménez

Nachfolgend bleibt kein Stein auf dem anderen. Wir beschäftigen uns mit normalsten Gedanken des Alltages und unserer Realität – und nichts scheint mehr normal ...

Das hört sich schon sehr kompliziert an, diese Überschrift. Und zugegeben, das Gedicht darunter macht es nicht gerade einfacher. Dabei leben wir alle alltäglich mit jenem Wahnsinn. Nicht dem einer Sitzung, aber dem alltäglichen Wahnsinn unserer Gedanken, ohne es als solchen zu bemerken. Und genau deshalb – weil wir es nicht bemerken – erscheint es uns normal. Sobald wir ansatzweise erfassen, was hier mit uns tagtäglich passiert, in welchen Untiefen unser Seelenleben stattfindet, welche Ebenen unser Bewusstsein hat, sobald wir uns nach innen konzentrieren und erforschen, zu Psychonauten werden, erkennen wir eine weitere Unendlichkeit. Nicht die des Universums, sondern die unseres eigenen Selbst. Da erscheint es bequemer und weniger wahnsinnig einfach an der Oberfläche zu bleiben; im Verstand zu leben.

Das klingt schon wieder kryptisch? Verzeihung.

Ich möchte damit sagen, dass viele Menschen in ihrem Verstand leben, ihn jedoch nicht kontrollieren. Ja, wir meinen oft sogar, unser Verstand, unsere Gedanken, unsere Emotionen zu *sein*, wenn wir von „ich" reden. Es mag sich sehr verwirrend anhören, wenn ich behaupte, wer „ich" sagt, redet von einer Art reflektierender Konstruktion seines eigenen Geistes, die er selbst, einem Drehbuchautor ähnlich, ständig verändert und neu integriert. Ich weiß, das klingt verwirrt und nicht vernünftig. Wer jedoch den als normal geltenden Geisteszustand auch als normal beurteilt, möge bitte kurz Tagesschau schauen oder einen

Blick in die Tageszeitung werfen und dann hier weiterlesen. Demnach ist nämlich Krieg, Streit, Propaganda, Gier und Geilheit als Normprogramm neben sinnloser Verblödung und Konsuminformation „normal“. Sie finden, ich tue dem Fernsehen und unseren Qualitätsmedien Unrecht? Ich nicht.

Blicken wir einfach mal auf unser „normales Sein“. Wir denken. Ständig. Können es gar nicht abstellen. Der gute René Descartes verstieg sich sogar zu dem Satz „Cogito ergo sum“. Ich denke, also bin ich. Nach starken Zweifeln über die grundsätzliche menschliche Erkenntnisfähigkeit formulierte er als Fundament der Erkenntnisfähigkeit den Satz: *„Da es ja immer noch ich bin, der zweifelt, kann ich an diesem Ich, selbst wenn es träumt oder phantasiert, selber nicht mehr zweifeln.“* Damit war die Katze doch scheinbar im Sack: unser Denken macht unser Sein.
Er hat das Verdienst, das Dilemma des modernen Verstandesmenschen in einen einzigen greifbaren, meiner Meinung nach jedoch unwahren, Satz gegossen zu haben. Zu glauben, man existiere, man sei, *weil* man denke. Ich würde ja platt antworten, man *ist, deshalb* kann man auch denken. Sein existiert unabhängig vom Denken, was das Gegenteil von Descartes Aussage ist.
Jeder, der einmal erfolgreich ohne zu denken meditiert hat, wird bezeugen, dass Sein auch ohne denken prima funktionieren kann.
Descartes fasst das Dilemma ungewollt zusammen: der moderne Mensch ist mit seinem Denken identifiziert. Er denkt und lebt in seinem Kopf. Er identifiziert sich mit seinen Gedanken. Er macht seine Gedanken mit sich gleich. Er denkt, er ist seine Gedanken. Er meint, was er am Denken verändert habe, sei seine persönliche geistige Entwicklung. Er lebt in seiner eigenen Mentalwelt und hält diese für sich selbst.
Alles das ist wahr und Teil des Dramas, in dem wir täglich leben. Solange man im reinen Denken verhaftet ist, hält man dies für die letzte Instanz oder das Fundament des Seins.
Das ist es aber nicht. Wir sind nicht unser Denken.
Und was wir sind, ist etwas ganz anderes. Und Remote Viewing hat es mich schnuppern lassen. Ich kann wahrlich nicht sagen, angekommen zu sein, aber ich habe etwas entdeckt. Ich habe bemerkt, da gibt es noch mehr. Auch in unserem Sein ist – wie könnte es anders sein – etwas dahinter. Also unser Denken über unser Sein ist nur eine weitere

eigene Kulisse, Maya, Täuschung. Das Gefängnis ist in uns. Spannend, was?
Das erinnert mich an einen Film, wo man Tränen lachen kann.
Das Dilemma des Seins und Denkens lässt sich als Gleichnis in der Komödie „Mr. Bean macht Ferien" zusammenfassen. Es besteht in unserem Ego, unserer Persönlichkeit. Gegen Ende des Filmes kommt Mr. Bean im schönen Cannes in Südfrankreich an und besucht die Filmfestspiele. Er gerät in den Kinosaal. Dort wird ein Film aufgeführt dessen Vorspann gerade in epischer Länge gezeigt wird.
Schwarzer Bildschirm: *„Carson Clay Pictures presents".*
Danach die Großaufnahme eines attraktiven regungslos in die Kamera blickenden Schauspielers.
Daneben der Schriftzug: *Carson Clay*. Das Bild, die Umgebung ziehen vorbei. Nur Carson Clay bleibt statisch, die Bildmitte füllend, stehen.

„....in a Carson Clay production"

„...of a Carson Clay film"

Schwenk ins Publikum. Dort sitzt der Schauspieler – es ist Carson Clay – und betrachtet erfreut und beglückt seinen eigenen Film, in dem er Schauspieler, Zentralfigur, Regisseur, Produzent und Filmemacher in einem ist.
Natürlich ist das lächerlich, exzentrisch und unglaublich selbstsüchtig. Und genau so denken wir über uns selbst – zumindest solange wir als „normal" gelten, in unserem Leben.
Was wir denken, was wir sind, ist der Käfig oder die Kulisse, in der wir uns selbst, über unsere Eigenbetrachtungen, gefangen halten. Es gibt eine Konstruktion, ähnlich einer Kulisse, die wir uns über uns selbst standig erzählen. Wer wir sind, was wir machen, zu was wir fähig sind, wie unsere Geschichte war, wie was in unserem Leben anderes bedingt hat, was wir tun wollen ... ein nicht enden wollendes „babababababa". Wir führen selbst Regie im eigenen Film des „Wer ich bin." Hauptrolle: ich selbst, Regisseur: ich selbst, Drehbuch: ich selbst, Drehbuchberatung: ich selbst, Kritik: ich selbst und so weiter. Ich will jetzt nicht gerade sagen, dass das alles selbsterzählter Bullshit ist (eigentlich schon). Aber es ist nicht zielführend.
Im Gegenteil.
Es ist in jedem Fall nicht, was wir in uns suchen oder was da in der Tiefe schlummert. *Es ist nämlich gerade nicht dieses ständig denkende*

„Ego-Ich". Es hat nichts damit zu tun. Es ist, wie bei einer Zwiebel, eine Fülle von Schichten. Der Kern, das Innere wäre das Ich. Darum liegen all diese Schichten und Definitionen des Ego, einer Kulisse, die sich „Ich" nennt, es aber nicht ist, sondern eine Fülle von Programmen oder Schichten. Die Summe dieser Programme konstruieren wir zu einem erdachten, wandelbaren „Ego-Ich" mit Lebenslauf, Vorlieben, Abneigungen, Talente – eben allem, was man landläufig und im Alltag schnell als „ich" bezeichnet.
Wir entwerfen eine Konstruktion von uns selbst, blicken erneut darauf und verändern nach Bedarf und Belieben. Letztlich glauben wir uns über uns selbst, was wir uns Selbst oftmals vorgebetet haben. Unsere Vergangenheit ist je nach Geschmacksfarbe eine Opferrolle, Märtyrergeschichte oder Heldensaga. Und das alles konstruiert etwas in uns sich passend zusammen.
Einige objektive Grundpfeiler haben stattgefunden. Danach wurde alles eingewertet, beurteilt, ins Verhältnis gestellt in einen erdachten Rahmen gepresst – und dahinter hängt nicht das Ich, sondern das Ego.

Es kann sein, dass Sie beim Lesen dieser Zeilen widerwillig mit dem Kopf schütteln, sich zum Beispiel eines Erlebnisses in Ihrer Kindheit, in der Schule oder in der Ausbildung erinnern und beharren: „Nein. Dies und jenes hat unzweifelhaft so und so stattgefunden. Und es war definitiv die Schuld von einem Mitschüler, einem Lehrer oder Kollegen, weil er dies und jenes getan hat und so weiter und so fort."
Dann ist es mit Sicherheit der Fall, dass Sie die Vergangenheit gerade aus der Sicht Ihres Egos betrachten. Sie betrachten sich selbst aus der Sicht Ihrer selbst. Und dabei kann nichts anderes als Selbstbestätigung heraus kommen. Mit Objektivität hat dies hingegen genauso wenig zu tun, wie mit Reflexion.
Es wäre – im Vergleich – wie Remote Viewing ohne das Beobachten der eigenen Gedanken, ohne kontrollierende und regulierende Ebene. Ohne über den Tellerrand hinaus zu schauen. Wir würden gleichzeitig in den Strudel des Targets gezogen werden, wie in die Echobilder unseres Egos und dies nicht bemerken. Es gäbe keinen Unterschied mehr zwischen Fantasie und äußeren Daten. Wir würden Abbilder und Konstruktionen des Targets entwerfen und uns gleichermaßen erzählen, dass wir Helden, Versager, Opfer oder sonst etwas sind und dabei Ego Rollen annehmen. Wir lebten in erdachten Fantasien und würden diese zu Wahrheiten erheben. Verstehen Sie nun, weshalb ich zu Anfang ein wenig kritisch über Channeln geschrieben habe? (Es gibt wirklich

gute Channelings. Dann haben wir dort oben einige Voraussetzungen dafür erarbeitet.)

Wer ist denn dann überhaupt „ich“ wenn es nicht diese Konstruktion meiner selbst ist? Was man als „ich“ definiert ist eine Ansammlung von Konditionierungen, Erwartungen, Betrachtungen über einen Selbst, von Erlerntem und Geurteiltem.

Das erinnert mich an die Geschichte, die indische Elefantendompteure erzählen. Wenn diese einen Elefanten dressieren, rammen sie einen Pfahl in den Boden und binden den Elefanten daran fest. Das muss wirklich richtig gut passieren. Der Pahl muss bombenfest sein, denn der Elefant wird über eine bestimmte Zeit alles versuchen, sich loszureißen und wirklich seine ganze Kraft einsetzen, sich von diesem Pfahl mit dem Strick zu befreien. Er wird sich daran verausgaben. Nach einigen Tagen gibt er plötzlich auf. Es war ihm nicht möglich das Seil zu zerreißen oder den Pfahl aus dem Erdboden zu ziehen. Er gibt auf. Elefanten sind intelligent und sie haben ein gutes Gehirn. Sie vergessen die Lehre der unnütz verschwendeten Energie, den Frust, die Niederlage nicht. Sie haben gelernt. Sie sind nun konditioniert.

Fortan können die Dompteure mit ihrem Elefanten in die Stadt laufen, einen kleinen unscheinbaren Holzpfahl halbherzig mit einem Hammer gerade wenige Zentimeter tief in den Boden rammen und den Elefanten alleine lassen. Er wird nie wieder versuchen sich los zu reißen ... die Lektion sitzt.

Man kann aus diesem Beispiel viel herleiten. Vielleicht immer wieder neu zu versuchen, Probleme auch mit bereits bekannten und vormals gescheiterten Mitteln erneut zu lösen oder nicht aufzugeben.

Ich möchte hier auf den Umstand abstellen, dass eine Erfahrung, in diesem Fall die Unmöglichkeit der Befreiung, das Verzagen es einmal mehr zu probieren, das Aufgeben sich als eine Art „Software“ im Kopf der Elefanten eingenistet hat.

Die objektive Möglichkeit der Befreiung ist direkt und immer vorhanden, nur die Lehrsätze, die Software im Kopf, verhindert dies erfolgreich.

Und wir? Sind wir auch wie die Elefanten? Was wäre, wenn unser Alltag, unser Kampf um Befreiung mit dem des Elefanten vergleichbar wäre?

Wir reißen uns nicht mehr los von der symbolischen Leine der selbst erlernten Konditionierungen oder der Vorstellung von uns selbst. Im Gegenteil, wir hegen und pflegen immer mehr an unserer selbst erzählten Geschichte.

Aber das muss nicht so sein. Wir müssen nicht in der Sackgasse der Geschichten von und über uns selbst enden. Und wie genau könnte es gehen, dieses unser Bewusstsein zu öffnen?
Nach ein paar Jahren Remote Viewing und nachdem mein Sein Veränderungen unterworfen wurde, die ich nicht kontrolliert habe, aber nie mehr missen möchte, kann ich den verursachenden Grundparameter in einen wirklich einfachen Satz gießen. Es geht darum, was wir immer beim Remote Viewing machen, standardmäßig:
Es geht ganz einfach darum, die Gedanken zu beobachten.
Wir betrachten unsere Gedanken.
Also ich meine jetzt nicht, wir würden uns gegenüber sitzen und Telepathie betreiben.
Ich meine, was Sie und ich tun, wenn wir in einer Session viewen. Was machen wir da als Viewer?
Nochmal. Weil es so schön ist:
Wir betrachten unsere Gedanken.
Klingelt es?
Nein?
Ok. Geduld.
Es ist doch das, was Sie vielleicht jahrelang getan haben. Oder? Sie machen eine Session als Viewer und während dieser Session „fahren wir eine Art Gedankenmanagement". Exakt das ist doch, was Remote Viewing ist: Gedankenmanagement. Die Guten ins Töpfchen, die Schlechten ins Kröpfchen. Sie sortieren Daten. Wir sieben im Meer der Information. Betrachten etwas, das gerade gedacht wurde und sortieren das dann ein. Genau das haben Sie doch nach festen Regeln erlernt und danach x mal mehr oder weniger genauso durchgeführt.

Gedanken bemerken. Gedanken ordnen und in Kategorien einsortieren.
Es ist ein antrainierte Gespaltenheit: Einerseits Offenheit für jegliche Gedanken, andererseits die völlige Aufmerksamkeit, diese zu registrieren und richtig einzuordnen. (Nebenbei ein schönes Gleichnis auf die Elemente Chaos und Ordnung als Triebenergien für die Erschaffung unserer Realität.) Wir lernen also, intern unsere Gedanken zu betrachten und zu unterscheiden. Das ist im Grunde ein phänomenaler Akt!

Und was an unterschiedlichen Gedanken kann in einer Sitzung auftreten und muss eingeordnet werden?
Das möchte ich auf den nächsten Seiten genauer betrachten.

Anderer Zustand, andere Gedanken

Wir leben in einem Traumzustand. Wenn wir erwachen, werden wir die Wirklichkeit sehen. Doch diese Wirklichkeit kann nicht mit unserem Kopf verstanden werden.
Paramahamsa Sri Swami Vishnawanda

Auf den letzten Seiten haben wir die Aufspaltung unseres Bewusstseins in einen rein bearbeitenden Teil und einen kontrollierenden Teil herausgearbeitet.
Ferner, dass es ein im Grunde revolutionärer Akt (im Sinne eines strukturellen nachhaltigen Wandels) ist, seine eigenen Gedanken zu beobachten.
Was sollte daran eigentlich so sensationell sein?
Die Tatsache, zwei Instanzen innerhalb eines Denksystems in sich zu haben.
Oder anders: Seine eigenen Gedanken zu beobachten, bedeutet, neben der eigentlichen Gedankentätigkeit noch eine weitere Instanz von Bewusstheit zu bemerken und diese als weitere Achtsamkeit auch zielgerichtet zu benutzen.
„Normalerweise" empfindet man sich als seine Gedanken. Wir sind identifiziert damit und leben scheinbar inmitten unserer Gedankenwelten. Das ist eine Betrachtungsweise unseres Geisteszustandes.
Dieser Zustand wird aber in einer Remote Viewing Session nicht stabil anhalten oder auf diesen beschränkt bleiben.
Weiterhin ist also interessant, was genau an Gedanken und Wahrnehmungen in einer Session auftritt. Das möchte ich nun besprechen.
So weit, so gut.
Machen wir eine Liste. Es ist nur eine Auflistung.

Insbesondere sind die einzelnen Punkte nicht
- nach Wichtigkeit
- Häufigkeit
- Zeitpunkt geordnet oder
- bewertet und sortiert.

Die Liste soll nur zeigen, was mir an Gedanken in Sitzungen abschließend bekannt ist.
Natürlich können diese nachfolgend separierten Eindrücke auch überlagert aufgenommen werden.

Wir haben es im Grunde immer und ständig mit einer Mischung der nachfolgenden Punkte zu tun und uns an diesen Zustand nur gewöhnt und diesen als „normal“ bezeichnet.

Liste der Gedankenarten

Sie bemerken in einer Session

1. Geräusche, Gerüche, Optik, Haptik im Außen – also alles wie sonst auch. Die Alltagswahrnehmung bleibt eingeschaltet.

2. Geräusche, Gerüche, Optik, Haptik innerlich – alles wie sonst auch - nur Innen.

3. Gedanken *über* das Außen (Stimme des Monitors z.B. ungeduldig, gelangweilt, Ableitungen: ein Zuschauer lacht und man überlegt, ob dies Spott ist)

4. Gedanken über das Target („Ich finde das...“)

5. Gedanken über Ihr Innen („Ich fühle mich irgendwie...“)

6. einen manchmal rasender eigenständiger Verstand – zeigt sich in einer Masse Bilder und komplexen Konstruktionen – Sie sollten dies bemerken und AUL's herausschreiben

7. den „Dirigenten“ oder „Hippo“(Hilfspolizist“) – jene „Ordnungsmacht“, welche uns Gedanken sortieren lässt.

„Hinter“ all dem sind wir ein all dies registrierendes, einfach vorhandenes Sein; die neutrale, betrachtende passive „Grundenergie“.

Ich möchte diese Aufzählung Punkt für Punkt in den nächsten Kapiteln besprechen und einzeln ausführen.

Alltagswahrnehmung

1. Geräusche, Gerüche, Optik, Haptik im Außen – also alles wie sonst auch.

Beginnen wir also mit der Alltagswahrnehmung. Die Sinneseindrücke, die uns dauernd über Auge, Ohr, Nase, Haut und Mund informieren. Was wir hier einordnen, sind ganz normale Sinneseindrücke. Was wir täglich gewohnt sind und durch Gewöhnung als nicht nachfragenswert erachten. Das Lesen in diesem Buch gerade, liefert bereits eine Masse an Daten, die automatisch dekodiert und gewertet werden (z.B. „hell", „schwarz", „weiß", „viele Formen", „rund", „eckig", „hart", „mittelschwer", „kann ich anfassen", „drin blättern", „fühlt sich wie Papier an", „Kühlschrank brummt", „weicher Sessel", „mich juckt es gerade"). Wir werden also bombardiert von Sinneseindrücken, von denen wir im Normalzustand schon die Masse ausblenden und uns nur auf einen dünnen Gedankenstrahl fokussieren.
Genau das werden wir nun aber verändern und ganz bewusst das Hier und Jetzt in der Normalwelt auffächern und registrieren.
Können Sie auch genau jetzt machen, wenn Sie dieses Buch kurz zur Seite legen, die Augen schließen und dann mal nur hören.
Schnell wird uns dabei bewusst, wie viele Dinge unbemerkt waren. Je genauer wir diese Übung durchführen, umso mehr Entgangenes bemerken wir. Nach einer Zeit kann man nur noch staunen, wie viel uns dauernd entgeht! Eigentlich bemerken wir kaum etwas. Erschreckend. Ja, und wird Alltag und normal genannt.
Das Gleiche geht mit Sehen: Schauen Sie nur einmal 1 Minute möglichst bewusst und versuchen Sie, alles zu registrieren. Bisher haben Sie vielleicht geglaubt, unsere Augen seien wie eine Kamera und würden objektiv alles um uns herum abbilden und aufnehmen. Nahezu das Gegenteil ist wirklich der Fall. Kaum etwas haben wir gespeichert.
Es gibt wenige Menschen auf der Welt, die tatsächlich fähig sind, nahezu objektiv wie eine Kamera aufzunehmen.
Man fährt mit Ihnen durch eine Stadt oder fliegt mit dem Hubschrauber über zahllose Dächer und diese Menschen sind tatsächlich fähig, aus dem Gedächtnis detailgenau wiederzugeben, was sie gesehen haben (in Youtube zum Beispiel mal nach Stephen Wiltshire suchen). Deren Panoramazeichnungen gleichen dann bis ins Detail den geschossenen Fotoaufnahmen während der Fahrt oder des Fluges.

Ja, fliegen Sie mit mir doch mal 10 Minuten über Berlin und sagen danach: „Zeichne doch bitte einmal die Gegend um das Brandenburger Tor nach. Wir haben das nun zur Genüge umkreist."
Ich male Ihnen das. Gerne. Es sieht nur aus wie eine Kiste Legosteine, die sich Ihr Jüngster vielleicht gerade über den Kopf geschüttet hat. Die liegen nun auf 3 Meter verteilt auf dem Boden und sehen mit viel Phantasie wie Häuser und Straßenzüge aus.
Erbärmlich? Erbärmlich.
Dann wenigstens das Brandenburger Tor! Das ist doch eindrucksvoll.

Ja nein. Geht nicht. Kann ich nicht.
Das sieht dann nämlich exakt so aus, wie meine Zeichnungen in Remote Viewing Sessions.
Warum? Weil ich nicht malen kann?
Was heißt „nicht malen können"?
Vielleicht gibt es wirklich wenige Menschen, die nicht malen können. Also unfähig sind, die Hand, aufgrund eines wirklich grobmotorischen Defektes übers Papier zu bekommen.
Aber ich *könnte theoretisch* wie Picasso malen. Klar.
Mir fehlt bloß die Anweisung meines Hirnes, wie ich die Hand zu bewegen habe.
Und warum kommt die nicht?

Weil ich im Kopf kein Bild habe. Da wurde nichts abgespeichert. Obwohl ich das Brandenburger Tor und den Platz mit den Gebäuden *gesehen* habe. Vielleicht könnte ich einzelne Elemente wiedergeben. Den Streitwagen, ein paar Säulen (wie viele waren das?), aber es wäre erbärmlich wenig, was ich wüsste, erst recht, von wie vielen Details ich nicht den Schimmer einer Ahnung hätte, obwohl ich da gerade 10 Minuten drauf geschaut habe.

Wie viele Rillen oder Kehlen hatten die Säulen?
Wie viele Bilder waren über den Säulen?
Was zeigen die?
Von wie vielen Pferden wird der Wagen gezogen?

Jetzt kann man versuchen, über „genaues konzentriertes Sehen" ein Bild abzutasten und sich Fragen zu stellen, die man beantwortet, um daraus ein immer bewussteres Abbild der späteren Zeichnung zu entwerfen.
Wie viele Fenster hat das Haus? Verlaufen diese in einer Flucht? Haben Sie Fensterbänke? Und endlos so weiter.
Nach jeder Frage bemerken Sie, wie weitere auftauchen und wie viel man nicht bemerkt hat. Es fühlt sich tatsächlich endlos an.
Wenn Sie das nicht glauben können, dann probieren Sie es doch selbst ruhig einmal mit diesem – oder jedem anderen Foto aus.
Und jetzt läuft über das Sehen und Hören sogar meist die Masse der sensorischen Daten. Meistens. Manchmal, kurz und dominant, übernimmt gerne mal ein Geruch die Oberhand, übertüncht spontan alles und führt uns nicht selten direkt in die Kindheit. Geschmack ist noch seltener, dafür aber beim Essen oft sehr genussvoll und alles andere übertünchend.
Haptische Reize führen ein weniger beachtetes Dasein. Immens wichtig, um unseren Körper und seine Funktionen vom Greifen bis zum Laufen, für jede Art des Werkelns, Gestaltens, Arbeitens und vieles mehr zu benutzen, achten wir doch meist nicht bewusst auf die zugehörigen Empfindungen. Wir benutzen zum Beispiel unsere Hände um etwas zu erreichen, aber das reine Empfinden spielt bis auf wenige Ausnahmen oder Extreme (Genuss, Lust, Schmerz) für gewöhnlich kaum eine Rolle.
Auch dies ist ein Zeichen von weitgehender Unbewusstheit und Reizausblendung.

Was blendet diese Reize eigentlich aus? Wer oder was in uns ist verantwortlich für das „So-und-so" (und nicht anders) wahrnehmen?
Was bestimmt über die Mixtur und Gewichtung?
Was filtert nach welchen Kriterien genau aus und warum?
Ich kann diese Fragen hier nicht zufrieden stellend beantworten.
Für mich nenne ich es immer etwas spöttisch das „Wahrnehmungssystem Mensch".
Für den Fortgang unserer Beschreibungen ist wichtig, eine Bewusstheit über das Wahrnehmungsphänomen an sich und seine immens unterschätzte und stetige Bedeutung zu haben.
Und selbst, wenn Sie das jetzt gelesen haben und sich schwören, ab jetzt „alles" bewusst wahrnehmen zu wollen, verfallen Sie nach höchstens 2 Minuten wieder in den Energiesparmodus Ihres Gehirnes und es wird ausgesiebt, was das Zeug hält.
Wir haben schon einen sehr engen Spielrau, das, zu was unsere physischen Sinne aufgrund ihrer Bauart fähig sind, wahrzunehmen im Vergleich zur Bandbreite verfügbarer Reize.
Was wir selbst davon dann aber weiter ausfiltern und nicht registrieren, verengt den Spielraum der Wahrnehmung weiter massiv.
Es ist, als wollte man ein Zimmer erhellen, indem man mit einer Taschenlampe durch ein Schlüsselloch leuchtet.
Das dunkle Zimmer ist die Welt und was der dämmrige Lichtkegel aus dem Schlüsselloch heraus erhellt, ist sinnbildlich was wir bewusst wahrnehmen. Das meiste bleibt uns immer verborgen.
Nun möchte ich Ihre Aufmerksamkeit auf ein weiteres Detail lenken.
Wie läuft Reizentschlüsselung für gewöhnlich in unserem Kopf?
Nehmen wir Beispiele:
„Es ist kalt."
„Das Laub raschelt."
„Da hat es einen lauten Knall gegeben!"
„Da fährt ein Auto!"
„Wind streichelt über meine Haut."
„Meerwasser in der Nase."
„Die sonnenbeschienene Seite ist warm."
Das ist reine Dekodierung auf Basis der Fähigkeits- und Arbeitsfrequenzen unserer Sinne. Oder?
Haben Sie es bemerkt?
Wollte ich bei der Beschreibung reiner Sinneseindrücke ganz genau sein, bliebe nur „kalt", „rascheln", „laut", „streicheln", „röhren", „kribbeln".

„Das Laub raschelt“ oder „Der Kühlschrank brummt“ ist bereits eine ziemliche Interaktion zwischen Reizaufnahme, Dekodierung im Gehirn, Bewertung und Sinnesreflektion hin zu einem komplexen, zusammengesetzten Ergebnis. Wenn ich diese gleiche Situation wirklich nur aufnehmen wollte, ohne Bewertung oder Entschlüsselung, bleibt nur „rascheln“ und „brummen“. Vielleicht noch „weich“ oder „faserig“, wenn man das Laub berührt, ohne Benennung oder komplexe Schlussfolgerungen.

Wir sehen an diesem kleinen Beispiel wie eng verzahnt wir mit der uns umgebenden Welt sind; wie schnell und unbewusst wir ständig werten und „im Gehirn leben“. Uns fällt gewohnheitsmäßig gar nicht mehr auf, wie wir die ständigen puzzleartig zusammengesetzten abstrakten Schlussfolgerungen unseres Hirnes glauben.

Noch besser ersichtlich ist das bei dem Satz: „Da fährt ein Auto!“ Wieviel doch da an persönlicher Wertung aufgrund Erfahrung, Gewohnheit und automatischen Grundannahmen erfolgt ist, bis man statt der einfachen Sinnesaufnahme „röhrend“, zu einem so komplexen Ergebnis kommt. Das ist wirklich nur im Alltag selbstverständlich. Sobald man unvoreingenommen darüber nachdenkt, ist es ein Wunder.

Sie kennen diese Unterscheidungen vielleicht von einem Remote Viewing Grundkurs der Stufen 1 und 2, wo wir lernten „blind“ zu sehen und einfache sowie grundlegende Daten zu bemerken. Die Targetbindung ist in diesem Stadium oft zu vage, um in der Mehrzahl komplexe und korrekte Sinneseindrücke auszuschreiben. Also erlernen wir wieder, wie ein Kind zu „sehen“. Urteilslos.

Ok, das ist ganz einfach die Summe ihrer Sinneseindrücke im Hier und Jetzt und dieser Dimension. Eigentlich ganz einfach, außer, dass Sie sich Zeit und Muße und Konzentration nehmen müssen, um dies so schön sauber aufzufächern und zu bemerken. Wir sind nämlich über Jahre darauf gedrillt worden, uns selbst ständig zu übergehen und unsere vielen Empfindungen zu ignorieren. In Sätzen und Befehlen wie „konzentriere Dich“, „bleib bei der Sache“, „schweif nicht ab“, „sitz still und schreib“ und vielem mehr, sehen wir diese angezüchteten Ausblendungen. Für einen erfolgreichen Punkt 1 dieser Liste da oben dürfen Sie alle Lehrsätze mal gekonnt ignorieren und einfach wieder reduziert „sein“.

Bei einer gewohnt verlaufenden Session wird Ihr für normal befundenes Alltagsbewusstsein zu Anfang genau so aktiv sein, wie Sie das auch für gewöhnlich zu kennen glauben.

Mit der Bearbeitung der Stufen wird es hingegen – so wie bei jeder Tätigkeit mit Fokussierung und Konzentration – „getunnelt". Meint, Sie erhalten grundsätzlich immer weniger Informationen von außen und mehr durch die Bearbeitung der Sitzung.
Diese Reduzierung verläuft nicht linear. Sie schalten also nicht gleichförmig immer mehr gewohnte Sinnesreize ab, je länger Sie an einer Sitzung arbeiten, sondern dieser Prozess geschieht variabel und in Wellen.
Mal sind also Ihre Sinnesreize für das Außen stärker aktiv, mal geringer. Das kennen Sie bereits vom Lesen eines guten Buches, vom Schreiben, Computerspielen und vielem mehr, was Ihre Konzentration und Fokussierung verlangt.
Je mehr wir uns auf eine Sache konzentrieren, umso mehr Sinnesreize werden außen abgeschaltet oder besser „durchgelassen". Sie fallen durch das Aufmerksamkeitsraster ins Nichts. Wir können aber nicht stetig fokussiert bleiben und so werden wir wieder mehr im Außen wahrnehmen, je weniger punktuell konzentriert wir sind. Das ist eine Art der Hypnose.
Wichtig: Ich argumentiere hierbei mit einer Fokussierung der Sinne im Außen! Also Sie sind auf den Fernseher konzentriert, blicken auf den Monitor eines Computers, lesen im Kinoprogramm, daddeln am Mobiltelefon im Bus. Die Reizfänger sind in diesen Beispielen durchweg außen und diese Beschreibungen gelten nur für einen Konzentrationstunnel im Außen. Punktuelles Wahrnehmen in unserem Gesichtskreis.
So ähnlich ist das auch mit Remote Viewing-Sessions. Aber nur so ähnlich. Denn dort, wandern unsere Sinne nach innen. Das ist der Unterschied.

Pendler der Sinne

2. Geräusche, Gerüche, Optik, Haptik – alles wie sonst im Außen – nur Innen.

So. Und jetzt ganz einfach. Punkt 2 ist das Gleiche wie Punkt 1 nur in der „Anderwelt dort drüben" Easy, oder? Das erste war die äußere Welt, das jetzt ist die innere Welt.
Und arbeiten wir das Problem von eben gleich zu Anfang ab. Wenn unser Bewusstsein, unsere Achtsamkeit in einer Remote Viewing Session

ständig zwischen außen und innen pendelt – und das wird es – dann sind wir mitten im Thema.
Mal sind Sie durch irgendeinen Impuls stärker im Target, mal wieder stärker mit den „Normalsinnen" verhaftet. Dies ist in einem Effekt begründet, den wir Bilokation nennen.
Wir haben unsere Aufmerksamkeit zwar konzentriert, sind aber an mehreren Stellen gleichzeitig.
Wir haben es bei einer Remote Viewing Sitzung nach einiger Zeit mit diesem Effekt der Bilokation zu tun. Es beschreibt die ersten beiden Punkte 1 und 2. Ganz einfach gesagt: Ein Teil von Ihnen ist hier, in dieser Welt, der andere „da", am Target, in jener anderen Welt. Ganz einfach erst einmal jetzt vorausgeschickt.
Je nach Bindung und Resonanz von Ihnen mit dem Target schwankt die Gewichtung, wo Sie sich wie fühlen. Ob Sie mehr hier oder da sind. Mit anderen Worten: Ihr als Mittelpunkt empfundener Ort des Seins ist mal mehr im Hier und Jetzt an diversen Einzelpunkten der Umgebung, meist irgendwo an diesem Schreibtisch und dann phasenweise mehr „dort im Target". Dies ist meist bei erfolgreichem Zielkontakt, wenn Sie sich mit einem Wesen unterhalten, in den Gedanken eines Menschen, Tieres, Planeten oder seiner Empfindungswelt oder weiteren Seinswelten herumstöbern, der Fall.
Es ist teilweise sehr anstrengend, kann nicht so lange ausgehalten werden und verschiebt unseren Mittelpunkt zeitweise sehr. So sehr, dass wir direkte Empfindungen des Hier und Jetzt von Geräuschen, Licht und so weiter nicht mehr richtig oder gar nicht mitbekommen, weil die Masse unserer Sinne eben einfach „dort" ist.
Aber wo genau ist das Target denn eigentlich?
Die ideologische Antwort darauf lautet derzeit: in der Matrix. Das wäre jene alles speichernde Energieeinheit, die überall verfügbar und abrufbar, wie auch durch Gedanken speisbar ist. Technisch würden wir das als „dezentral" bezeichnen. Sie hat wohl holografische Eigenschaften. Hierüber gäbe es Bücher zu schreiben.
Die Antwort für die Wahrnehmung des Targets – und darum geht es uns hier momentan ja – lautet: in uns.

Bestandteile des Zieles sind in uns wahrnehmbar. Wir fühlen (hören, sehen usw.) nach bestimmten Regeln in uns hinein und haben spontane Sinneseindrücke.

Wobei ich auch schon Sessions hatte, wo ich ganze Informationspakete mit meinen Sinnen eindeutig im Außen verortet habe, was ich logisch zwar sehr seltsam, aber zutreffend finde.
Gerade ganze „Stufe 6 Filme", also das Empfangen ganzer Ketten von Informationen, komplexe Datenpäckchen vom Feinsten habe ich nun schon mehrfach weit außen im Irgendwo zu verorten gemeint.
So. Äußere Wahrnehmung und innere Wahrnehmung. Punkt. Das wäre es – eigentlich.
Denn wenn wir alle kleine coole aufgeklärte und selbsterleuchtete total reflektierte Erwachte wären, wäre hier schon umfassend und abschließend gesagt, aus was erfolgreiches Remote Viewing bestehen kann. Die Innenwelt in Bezug auf eine Aufgabe – das Ziel oder Target – vollumfänglich wahrnehmen und beschreiben können und nach außen transportieren.
Wie beschrieben, hat das schon einiges an Untiefen.
Wir sind aber auch nicht derart „klar".
Behaupte ich jetzt mal so. Nur deshalb gibt es die nachfolgenden Punkte der Liste. Ab hier beginnt jetzt das „Störfeuer".

Weiter auf den nächsten Seiten.

Sperrangelweit offen – die Tür zum Innenleben

3. Gedanken *über* das Außen (Stimme des Monitors z.B. ungeduldig, gelangweilt, usw.)

Außenreize werden von uns emotional bewertet und erhalten eine neue Qualität. Ein Außenreiz stößt die Tür zu einer Innenwelt auf.
Ein Außenreiz ist nur noch das Streichholz, mit dem wir eine Ölfläche entzünden. Die brennende Ölfläche symbolisiert dabei unsere eigenen „in Brand geratenen" Gedanken.
Was meine ich damit?
Gibt es da ein Beispiel?
Klar. Der erste Tag im Schwimmbad zum Beispiel.
Toll, nach dem Winter endlich einmal den Körper zu entkleiden und dann halbnackt Nachbarn, Bekannte und Klassenkameraden von früher zu treffen, oder? Im Zweifel genügt auch ein junger Mann/eine junge Frau, die uns kurz mustert.
Sie schauen an sich herunter und sehen Ihren Körper in Badekleidung.
Und das Mustern gerade eben, dieser kurze Blick, mündet in unseren Gewissensfragen:
„Waren letzten Winter Rotkraut und Knödel wirklich essentiell nötig für die Formung dieses Körpers?"
„Ist hellbeige oder käsig die perfekte Hautfarbe für so einen Außeneinsatz hier?"
„Sind Sockenabdrücke über dem Fußknochen ein ästhetisches Muster?"
„Was kostet ein Kombiticket von Sonnenbank und Fitnessstudio als Abo?"

Das „Streichholz" entspräche in diesem Beispiel also dem von uns wahrgenommenen Nachbarn, dem Bekannten oder Klassenkameraden.
Die daraus entzündete „Ölfläche" unsere in Brand geratenen Gedanken danach: von Ernährung, Körperfarbe, Sockenmuster und Kombiticket.
Und das ist nur der Anfang. Ab jetzt beginnt das innere Gedankenkarussell erst richtig! Da wird dann ein Füllhorn an Emotionen über uns geschüttet und die Gedanken beginnen zu rotieren…
Eine echte dritte Gedankenebene.
Positiv formuliert kann man sagen, es ist schöpferisch.

Übertragen wir dieses kleine Beispiel auf eine Session kann das so sein:

„Der Monitor hat eben gereizt geklungen. Warum? Hat der keine Zeit mehr? Muss er aufs Klo? Habe ich Scheiße erzählt? Läuft uns die Zeit davon? Bin ich überhaupt noch on target? Kommt gleich eine Bewegungsübung, weil ich nicht mehr on target bin?"

Und tausend mögliche Fragen mehr. Für uns kleine neurotische Viewer geht aber auch das Gegenteil.
„Warum ist das eigentlich so still hier? Unterdrückt der gerade ein Lachen?"
Jaja. Wer spricht hier und in unzähligen weiteren Varianten? Antwort: Das Ego! Störfeuer pur. Mal will es gefallen, mal will es erfolgreich sein, mal will es sich nicht blamieren und geniert sich, mal hat es Versagensangst, mal setzt es sich selbst unter Druck und so könnte das SEI-TEN-WEI-SE weitergehen, um Gründe zu beschreiben, was an Gedanken über das Außen möglich wären.
Bedeutet: Die meisten von uns sind ständig in einer Art Selbst-Überwachungs-Programm. „Was denken die anderen Menschen von mir?"
Sie inhaftieren sich selbst, indem, so bescheuert dies klingen mag, Sie versuchen, sich selbst durch die vermeintliche Brille der anderen zu betrachten, obwohl das schlicht nicht geht. Denn wir können nicht mit dem Hirn eines anderen wahrnehmen. Es geht nicht. Wahrnehmung ist und bleibt individuell. Neben dieser Angst „aus der Reihe zu fallen", dieser Selbst-Angst-Steuerung, gibt es dann noch die Überwachung der Masse untereinander. Also das Pochen auf Einhaltung von Regeln von der Masse untereinander. Mit einer Schar selbst ernannter Hilfspolizisten gelingt Steuerung in gesellschaftlichen Systemen einfach besser. Niemand kann so viele Menschen so effektiv kontrollieren und überwachen wie diese sich selbst einerseits und untereinander andererseits.
Zum Glück ist das restliche Störfeuer unter Punkt 3 nicht so schlimm. Es ist neutraler. Sie hören zum Beispiel ein Auto vorbeifahren, eine klare Wahrnehmung von Punkt Nr. 1 und bemerken *„das war ein Golf"*, *„bestimmt fährt mein Nachbar zur Arbeit"*. Also eine Kombination von Sensorik, Analytik (und Ablenkung). Sie beurteilen das Außen. Aber neutraler.

Ohne selbst derart mit Ego und Emotionen involviert zu werden. *„Der Stift holpert, das stört."*
„Ich habe nicht genug Platz auf dem Schreibtisch."
Viele solcher Sachen. Es sind Bewertungen äußerer Sinnesreize. Die Kombination eines Reizes mit einem darauf bezogenen Gedanken.

Lebenssternstunden

4. Gedanken über das Target („Ich finde das...")

Sie denken über das Target nach. Sie sind in der Mentalwelt und kombinieren dort Sinneseindrücke mit analytischen Gedanken oder Gefühlen. Oftmals kommt es hier zu einer Bündelung von Eindrücken bis zu ersten unbewussten Analysen oder viele Eindrücke werden in einem Gefühl zusammengefasst.
Schauen wir Punkt 4 tiefer an. Wir brauchen ein Beispiel und spiegeln dies der Einfachheit halber in unseren „normalen Alltag".
Also. Sie gehen ins Theater. Vorweihnachtszeit vielleicht. Das Theater ist ein alter Bau aus der Belle Epoque, so um 1900, also echt romantisch das Ganze. Es fängt noch an zu schneien an diesem Abend, sie trinken mit Ihrem Partner im Foyer einen Sekt, alles atmet diese Mischung aus vergangener Epoche, Vorweihnachtszeit und besinnlicher Beschwingtheit. Das Stück selbst war so lala, aber diese wenigen Augenblicke im Foyer, für die lohnt es sich zu leben. Die nehmen Sie mit in die letzte Kiste, zwei Meter unter der Grasnarbe. Der Sekt, ein Lächeln, der Schnee...es sind immer Augenblicke, die sich in unserem Hirn eingraben.
Stellen wir uns vor, dieser Theaterabend sei das Target einer Remote Viewing Sitzung gewesen. Dieser Abend im Theater. Natürlich auch korrekt als Target bezeichnet und im Umschlag und so. Wissen Sie alles schon.
Ich kann jetzt natürlich nicht sagen, wie es Ihnen geht, aber vielleicht hilft Ihnen, was ich regelmäßig bemerke, wenn ich in den „Annäherungskämpfen" ans Target bin und langsam „gewinne". Kurz: Die Stimmung schlägt um. Hatte ich ja schon erwähnt. Lustig gesagt und in Anlehnung an eine Retro Quizshow der 90er des letzten Jahrhunderts: „Eben noch am Schreibtisch und jetzt hier auf die (er sagte wirklich „die") Showbühne!" Okay. Scherz beiseite. Die Stimmung schlägt um. Sie sitzen eben noch ganz normal da und fahren die Linie ab mit der

Atmosphäre, die die Situation eben hatte und plötzlich überkommt Sie so ein seltsames Gefühl. Das ist einer der ersten und beinharten Targeteindrücke, der sehr schwer in Worte gefasst werden kann. Die ersten Berührungen mit dem Target sind oft Gefühle, Eindrücke, die uns überkommen, in uns Raum fassen, die aber sehr schwer in Worte gefasst werden können. Wir empfinden eben und können nicht ausdrücken. Ein klares Zeichen, dass die rechte Hirnhemnisphäre in Kontakt steht. Meistens ist es Ihnen jedoch unmöglich, dies mit dem korrekten Attribut zu versehen. Versuchen Sie es aber trotzdem, dann sagen Sie: „Ich finde das irgendwie schön/komisch/gruselig/unheimlich. Also nichtssagende Eigenschaften, die beileibe nicht die Besonderheit Ihres Gefühls, Ihres Kontaktes zum Target ausdrücken, der so viel brillanter und facettenreicher ist, aber eben und immer wieder unaussprechbar *gefühlt*. Es ist ein Kreuz. So viel in Ihrem Inneren und so wenig, was Sie befähigt, es irgendwie nach außen zu bekommen. Dabei ist es so wichtig. Wenn Sie einen guten Monitor haben und Sie ihm irgendwie Datenfutter gegeben haben, holt der das zum Beispiel über eine eingeschobene Stufe 5 aus Ihnen raus. Sehr oft malen wir irgendwas. Einen Kreis, eine Kiste, einen Strich, der im Lauf der Sitzung sein Wesen verändert. Aus dem Kreis wird ein Balken, aus dem Balken eine Säule und die ist dann „irgendwie romantisch“. Bommm! Da wäre im Beispiel jetzt der Scheitelpunkt. Jetzt hat er es rausgekitzelt! *Das* war Ihr Zugang. Romantisch. Das war, was Ihr persönlicher zentraler Punkt im Beispiel gewesen wäre. Ihr zentraler Erinnerungsinhalt. Sie haben diesen Theaterabend abgespeichert als eines Ihrer romantischsten Erlebnisse. Das ist die Schlagzeile. Und der hätten Sie sich im Beispiel über die Emotion genähert. Mir passiert das übrigens oft bei Targets. Auch wenn die keinen persönlichen Emotionsbezug zu mir haben. Das erste Signalfeuer ist ein Gefühl.

Und genauso erleben wir doch auch hier in der 3D Welt! Wir können uns nicht erinnern wie das Theaterstück hieß, wer hinter uns saß, welche Schauspieler was sagten, aus welchem Stein die Säulen waren, welche Menschen da standen und tausende Dinge mehr. Wir haben Schlagzeilen behalten, vielleicht ein stellvertretendes, dann auch noch über die Jahre selbst erstelltes Bild. Und dieses Bild heißt: Der romantische Abend damals im Foyer des Theaters in der Vorweihnachtszeit. Und dieses Bild beinhaltet unsäglich viele Schubladen zu weiteren Bereichen in Ihnen drinnen. Persönlichen Verzweigungen des Fuchsbaus in Ihrem Inneren.

Und alles das gipfelt immer wieder darin, wie es durch Sie gefiltert wurde. Wie Sie es gefunden und beurteilt haben. Wie die objektive Realität durch Sie in eine subjektive eingefiltert und abgespeichert wurde.
Das bedeutet oben dieses „Ich finde das ..."
Ich möchte das noch einmal eine Spur genauer auseinander nehmen. Einfach, um noch einmal komprimiert darzustellen, warum eine Emotion immer eine persönliche Ableitung Ihres subjektiven Zielkontaktes darstellt. Bleiben wir bei diesem Theaterbeispiel.
Was ist da genau geschehen?
Es gab an diesem Abend tausende von kleinen Einzelheiten, aus denen er zusammengesetzt war. Da war die Parkplatzsuche, die Kolonaden, die zum Theater führten, der 200 Jahre alte Marmorbelag, innen ein Foyer aus alten Tagen: Marmor, Kaskaden, bunte Deckengemälde, farbige Rokokomalereien mit biblischen Darstellungen und pummeligen Engelchen, Frauen in Ballkleidern und Männer in Anzügen, der Sekt, Sie und ihr Partner zusammen am Stehtisch, der hell glitzernde Kronleuchter mit tausenden kleinen Lichtersternen, das Klingeln als Aufruf, das Theater zu besetzen. Es hatte etwas Überirdisches. Und draußen? Draußen schneite es. Himmlisch. Wie im Film. Tausende Details, die Ihnen an diesem Abend aufgefallen sind und – jetzt kommt es – in eine einzige kleine Schlagzeile komprimiert wurden. Ihr Hirn hat die in eine Schublade reinsortiert. Fein säuberlich. Und Ihr Seufzen dreißig Jahre später kommt da noch mit rein, wenn Sie das den Enkeln erzählen. Und die Beschriftung dieser Schublade heißt: „ROMANTISCH!" Das ist die Verknüpfung und auf die sind Sie in der Sitzung eingerastet, als Sie in den Dunstkreis des Zieles gekommen sind.
In der Sitzung gefühlte Emotionen heißen für uns immer, im Dunstkreis des Targets zu sein. Aspekte gelangen – individuell eingefärbt – zu uns, werden bemerkt und konnten bei hinreichendem Zielkontakt entpackt werden. Sie zeigen aber in jedem Fall, auf dem Weg zu sein.

So. Das war ein Bezug bei persönlichen Targets. Genau so passiert Ihnen das auch, wenn Sie ein unpersönliches – also nicht biographisches – Target haben. Sie mögen keine Katzen und haben eine als Viewer im Umschlag? „Finde ich irgendwie doof."
Sie haben Angst vor Hunden und viewen einen?
„Ich möchte da nicht hin, das ist gruselig."
Und so geht das mit ewigen Beispielen weiter. Wichtig bleibt: Wenn Sie in einer neutralen Umgebung des Hier und Jetzt plötzlich eine Stim-

mungsveränderung hinsichtlich Attributen verspüren, ist das immer ein Zielkontakt. Vielleicht verkappt, ja, aber ein Zielkontakt. Es gibt einen Bezug. Sonst hätten Sie ein Umkippen der Stimmung nicht bemerkt. Da ist was. Bleiben Sie dran. Ihre persönlichen Filter sind mit irgendetwas in Resonanz geraten und haben das beurteilt. Ganz sicher ist da etwas.

Ein guter Monitor hat das bemerkt und führt Sie weiter ran. Bleiben Sie locker und machen Sie weiter Ihr Gedankenmanagement. Wird schon!

Da gibt es nämlich noch eine Variante zu diesem Vorgang über bemerkte Emotionen an das Target heranzukommen es aber nicht ausdrücken können.

Die heißt: Sie bemerken einen Aspekt oder eine Emotion in sich, die sich auf das Target bezieht, Sie haben sogar ein Wort dafür, nur fehlt Ihnen leider im Moment die *Feinmotorik in den Fingern*, um das sauber aufzuschreiben. Im Ernst. Kein Scherz. Was? Kennen Sie? Na bitte. Sehen Sie es positiv. Im Ernst. Schon wieder ein Beweis, dass Sie sich sozusagen rund um den Sperrzaun des Targets rumtreiben. Sie sind da (Hurra!).

Gehen wir einen Schritt weiter zu Punkt 5 und den Gedanken über Ihr Innen („Ich fühle mich irgendwie ...").

Lauter Körpergefühle

5. Gedanken über Ihr Innen („Ich fühle mich irgendwie ...")

Jaja, es klingt schon etwas multipel, sobald man sich mit dem alltäglichen Wahnsinn auseinandersetzt. Aber wir schaffen es doch tatsächlich neben den vielen Eindrücken über hier und dort, unseren Gedanken über die Situation oder Gefühle am Target auch noch Empfindungen über unser eigenes Sosein darüber zu stapeln. Eine Lappalie: Sie müssen auf die Toilette, „ich habe Blasendruck" oder haben Durst, „ich habe eine trockene Kehle". Es ist sozusagen die Haptik im Inneren. Körpergefühl. „Mir wird es langsam zu viel." „Ich fühle mich fahrig." Vieles mehr in dieser Art. Gut, wenn Sie es so klar umrissen benennen können und nicht vermischen. Nicht, dass Empfindungen ihres Körpers unreflektiert in die Sitzung einfließen. Also immer schön sagen. Alles immer rauslassen.

Sollten – nebenbei bemerkt – Blasendruck, Hunger und Durst so ziemlich die einzigen Körperregungen sein, die Sie bemerken, dürfen Sie ziemlich sicher sein, hauptsächlich „im Kopf zu leben“. Ein weit verbreitetes Phänomen dieser Tage. Wenn Sie darüber Gewissheit haben möchten, inwiefern Sie in Kontakt mit Ihrem eigenen Körper stehen, wie sehr sich Kopf und Körper in Ihrem Bewusstsein angefreundet haben oder nicht, können Sie eine einfache Übung absolvieren.

Legen Sie sich ruhig einmal hin. Wenn Sie möchten, können Sie auch im Sitzen die Augen schließen. Bitte bleiben Sie regungslos und finden Sie eine entspannte, ruhige Position. Gehen Sie mit Ihrer Aufmerksamkeit einmal zu Ihrem linken Zeh. Nicht bewegen. Fühlen Sie ihn? Das wiederholen Sie bitte mit Ihrem rechten großen Zeh, Ihrem linken kleinen Finger, der rechten Ringfingerspitze ...

Danach fühlen Sie Ihren Bauch, Ihren Rücken, Ihr Ohr... reisen Sie mit geschlossenen Augen, wohin Sie möchten.

Wenn Ihnen das gelungen sein sollte, versuchen Sie bewusst jede Zelle Ihres Körpers zu spüren. Können Sie die Energie fühlen, die einer Stromspannung ähnelnd durch alle Körperzellen fließt und Sie praktisch auflädt?

Gelingt Ihnen das, stehen Sie in Kontakt mit Ihrem Körper. Sie sind nicht kopflastig.

Wenn Sie meinen, ich spinne mir hier Stuss zusammen oder sich fragen wovon ich rede und in welchen seltsamen Vorstellungswelten ich lebe, dürfen Sie ziemlich sicher sein, in Ihrem eigenen Kopf zu leben und nicht in Kontakt mit Ihrem Körper zu stehen.

(Was Sie dann jedoch nicht glauben, da ich hier nichts „bewiesen“ habe und „irgendwas schwadroniere“ ... Ist klar.)

So. Es ging um Körperempfindungen, die während einer Sitzung als Gedanke einfließen.

Das Gute ist: was Sie sagen, wird der Monitor außen einordnen. Das belastet Sie dann nicht weiter und wird nicht länger irgendwo in Ihren Hirnwindungen mit herumgeschleift. Alles, was wir nicht unterdrücken, führt auch kein unbewusstes inneres Eigenleben. Es sackt nicht in die Unbewusstheit ab und führt dort kein Eigenleben in Schattenbereichen unserer Selbst. Ein Grund, in einer Sitzung grundsätzlich extrovertiert zu handeln. Alles was wir introvertiert bearbeiten, muss auch intern korrekt – und damit ohne Kontrollinstanz im Außen – gemanagt werden. Ist riskant. Zumal man als Viewer in bestimmten Zuständen die geniale Tragweite von manchen in den Kopf geschossenen Aussagen nie erkennen kann.

Und sogar objektiv vorhandene Körperzustände können in unserem System eben einen Targetbezug haben. Muss nicht – kann.
Denn perfiderweise gibt es auch hier eine Kehrtwende. Sie haben tatsächlich und eigentlich keinen Durst. Sie haben eine trockene Kehle oder verspüren Durst und denken Sie hätten eine trockene Kehle, weil es vom Target transportierte Eigenschaften sind. Wie Sie das auseinanderhalten?
Gar nicht.
Böse.
Ich weiß.
Meist ist es tatsächlich einfach Körpergefühl.

Auf zum nächsten Punkt!

Nutzloses Feuerwerk

6. Ein manchmal rasender eigenständiger Verstand – zeigt sich in einer Masse Bilder und komplexen Konstruktionen – Sie sollten dies bemerken und AULs herausschreiben

Sie kommen in die Sitzung und erleben noch nach 5 Minuten ein Feuerwerk der Bilder, Worte, Filme. Wie ein tanzender Derwisch huscht Ihre Wahrnehmung durch den Urwald, zeigt Ihnen eine Kirchturmspitze, dann die Pyramiden im Wüstensand, Kamele, „etwas fliegendes Bedrohliches" gefolgt von einem Satzfetzen wie „mehr Tiefe als gedacht" und „doppelbödig". Machen wir die Diagnose kurz: Ihr Verstand läuft Amok. Nicht gut.
Hier gibt es mehrere Dinge zu sagen.

1. Schnelldenker leiden an diesem Phänomen. Gerade Menschen, die im Arbeitsleben ständig rational denken und kalkulieren müssen, die ihr Gehirn linkshemnisphärisch benutzen, dürfen mit Sicherheit damit rechnen, dass es Amok läuft, weil es plötzlich in einem anderen unbekannten Modus laufen soll. Es versucht gewissenhaft, das logisch nicht lösbare Rätsel einer Remote Viewing Sitzung mit altbekannten Werkzeugen und Wegen zu lösen: Mit der Vernunft und dem Verstand, wie bei einem Rätsel. Die Aufgabe lautet in etwa wie folgt: „Was? Du gibst mir ein Rätsel, das ich logisch nicht lösen kann? Wie soll ich das jetzt tun?" Und da beißt sich die Katze in den Schwanz. Excel Benutzer ken-

nen dieses Problem in Formeln vielleicht unter „Zirkelbezug". Es ist exakt das, was geschieht. Das Gehirn dreht sich im Kreis.
Das Gehirn kennt seit der Grundschulzeit hauptsächlich nur diesen einen Königsweg zur Lösung: Rationalität, Logik und Vernunft. Damit hat es Mathe- und Physikarbeiten bestritten, in Deutsch Textanalysen und Grammatik gemeistert, als Bilanzbuchhalter die Firma geführt, als Betriebswirt den besten Einkaufspreis berechnet, die nötige Farblitermenge für den Wandanstrich kalkuliert und in die zu verausgabende Geldmenge umgerechnet und vieles Alltägliche mehr. Und immer – immer – hat es mindestens näherungsweise funktioniert. Und jetzt kommen Sie daher mit so einem Scheiß!? Wie soll man – verdammt nochmal – etwas ermitteln, was logisch nicht ermittelbar ist? Zum Durchdrehen. Also werden willkürlich Bilder geladen. Könnte ja ein Zufallstreffer gelandet werden. Und selbst, wenn es – das Gehirn – Sie parallel denken lässt, dass „Zufalls-Stocherei" mit absolut vernachlässigbarer Wahrscheinlichkeit gerade irgendwie was werden könnte, macht ihre Ratio weiter. Da kommt das nächste AUL. Ich habe ernsthaft schon mal einen Viewer erlebt, der nach Minute 2 „Hund, Katze, Maus Baum" sagte. Ich glaube ja, der hatte zuviel Montagsmaler geschaut. Eine alte Quizshow, wo genau dieser Satz oft gewählt wurde und eine Art „Kult" erlangte.
Warum aber hat es dann bei der allerersten RV Sitzung so automatisch geklappt? Tatsächlich haben ja viele Viewer den absolut genialen Ersttreffer, egal ob die nun in zwei Jahrzehnten ratiolastig in der Buchhaltung arbeiteten oder nicht.
Antwort: Weil es bis dahin ein unbekanntes Spiel war. Spaß. Sie waren locker, gelöst und offen für Spielereien und Spinnereien. Alles das wurde samt Ihrer Weltsicht komplett umgerissen, als Sie damals den Briefumschlag geöffnet haben. Ab diesem Zeitpunkt, ab der Erkenntnis, dass Sie in der ersten Sitzung wussten, was Sie nicht hätten wissen können und rational auch nicht hätten wissen dürfen, ist nichts wie vorher und schon gar kein Spiel mehr. Und das haben Sie (Ihr Gehirn) sich genau gemerkt! Es ist kein Spiel! Hier passiert etwas Unmögliches – und da geht der Krampf los. Jetzt kommt Ego, Wettkampf, Erfolgswille – jetzt kommt alles mit hinein, was hinderlich ist – und muss über Wiederholung und Training langsam wieder abgebaut werden.

So: Wie gehen wir nun mit dem Problem des „tanzenden Derwischs" – mit Ihrer Amok laufenden Ratio um?

Die gute Nachricht dabei: Ich habe bislang kein Hirn erlebt, das ein Gedankenfeuerwerk auf Dauer durchhält. Danke an das Protokoll. Die Vernunft macht die Grätsche, es schmort sozusagen unter der Belastung durch. Vertrauen Sie auf das Protokoll. Es gibt eine Menge zu tun. Linie beschreiben, unterteilen und in Worte umformen. Zusammen mit einem Bilderfeuerwerk ist das auf Dauer für uns Menschen nicht leistbar. Wir werden langsamer, plötzlich brauchen wir für eine simple Linienbeschreibung mehr Zeit und so weiter.
Alles Kleinigkeiten, die ein erfahrener Monitor erkennt. Übrigens, können auch Sie, als erfahrener Viewer, das durchaus als weitere Ebene Ihres Bewusstseins parallel registrieren: „Aha, ich werde endlich langsamer. Scheinbar fährt meine Ratio etwas runter. Angenehm!"
Es ist bei korrektem Monitoring außerdem nur ein Problem der Stufe eins oder maximal zwei (eigentlich schon zwei nicht mehr).

2. Eine Flut von zusammengesetzten Eindrücken (AULs) zu Sitzungsbeginn zeigt, dass Sie völlig im Kopf leben. Ist jetzt eine unbequeme Wahrheit und vielleicht hassen Sie mich dafür. Ist aber so. Sie sind völlig überspannt. Haben Sie Einschlafprobleme? Denken Sie tagsüber immer zwei, drei Sachen parallel? Ist Ihr Tag so etwas wie ein Wettkampf, den es zu meistern gilt? Gehören Sie zu den Müttern, die neben der Kindererziehung am Handy WhatsApp-Gruppen lesen, Abendessen planen, kochen, spülen, Wohnung säubern, Arztbesuche und den Tag samt Mann, Hund und Kind organisieren? Neben dem – mindestens – Teilzeitjob natürlich. Der Feminismus hat die Frauen betrogen. Ja. Böse. Wissen Sie auch. Sie sind nicht unabhängiger geworden; sie wurden noch viel mehr versklavt. Neben dem Erfolg im Beruf, müssen sie jetzt auch noch eine Spitzenmutter sein, den Haushalt schmeißen und sexy aussehen. Die Perversion des Rollenbildes „perfekte Frau" ist absolut unerfüllbar. Für mich klar gewollt, aber das ist ein anderes Thema. Dafür hat der Staat nun mehr Lohn- und Einkommenssteuerzahler. Ist nicht von mir, sondern von Herrn Rockefeller. Im Anhang finden Sie sein Zitat zum Feminismus.
Können Sie sich vorstellen, dass dieses Ihr Leben kein Zufall ist, auch nicht die Summe Ihrer eigenen *freien* Entscheidungen, sondern genau so vorgedacht und geplant wurde? Dass Sie Raster nachleben, die andere entworfen haben, ähnlich einem unsichtbaren Gefängnis?

Ich merke richtig, wie Sie auf dem Sprung sitzen. Worauf will der Macho raus? Ist das Problem für AULs in Sitzungen etwa in meinem Alltag

zu suchen? Meine Schuld, dass ich Familie, Kinder, Mann habe? He? Und wieso schreibt der überhaupt, dass die Frau in dem Beispiel zuhause ist?
Nein. Die Familie ist nicht das Problem. Noch nicht mal der Mann. Es ist der Bezug in Ihrem Inneren zu den Dingen. Sie kommen nicht mehr zur Ruhe. Die äußeren „Missstände" wären austauschbar. Ihr Inneres nicht. Das müssen Sie selbst ändern. Sie haben falsche Wünsche eingeimpft bekommen. Ich weiß, jetzt möchten viele dieses Buch in die Ecke knallen.
Wie könnten Sie – Bereitschaft vorausgesetzt – Ihr Inneres überdenken? (Es geht hier nicht um einen Missstand!)

Meditation wäre ein Mittel. Dauerlauf, Spazieren gehen. Remote Viewing Sitzungen sind vor allem ein intimer Blick in die Seinsarchitektur des Viewers. Und ein Viewer mit vielen AULs ist immer Hans Dampf in allen Gassen. Bis er ausgedampft hat, irgendwann. Denn das Problem ist, Hans Dampf funktioniert nur eine Zeit lang. Und wer an allen Seiten brennt, ist schneller verbrannt. Dampfloks stehen heute meistens nur noch kalt und rostend rum. Bei Menschen nennt man das dann Burnout.
Sie müssen auch nicht perfekt sein, um sich selbst mal anzunehmen. Sie sind exakt so, wie Sie sein sollten, auf die Welt gekommen. Da hatten Sie alles Rüstzeug dabei, um der Welt zu dienen und Ihren Platz einzunehmen. Dann kam die Schule, dann wurde verzogen, dann wurden Rollenbilder ideologisiert, dann wurde gepaukt, was richtig und was falsch und unerwünscht ist. Das alles, diese ganzen Zensuren, Bewertungen, Urteile sind nicht Sie und sagen nichts über Ihren Wert aus. Es ist, was andere eingetrichtert und geurteilt haben. Wieviel Wert wir dem zumessen, ist hingegen ein schöpferischer Akt unseres Geistes. Lieb wurden wir gehabt, wenn wir gute Noten hatten. Gewohnt, Liebe verdienen zu müssen, verwechselten wir schnell Liebe mit einer Art Handel. Konnten wir Liebe erhandeln? Oder haben wir das alleine schon für Wohlwollen in jeder Form getan? Nicht einmal Liebe gab es, sondern dann doch eher die unterklassigen Abarten davon: Lob, positive Energie, Gunst, Belohnung, Wärme. Katzengold. Nimm das Gold und gib die Perlen. Unser Wurzelbedürfnis nach Liebe bleibt meist ungesättigt. Wir lernen, die Abarten davon als vorübergehende Befriedigung zu akzeptieren. Ruhm, Anerkennung, Geld, Macht. Noch einmal, weil es so wichtig ist: dies ist ein *erlernter* Prozess. Letztlich mündet die Suche nach Liebe im materiellen Konsum. Wir bräuch-

ten die Masse der modernen Konsumgüter überhaupt nicht, wenn wir nicht eine Bedürftigkeit danach spüren würden. Diese resultiert aus einem Mangel in uns. Dieser Mangel ist wieder einmal: die Liebe.
Ein junger Mensch lernt automatisch, von selbst nie gut genug zu sein, nur über seine Leistung Anerkennung zu bekommen. Menschen mit dieser Prägung nennt man „Tuns-Geliebte (im Gegensatz zu „Seins-Geliebten"). Aber selbst durch Eltern Seins-Geliebte (damit sind Kinder gemeint, die für ihr „da-sein" Liebe durch die Eltern geschenkt bekommen) müssen in der Schule eine vollkommen neue Prägung erfahren. Spätestens jetzt werden sie durch Notendruck, Sportwettkämpfe, sozialen Erfolg – oder Misserfolg in eine Art Hierarchie oder Hackordnung gezwungen, müssen sich einordnen. Kurz: sie lernen nun, sich selbst aufgrund von Erfolgen und der klaren Sieger-Verlierer-Polarität entweder künstlich ins Ego hinein zu versteigern zum Beispiel „toll" zu sein, oder sich als Versager zu fühlen.
Auch bei Diskussionen in den einzelnen Schulfächern dominiert dieses Prinzip. Oft wird eine Einordnung nach „These-Antithese-Fazit" im Klassenrahmen verlangt. „Diskutieren Sie den Sachverhalt". Es ist sicherlich vorteilhaft, zu erlernen, beide Seiten einer Sache zu beleuchten. Es basiert jedoch auf Kampf, einseitige gegensätzliche Standpunkte einzunehmen und diese argumentativ gegen andere zu vertreten. Wer die besseren Argumente hat, „gewinnt" die Diskussion. Gewinner-Verlierer-Wortkämpfe. Auch wenn es vorteilhaft sein kann, den Verstand zu schärfen und zu trainieren, werden so nicht nur Themen, sondern auch Menschen gegeneinander in Stellung gebracht.
Gewinner werden in das Ego hinein verführt. Ihr goldenes Kalb wird jene ersponnene Illusionsfigur ihres erdachten „Selbst".
„Ich bin klasse in Mathe und Sport, bin beliebt, modisch angezogen und komme super an, weil ich cool bin, kann bessere Aufsätze als dieser und jener schreiben ..."
Der Gewinner strickt eine künstliche Selbstüberhöhung, der Verlierer zweifelt an sich und nährt – energetisch spirituell betrachtet – den Gewinner.

Das macht Schule – bewusst. Denn sie möchte ja auf das Leben in dieser Gesellschaft vorbereiten. Und das ist knallhart. Leistung. Gelderwerb. Konkurrenz, Schnelligkeit, Flexibilität. Die moderne Welt braucht angepasste Typen mit Ellbogen, um sich durchzusetzen.
So überträgt sich der von Grund auf erlernte Grundkampf dann auf alle Facetten unserer Gesellschaft. Unseren Umgang, unsere Gespräche

miteinander. Der Handel, unsere Verträge untereinander, unser Begegnen. Unser Leben ist durchseucht vom (unnötigen) Kampf – und Aggressions- und Konkurrenzdenken.
Im Anhang finden Sie bei Interesse hierzu Verweise auf Interviews mit Rüdiger Lenz und sein „Nichtkampf-Prinzip".

Wir sind durch gesellschaftliche Schablonen sämtlich in einen scheinbaren Wettkampf hereinmanipuliert worden. Den vermeintlichen wissenschaftlichen Unterbau erhält dieses System durch zum Beispiel die Evolutionstheorie („Der Stärkere oder Angepasstere gewinnt."), die ich für eine grandiose Fehllehre halte oder Narrative wie den „American Dream" – jeder kann es zu etwas bringen. Es sind durchweg materialistische Pseudo-Philosophien, die nicht glücklich machen, sondern ständig in den Vergleich mit anderen drängen und tendenziell unzufrieden stimmen. Dabei braucht die Welt unbedingt noch einige im positiven Sinne Verrückte – Betriebswirte, Banker und Finanzspezialisten haben wir genug. Es tut mir leid, wenn Sie Anlageberater sind und nun sauer. Es liegt mir fern, Sie in persona zu beleidigen.
Bob Marley, Idol des Reggae, sagte einmal: „An dem Tag, an dem Du aufhörst das Rennen mitzumachen, ist der Tag, an dem Du das Rennen gewinnst."
Die großartige Neuigkeit bei all dem ist: Wettkampf und Gewinn sind nur erlernte Gedankenmuster, die uns eingetrichtert wurden. Wir können umdenken und uns durch Innenschau rückorientieren. Weiter finden wir bei diesem Prozess uns selbst wieder und lösen uns von Wertungsrastern Dritter. Das Ergebnis ist eine Befreiung unserer selbst. Es wird dann egal, was andere über uns denken, ob diese uns loben oder tadeln und entscheidend, was wir über uns selbst denken und wie wir mit uns umgehen. Selbstliebe ist hier ein Stichwort.
Ach ja, Entschuldigung, was hat das alles mit einer erfolgreichen Remote Viewing Session zu tun?
Wenn Sie jeden Morgen früh aufstehen, um danach im Stau zur Arbeit zu kriechen und nach mindestens acht Stunden Verweildauer auf der Arbeit in einer vielleicht intriganten, konkurrenzreichen und leistungsorientierten Umgebung den Tag verbracht haben, können Sie kaum erwarten, dass Ihr Gehirn den Modus sauber umschaltet, um am Abend mal eben schnell noch erfolgreich, locker, spaßig, kreativ in die Zukunft zu sehen.

Prinzipiell geht es trotzdem. Es wird halt ungleich schwerer und fehleranfälliger. Sie haben AULs, fühlen sich vielleicht gehetzt, erleben die Sitzung als Wettbewerb, vergleichbar den Stunden auf der Arbeit, die dann auch noch benotet wird.
Das kurz nebenbei. Ich habe meine Sitzungen früher auch immer benotet. So in der Art, ob die nun on target waren oder nicht und wie gut ich die fand. Totaler Unsinn! Ich habe alte Sitzungen gefunden, die ich als „nicht on target" eingestuft habe, weil bildhaft etwas erzählt wurde, was ich damals nicht einordnen konnte und im Nachhinein als tatsächlich brillante Beschreibung des späteren Lebensweges entdeckt wurde. Nicht die Sitzung war falsch, sondern die rastermäßige und ideenlose Bewertung. Immer wieder stolpere ich noch heute darüber, das Remote Viewing ein Mittel ist, das vieldimensional wirkt und auch derartige Lösungen anbieten kann. Diese übersteigen dann zum aktuellen Zeitpunkt oft unser Begriffsvermögen.
Ja. Ich weiß. Ist ein Kreuz. Diese Prophezeiungen, die so genial sind, dass man sie erst erkennt, wenn sie eingetroffen sind.

Also: Wenn Sie zu den Viewern gehören, die viele AULs produzieren, die einen arbeitsamen Alltag leben und sich vielleicht schon überlastet fühlen, dann ändern Sie schleunigst Ihren Lebensstil. Die Themen rund um Stress und Burnout füllen hunderte Webseiten und Bücher. Überlastete Menschen leben über ihre Verhältnisse, über ihren Kredit und der Tag der Rückzahlung kommt. Und dann tut's weh. Es zeigt Ihnen außerdem eines sehr klar und unmissverständlich: Sie leben nicht so, wie Ihr Inneres leben will. Schnell lebt man dann gegen sich selbst, weil der Kopf Zwänge erstellt. Da gibt es Hitlisten in Ihnen, wo vieles vorher in der Wichtigkeit kommt. Platz 23 sind dann Sie selbst und vorher sind da die anderen 22 Punkte, die pflichtgemäß und „weil es eben so ist" erfüllt werden müssen.
„Und was will der Typ hier überhaupt von mir? Es gibt Zwänge! Ich habe mir das nicht ausgesucht! Ich bin da irgendwie reingerutscht. Das Geld muss reinkommen. Der Kredit muss abbezahlt werden! Da bleibt keine Zeit für ‚Selbstverwirklichung' oder besondere Rücksichtnahmen."

Ich verstehe sehr gut. Ich schreibe hier nicht theoretisch. Die Lösung ist hart. Sie ändern Ihr Wertesystem oder Sie werden davon geändert. Das Erste ist wählbar. Das Zweite nicht und tut erst weh, später ist es nur noch leer und freudlos.

Hier möchte ich nur weiter verfolgen, was eben auch einen Bezug zu Remote Viewing Sitzungen hat. Und da ein ausgeglichenes Gemüt, eine innere Ruhe, Beständigkeit, Gelassenheit einfach viel bessere Grundparameter für erfolgreiche Sitzungen sind, erwähne ich es. Diese Ruhe erreichen Sie – sollten Sie diese nicht bereits besitzen – zum Beispiel über Meditation. Meditation ist der Königsweg dahin. Gedanken beobachten, ziehen lassen, Zeitabschnitte ohne Gedanken erleben, das eigene Sein fühlen. Das Fühlen des „Ich" wandert dann zum Beispiel, wie beschrieben, oft in das Spüren des ganzen Körpers oder als warmes Gefühl in den Brustbereich. Man bemerkt zum Beispiel, dass der Körper wie von einer Energie aufgeladen ist. Überall ist ein sanftes Kribbeln zu spüren. Energie füllt den ganzen Körper an. Überall.
Abschalten können heißt, eine gute Session zu haben und „on target" zu kommen.
Serielle Tätigkeiten wie Wandern oder Dauerlauf lassen unser Gehirn automatisch und sehr sanft in einen anderen Modus schalten. Genau deshalb haben wir beim Joggen, Wandern, Autofahren oder Kochen oft tolle Ideen. Das Alltagsbewusstsein bestehend aus Rationalität, Kalkül und Vernunft fährt langsam herunter und weicht der Kreativität und der Intuition. Ja. Das ist absolut mit den Vorgängen beim Abarbeiten des Protokolls vergleichbar.
Soweit einmal. Und bitte verzeihen Sie die manchmal absolut provokanten Sätze.

Weiter!

Hilfspolizisten und Zirkusaffen

7. Der „Dirigent" oder „Hippo"(Hilfspolizist") – jene „Ordnungsmacht", welche uns Gedanken sortieren lässt.

Wenden wir uns Punkt 7 zu. Da wartet der Dirigent oder Hilfspolizist auf uns. Eine weitere Ebene unseres Bewusstseins. Für die Abarbeitung des Protokolls haben Sie den Auftrag vergeben, nach bestimmten Regeln alles zu sortieren und zu bearbeiten. Man könnte auch sagen, unser Monitor vertritt die Rolle des Vorgesetzten oder unseres eigenen Hilfspolizisten. Es ist also jene Instanz, die auf die Einhaltung der Regeln achtet, sobald wir mit der Session begonnen haben. „Bitte immer schön auf der Linie fahren", „AULs bemerken und rausschreiben.",

„Gefühle bemerken, klassifizieren, benennen und beschreiben", „Die Kurvenbeschreibung gehört nach links und außerdem muss da eine Zahl, nämlich die des gemeinten Abschnitts dabei sein". All dies. Ich finde, da passt Hilfspolizist doch ganz gut. Jemand der als kontrollierende Instanz auf die Einhaltung der Regeln achtet. Das sind nicht gerade die Sympathen unserer Gesellschaft, nicht? Wer bekommt schon gerne Knöllchen, weil er falsch parkt, von jemandem der dies aburteilt und bestraft.

Und trotzdem könnten wir in einer Remote Viewing Session dem Irrtum verfallen, dies seien nun „wir" im Sinne von „ich selbst". Wenn Sie also eine Session als Viewer erleben und sich „als Wächter" über die Sitzung und Ihre Gedanken erheben, also auf komplexe Bilder und Worte achten, um diese auszuschreiben, Gefühle sondieren und auf die Einhaltung der Regeln achten, dann könnte man denken, das sei man schließlich selbst. Ich jedenfalls habe das jahrelang gedacht und geglaubt.

Also etwas denkt oder empfängt Eindrücke und **ich** bemerke die und schreibe die aus.

Nein.

Nein. Es ist eine angelernte Rolle mit der man sich identifiziert hat.

Was da die Sitzung überwacht, sind nicht wir selbst!

Starker Tobak, oder?

Glauben Sie nicht? Sie erleben sich ständig als derjenige, welcher sauber auf der Linie fahren will, AULs sondiert und ausschreibt und alles richtig machen will? Ja, das ist Ihre Rolle. Sie haben sich identifiziert mit dieser erlernten Rolle. Sie erleben sich so.

Schon die einfache Logik, wer und wo Sie dann vorher gewesen wären, als Sie diese Rolle des Hilfspolizisten noch nicht kannten, deckt diesen Irrtum eigentlich auf. Sie wären dann nicht existent gewesen.

Alles was passiert, ist, dass Sie sich in verschiedenen Ich-Zuständen herumtreiben und diese miteinander spielen. Der Hilfspolizist ist hierbei nur eine Spielart, aber nicht Sie selbst.

Aber machen wir es etwas plakativer.

Übertragen wir diese Gedanken auf psychologische Identitätsprozesse, namentlich die Transaktionsanalyse, die in den 1980ern von Eric Berne veröffentlicht wurde und die das Selbstverständnis von Menschlichkeit und Psychotherapie und –logie revolutionierte.

Demnach werden die Ebenen unserer Persönlichkeit in drei Ebenen unterteilt. Das Erwachsenen-Ich, das Kind-Ich und das Eltern-Ich. Oh-

ne jetzt allzu tief auf die Transaktionsanalyse (TA) einzugehen, soll sie für das unabdingbare Verständnis hier sehr kurz skizziert werden.
Was sind das für Zustände in unserem Inneren?

Das Kindheits-Ich: Es sind die Zustände unserer Kindertage. Wir denken und fühlen so, wie wir es als Kind getan haben. Wir reagieren zum Beispiel auf Kritik trotzig und motzig oder todtraurig und verunsichert, einen weiteren Menschen würde Kritik anspornen. Ganz so, wie wir es in frühesten Tagen erlernt und verknüpft haben. Wir fallen in unsere Kinder- Rollenmuster und reagieren genau so.

Das Eltern-Ich: Der eigentliche Konträrpart zum Kindheits-Ich: Wir denken und fühlen, wie wir unsere Eltern erlebt haben. Als gebieterisch, schreiend, strafend, belohnend, lobend, aggressiv, fürsorgend. Auch hier sind wieder erlernte Rollenbilder und –muster unreflektiert übernommen worden.

Das Erwachsenen-Ich: An Zahlen, Daten und Fakten orientiert. Hauptsächlich logisch und rational. Problemlösend, offen, lösungsorientiert. Es wird definiert als die angemessene Reaktion auf den Augenblick und die Situation.

Unreflektiert summieren wir diese drei Ebenen unseres Seins tatsächlich als „Ich". Tatsächlich interagieren diese Ebenen aber bei jeder Kommunikation zwischen verschiedenen Personen miteinander, aber auch *in* uns. Ein und dieselbe Eigenschaft kann je nach Person von mehreren Ich-Ebenen besetzt sein. Ich rede hier nicht von klinischer Schizophrenie, sondern vom Alltag in jedem Menschen. Natürlich als Modell. Es gibt demnach miteinander kommunizierende Ebenen in uns.
Kurze Beispiele: Sie fahren Auto. Jemand nimmt Ihnen die Vorfahrt. Sie müssen abbremsen, fühlen sich gestört. „Kann das Arschloch nicht aufpassen? Dem gehört der Führerschein abgenommen!"
Hier spricht das Eltern-Ich. Eine Aktion und ein Mensch werden abgeurteilt. Die Situation wird bewertet, der Mensch und dessen vermeintliches Fehlverhalten ebenfalls. Zusätzlich wird Vergeltung oder Strafe gefordert, sowie die Einhaltung von Regeln. Eltern-Ich. Nicht Sie. Angelerntes Verhalten mit dem sich identifiziert wurde.

Jetzt könnte etwas in Ihnen beim Lesen ja sagen: „Na ja, er hat ja schließlich die Vorfahrt genommen. Das ist sozusagen objektives Unrecht."
Ich antworte: Erleben ist immer nur ein Ausschnitt an Erfahrung. Wir haben nie die gesamte Information. Nicht in diesem Buch und nicht im wahren Leben.
Deshalb setze ich hinzu: Der Autofahrer im Beispiel oben nahm die Vorfahrt, weil er einem Tier auswich und es nicht totfahren wollte.
Verstehen Sie? Ist er nun entschuldigt?
Vielleicht antworten Sie jetzt. „Egal, das berechtigt ihn trotzdem nicht dazu. Er hat statt eines Tieres Menschenleben aufs Spiel gesetzt."
Schon jetzt erleben wir eine Aufspaltung der Meinungen und Bewertungen in Lager.
Aber machen wir da weiter. Dann ersetze ich Tier durch Mensch. Er ist einem Menschen ausgewichen. Wie gesagt, wir kennen auch im wahren Leben nie alle Informationen und Beweggründe. Ich habe darüber bereits viel geschrieben. Stichwort wäre „endlose Kausalität" in den Vorbänden. Beweggründe sind für uns nicht einsehbar.
Aber entscheidend ist, dass wir mit der Urteilerei ständig inmitten des Eltern-Ich Programmes geblieben sind. Wir denken abzuwägen, wir denken frei zu denken und sind in Wahrheit nur geknechtet durch Urteils-Programme, die in uns ablaufen. Es gäbe noch viel zur Transaktionsanalyse (TA) zu schreiben, aber das ist ein RV-Buch und ich ziehe diese hier nur insofern heran, wie sie für das Verständnis der Vorgänge in der Session wichtig ist.
Erinnern Sie sich?
Ich hatte etwas weiter oben behauptet, was wir in unserer Session als Viewer als „Ich" wahrgenommen haben, sei nur eine Rolle und es klang absolut unglaublich. Würde man die Transaktionsanalyse mit der RV Session vergleichen, kann man es auf den Punkt bringen:
Der Dirigent oder Hilfspolizist ist eine Spielart des Eltern-Ich. Ok?!
Beide achten auf die Einhaltung der Regeln, dürfen urteilen und unterteilen, „abstrafen" (schlechte, böse Daten) und loben (feine Daten, bleiben drinnen, werden nicht durchgestrichen) und vieles mehr. Was da ständig zensiert, ist nicht Sie oder Ich, es ist ein angelernter Teil, eine Rolle.
Ich hoffe, bis hierhin habe ich Sie nun überzeugt. Mehr habe ich da nicht auf Lager. Es sollte angekommen sein.
Auch der Hilfspolizist oder Dirigent ist nur eine weitere Ebene unseres Bewusstseins, eine für die Durchführung der Remote Viewing Session

hilfreiche, aber nicht wir selbst. Nicht unser „Ich". Nicht, was Sie denken, was und wer Sie sind.
Das wird spannend, oder? Ich bemerke gerade Ihre langsam aufsteigende Verwirrung.
Ja. Wo sind denn dann wir geblieben? Oder sind wir „irgendwie alle Ebenen zusammen"?
Kann ja nicht sein! Dann wären wir Bio-Programme. Reiz-Reaktions-Schablonen. Eine Summe einfacher Reaktionen auf Umweltreize mit etwas Beurteilungs-, Empfindungs- und Denktätigkeit dabei.
Alles das haben wir aber gerade bis hierhin locker abgearbeitet, indem wir es als einzelne Wahrnehmungsaktionen aufgelistet haben. Darüber haben wir doch reflektiert! Heißt: Dahinter, daneben oder dabei gibt es doch noch uns selbst!
Aber irgendwo müssen wir doch sein. Auch in der Session.
Schauen Sie bitte mal oben in die Auflistung.

Da finden Sie uns nicht. Das hat einen guten Grund!

Wir sind der nicht vorhandene Punkt acht. Das sind wir.

Der Satz direkt unter der Tabelle. Das hat mir richtig Spaß gemacht, Ihnen den oben einfach mal so unterzujubeln. War ja klar, dass Sie den überlesen würden in seiner Bedeutung. Ich gebe zu: es war mir eine diebische Freude und für den A-ha Effekt später bestimmt.
Er steht für sich selbst und ist deshalb bewusst nicht ein achter Punkt. Weil er nicht eine einfache Bewusstseinsebene mehr ist, sondern ein souverän für sich stehender Punkt.

Das beobachtende passive einfache Sein.

Welches Statement könnte man diesem Sein in den Mund legen?

„Nicht mein Zirkus, nicht meine Affen."

(Und selbst das ist schon zuviel...es ist noch neutraler....)

Das große Geheimnis – der erste Kulissenriss

Man kann sich wohl in einer Idee irren, man kann sich aber nicht mit dem Herzen irren.
Fjodor Dostojewski

Es ist nun wirklich Zeit, den Kreis oder „Sack zu schließen".
Achtung, jetzt kommen die wirklich ganz ganz großen Geheimnisse. Definitiv. Ob Sie persönlich das jetzt annehmen können, ist eine Frage Ihrer selbst. Also der Summe Ihrer Einstellungen, Meinungen, Eigenschaften – Ihrer individuellen Parameter. Vielleicht öffnet es dem Einen oder Anderen ja ein Tor; liefert ein A-ha Erlebnis. Das würde mich sehr freuen.
Was habe ich nun die ganze Zeit hier beschrieben? Im Grunde, was ich zu Anfang sagte: Ich habe aufgeschlüsselt, was genau mit dem Begriff „Gedankenmanagement" gemeint ist.
Ich denke, wir sind uns einig, dass darunter
- eine Vielzahl unterschiedlicher Gedanken in unserem Inneren zu verstehen sind.
- diese unterschiedliche Gründe und Entstehungsursachen haben.
- verschiedene Gedanken auch verschiedene Bewusstseinsebenen abbilden.

Das ist die eine Seite von Remote Viewing (und Ihrem Alltag). Aber wir brauchen ein Bewusstsein, eine dies bemerkende Instanz, *die fähig ist, alles wahr zu nehmen*. Das ist die andere Seite.
Dabei meinte ich nicht die Rollen-Kontroll-Instanz mit Namen „Hilfspolizist". Diese war nur eine weitere angelernte Ebene.
Und jetzt packe ich noch einmal den Satz weiter oben heraus. Ich gebe Ihnen sozusagen den Schlüssel, um den eingangs erwähnten Käfig aufzuschließen. Der Tritt gegen die Kulisse. Den Weg aus der Matrix.
„Wir betrachten unsere Gedanken."
Bemerken Sie nun, dass an diesem Satz etwas kapital explosiv ist?
Nun, „wir" sind mehr als „einer". Und tatsächlich: Wenn wir unsere Gedanken betrachten, beschreibe ich damit ganz handfest einen Prozess innerhalb einer Person. Nehmen wir Sie. Sie betrachten Ihre Gedanken. Wenn Sie das tun, dann ist der allererste logische Schluss daraus der, *nicht Ihre Gedanken zu sein*. Denn dann könnten Sie diese nicht beobachten. Es gibt also so etwas wie eine von Ihren Gedanken unabhängige Instanz. Die nämlich, die fähig ist, zu beobachten.

Verstehen Sie?
Dazu benötig es aber eines Plurals, einer Mehrzahl. Etwas in Ihrem Inneren steht bildlich gesprochen abseits oder daneben und beobachtet die Programme, die Sie in einer Sitzung fahren. Es ist nicht ein weiteres Unterprogramm, nicht eine Softwareroutine, kein Gedankenkomplex Ihres Gehirnes, sondern es ist ein vollkommen unabhängiger eigener Betrachterstandpunkt, *es ist Sie*. Es ist Ihr eigenes unabhängiges, tiefes Wesen. Es gibt Mönche, die meditieren jahrelang, um dorthin zu gelangen, um dies vollendet so zu verinnerlichen und ein Bewusstsein darüber zu erlangen und zu behalten.
Höchstwahrscheinlich aber denken Sie, ich spinne hier etwas zurecht. Ist nicht so. Bei jeder einzelnen Remote Viewing Session tun wir das, was in fernöstlichen Techniken eine ständige meditative Übung ist: Wir betrachten unsere Gedanken. Wir nehmen Abstand vom Sog unserer Assoziationen, Bilder, Erwartungen, Pläne.
Ich höre Sie protestieren: Aber die Summe dessen bin doch ich! Ich bin meine Pläne, meine Erwartungen. Und noch dazu bin ich meine Gefühle! Ich empfinde doch!
Nein. Das ist alles nicht Sie. Das sind Gedanken und Gefühle und Sie haben sich mit diesen identifiziert. Man hält diese irrtümlich für Teile von sich selbst, aber man ist es nicht. Dies hier alles ist vielleicht das Allerwichtigste, was ich jemals mit direktem Bezug zu Remote Viewing geschrieben habe.
Remote Viewing lernt und trainiert uns darin, zu erkennen, dass wir nicht unsere Gedanken und Gefühle sind, sondern uns „nur“ damit identifiziert haben. Es ist, was spirituelle Lehrer einen Erwachensprozess nennen. Au weia, jetzt habe ich was geschrieben.
Wir leben im Irrtum. Wir sind nicht unsere Gedanken, wir haben uns nur damit gleich gemacht. Wir glauben fälschlicherweise, unsere Gedanken zu sein, weil wir unseren geistigen Schwerpunkt ins Gehirn verlagert haben. Aber die Gedanken sind nicht wir. Es ist eine angelernte Verknüpfung. Ein Fehler. Wir glauben, zu sein, was wir denken. Aber Denken und Sein ist in Wahrheit zweierlei. Denken mag zum Sein gehören. Es kann das Sein unterstützen, es ist ein gutes Werkzeug, ganz ähnlich wie in einer RV Session, aber es ist nicht die Session, es ist nicht das Sein.
Das Sein ist das Sein. Und Denken ist Denken. Fühlen ist Fühlen. Aber Sein ist nicht bedingt durch Denken und Fühlen.
Das Sein ist das Wahrnehmende „dahinter“. Und dieses Wahrnehmende „dahinter“ kann einfach nur da sein. Es muss nicht denken.

Es gibt Leute, die behaupten, nichts zu denken sei nicht möglich. Das ist unwahr. Es ist möglich überhaupt gar nichts zu denken. Dann sind wir im Sein. Eigentlich ganz einfach.
Bis man es versucht...
Was ist dieses Sein?

Nachfolgend wird es spannend. Anhand der letzten Auflistung, in der die Ebenen in einer Remote Viewing Sitzung besprochen wurden, werden diese Gedankenebenen nun auf den Alltag übertragen.

Gedankenliste im Alltag

Durch bloßes logisches Denken vermögen wir keinerlei Wissen über die Erfahrungswelt zu erlangen: alles Wissen über die Wirklichkeit geht von der Erfahrung aus und mündet in ihr.
Albert Einstein

Jetzt schauen Sie sich doch bitte die alte Auflistung von oben hier noch einmal an. Ich habe diese jetzt etwas verändert.
Dort stand: „Sie bemerken in einer Session". Jetzt heißt es:
„Ich bemerke <u>*in meinem Alltag*</u> ..."
Jetzt soll es also darum gehen, wie unsere Gedankeneben im Alltag aussehen. Für die Session hatten wir es ja beschrieben.
Jetzt gehen wir das wieder Punkt für Punkt durch.

1. Geräusche, Gerüche, Optik, Haptik im Außen – also alles wie sonst auch
2. Geräusche, Gerüche, Optik, Haptik – alles wie sonst im Außen – nur Innen
3. Gedanken *über* das Außen
4. Gedanken über das Target („Ich finde das ...")
5. Gedanken über Ihr Innen („Ich fühle mich irgendwie ...")
6. Ein manchmal rasender eigenständiger Verstand – zeigt sich in einer Masse Bilder und komplexen Konstruktionen – Sie sollten dies bemerken und AULs herausschreiben
(7. den „Dirigenten" oder „Hippo"(Hilfspolizist") – jene „Ordnungsmacht", welche uns Gedanken sortieren lässt)
„Hinter" all dem sind wir ein all dies registrierendes, einfach vorhandenes Sein; die neutrale, betrachtende passive „Grundenergie".

Ich beginne gleich einmal mit dem ersten Punkt.

1. Geräusche, Gerüche, Optik, Haptik im Außen – also alles wie sonst auch

Alles, was wir als gewöhnlich und normal empfinden. Wie wir tagtäglich funktionieren.
Wie sieht das nun genau aus?
Zunächst einmal wesentlich logischer. Es scheint zumindest so.
Über das Ohr wird ein Schalldruckpegel in elektrische Reize umgesetzt und dann als Strom an das Gehirn weitergegeben. Dort wird durch den Reiz die Interpretation „Geräusch" auslöst. Da haben wir mit unserer Vernunftorientierung doch eine klare Ursache verortet.
Das heißt, das Geräusch entsteht als Gedanke in unserem Gehirn. Unser Gehirn interpretiert es als z.B. „Knall" oder „Rauschen" im Außen, verortet es je nach Intensität als weit weg oder nah bei uns, laut oder leise. Diese Differenzierungen täuschen darüber hinweg, dass sie deshalb aber nicht real sein müssen. Wir können aufgrund dieses Eindruckes keine Auskunft über unsere Umwelt oder Realität geben. Es sagt uns keiner unserer Sinne wirklich zuverlässig etwas darüber aus, ob alle Dinge, die wir um uns herum nun wahrnehmen auch tatsächlich so vorhanden sind. Geräusche entstehen nicht außen, auch nicht im Ohr, sondern im Gehirn. Töne werden über die Ohrmuschel aufgenommen, an das Innenohr weitergeleitet und dort von der Schwingung in einen elektrischen Impuls umgewandelt. Das bedeutet klar: es gibt keinen Ton im Außen; nur im Gehirn. Und dort wird er interpretiert. Nicht das Ohr hört einen äußeren Knall. Im Außen gibt es nur Schwingung. Aber im Gehirn wird daraus ein äußerst diffiziles gedachtes Abbild der Umgebung.

Wir haben gelernt, über Sinnesreize veranlasst, ein gedachtes Bild der Realität zu erdenken. Dieses gedachte Bild setzt sich aus den Sinnesreizen zusammen. Das hört sich verrückt an, ist aber absolut rational. Mit Gedanken wie diesen landen wir schnell bei Filmen wie „Matrix", in der die gesamte Umgebung eine reine Illusion ist.
Wir nehmen in jedem Fall einen Ausschnitt einer Realität wahr. Eine ziemlich vage Aussage mit zwei Variablen darinnen.
Das ist unsere als „normal" empfundene Reizentschlüsselung der Umwelt über die wissenschaftlich definierten Sinne. Im westlich-

modernen und wissenschaftlich orientierten Glaubens- und Weltbild (in unseren Breitengraden vertritt die Wissenschaft eine Art neuen Ersatzglauben.) verläuft bis auf wenige Ausnahmen (Elektrik, Gravitation ...) auch hier schon die Grenze der als „wahr" anerkannten Welt.
Interessanterweise werden die rationalen und logischen Schlussfolgerungen weiter vorne, die Realität würde in unserem Gehirn konstruiert, hier aber nicht weiter verfolgt.
Im Gegenteil wird das Modell favorisiert, unsere Sinne entschlüsselten sozusagen die Umwelt und meldeten die Realität an unser Gehirn. Für die weiteren Betrachtungen ist es unerheblich, welchem Weltbild man anhängt. Ob nun der Reiz außen als Abbild der Realität entsteht oder nur im Hirn umgesetzt wird und nicht wirklich etwas über die Realität auszusagen vermag.
Ich wollte nur klar gestellt haben, dass die scheinbare Unmöglichkeit, in einer Session etwas zu hören, bei näherer Betrachtung genauso verrückt oder normal ist, wie im Alltag ein Geräusch wahrzunehmen – oder jeden anderen Sinnesreiz.

So, und ab jetzt wird das immer abgehobener – im weltlichen Sinne.

Alles außer Punkt 1 ist nicht mehr hochschulreif. Sollten Sie also noch einmal beabsichtigen, in der „Nature" veröffentlichen zu wollen, beachten Sie das unbedingt.
Dann wäre die Liste hier auch zu Ende.
Denn hier, mit der messbaren Beschreibung von Sinneseindrücken, endet schon die wissenschaftlich akzeptierte Weltsicht. Das wäre schön kurz gewesen.

So oder so, jetzt geht das für uns erst richtig los ...

Vorahnungen und Intuition – Autobahn zu Parallelwelten?

In der Tiefe eurer Hoffnungen und Wünsche liegt euer stilles Wissen um das Jenseits; Und wie Samen, der unter dem Schnee träumt, träumt euer Herz vom Frühling. Traut den Träumen, denn in ihnen ist das Tor zur Ewigkeit verborgen.
Khalil Gibran

Wenn jemand etwas tut, ohne sich an einen vorausgegangenen Handlungsplan erinnern zu können und wenn seine Handlungen normalerweise als ein

Fall von intelligentem Handeln betrachtet werden, so hat er unbewusst einen Plan entwickelt und die in seinem Plan herangezogenen Regeln kennt er implizit.
Gilbert Ryle

2. Geräusche, Gerüche, Optik, Haptik – alles wie sonst im Außen – nur Innen

Der zweite Punkt stand in einer Remote Viewing Session für Daten aus dem Zielgebiet. Wir nahmen Eindrücke innerlich auf. Diese „kamen" als Gedanke in unseren Kopf. Ob sie nun dort ankamen – aus einer gedachten anderen Dimension also gereist sind – oder in uns entstehen mag dabei sogar zweitrangig sein. Fakt ist: wir nehmen etwas wahr, fassen einen Gedanken und haben ein Wort oder einen Eindruck im Kopf.
Kann man diese Kategorie Gedanken nun im Alltag beschreiben?
Normalerweise haben wir ja nicht einfach mal den Gedanken „hart" im Kopf, sondern fühlen eine Tischoberfläche. Und nur, wenn wir achtsam und bewusst sind, werden wir die Sinnesinformation überhaupt als Gedanken aufnehmen. Ansonsten wird dieser Gedanke meistens gnadenlos aussortiert und als Opfer der Wahrnehmungsschwelle, jenes „eingebauten Filters", der die meisten Sinneseindrücke als „Grundrauschen" interpretiert, automatisch als nicht weiter achtenswert beurteilt. Entweder dieser wird also aussortiert oder schafft es ins Merkraster hinein. Schafft er es, so ist sein Ursprung immer extern verortet.
Im Grunde, so scheint es also, haben wir keinen Sinneseindruck einfach mal so als Gedanken im Kopf. Immer gibt es einen offenbar äußeren Reiz nach Kategorie 1 als Ursprung. Aber stimmt das?
Gibt es dann solche „inneren Eindrücke" vielleicht gar nicht im Alltag und nur in der Session?
Schauen wir noch einmal auf die Grundlagen.
Wichtig war: Es sind Zieldaten, wir verorten Ihren Ursprung nicht in der uns umgebenden Welt und sie sollen im Alltag vorhanden sein.
Gibt es das? Und wann?
Ja, ich habe sie gefunden und das Ergebnis war überraschend! Denn die Situationen, in denen Gedanken ohne bewussten äußeren Anreiz auftreten, scheinen genau wie in einer Remote Viewing Session auf eine Art „Zielkontakt" hinzudeuten.
Im Alltag nennt man es jedoch nicht so, sondern spricht eher vom Jenseits, paranormalen oder außersinnlichen Wahrnehmungen. Wir ver-

schieben diese Art der Informationen dann ideologisch in eine andere Dimension oder Parallelwelt. Wir stellen uns also landläufig vor, wir hätten Kontakt mit Lichtwelten und dergleichen. Es sind dies aber nur wieder Weltbilder, Ideologien.
Anbei eine Auflistung der Gedanken, die in das Schema nach Nummer 2 passen. Sie brechen das Bild „normaler" Gedanken- und Verstandesaktivitäten auf. Sie geschehen uns, sind unkontrolliert. In einer Remote Viewing Session wären es Gedanken „auf der Signallinie", also mit Targetbezug.

1.) Einfälle, Ideen, Gedanken-, Geistesblitze, Intuition
2.) Inspiration, Schöpfungskraft
3.) Träume, Visionen
4.) Präkognition (Vorahnung, das Gefühl zu wissen, was gleich passiert), einen „Riecher" für etwas haben, siebter Sinn für Gefahren etc., Déjà-vus
5.) Sogenannte „eingebildete" Wahrnehmungen (Geräusche, Stimmen, Schatten oder Verzerrungen am Blickrand, das Gefühl angestarrt zu werden)
6.) PSI-Phänomene: man hört die Stimme eines anderen Menschen im Kopf (Satzfetzen, einzelne Wörter), vielleicht als dringliche Warnung oder Apell, etwas nicht zu tun ...

Diese Liste zeugt vom Vermögen unseres Geistes und seiner Aktivitäten, das normale Zeit- und Raumverständnis aufzubrechen. Er scheint nicht den Regeln zu folgen, die wir auf die uns „normal" vorkommende Welt anwenden. Es gibt keinen erkennbaren äußeren Sinnesreiz.

Zu 1.): Was genau ist eine Idee oder ein Einfall? Der Volksmund möchte die Herkunft des Einfalls mit Wortintelligenz lösen: etwas fällt uns (von irgendwoher in den Kopf) ein. Im Wort des Einfalls steckt bereits die Lösung, es hier mit etwas Eingegebenen zu tun zu haben. Natürlich ist ungeklärt, ob es sich bei Ideen und Einfällen um inneres Wissen oder äußeres und verfügbar Gemachtes handelt.
Genauso verhält es sich auch mit der Intuition und dem Geistesblitz. Wer intuitiv handelt, kann dies aus sich selbst, seinen tiefen Urgründen heraus tun oder aber auf unbewusste äußere Sinnesreize reagieren.

Albert Einstein schien der Meinung zu sein, es handele sich bei der Intuition um einen intrinsischen Aspekt.
„Die Intuition ist ein göttliches Geschenk, der denkende Verstand ein treuer Diener. Es ist paradox, dass wir heutzutage angefangen haben, den Diener zu verehren und die göttliche Gabe zu entweihen."

Die Intuition kann als Sinneserfahrung erlebt werden. Sehen, Riechen, Hören, Schmecken und Tasten kann auf ihr fußen. Sie kann tief in uns oder quer durch sämtliche Dimensionen zuteilwerden. Charakteristisch ist das plötzliche, blitzartige Auftreten, ohne hierfür rationale oder logische Argumente finden zu können. Sie kann mit einem Schlag Probleme ohne jede Anstrengung lösen. Klassisch nahm man an, es sei ein Wiedererinnern abgespeicherter eigener Erfahrung ohne die zugehörige Bewusstmachung des eigenen Wissens. Im weiteren Verlauf wurde diese Definition als nicht ausreichend angesehen und ausgeweitet. Auch morphologische Felder könnten als Erklärungsmöglichkeit mit in Betracht gezogen werden. Generell bleiben Herkunft und Ursprung ungeklärt.
Eng mit der Idee, dem Einfall und der Intuition verbunden ist auch die Inspiration (lateinisch inspiratio, einhauchen, Beseelung). Etwas wird beseelt oder mit Geist versehen. Es erhält den „Atem des Lebens". Künstlerisch benutzt man es ebenfalls als Initialzündung bei einem Kunstwerk. Die Entstehung kann hier aber oft auch extern sein. Musen inspirieren Künstler.
Schöpfungskraft scheint ein gegebenes persönliches Phänomen zu sein. Jemand hat diese gestaltende Eigenschaft, oder nicht. Ideen gepaart mit Kreativität und einem inneren Drang etwas ins Leben rufen zu wollen ergeben Schöpferkraft.
Aus dem Sanskrit übersetzt ist die Schöpfungskraft die „Kraft der Schöpfung", was zunächst trivial wirkt, aber die Herkunft ausdeutet. Sie wird damit zu einer Art kosmischer Grundenergie, von der alles durchwoben wird. In diesem Zusammenhang wird es erst Recht interessant, dass Menschen Schöpfungskraft haben können. Es verleiht diesen Menschen gottähnliche Kräfte. Sie können schöpfen und erschaffen.
Auch in den Träumen wechselt unser Gehirn in einen anderen, unpersönlichen und oft vom Ego befreiten Modus. Traumbilder ergeben oft einen Sinn für unser Leben, erweitern unseren Horizont oder lassen uns Ereignisse, Probleme, Situationen neu beurteilen. Auch hier sind

wir keine bewussten Schöpfer der Gedanken. Vielmehr geschehen uns Träume, diese kommen über uns, wir werden ihnen unterzogen.
Auch Träume sind eine Brücke zu unbewussten Ebenen unserer selbst, vielleicht auch Brücken in andere Dimensionen, die im Schlaf von uns besucht werden.
Die Vision unterscheidet sich vom Traum durch den Wachzustand. Der Visionär wechselt kurzzeitig in eine andere Bewusstseinsform und erhält oftmals hilfreiche Einblicke und Erklärungen oder sieht die Realität kurzzeitig anders.

Auch die Beschreibungen der Punkte 4.) bis 6.) passen sehr gut ins Schema des „gefühlten Denkens" in einer Session. Die Verwandtschaft oder Gleichheit der Gedanken ist extrem auffällig.
Es scheint, als hätten wir auch bei diesen verschiedenen Seinszuständen kurzzeitig Kontakt mit anderen Sphären oder tieferen Schichten unseres Selbst ganz so, wie wir es von Remote Viewing Sitzungen kennen.

Nachfolgend habe ich der lieben Ordnung halber ein ziemlich abgefahrenes Phänomen geschildert. Es ist heute passiert. Es legt – zumindest als eine Erklärungsvariante – den Schluss nahe, dass wir zeitweise mit unserem gesamten Bewusstsein die Realitätsebene wechseln und nicht nur mit einzelnen Gedanken durch diese erreicht werden, so wie es hier beschrieben war.
Kurz und gut: Irgendetwas stimmt da nicht, es lässt mir keine Ruhe.

Die gespenstische Guacamole

Ich bitte Sie, für eine Beurteilung der nachfolgenden Seiten und dem, was mir geschah, die Zutatenliste anzusehen, bevor Sie hier weiterlesen.
Es ist absolut wichtig für Sie, um einen Eindruck von der nachfolgenden Erzählung zu erhalten.

Guacamole South of the Border

Guacamole südlich der Grenze

Bewertung

(92) Ø4,38

Rezept bewerten

Rezeptstatistik anzeigen

Zutaten

2	Avocado(s), reif
1 Zehe/n	**Knoblauch**
1	Limone(n), frische, den Saft (gepresst)
5	**Tomate(n)**
1 EL	Öl (Virgin Olivenöl)
5 Blätter	Basilikum, fein gehackt
1 Becher	saure Sahne
1 Becher	Schmand
	Salz
	Pfeffer
2	Chilischote(n), grün, (Jalapeno Chilies), fein gehackt
1 m.-große	**Zwiebel(n)**

Video-Tip

Avocac Profi

Knobla stinken

Knobla gemac

Kräuter

Tipps z

Tomate beköm

Versalz das Es

Zu sch hilft die

Zwiebe Weiner

5 **Portionen** Umrechnen

Lesen Sie die Liste bitte genau mit jener Gründlichkeit – oder auch nicht und überfliegen diese nur – eben so, als wollten Sie das Rezept selbst zubereiten. Wie Sie das immer machen, wenn Sie etwas nachkochen möchten.

Dafür gebe ich Ihnen aus meiner Datei noch die weiteren Erklärungen. So. Es war wichtig, Sie möglichst unvoreingenommen und neutral le-

Zwiebel in kleine Würfeln schneiden und unterrühren, Knoblauch mit Schale in der Pfanne ohne Zusatz rösten (ca. 10 Minuten, oft wenden) reinpressen, mit Limonensaft, Jalapenos, Öl und Gewürzen verrühren.
Tomaten in Hälften schneiden, entkernen dann grillen, bis die Haut sich leicht löst. WICHTIG! gewonnener Saft aufheben und zu der Mischung geben, häuten, klein würfeln, Basilikum hacken, mit saurer Sahne und Schmand unter das Avocadopüree mischen.
TIPP: Wenn Sie Ihr Guacomole etwas länger halten möchten, mischen Sie den Avocadostein in das fertige Püree.

sen zu lassen. Ich würde Sie nun bitten, auf einen Zettel alle Zutaten niederzuschreiben. Falls Sie das Gefühl haben, etwas vergessen zu haben, dürfen Sie höchstens zwei Mal spicken. Sie können nun, wenn Sie möchten, beginnen. Wenn Sie fertig sind, können Sie weiterlesen. Sie haben nun einen Eindruck (der Ihnen noch nicht bewusst ist) für eine Beurteilung der nächsten Seiten.
Wechselt unser ganzes Bewusstsein auch im Alltag von Zeit zu Zeit die Ebenen? Ist es möglich, dass wir unsere Realität zwar als kontinuierlich erleben, in „Wahrheit“ aber über verschiedene Parallelwelten hinweg wechseln? Das bedeutet, nicht in einer Wahrscheinlichkeit, Ebene oder Realität unser Leben zu durchlaufen, sondern in Wahrheit in vielen?
Nebenbei erwähnt, hat der Volksmund ein häufig benutztes Sprichwort, das einen Anklang an Parallelwelten verbirgt.
Oft sagen Leute: „Wer weiß, wofür es gut ist/war.“
Dieses so hingeworfene Sätzchen hat neben dem Optimismus, Sachverhalte als gegeben hinzunehmen und diese zu akzeptieren auch eine durchaus tiefere Bedeutung.
„Wer weiß, wofür das gut war“ heißt nicht nur „okay, arrangieren wir uns mit den Gegebenheiten, denn es hätte auch schlimmer kommen können“, sondern zieht weiterhin viele verschiedene Möglichkeiten und Variablen in Betracht, die auch alle hätten eintreffen können. Genau diese vielen Varianten sind nichts anderes als parallele Ereignisstränge – Parallelwelten. Der Gedanke, wir in unserer Gesamtheit des Seins würden zugleich in vielen verschiedenen Realitäten leben (-> „Bläschenuniversum“) ist kein Novum, sondern erlangt derzeit immer größere Popularität.
Wie ich auf so sonderbare Gedanken komme?

Einmal passt es zum letzten Abschnitt, zum anderen geschah es mir heute. Wir hatten ja über einzelne Gedankenarten als mögliche interdimensionale Brücken gemutmaßt. In der folgenden Schilderung wäre es aber unser gesamtes Sein, welches die Ebenen wechselt.
Es gibt einen ganz konkreten Anlass, dies hier mit einzubeziehen. Ich habe den Tag heute an diesem Abschnitt gearbeitet. Abends habe ich eine Guacamole zubereitet. Die Avocado hierfür hatte ich schon einige Tage vorher in der speziellen Absicht gekauft, dieses Rezept zuzubereiten.
Ich richte die Guacamole immer nach genau einem Rezept. Es ist eine sogenannte Guacamole „south of the border", die ich einmal auf der Internetseite „chefkoch.de" gefunden habe. Weil es ziemlich viele Zutaten sind, die dort hinein kommen, habe ich mir vor langer Zeit schon eine pdf-Datei davon gefertigt. Für Menschen, die mit diesen Dingen nicht so vertraut sind: pdf heißt „portables Datenformat" und ist somit eine Datei, die man zum Beispiel als Bildschirmfoto erstellen kann und, wie der Name schon sagt, überall hin mitnehmen. Pdf kann man mit allen Bildschirmgeräten ansehen, auch auf Smartphones. Weil ich aber ein Kind der alten EDV-Tage bin, habe ich die Datei nur auf der Festplatte meines Computers gespeichert und genau diese Datei wiederholt aufgerufen, wahrscheinlich schon über zehn Mal. Ich hole sie mir nicht immer wieder online, kopiere sie nirgendwo anders hin und deshalb kann sich diese Datei auch nicht irgendwie verändert haben.

Und weil ich mir die Zutaten schlecht merken kann, das gebe ich zu, renne ich jedes Mal aus der Küche hinten an den PC, öffne die Datei und lese in 2 bis 3 Gängen häppchenweise, was ich da einrühren muss. So auch heute.
Avocado klein machen und mit dem Zauberstab breiig rühren. Salz, Pfeffer, Tabasco, Zitrone etwas Schmand dazu. Was war da noch? Ab nach hinten und nachschauen. Richtig! Olivenöl, Basilikum. Ich schneide die Tomate dazu, schmecke ab. Irgendetwas fehlt da noch ... also noch einmal nach hinten und nachschauen. Ich gehe die Zutaten durch ... aah, der Knoblauch, genau ... dann stutze ich. Da steht Zwiebel. Ganz unten. Dick und fett und grün: Zwiebel.
Ich habe noch **niemals** in diese Guacamole Zwiebel reingetan! Noch **nie**! Aber es steht da. Oder spinne ich jetzt? Ist ja auch schon gut ein halbes Jahr her, seit ich die das letzte Mal gemacht habe. Also nehme ich etwas zögerlich und zweifelnd eine halbe Zwiebel, denn so ganz glauben kann ich es noch immer nicht...Ich schneide das Teil schön

klein rein und probiere: Die Guacamole schmeckt komplett anders, als ich sie kenne.
Das gibt es doch nicht! Ich verwende dieses Rezept seit Jahren und zwar aus einer eigens von mir abgespeicherten unveränderten Datei. Ich habe den „richtigen“ Geschmack „in mir“ abgespeichert. Ich lese jedes einzelne Mal wieder die Zutatenliste durch. Noch nie – ich schwöre – noch nie war da eine Zwiebel drinnen.
Ich erzähle alles meiner Frau.
„Zwiebel??????“
„Ja, da stand Zwiebel, also habe ich die reingemacht!“
„Du machst da nie Zwiebel rein!“
„…!“
Schulterzucken. Ja eben. Was soll man sagen.
„Ja, das schmeckt doch gar nicht!“

Womit sie wieder einmal, also wie immer, Recht hatte. Schmeckte auch scheiße. Genau. Ein weiterer Beweis. Denn sonst ist die einfach super. Ich habe es auch abgebildet, ein pdf-Foto des jahrealten „Parallelweltrezeptes“ *von meiner Festplatte*. Eine Änderung zum Original auf meiner Festplatte: den Verfasser habe ich natürlich geweißt und damit unsichtbar gemacht. Das ist alles.
Sollte ein Leser über eine vernünftige Erklärung verfügen, wie so etwas sein kann, möge er es mir bitte sagen. Ich kann Ihnen gegenüber beschwören, dass ich alles nach bestem Wissen und Gewissen wiedergegeben habe und auch immer alles gemacht habe, was dort stand.

Mir fällt dazu nichts mehr ein, außer lauter völlig unlogische, typisch abgefahrene Gedanken, die allesamt nicht ins normale Weltbild passen. Keine einzige logische Erklärung ist dabei, außer, ich hätte bei den vorigen zehn Kochdurchgängen die Zwiebel als Zutat überlesen. Wie logisch und wahrscheinlich ist das bitte? Ich kann es mir wirklich nicht vorstellen. Unmöglich. Warum passiert sowas auch immer mir?
Als Erklärungen kommen demnach nur noch in Betracht (und ich bekomme Fingerkrämpfe, wenn ich nur daran denke, was ich nun tippe und Ihnen zumute)
- die Rezeptdatei veränderte sich auf der Festplatte
- ich (mein Bewusstsein) wechselte samt Frau die Wahrscheinlichkeit, wo sehr vieles identisch mit unserer normalen Welt ist und dann aber wahrscheinlich einige Erlebnisse und eben dieses Rezept unterschiedlich zur vorigen Realitätsebene. Aus irgendeinem mir unbekannten

Grund habe ich jedoch eine Erinnerung an das alte Muster (das Rezept) in mir abgespeichert.
- ich habe mich geschätzte 10 Mal verguckt und die Zwiebel-Zutat überlesen.
Das mag zunächst trivial klingen: *verguckt*. Bei genauerem Nachdenken ist auch diese Möglichkeit sehr spektakulär als Erklärung. Es würde bedeuten, ich hätte einen riesigen Zwiespalt zwischen Wahrnehmung und Realität und könnte meinen Sinnen im Grunde überhaupt nicht trauen. Selbst wenn ich zehn Mal die abgebildete Zutatenliste lese, würde ich ... nein ... es ist einfach unmöglich.
Denn es gibt ein Nadelöhr: der einzige, der das Rezept las, bin ich. Alle sonst kennen diese nur vom Geschmack oder durch meine Erzählungen. Ich bin also der Einzige mit Lesekontakt.
Und nun bitte ich Sie, für sich zu beurteilen, wie wahrscheinlich es ist, diese Zutat zu überlesen. Allerdings nicht nur bei einmaligem Lesen, wie Sie das gerade getan haben, sondern geschätzte zehn Mal. Wie wahrscheinlich schätzen Sie für sich selbst ein, zehn Mal die obige Zutatenliste zu lesen und danach zu kochen und eine Zutat zu überlesen? In exakt der Anordnung, wie gezeigt in der Datei?

Ich denke, diese Vorstellung ist sehr unwahrscheinlich, oder?
Ah warten Sie! Ich habe jetzt beim Tippen noch eine Idee. Die betrifft meinen ältesten Sohn. Der liebt diese Guacamole nämlich und es ist so ziemlich das einzige Rezept von mir, das er öfter mal nachkocht! Wir machen ein Live Whats-App-Experiment!
Weil es doch gedauert hat, bis er sich meldete, hatte ich mir zwischenzeitlich noch die Rezeptzubereitung angesehen. Es ist völlig verrückt. Demnach müsste dort gerösteter Knoblauch, gegrillte Tomaten und nach Belieben der klein gemahlene Kern mit rein. Das habe ich noch nie gehört. Zweifellos ist dies nicht mein Rezept. Aber ist es eben nachweislich gleichfalls dort unter diesem Namen.
Ich habe einen Scan durchgeführt – ich habe nur diese eine Datei mit den Silben „*Guaca*“. Diese ist im – wie immer – richtigen Ordner. Sonst existiert nichts. Dateiverwechslung definitiv ausgeschlossen.
Im Internet findet man ebenfalls die „Parallelweltguacamole“. Mit gegrillten Tomaten und so weiter. Ich habe gerade nachgeschaut.
Das „echte“ Rezept scheint nur noch in den Köpfen von meiner Frau, meinem Sohn und mir zu existieren. Gespenstisch.

Anbei der Whats App Chat.

Nik Neu
online

He mein Guder. Ich möchte gerne ein nicht ganz unwichtiges Live Experiment mit Dir starten. Hier per Whats App. Es kostet Dich kaum Zeit. Ich brauche nur einmal eine Antwort von Dir. Aus dem Gedächtnis und ehrlich und ohne nachschauen. Wärest Du bereit? 20:12

Hi Grüße dich.. puh haha weis nicht genau .. wollen wir das nicht machen wenn wir uns sehen ? Bin heute Abend unterwegs daher ist es nicht so passend.. aber wenn es nur eine Frage ist kann ich die bestimmt im Laufe des Abends beantworten wenn ich auf mein Handy gucke :-) wenn ich mich daran erinnern kann beantworte ich sie auf jeden Fall ehrlich und ohne nachzuschauen 20:23

Super. Ja, sollte hier dokumentiert werden. Muss schriftlich sein. Nix Böses. Bereit für die Frage? Ist fürs Buch. 20:25

Klar schieß los haha 20:38

Ja sehr gut! Also: "Meine" Guacamole, die Du von mir hast. Du weißt? Kommt da Zwiebel rein? 20:39

Nein da kommen keine rein 20:39

Noch mehr Fragen schnell? 20:39

Okad 20:39

Okay 20:39

Gerösteter Knoblauch? 20:40

Nein 20:40

Gegrillte Tomaten? 20:40

Normale Tomaten 20:40

Genau! Danke! 20:40

Es spiegelt, was sich narrt

In Wirklichkeit erkennen wir nichts; denn die Wahrheit liegt in der Tiefe.
Demokrit

3. Gedanken *über* das Außen

Reize gelangen wie bei Punkt 1 In unsere Erlebniswelt und werden dann dekodiert und zusätzlich bewertet. Bewertung erfolgt durch einen Abgleich. Dieser liegt in unserer Persönlichkeit. Unser Ego bewertet die Reize nach einem „Gut-Schlecht-Raster". Hierdurch entsteht eine weitere Betrachtungsebene.

Also:
1. Reizaufnahme
2. Dekodierung
3. Bewertung

Also alles, was wir über unsere Umwelt denken, ist ja immerhin Gegenstand der Psychologie. Sogar alle weiteren folgenden Punkte bis Nummer 7 passen da hinein. Es ist doch so. Wir machen uns ständig Gedanken über die Umwelt und die Menschen „darinnen". (So richtig schön dreidimensional betrachtet. „Die Umwelt als Bühne, in der raumeinnehmende Objekte und ‚Subjektobjekte' vor unserer Bildfläche auftauchen und verschwinden.")
„Das Außen" bezeichnet hier etwas, was Sie nun noch absolut simpel finden: Die dreidimensionale Umgebung da draußen. Eben alles um uns herum. Die ganzen Objekte. Wir sind mitten in der klassischen Physik. Länge, Breite, Höhe, Zeit und wir mittendrin. Hach ist das herrlich einfach. Genießen Sie es! Es ist die scheinbar, ach so einfache Welt, die wir erleben dürfen. Und dieses Erleben spiegelt sich in unseren Gedanken.

„Achtung Auto! Mann, ist das gefährlich in der Stadt.", „Warum schaut der Lehrer gerade so eindringlich? Hat der mich beim Spicken erwischt", „Ist das Kind dort traurig?", „Der Baum hat wenig Blätter. Ist der gesund Das macht mir Sorge", „Warum liegt schon wieder Dreck auf dem Fliesenboden? Das nervt", „Was war das für ein Knall? Bin ich erschrocken", „Es ist kalt, der Scheißwinter kommt!", „Wie schön das Laub raschelt!" und vieles mehr.

Also der Winter ist nicht scheiße und das Laub raschelt nicht schön und auch der Dreck auf dem Fliesenboden nervt nicht. Das alles ist einfach. Aber es ist weder gut noch schön. Es ist.

Ich weiß, das ist jetzt wieder absolut provokant. Etwas in Ihnen selbst ist es, das dem allen „Würze" gibt. Ich schreibe „etwas in Ihnen", weil auch das nicht Sie sind. Nicht „Sie" finden den Winter doof. Etwas in Ihnen.
Ok. Ich höre es schon.

„Jetzt spinnt der wieder rum!"
Da kommt so ein Satz durch die Nacht geflogen. Er hat eine bestimmte verhöhnende und skeptische Betonung: „Nicht ich, aber ‚etwas in mir'. Oh Mann."

Geduld.
Aber einen kleinen Hinweis gebe ich schon einmal zur weiteren Ergründung.
Vielleicht finden Sie ja doof, was ich da geschrieben habe eben.
Dabei verrät unsere interessante Sprache mit ihrer Wortintelligenz und Bedeutung bereits ein Geheimnis.
Noch einmal anders: Sie *finden* es doof. Aus der unermesslichen Fülle, wie man Dinge beurteilen kann, finden Sie es doof. Wer sucht, der findet. *Herausfinden*. Man findet etwas aus vielen Möglichkeiten heraus.
Aus der riesigen äußeren Fülle finden und filtern wir für uns etwas mit einem bestimmten Attribut heraus. Es ist ein subjektiver, eigener, schöpferischer Akt von Betrachtung, dieses „finden". In Wirklichkeit finden wir nicht Attribute der Welt, sondern „wie wir es finden", also unser Inneres gespiegelt in äußeren Dingen. Dann sagen wir „das ist toll oder doof" aber in Wahrheit ist es unsere eigene uns innewohnende Begeisterung oder Unwirschheit, die sich im äußeren Geschehen zeigt.
Wenn Sie nun bemerkt haben, dass wir als wahrnehmende Wesen unmöglich „außen" separat behandeln können, haben Sie Recht. Alles ist wahrnehmendes Bewusstsein und damit Innen. Das Außen muss, um bemerkt zu werden, von einem Bewusstsein wahrgenommen werden. Anschließend erfolgt dessen Bewertung. Das sind Grundpositionen der Philosophie.
Aber schauen wir genauer hin. Würden Sie gerne die Fliesen wischen, fänden Sie den Dreck auf dem Boden toll, weil Sie ein Alibi hätten, um

endlich zu putzen. (Klasse Satz, was? Ok, viel „würde“: Ja, ich kenne auch den Spruch: „Wäre meine Oma ein Fahrkartenautomat, würde sie Fahrscheine spucken.“)
Außerdem gibt es Leute, die lieben den kalten Winter und hassen die „Affenhitze“ im Sommer. Ich habe selbst so ein paar Eskimos im Bekanntenkreis. Die drehen bald wieder so richtig auf. Was ich sagen möchte, ist ja nur, wie stark im Grunde neutrale Sinneseindrücke durch unsere Persönlichkeitsfilter gewertet werden und in eine Beurteilung einfließen.

Irgendeine Instanz in uns bewertet unvermittelt und meist unbewusst. Wir bemerken gar nicht mehr, dass wir uns selbst die Suppe versalzen. Wie der Typ am Strand. Wir selbst reflektieren die Polarität unserer Persönlichkeit in unsere Umwelt hinein. Überall und andauernd. Dann ist auf einmal das Meer gut und der Bergurlaub doof, stricken je nach Mensch langweilig, „fuddelig“, kreativ, nervig, endlose Sisyphusarbeit, entspannend und so weiter. Stricken bleibt stricken. Wenn Sie hier irgendwelche Restzweifel haben sollten, gehen Sie mit Ihrer Frau freiwillig shoppen, zur Kosmetikberatung oder mit ihrem Mann ins Fußballstadion oder den Baumarkt. Wenn Sie das sowieso schon machen und nicht wissen, wovon ich schreibe (und der Schreiber-Typ hier eben doch ein Macho ist, das hat man ja schon beim Thema Feminismus gemerkt), entschuldige ich mich hiermit ausdrücklich. Ich entstamme einer Generation mit hauptsächlicher Geschlechterteilung in männlich und weiblich mit diesen zugeordneten Eigenschaften und Vorlieben, wo es Ausnahmen und Regeln gab. Genderisierung gab es da noch nicht.
Wenn wir hier unterschiedliche Betrachterstandpunkte haben sollten, dann – Sie ahnen es – sind nicht wir das selbst, sondern es ist etwas in uns ähnlich einer Software. Es ist tatsächlich ein Schlüssel dazu, dass wir niemals „böse auf einen anderen Menschen sind“, sondern nur auf Programme in ihm, die wir doof finden. Er ist aber nicht seine Programme. Es wird spätestens sehr, sehr fordernd und strittig, wenn diese Programme dann Bestandteile sind, die unter das Strafgesetzbuch fallen und mit unseren moralischen Vorstellungen kollidieren. Bei Mord zum Beispiel.
Früher hieß es dann prägnanter einfach: „Köpft ihn!“
Das hatte den Vorteil, sich nicht mit so abstrakten und scheinbar theoretischen Dingen, wie „Programmen“ rumschlagen zu müssen.
Der Einwand, das Vergehen sei nicht durch den Straffälligen selbst, sondern nur durch ein Programm von ihm initiiert worden, trifft hier

natürlich voll ins Leere. Unsere moralischen und menschlichen Grundparameter stehen dem absolut entgegen!

Und: Juristerei ist nicht Philosophie. Belassen wir es vorerst bei dieser Grenze. Sie ist nicht auf 50 Seiten auflösbar ... Ist sie das überhaupt? Aber ich komme darauf zurück.

Ich denke, in der Unterschiedlichkeit der Empfindungen sollten wir uns alle einig sein. Was der Eine liebt, ist für den Anderen die Hölle. Da die Umwelt die gleiche bleibt, muss der auslösende Faktor für die Empfindung zwangsläufig im Menschen selbst zu finden sein.

Also: Wenn Sie die lange Warteschlange an der Kasse das nächste Mal nervt, ist definitiv nicht die Situation doof, sondern ... äh, also nicht die Situation doof, sondern ~~Sie~~ etwas in Ihnen. Jetzt habe ich „Sie“ nicht nur durchgestrichen stehen gelassen, weil es vielleicht ein netter Lacher ist, sondern weil es tatsächlich auch noch wahr ist. Nicht „Sie“ sind doof. Es ist tatsächlich ein Programm in Ihnen, dass da angetriggert wird und Sie mieslaunig werden lässt (miese Laune ist eine Folge des Programms – wir sind also noch immer mitten drin).

Die Mieslaunigkeit fußt auf der Ungeduld. Die Ungeduld ist keine Eigenschaft von Ihnen, sondern eine Folge einer geistigen Unrast. Konkret kann Ungeduld nur dann entstehen, wenn wir mit unserem Geist nicht in der Gegenwart sind, sondern von dieser davongeeilt, in der Zukunft leben. Die Gegenwart möchten wir möglichst schnell überbrücken, um in einer gewünschten Zukunft „ans Ziel“ zu kommen. Das Ziel ist aber ein rein geistiges Konstrukt und nicht etwa ein „Ereignis auf einem gedachten Zeitstrahl, was nach Abfolge von vielen Ereignissen (zum Beispiel dem Fahrweg) eintritt“. Das alles sind bloße geistige Konstruktionen, die uns weismachen, wir wüssten, was in der Zukunft passiert. Wissen wir nicht! Alles nur Vorstellungen!

Weil wir uns die Autofahrt, die nächste Kreuzung, die Ampel, all diese Abfolgen vorstellen und mit der laufenden Uhr vergleichen, geraten wir in Ungeduld. Das sind aber alles und allesamt rein mentale Welten, in denen wir uns rumtreiben. Ungeduld heißt, die Gegenwart zu ignorieren.

Ich war auch jahrelang der Meinung, man hat immer genau dann einen Schleicher im Auto vor sich, wenn man es eilig hat. So „Matrix-mäßig“ oder wie in dem Film „Truman-Show“ (einfach mal den gleichnamigen Film schauen. Dort entstehen Staus vorgeplant und absichtlich). Es stimmt nicht. Es ist nicht weniger oder öfter der Fall, als bei Fahrten mit viel Zeit. Etwas in meinem Inneren etikettiert bei Eile nicht nur jeden langsam Fahrenden als „nervig“, sondern ich selbst fahre höchstwahr-

scheinlich auch noch schneller, was solche Situationen eher herbeiführt. Es ist also nicht die objektive Realität, sondern ein bewusster schöpferischer Akt unseres Denkens, wenn nicht sogar ein Einfluss nehmendes, schöpferisches Bewusstsein, was am Wirken ins Außen hinein ist.
Ich werfe das hier schon einmal vorab in den Ring: Also eine Verzahnung zwischen Bewusstsein und Realität. Ein Ineinanderfließen von Innen-und Außenwelt. Das ist jetzt aber noch zu früh.
Es ist aber auf jeden Fall immer wieder etwas in uns selbst. Sonst könnten wir es doch gar nicht wahrnehmen!
Und das war eben jener zweite Grund, „Sie“ oben durchzustreichen und der ist ernsthaft. „Sie“ ist keine Entität in Ihnen. Sie ist ein Programm von vielen und Sie sind damit identifiziert.
Ja, falls Sie „infiziert“ gelesen haben, war das Ihre spontane subjektive Sinndeutung. Passt auch ganz gut. Dazu vielleicht später mehr.
Hier sprach ich von identifiziert, was einfach ausdrücken soll, dass etwas in Ihnen sich mit dem Gefühl von „Ungeduld“ gleichmacht. Wir fühlen aufgrund von Gedanken „Ungeduld“ und begehen den Denkfehler, zu sagen: „Ich bin ungeduldig.“ Stimmt nicht.
Genau genommen.
Richtig wäre: „Ich bin“ und „Ungeduldig wird von etwas in mir empfunden.“
Wenn Sie das nun völlig sinnentfremdet finden, stellen Sie sich bitte vor, es wäre eine Remote Viewing Session. Da hätten Sie kein Problem einerseits zu schreiben: „Ich bin“ und andererseits „Dort ist die Emotion ‚ungeduldig‘“.

Dann gibt es da noch die Redensart: „Jetzt hat die liebe Seele endlich Ruh'.“ Kennen Sie? Man benutzt es nicht für Verstorbene, wie man meinen könnte. Es wird angewandt, wenn jemand sich etwas ersehnt, vielleicht darum quengelt und nervt und insistiert, bis er es endlich bekommt.
Wenn kleine Kinder ein Spielzeug unbedingt haben möchten und tagelang bitten und betteln. Dann kommt schließlich genau jener Augenblick, in dem sie es erhalten. Es hat etwas von einer energetischen Implosion. All das Wollen, Bitten, Fordern, Sehnen fällt in der Befriedigung des Wunsches in sich zusammen und existiert nicht mehr. In diesem Augenblick sagen wir: „Jetzt hat die liebe Seele endlich Ruh' .“
Aber was bedeutet es?

Sicherlich wird damit der energetische Vorgang unter die Lupe genommen. Wie sich das Ersehnen immer weiter aufbaut, bis es entladen wird. Das entspräche der Ruhe. Endlich Ruhe.
Aber was hätte die Seele darinnen verloren?
Sie wäre ja im Beispiel das eigentlich im Hintergrund ersehnende Element.
Wir können uns viel über Definitionen von „Seele" streiten, aber das ist doch unlogisch.
Die „Seele" braucht kein Spielzeug. Also? Was bleibt?
Angelehnt an die hinduistische Konstruktion unseres Wesens bleibt eine weitere Deutung über:
Wir, unser Ego ist es, das ständig etwas ersehnt. Wir sind voll von allem: von Wünschen, von Ängsten, scheinbaren Bedürfnissen. Dies alles sind Konstruktionen unseres Egos, welches sich aus dem Verstand, unseren Emotionen, unserer Historie und weiteren mentalen Eigenbauten zusammensetzt.
Dieses stete Wollen des Egos – im Beispiel ein Spielzeug – ist nichts, was die Seele will, sondern das Ego. Das quengelt, gängelt und nervt.
Aber wen nervt es? Nicht nur das Umfeld, sondern in einer Art der Selbst-Vergewaltigung das eigene eigentliche Sein – in diesem Beispiel die Seele.
Mit der Erfüllung des Wunsches hat dann auch die Seele endlich ihre liebe Ruh'. Weil das Ego kurz ruhiggestellt ist und sie kurz aufatmen und einfach wieder sie sein kann.

In dieser Deutungsvariante ist es also unser unaufhörlich arbeitendes Hirn mit seinen Ego-Anhaftungen aus Historie, Emotion und Urteilen, das in einem reflexiven Prozess Leid schafft.
Als Bild und auf die Spitze getrieben, könnten wir uns vorstellen, vor einem großen Spiegel zu stehen. Der Spiegel tut, was er soll und spiegelt unseren Körper. Punkt. Linker Arm hoch. Zack. Der Spiegel auch. Aber nicht nur unser Körper steht vor diesem Spiegel, sondern auch wir selbst. Wir, die aus diesem Körper heraus schauen. In den Spiegel. Und wir sehen uns.
Tun wir das?
Wirklich?
Oder sehen wir vielmehr nur eine Spiegelung unserer inneren Programme, Wertungen, Meinungen und Konditionierungen?!
Provokant, oder?
Schenken Sie mir ein paar erklärende Sätze.

Die meisten schauen kritisch in den Spiegel, finden Dinge, die sie nicht mögen, hässlich oder unproportional – es gibt hier eintausend Spielarten.
Aber nicht, weil Ihr Spiegelbild hässlich *ist*, sondern weil Sie ohne Selbstliebe hereinschauen. Es ist die mentale Spiegelung fehlender Selbstliebe (unter „Zuhilfenahme" eines Körpers). Die Software heißt „Du bist nicht gut genug", „Du bist hässlich" und so weiter. Auf dem Körper steht es nirgendwo. Es ist ein mentales Programm, das in einer Art Zirkelschluss von unserem Gehirn wieder selbst wahrgenommen und fälschlicherweise als „Wahrheit" verkauft wird. Na wenn das mal kein geistiges Gefängnis ist. Was wir denken, spiegelt sich in unserer Umwelt und wir verkaufen es uns selbst für wahr!
Ok, ich mache hier jetzt *nicht „den Dicken"* und behaupte, ich sei völlig erhaben und hätte nun den Durchblick. Ich scheitere jeden Tag an meinen eigenen inneren Programmen und jeden einzelnen Tag arbeite ich daran, Dinge zu entdecken, neu zu betrachten und wie von außen zu sehen. Es ist Arbeit. Hier schreibt also kein Erleuchteter. Aber ein paar Sachen habe ich bemerkt und ein bisschen was ist mir auch schon aufgefallen.
Ich möchte langsam diesen Punkt 3 „Gedanken über das Außen" verlassen. Sie haben bemerkt: Der ist bei genauer Betrachtung ziemlich kompliziert und hier verschwimmt so einiges. Sicher Geglaubtes wird wachsweich. Konkretes unkonkret.

Fazit ist hier: Wir leben in unseren subjektiven Filtern – in der Sitzung wie im echten Leben und nehmen alles durch diese Filter hindurch wahr. Dies führt unreflektiert zu ständigen Urteilen. Wir laufen mit einem Polaritätsschema durch die Welt, jeder mit seiner eigenen Gehirnspange, unterteilen nach Gut-Böse, Toll-Doof und so weiter.
Es ist so etwas wie ein Grundprogramm unserer Psyche. Eine installierte Software-Einheit.

Können wir uns von dieser befreien?
Ich habe nun ein gutes Dutzend Mal davon gelesen. „Befreiung des Geistes, Selbsterkenntnis, Erleuchtung...da gibt es spirituelle Lehrer, buddhistische und hinduistische Mönche, herabgestiegene Meister, Gurus, Erleuchtete... ich selbst kann es nur sehr eingeschränkt bezeugen.
Scheinbar leben einige dieser Menschen tatsächlich völlig hingegeben und nehmen alles wie es kommt und ohne Wertung als Wille Gottes

oder Schicksal an. Ist das denn wirklich möglich? Alles annehmen? Hingabe?

Warum schreibe ich das so vorsichtig?

Weil es Extremsituationen gibt!

Zahnarzt, Folter, Augenblicke voller körperlichem und seelischem Schmerz durch Lebenswendungen in einer Vielfalt, die ich hier wirklich nicht mehr aufschreiben möchte (man wird sensibler im Alter). Es gibt einen Haufen Situationen, wo es mir nicht mehr möglich ist, Ihnen gewissenhaft mitzuteilen, „es ist nur unser Inneres, das urteilt. Das hat mit dem Außen nichts zu tun. Nur ein Softwareproblem von uns. Das Außen ist einfach. Ganz ohne Gut-Böse-Rasterung“.

Ich rede von wirklich extremen Dingen, die ich hier nicht einmal hinschreiben möchte. Es kommt mir dann wie eine Verhöhnung des oder der Opfer vor, wollte man behaupten, dies sei nur eine Betrachtungsweise. Oder ist es eine Abspaltung?

Aber. Das große Aber. Der Dalai Lama erzählt zum Beispiel von einem buddhistischen Brudermönch, der gefoltert wurde. Mehrfach über Wochen und es muss wohl wirklich sehr schmerzhaft und barbarisch gewesen sein. Er, der Dalai Lama, habe ihn gefragt, ob er denn in dieser schweren Zeit nie vom Glauben abgefallen sei. Ob er also niemals in Verzweiflung, Wut, Angst, Depression und viele weitere negative Emotionen und Gedankenwelten geraten sei, die ja angesichts der Situation nur allzu logisch hätten entstehen können. Hass gegen den Peiniger ist doch absolut nachvollziehbar, nicht?

Der andere Mönch, so erzählt der Dalai Lama, habe geantwortet, habe die Angst gehegt, die *Empathie für seinen Peiniger zu verlieren*.

Okay?

Ich nehme ihm diese Geschichte ab und mir fällt die Kinnlade herunter. Da klatscht einer mit der Peitsche über den Rücken des Mönches, während dieser darum bangt, die Anteilnahme für den Schläger zu verlieren!

Ich glaube also, es kann prinzipiell durchaus absolut möglich sein, sein inneres Erleben unabhängig positiv von der Umwelt zu erhalten, kann mir eine Trennung von Geisteszustand, emotionalem Erleben und widrigen Außenumständen vorstellen, kann Ihnen dies leider jedoch nicht aus meinem Erleben bezeugen.

Der Mönch hat es aber wohl geschafft, die Brutalität, die ihm durch den Peiniger angetan wurde, nicht auf diesen als Person zu spiegeln. Exakt das, was ich weiter vorne beschrieb: Die Handlung oder das Gefühl oder die Gräueltat zu entpersonalisieren. Der Mönch unterschied

zwischen der Handlung und dem Handelnden. Sie waren für ihn nicht eine Person.
Soweit zu Punkt Nummer 3.
Er begann so unschuldig. „Gedanken über das Außen." Er hat uns in Grenzbereiche geführt und darüber hinaus.
Wir nehmen über Filter wahr und urteilen dauernd. Zumindest die Allermeisten von uns, die das lesen, mich eingeschlossen.
Ich finde es immer wieder sehr erschreckend, wie limitiert, wie beschränkt wir sind. Eingesperrt in unseren Gefängnissen aus Gedanken, Gefühlen und Projektionen.
So wie „Opfer unserer selbst", solange wir nicht reflektieren. Fast so etwas wie Bio-Roboter. Und tatsächlich wären wir bis zu diesem Punkt 3 doch auch reine Reiz-Reaktions-Maschinen. So lange wir nur Reize dekodieren und darauf reagieren sind wir das! Entscheidend ist im ersten Schritt die Fähigkeit der Reflektion.
Positiv zu erwähnen bleibt die Fähigkeit der Interaktion. Gedanken über das Außen zeugen von einer Grundoffenheit. Man empfängt Außenreize und verarbeitet diese nach persönlichem Filter.
Die Sonne sei in einem letzten bildlichen Vergleich die objektiv und auf allen möglichen Frequenzen empfangbare Umwelt. Die Wolken davor unsere Persönlichkeit mit all ihren Urteilen über die Welt. Also unsere Persönlichkeit.
Wo Sie sind?
Sie sitzen unter der Wolkendecke auf der Erde im diffusen Graulicht und erleben den Augenblick. Ganz so, wie Sie das tun sollen. In der einzigartigen Kombination von Sonne und Wolken wie nur Sie es von Millionen Menschen wahrnehmen können!
Ein kleines Wunder für sich.
Ich schicke etwas voraus. Ich könnte mir denken, unsere Berufung als Menschen besteht darin, diese Wolken wieder zu entfernen. Wie ganz am Anfang, bevor wir uns zu jedwedem Gedanken oder Urteil haben hinreißen lassen und alles in Gang kam...
Über den Wolken", sang Reinhard Mey, und er textete weiter: „muss die Freiheit wohl grenzenlos sein." Ja, und blau, hell, Licht und klar.
Und wir kleine verfangene Wesen erleben alles durch unseren Persönlichkeitsfilter.
Wenn Sie das neudeutsch etwas „spooky" finden, dann warten Sie mal, wie der nächste Punkt zerlegt wird.
Das wird gleich noch viel subjektiver.
Da wird es wirklich gespenstisch. Punkt 4.

Welt - Die verschwundene Realität

Niemand ist mehr Sklave, als der sich für frei hält, ohne es zu sein.
Johann Wolfgang von Goethe

4. Gedanken über das Target

Kommen wir zum Target, dem vierten Punkt auf der Liste. Wir werden sehen, dass er sehr eng mit Nr. 3 verzahnt ist. Er ist nur viel weitreichender.
Was soll nun in unserem Alltagserleben „das Target" sein?
Ein wenig Geduld noch, bitte.
Auf den letzten Seiten haben wir bemerkt, dass jede äußere Information über die Sinne „subjektiviert" wird. Wir waren sozusagen Sklaven unserer Persönlichkeitsfilter und Wahrnehmung. Reiz-Reaktion. Man könnte auch sagen, ein jeder lebe in seiner eigenen Welt, da er äußeres ständig bewerte. –
Huch. Jetzt habe ich wieder was geschrieben. „Jeder lebt in seiner eigenen Welt."
Peng, sind wir mitten drin!
Wie jetzt, die Welt? Was ist „die Welt"?
„Schatz, der Typ hier hat schon wieder einen Schatten!", rufen Sie gerade mit dem Buch auf dem Schoß. *„Er fragt sich nun, was ‚die Welt' ist?!"*

Ich gebrauche den Ausdruck „die Welt" in diesem Kapitel nicht für den 3-D-Raum um uns herum, sondern weitreichender. Kurz, knackig und vorab: Die „Welt" bezeichnet alles, was in einer Remote Viewing Session auch „Target" sein könnte.
Etwas unverständlich vielleicht bislang noch.
Mit „Welt" meine ich definitiv nicht, was Sie sich momentan noch darunter vorstellen.
Als Kind habe ich mir das eigentlich ganz einfach vorgestellt. Es gibt eine äußere objektive Welt da draußen um mich herum. Da drinnen in dieser Welt lebe ich mit vielen anderen und bewerte Objekte und Ereignisse, so, wie es mir nach meiner Eigenart passt. Das macht mein Klassenkumpel auch und der Lehrer zum Beispiel. Manchmal schwingen wir auf einer Ebene, dann finden wir beide, mein Kumpel und ich, etwas spaßig. Fußball spielen zum Beispiel. Manchmal schwingen wir nicht auf einer Ebene, dann findet mein Lehrer was blöd, was ich sage. Da er es besser weiß, hat er objektiv Recht und ich wieder was über

die Welt gelernt. Ich tu's dann in mein Puzzle im Kopf dazu. Zum Beispiel Werra und Fulda münden nicht in die Elbe, sondern in die Weser und die Römer bauten den Limes, um den Handelsverkehr mit Germanien zu regulieren und lauter solche Sachen.

Das Problem hierbei ist jedoch: So ist es nicht. So war es nie. Die „Welt" (nicht die Realität!), hatte niemals besonders viel mit Wahrheit gemeinsam. In gewissem Sinne ist sie sogar ein Kontrapunkt.

Die Welt ist unsere mentale subjektive Konstruktion von der Realität. Unser Inneres, das in uns lebende Abbild der als „wahr" gehaltenen Erzählungen über die Realität. Bewertete Geschichten.

Und damit sind wir mitten bei Punkt 4: „Gedanken über das Target (‚Ich finde das ...')."

Was haben nun das „Target" und die Welt gemeinsam?
Das Target ist, wie bekannt, in einer Remote Viewing Session jenes Zielobjekt unserer Sinne im Umschlag. Einfach gesagt also das, worauf wir in den nächsten 45 Minuten mit Hilfe des Protokolls unsere Sinne richten werden.
Was kann alles Target, also Ziel sein?
In der Kurzform heißt die Antwort: „Alles."
Alles ist aber viel mehr als der dreidimensionale Raum um uns herum, was Punkt Nummer 3 war.

Alles, was vorstellbar ist, kann Target werden. Von Micky Maus bis Helmut Kohl. Das Diesseits und Jenseits, Materie und Energie. Körper und Gedanke. Von der (Un-)Wahrscheinlichkeit bis zum Ereignis.
Versuchen wir, das wieder einfach anzugehen, so ist das einfachste Target eine Abbildung eines Ortes auf der Welt. Möchte ich hiervon Ableitungen suchen, interessieren mich Ereignisse an diesem Ort oder was Menschen zu einer Zeit an einem Ort dachten und so weiter, wobei Vergangenheit und Zukunft egal sind. Sie kennen das bereits, deshalb erkläre ich es hier nicht tiefer.
Als Kind hätte ich gesagt: „Alles eben, was in dieser Welt oder einer anderen Welt ist oder war und passieren kann und konnte."
Ohne nun zu weite Erklärungskreise zu ziehen, können wir sagen, dass das Target also Informationen über Objekte, Ereignisse, Orte, Abläufe, Geheimnisse und vieles mehr enthält.

Einmal die Ansammlung dreidimensionaler Körper in dieser Raum-Zeit-Matrix, sowie sämtliche Ereignisse und Gedanken in anderen. Also „alles", was hier und dort an Interaktion passiert.

Das Target kann also alles beschreiben, was Bestandteil, was existent ist oder sein könnte.
Darüber hinaus kann das Target noch andere Dimensionen, Sphären, Mentalwelten beinhalten.

Soweit einmal. Ich denke, wir haben über die Jahre wirklich hinreichend den Aspekt bearbeitet, wonach Viewer immer nur auf der Basis ihrer eigenen Resonanz auch Daten über das Target erheben können. Und das war ein ungemein wichtiger Satz. Datenfilterung aufgrund bestimmter niedriger, subjektiver Wahrnehmungsfilter, wie auch oben beschrieben (Katzen-Beispiel). Jeder erhebt und erlebt seine Umwelt anders und wird deshalb auch ein Target so schildern, wie er seine hier und jetzt erlebte Umwelt schildert. Ist ja auch logisch: es ist ein und derselbe Mensch. Ob er nun hier erlebt oder mit seinen Sinnen im Target hängt. Ist doch vollkommen egal und im Grunde eine ganz einfache Sache.
Aber schon zu jenen Zeitpunkten mussten wir uns doch davon verabschieden, so etwas wie eine „objektive Realität" auszulesen. Wir blieben im Gegenteil immer mitten bei uns. Und wenn wir aussagekräftige Ergebnisse wollten, mussten wir immer sehr viel Arbeit, mehrere Sitzungen und unterschiedliche Viewer an ein und dasselbe Target setzen, um Schnittmengen zu ermitteln. Zumindest bei Daten, die kritischen Rückfragen Stand halten sollten.

Wenn überhaupt mit menschlichen Sinnen möglich, war also „objektive Realität" als Sitzungsergebnis nur über einen Kongruenzprozess, über ein Vergleichen der Ergebnisse zu erreichen. Wobei auch dies ein unmögliches Unterfangen ist: Menschliche Sinne können immer nur im Rahmen menschlicher Wahrnehmung Daten „aus dem Zuchthaus" liefern. Vielleicht kommen wir – bildlich gesprochen – aus der Zelle für eine halbe Stunde nach draußen und mit Glück werfen wir zehn Minuten einen Blick durch die Zäune und teilen mit, wie die Umgegend aussieht, welches Wetter ist und so weiter, aber über eine größere Realität jenseits unserer Sinne, können wir schlicht keine Auskunft geben. Dies ist ein Problem, das mitnichten dem Remote Viewing entspringt, sondern ein Urproblem der Philosophie ist (Platons Höhlengleichnis, Matrix-Trilogie etc.).

Schauen wir uns aber unseren normalen Alltag ruhig etwas genauer an.
Gehen wir noch einen Schritt weiter. Es wird noch gruseliger. Nicht nur, dass wir die Welt dort draußen reduziert wahrnehmen und danach wegen unserer Persönlichkeitsfilter subjektiv beschreiben – dies ist noch der „extrovertierte Fall". Oft genug verharren wir in einer Innenwelt aus Ideen und Konzepten. Wir gehen gar nicht nach draußen, sondern nach drinnen und spiegeln nach außen.
Nur zur Klarstellung: Ich rede hier jetzt nicht von einer Remote Viewing Session! Ich rede vom Alltag.
Hier und Jetzt!

Den Ausdruck „die Welt" gebrauche ich hier als Vorstellung, die in uns selbst lebt. Es ist ein Bild der Welt. Ein Weltbild. Ein imaginäres Puzzle aus vielen verschiedenen Teilen zusammengesetzt. Wir haben über die Zeit die Summe aus Erlerntem, Erfahrenem, Konditioniertem zu einer persönlichen Welt zusammengesetzt. Wir meinen nun, diese Welt sei die Außenwelt. Ist sie nicht. Es ist unsere Innenwelt. Und diese Innenwelt sehen wir überall im Außen. Denken Sie an das Spiegelbeispiel von Punkt 3 weiter oben.

Als wäre das nicht schon schlimm genug, folgt der finale Nackenschlag jetzt:
Und diese Innenwelt ist in weiten Teilen manipuliert.
Ich rede jetzt nicht von dem Typ am Strand, der unfähig ist, die Energien im Umfeld korrekt aufzunehmen, weil er befangen ist. Das war die Sache mit den subjektiven Filtern. Er ist blockiert und von seinen Gefühlen dominiert und damit in Resonanz mit einer Reihe ziemlich doofer Gefühle.
Ich rede hier von etwas viel Größerem. Davon, dass unsere gesamte Innenlandschaft einem heimlichen Fremddesign unterzogen wurde, wir nun darinnen leben und es nicht einmal bemerken. Es ist tatsächlich eine Art unsichtbares geistiges Gefängnis. Nicht mehr, nicht weniger.
Meiner Frau Caro widerfuhr ein etwas ruckeliges Aufwacherlebnis bei einem Urlaub in Südfrankreich. Wir waren irgendwo in den Pyrenäen in einer Art Urweltpark. Nachdem wir mit den Kindern Dinosaurier-

skelette begutachtet hatten, gingen wir in eine Höhle, die bereits in der Steinzeit bewohnt worden war. Höhlenmalereien an den Wänden, jahrzehntausendealt, gemalt von längst in Ewigkeit ruhenden Händen. Darstellungen von Menschen und Tieren. Bildnisse einer fernen Zeit, die genau hier stattfand. Es war ein unglaubliches Gefühl. Genau hier, wo man jetzt stand, waren vor tausenden Jahren Steinzeitmenschen. Alles fühlte sich sehr aufgeladen und nah an. Ein bisschen so wie eine Zeitreise. Es fing uns wirklich sehr ein. Der Höhepunkt dieser Höhlentour war ein versteinerter Fußabdruck. Irgendwie soll es der Abdruck eines dieser Menschen geschafft haben, zu versteinern und bis in unsere Tage erhalten zu bleiben. Man spekulierte, ob es eine junge Frau gewesen sein mag, die hier barfuß, mit Fell bekleidet umherging. Was sie wohl gedacht und getan haben mag, wie ihr Alltag war.
Ja, ich kann sagen, die Steinzeit war nah. Greifbar nah.
So weit, so gut.

An die Höhle grenzte dann ein weiterer Museumsraum, eine weitere Ausstellung, wo auf verschiedene Religionen eingegangen wurde, Christus am Kreuz hing und solcherlei Darstellungen mehr.
Da passierte es mit meiner Caro.
Ihr wurde kurzerhand alles „unter dem Arsch weggezogen".
Der Kontrast zwischen Steinzeit und Religion war zu groß. Ja, die Steinzeit hatte etwas Wahres, Wirkliches … und dann kamen die Religionen daher, mit ihren Interpretationen …
„Weißt Du was", sagte sie, „das ist alles von Menschen gemacht. Wir sind angelogen worden."
Ich verstand die Tragweite ihres Innenlebens zu diesem Zeitpunkt noch nicht. Erahnte nicht, wie tiefgreifend und präzise die Vorgänge in ihrem Inneren gerade abliefen.
„Ja, ist klar, ne?! Religion eben. Kontrolle über Angst und Macht."
„Nein, ich meine nicht nur das hier. Ob der Abdruck in der Höhle nun echt ist oder nicht. Oder ob diese oder jene Religion Recht haben will. Ich meine alles. Wirklich alles."
Langsam dämmerte es mir. Ich kannte, was sie da durchmachte. Es tut weh und ist schmerzhaft. Und bei ihr kam es scheinbar mit einem Ruck. Das muss brutal sein. Bei mir ging und geht das langsam, wie ein Schleier, der immer durchsichtiger wurde und sich lüftete. Da spielte Zeit eine riesige Rolle und die Chance, alles nach und nach bearbeiten zu können. Die Themen einzeln anzugehen und aufzuräumen.
„Ja, Du meinst alles. Religion, Politik, Zeitgeschichte, alles was wir zu wissen glauben, was uns gelehrt und erzählt wurde. Alles eben. Alles sind nur Ideen und Konzepte, sind Dinge, die Menschen ersonnen haben."

„Ja, es sind alles nur Gedanken, die für ‚wahr' verkauft und gelehrt werden, aber sie stimmen nicht."
„Ja, genau!"
Die nächsten drei Tage war sie total depressiv. Einfach, weil alles, was sie als „wahr" angenommen hatte, als menschliches Konzept enttarnt worden war. Mit Realität hatte alles, was sie bisher dafür hielt, gar nichts zu tun! Noch ein Jahr später flammte und flackerte dieses Gefühl immer einmal wieder in ihr hoch und wollte eine Bearbeitung erfahren.
Gefühle von betrogen worden sein sind dabei, Haltlosigkeit, Depression, Gleichgültigkeit, Ruhe und Stille, Bewegungslosigkeit, Dimensions-losigkeit und vieles sehr schwer Ausdrückbare spielen dabei eine Rolle.
Wie immer, wenn etwas Altes geht, schafft es Platz für etwas Neues.
Was anstelle der alten Lehr- und Glaubenssätze in ihr Fuß fassen durfte, wäre ein eigenes Buch und sprengt den Rahmen hier.
Was ich hier darstellen wollte, ist, dass ihre Innenwelt binnen einer Sekunde durch einen einzigen Anstoß zerstört wurde. Alles, was sie gelernt und zu wissen gemeint hatte, wurde als „Erzählung" entschlüsselt.
Ihre „Welt" wurde zerstört.
Auch ich habe da so meine Erlebnisse und erzähle Ihnen ein kleines Beispiel. Leisten wir uns noch ein Kapitel für die Bearbeitung dieses vierten Punktes.

Manipulierte Gefühle

Seltsame Zeiten sind dies, in denen wir leben, da Alt und Jung Schulen der Unwahrheit durchlaufen. Und der Einzelne, der es wagt, die Wahrheit auszusprechen, wird sofort als Irrer und Narr abgestempelt.
Plato (427- 347 v.Chr.)

noch zu: 4. Gedanken über das Target

Die Geschichte, die ich gleich erzähle, handelt davon, wie ich staunend Zeuge davon werden durfte, wie meine „ureigenen Gefühle" durch Dritte manipuliert und programmiert worden sind. Das ist insbesondere deshalb so enorm wichtig, weil wir im „Normalzustand" - oder dem, was wir so nennen – mit unseren Gefühlen identifiziert sind. Das bedeutet schlicht, wir halten unsere Gefühle für Teile und Ausdrucksformen unseres Ichs – was falsch ist. Auf die Spitze getrieben könnte man sagen: Wir sind nicht unsere Gefühle, aber unsere Gefühle leben *durch* uns.

Das ist jetzt kein abgefahrener kopflastiger, intellektueller Text, sondern einfaches Erleben, was mich einem Gefühl von „Wahrheit" wieder ein Stück näher brachte. Sie handelt von der Vorweihnachtszeit ab 21.12. bis Anfang Januar. Früher auch die „Zeit zwischen den Jahren" oder „die Rauhnächte" genannt.
Was, wenn alles ein so genanntes „Ei", eine emotionale Interpretation meiner selbst über die Welt wäre?

Fangen wir gleich mittendrin an. Kennen Sie das? Pünktlich Anfang Januar nervt der Weihnachtsbaum. Was man noch vor einer Woche liebevoll schmückte, was als Verschönerung und gelungene Dekoration des Raumes wahrgenommen wurde und im Zusammenhang mit der dunkelsten Nacht des Jahres an „die Geburt des Lichts" zur Wintersonnenwende oder die Geburt von Jesus Christus (für Christen) erinnern sollte, was der Höhe- und Endpunkt der besinnlichen, zurückgezogenen Adventszeit war, steht von heute auf morgen einfach nur noch im Weg rum und wird zum Staubfänger. Schon zu Silvester passen mir die Energien nicht mehr so recht zusammen. Einerseits Party, Polenböller, Zinngießen, wo vor einer Woche noch Romantik, Frieden und Ruhe mit vorgetragenen Adventsgedichten und getragener Weihnachtsmusik dominierten. Kleeblätter, wo eben noch Schlitten mit Rentieren waren, Schornsteinfeger wo Weihnachtsmänner und Glücksschweinchen statt Christkind. Glitzerfeuerwerk statt Lametta. Sekt statt Feuerzangenbowle und Hering statt Gans. Die Liste wäre fortführbar und würde die wirklich krassen entgegengesetzten Energien weiter veranschaulichen. Als Bilanz bleibt eine Polarität von Energien, die in der Kürze der Zeit nicht krasser sein könnte. Dann, nach dem „High Noon" der Silvesternacht haben wir Anfang Januar und das neue Jahr liegt vor mir. Es gibt nun viel zu tun und so etwas wie Aufbruchstimmung macht sich breit. Da symbolisiert der Weihnachtsbaum mit seinen besinnlichen Lichtern für mich plötzlich etwas Altes, Überkommenes, was so gar nicht mehr passt.
Mir geht es immer so, dass mich der Baum anscheinend „emotional barrikadiert". Er steht mir dann auch sinnbildlich plötzlich im Weg. Ich habe mich schon gefragt, wie das sein kann. Warum ich das so empfinde.

Sie ahnen es, die „Weihnachtszeit" mit ihren vielen Energien überfordert irgendwie mein Emotionalleben. Dabei sollte doch eigentlich die dunkelste Zeit des Jahres nach den naturgegebenen Rhythmen zur

Einkehr und Stille einladen. Wie in der Natur eben. Aber nein. Aktionismus. Und nach dem Konsumismus der letzten Dezembertage nun die aufkommende karge Fastenzeit ... „Heute hü und morgen hott."
Den vorläufigen Höhepunkt erreichte das Ganze, als ich zusammen mit der Frau meines Herzens am dritten Januar zum Einkaufen ging und auf einem Wühltisch einen Glitzerhut entdeckte. „Guck mal, die haben da schon Fastnachtskram.", sagte ich baff. Ja, im Oktober schon Marzipanhappen, im Februar schon Osterhäschen und zwei Tage nach Silvester bereits Fastnachtskostüme. Vielleicht liegt es ja am Abfeiern meines fünfzigsten Geburtstags, also der trivialen Tatsache, dass ich älter werde und mir damit die Zeit immer schneller zu verfliegen scheint, weil ein Stündlein im Verhältnis zur erlebten Lebenszeit immer schneller vergeht. Auf jeden Fall ging mir das gefühlt alles viel zu schnell. Schließlich musste ich ja gerade von Weihnacht auf Silvester umschalten, aber am dritten Januar „Helau" zu rufen, war dann doch eine Spur zu viel – auch als geborener Rheinländer. „Nein, das ist reduzierte Ware, Schatz. Das ist ein Silvesterhut!" Zweifelnd schaute ich auf den Ramschtisch. Verkleiden zu Silvester? Tatsächlich: Nebendran waren irgendwelche Artikel mit einem aufgedruckten neudeutschen „happy new year" zu sehen. Klar, darf ja im Zuge der Umerziehung bloß nicht in Deutsch geschrieben werden. Das ist ja dann „spießig."
Halbwegs beruhigt, dennoch mit einer in mir spürbaren Restenergie emotionaler

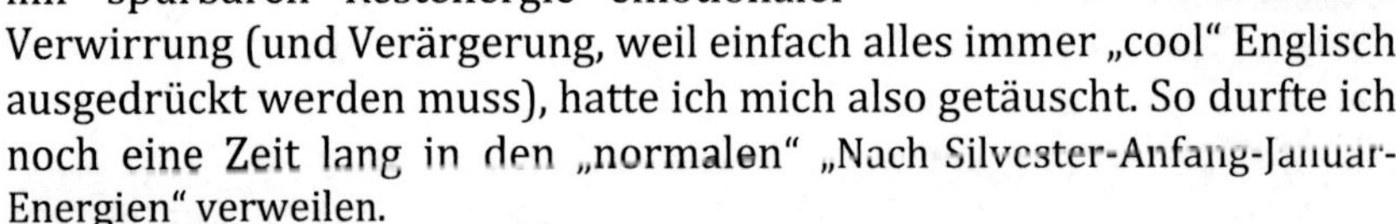

Verwirrung (und Verärgerung, weil einfach alles immer „cool" Englisch ausgedrückt werden muss), hatte ich mich also getäuscht. So durfte ich noch eine Zeit lang in den „normalen" „Nach Silvester-Anfang-Januar-Energien" verweilen.
Nun ja. Um genau zu sein eine ganze halbe Stunde. Denn der nächste Supermarkt hatte die Containerladung aus Fernost schon erhalten. Hier wurde ich beinhart mit Seemanns- und Piratenkostümen, Plastikmasken, roten Nasen, Perücken und vielem mehr konfrontiert. Und das war definitiv kein Silvesterzubehör! Das war „harte Faschingsware".
Desorientiert stand ich davor. Das Gegenteil von „Hier und Jetzt" schien mir genau das da zu sein. Verkörpert in diesem Ständer chinesischer Faschingscontainerware. Wie ich eigentlich darauf komme, dass der Kram aus Fernost geschippert wurde? Na ja, nirgendwo stand

„Bio", „Fairtrade" und ähnliches – also China. Zugegeben: mutige Folgerung mit einem Schuss Sarkasmus. Was ich mit „Hier und Jetzt" meine? Über diese schon so lange vorher in den Regalen zu findende Artikel sind Konsumenten nie in der eigentlichen Zeitqualität, sondern immer auf einer quasi gefühlten Zukunftsreise. Ein Remote Viewer würde sagen „bilokal". Ein Teil ist im Hier und Jetzt, der andere Teil beschäftigt sich mit Zukünftigem. Speziell hier führt das Angebot zu einer Form „innerer Zerrissenheit". Einerseits ist es Anfang Januar, andererseits werde ich mit Fasching konfrontiert – einer Form von Energie, die erst in ca. 2 Monaten (je nachdem) er- und gelebt werden will. Auf diese Weise wird immer wieder Verwirrung geschaffen. Und man wird den anliegenden Zeiten und zugeordneten Qualitäten nie gerecht, kann diese nie in Tiefe und fokussiert ausleben, sondern wird zusätzlich noch in einen künstlichen Wandel und eine rein von außen initiierte Hektik versetzt. Schon lange vor Fastnacht werden dann die Osterhäschen im Regal zu finden sein.

So. Warum erzähle ich das alles? Erscheint doch egal, wann wer was in die Regale von Supermärkten räumt. Eigentlich.
Weil mir der Gedanke durch den Kopf schoss, was das alles mit mir zu tun hat. Alles, was ich bis hierhin geschrieben habe. Im Advent ist man besinnlich, zu Weihnachten froh, an Silvester ist Party und Ausgelassenheit, danach Fastnacht und Verkleiden mit Party.
Was hat es mit mir zu tun?
Die meisten Leser gehen die ersten Schritte wahrscheinlich noch zustimmend mit. Man ist eben hier im christlich geprägten Abendland aufgewachsen, es sind unsere Traditionen. Deshalb feiern wir dies eben so und nicht anders mit den zugehörigen Mythen, Sagen und Erzählungen. Und bitte verstehen Sie mich richtig: Ich bin ein Fan von Traditionen, von Verwurzelung mit unserem Stück Erde, das Heerscharen von Vorfahren bewohnten. Ich möchte hier nicht herummotzen – und tue dies auch nicht – um gegen christliche oder sonstwelche Feste anzuschreiben. Wäre ja auch Quatsch.
„Das ist halt so!", ist mir aber entschieden zu wenig. „Ist halt so, dass man zu Weihnachten friedlich, besinnlich und froh sein sollte. Das ist schon immer so." Eben nicht.
Alles das sind mir aufgeprägte Gefühle, die nichts – rein gar nichts – mit mir zu tun haben. Alles, was ich weiter oben beschrieb, kommt durch Informationen von außen, die verinnerlicht worden sind und als normal gehalten werden, es aber nicht sind.

Ganz neutral betrachtet, vielleicht so, wie ein Raumfahrer von fremden Sternen hierher käme, ohne irgendwas über uns Menschen und unsere Riten zu wissen, wäre die Weihnachtsbesinnlichkeit ebenso unnatürlich, wie das Getümmel zu Silvester. Logisch. Was sähe er?
Ein Land, das hier bei uns in Ruhe liegt. Lange, extrem dunkle Nächte und sehr kurze Tage mit wenigen Kontrasten. Eine Natur, die schläft und sich zurückgezogen hat. Nichts gedeiht, alles scheint gestorben und hüllt sich oftmals in ein Kleid aus Grautönen. Man sieht kaum Leben. Keine Blumen, Blätter, Tiere. Rückzug und Stille dominieren. Die Zeit ist wie stehen geblieben.
Zeit ..?
Man sieht es langsam und milchig zaghaft heller und schnell dunkel werden. Es ist schwarz. In diesen Tagen hat man viel Zeit. Es gibt wenig zu erledigen. Alles schläft oder ruht. Es gibt nichts zu säen, nichts zu ernten, die Tiere haben sich zum Winterschlaf zurückgezogen oder sind fortgeflogen in warme Gefilde. Unsere Ahnen haben sich die Zeit vertrieben, indem sie am Feuer Geschichten erzählten oder musizierten, schnitzten oder mit Muße Werkzeuge reparierten. Was hätte man auch sonst machen sollen? Bis zum Winter musste vorgesorgt sein. Technik gab es sowieso nicht, keinen Strom, nicht einmal Bücher (später dann nur eine Bibel im Haus). Also erzählten sie, saßen zusammen. Die Nächte waren lang ...
Warum schreibe ich jetzt von der Natur?
Weil es das Einzige ist, woran wir uns wirklich orientieren können. Der Natur und den Sternen. Der Erde und dem Himmel. Alles andere ist ein Konzept oder eine Idee von Menschen, die vor uns lebten und deren Gedankenschablonen wir übernommen haben.
Damit ist aber auch klar: Es gäbe pünktlich zum 1. Januar kein Gefühl des „Aufbruchs" oder eine Stimmung von Aktionismus und Schnelligkeit. Im Gegenteil. Noch immer, ob am 24.12., dem 31.12. oder 01.01. sind die Tage einfach sehr kurz, trübe und die Nächte lang und laden zu Besinnung, Rückzug und Einkehr ein. Es wäre das den natürlichen Rhythmen zugeordnete passende Gefühl. Und natürlich wäre auch kein Weihnachtsbaum „im Weg". Nicht nur, dass er nicht nervte, er hätte da erst gar nicht gestanden.

Schauen wir uns das Ganze aber erst noch etwas genauer an, bevor wir den „Sack zumachen".
Wie kommt es eigentlich zu der Zeit „zwischen den Jahren"? Der Ausdruck hat mich als Kind schon irritiert. „Zwischen den Jahren", wo doch noch Dezember ist. Und ich habe nie verstanden, warum nach

Silvester – da das alte Jahr nun zu Ende ist – nun nicht der Frühling losgeht und die Blumen wieder sprießen. Stattdessen hieß es: „Nein – das ist noch ein paar Monate Winter." Viel logischer erschien mir der Gedanke, das Jahr begänne mit dem Frühling und endete mit dem Winter. Das war schon komisch und seltsam alles!
Ja, „zwischen den Jahren". Woher kommt das?
Unser Jahr berechnet sich nach dem gregorianischen Kalender (365,2425 Tage), davor galt bis zur Reform durch Papst Gregor XIII 1582 der *Julianische Kalender* (365,25 Tage). Davor bemaßen unsere germanischen Urahnen das Jahr direkt am Zusammenspiel von Erde, Sonne und Mond. Ein Jahr war (und ist) demnach die Strecke des vollständigen Umlaufs der Erde um die Sonne. Bis die Erde also wieder an jenem Ausgangspunkt zurück ist, von dem man das Zählen begonnen hatte. Dabei durchschreitet sie vier Wendepunkte. Das sind die Frühjahrs-, Sommer-, Herbst- und Wintersonnenwende. Innerhalb dieses vollständigen Umlaufs haben wir in der Regel 12 Monddurchläufe. Ein Mondjahr hat 6 Monate mit 29 Tagen und 6 Monate mit 30 Tagen im Wechsel. Damit ist das kalendarische Mondjahr 354 Tage lang. Der Zeitraum zwischen Mondjahr und „normalem" Kalenderjahr wird als „Zeit zwischen den Jahren" bezeichnet. Ist das nicht genial?
Es ist nach alter Zählweise tatsächlich die Zeit, die „übrig bleibt", bis man mit dem Kalenderjahr fertig gezählt hat. Hierbei gibt es noch einige Schwankungen, die ich der Vollzähligkeit halber erwähnen möchte.
Die Differenz zwischen 365 Tagen und 354 Tagen sind 11 Tage. Diese 11 Tage bezeichnet man als „Rauhnächte", wobei es verschiedene Zählweisen für den Beginn dieser Rauhnächte gibt. Zieht man 11 Tage vom 31. Dezember ab und zählt diesen mit, landet man beim 20./21. Dezember, der Wintersonnenwende, dem kürzesten Tag des Jahres, bis sich nach drei Tagen die Erdachse soweit verschoben hat, dass wir von der „Geburt des Lichtes", dem 24. Dezember, reden. Diesen Nächten werden besondere Qualitäten nachgesagt. So sollen Träume in dieser Zeit zum Beispiel Symbolqualität für kommende Ereignisse haben und vieles mehr.

Wer genau aufgepasst hat, bemerkt: Auch die „Rauhnächte" sind eine Gedankenschablone, ein Konzept. Mag sein, sie sind näher an astronomischen Gegebenheiten dran und sie mögen sich auch tiefer verwurzelt mit der Synchronisierung von uns Menschen und der Natur beschäftigen (wir hier sind „Fans" der Rauhnächte), aber auch deren Einteilung, Symbolismus, Bedeutung sind eine Idee, eine Interpretation, eine Lagerfeuergeschichte unserer Ahnen. Ist es in der Weihnachtszeit der Weihnachtsmann mit seinem Rentierschlitten, der über den Himmel zieht und Geschenke bringt (bei meinen Großeltern war das Christkind noch viel bedeutsamer und dominanter), so ging diesem der germanische Odin mit seiner wilden Jagd voraus. Und was ruft der Anführer, also je nach Region Odin, Wotin oder der Helljäger? Richtig: „Hohoho." Kennen Sie wahrscheinlich nur von „Santa Claus", also dem „Ami- oder „Colaweihnachtsmann". Ja, ich weiß, der kommt mit einem großen LKW. (Anmerkung für jüngere Leser: Früher hieß es „Weihnachtsmann", nicht „Santa Claus", was ein interessantes Anagramm zu „Satan" (weiter: Saturn) bildet.)

Was bleibt nach alledem? Legen wir den Finger in die Wunde und schließen den Sack vollends.
Wenn ich Anfang Januar plötzlich das Gefühl habe, den Weihnachtsbaum nicht mehr sehen zu können, wenn dieser statt Ruhe und Besinnlichkeit auszuströmen, nun plötzlich bremsend auf mich wirkt, weil das neue Jahr vor mir liegt und Aufbruchstimmung verbreitet, so liegen dem allesamt manipulierte Gefühle zu Grunde, mit denen ich mich fälschlicherweise identifiziere. Sie auch?
Wenn ich ein Problem damit habe, dass nach den ruhigen und besinnlichen Weihnachtsfeiertagen nun plötzlich Silvester mit Party folgt, so liegen dem manipulierte Gefühle zu Grunde, mit denen ich mich fälschlicherweise identifiziere.
Wenn ich mich Anfang Januar an Faschingsklamotten stoße, so liegen dem allesamt manipulierte ... Sie ahnen es.
Eine „Aufbruchstimmung" Anfang Januar ist durch die Illusion eines „Neuen Jahres" künstlich erzeugt.
Es ist die erschreckende, unglaubliche Einsicht, dass Anteile in mir, die ich mit „Ich" betitele, also mein tiefes inneres Empfinden, nicht wirklich zu mir gehören. Es ist erlerntes Verhalten, es ist sozialisiert, es ist konditioniert, es ist aufgeprägt. Es ist alles das, aber es ist nicht ich. Es sind Traditionen, Riten, Sagen, die vollständig verinnerlicht sind, die mit einem imaginären Bild meiner Selbst verbacken worden sind. So tief, dass man sie selbst – betriebsblind – nicht mehr auseinanderhalten kann. Es ist ferner die Einsicht, dass meine Vorstellung des „Ich" in einer Art Dreh- und Regiebuch von einem Teil tief in mir drinnen orchestriert wird. Ein innerer Regisseur entwirft ein – unwahres – Profil von einem „Ich-Bin", das Kraft meiner Vorstellungen entsteht. Dinge, zu denen ich „Ja" sage, werden „Ich" und diejenigen, von denen ich

mich abgrenze, werden das „Nicht-Ich“, also außen. Das können wir meistens wieder annehmen. Nur die unglaublich erscheinende Feststellung, dass unsere Gefühle eben nicht unsere sind, sondern großteils erlernt, ist erschreckend.
Es heißt längst nicht, dass wir nie mehr besinnlich Weihnachten feiern sollten. Aber es heißt, dass wir es bewusst tun sollten oder können.

Ich habe hier bewusst „harmlose“ Beispiele ausgesucht. Wenn Sie möchten, können Sie Ihren Alltag danach absuchen, wo überall Ihnen diese künstlichen Konzepte begegnen und von Ihnen als Wahrheit angenommen wurden.
Je genauer Sie schauen, desto verblüffender wird es.
Aber Achtung: Vielleicht stehen Sie ja dann auch wie meine Caro plötzlich irgendwo rum und haben das Gefühl jemand habe Ihnen den Boden unter den Füßen weggezogen.

Was bliebe an „Wahrheit“ zurück, die man beschreiben könnte?
Es wäre die Synchronisierung unseres Seins mit der Natur und planetaren Umläufen. Wir sind ein Teil der Natur. Zumindest leben wir diesen momentan hier direkt aus. Stecken in einem menschlichen Körper mit diesem unserem Bewusstsein und sind eingebettet in unleugbare planetare und astronomische Zusammenhänge. Das sind, wie bereits beschrieben, kurze Tage, lange Nächte, Stille, Gräue ...eine Zeit, die dazu auffordert, es der Natur gleich zu tun. Wie ein Baum ziehen wir unsere Kräfte, unser Empfinden, unser Bewusstsein in uns zurück, halten Innenschau, betrachten, was in uns ist, beschäftigen uns mit unserem So-Sein, unseren Gedanken. Insofern sei ein Stab für die Prozeduren der Rauhnächte gebrochen – unabhängig von ihrer Methodik, ihrer Einteilung und ihrem Bedeutungszusammenhang. Sie sind schon noch recht nah am direkten Erleben der Natur orientiert.
Es ist eben nicht jeder Tag wie der andere und wie es uns nicht nur der Kalender mit seiner Einteilung und auch der moderne Arbeitsalltag weismachen wollen. Genau genommen ist kein einziger Tag wie der andere, was sich direkt schon aus der Erdumlaufbahn und den daraus entstehenden Tages- und Nachtzeiten ergibt. Dann gibt es noch Jahreszeiten, Wetter etc. Alles Umstände, von denen wir uns im modernen Leben weit entfernt haben und stattdessen oftmals Gleichförmigkeiten leben. Die Gleichförmigkeit eines Raumklimas, der Temperatur und Luftfeuchte oder der Beleuchtung durch Kunstlicht. Dies alles scheint unsere Tage gleichförmig zu machen, doch sie sind es nicht.

Was also – wenn überhaupt – an „echten" Gefühlen in mir auffindbar wäre, ließe sich nicht im Kontakt mit definierten Festen finden, sondern im Rückzug und der Einkehr, wie die Natur es tut.
Weihnachten ist Bestandteil dessen, was ich „die Welt" nennen möchte.
Kurze und lange Tage sind Realität.
Das dürfen wir uns mal für weitere Kapitel im Hinterkopf behalten.
Sie meinen, das seien nun ein paar mehr oder minder lustige Geschichten von meiner Frau und mir? Und die habe mit Ihnen nichts zu tun?

Diese Geschichten sollen darauf vorbereiten, wie auch innere Aspekte bei der Abarbeitung des Targets als Viewer wahrgenommen werden, denn sie sind Teil der inneren Landkarte. Und wir viewen bei einem vieldimensionalen Medium schnell mal innere Abbilder unserer Welt. Das heißt nichts anderes, als dass die Möglichkeit guter Targetbeschreibungen steigt, wenn diese nicht durch dominante innere Erzählweisen beschmutzt werden. Es ist eigentlich nichts anderes als bei einem guten Kinofilm:
Für Ihr Gehirn ist er absolut genial und nichts unterscheidet ihn von der Realität. Alle Bilder, die über die Augen in Ihr Gehirn gelangen hält dieses ganz naiv für absolut real.
Ich meine das absolut ernst und nicht metaphorisch. Von daher überlegen Sie sich doch bitte, ob Sie heute Abend wirklich einen Horrorfilm oder Krimi schauen wollen. Für Ihr Gehirn ist der Ermordete des Krimis absolut real. Und ein Film wie „Poltergeist" ist für Ihre grauen Zellen exakt das Gleiche wie ein echter Besucher im Haus. Unser Gehirn unterscheidet nicht zwischen Fiktion und Realität. Alles, was als Stromstoß ankommt, wird als Realität eingestuft. Eine „weitere Abteilung" erklärt dann den Kinofilm im inneren Dialog zur Fantasie – mit nur teilweisen Erfolgen.

Dieser ganze Mischmasch in unseren Köpfen ist die „Welt". Es ist die zusammengestrickte Logik vieler verschiedener Erzählweisen. Wie das subjektive Puzzlebild einer nur uns zugänglichen Welt.
Ich habe dies für Sie aufgeschrieben, weil ich Sie aufrütteln möchte. Und weil die Wahrscheinlichkeit sehr groß ist, dass – bei allem Respekt – Ihr Kopf voller angelernter Ideologien, Ideen und Konzepte ist, die mit Realität nicht im Entferntesten etwas zu tun haben, sondern vielmehr von Ihnen selbst am Leben gehaltene Glaubensbekenntnisse sind.

Ich selbst bin jeden Tag damit beschäftigt „aufzuräumen“ und finde staunend sinnbildlich irgendwelche Comics unter dem Bett.
Kommen wir zum finalen Schlag.
Was haben die Wintersonnenwende, die Geburt von Jesus Christus, Weihnacht, Santa Claus, die Geburt des Lichtes, die Adventszeit, Silvester, die Aufbruchstimmung zum Januar und der Januar oder Dezember selbst, alle Kalendermonate, der gregorianische Kalender und der julianische Kalender, Fastnacht, Ostern, Osterhasen, Bio, Fairtrade, Odin, Kinofilme, Krimis und Horrorfilme gemeinsam?
Natürlich: Es waren durchweg Elemente, die in diesem Kapitel des Buches besprochen wurden. Aber darüber hinaus?
Was haben diese gemeinsam?
Es sind durchweg abstrakte und erlernte Konzepte. Es ist Micky Maus und Donald Duck, die in den Status einer Wahrheit erhoben werden, es aber nicht sind, waren oder jemals werden.
Ein Remote Viewer würde sagen, sie sind ein abstraktes Target.
Was ist das zum Beispiel:

„Beschreibe ein Einhorn“ oder „Beschreibe das Leben in Atlantis.“

Sie sind der Unterschied zwischen Punkt 3 und Punkt 4 der Auflistung.
Es sind Abstraktionen, Gedankeninhalte, Theorien, die mit der Realität rein gar nichts zu tun haben, von uns aber so behandelt werden, weil wir es so erlernt haben.
Rein theoretisch haben die meisten das verstanden, aber gefühlt und gelebt wird es als Wahrheit. Das ist ein riesiger Unterschied.
Denn letztlich wird gelebt und erlebt, was gefühlt wird, nicht, was verstanden wurde.
„Möchte der Typ jetzt behaupten, es gibt keine Einhörner und kein Atlantis und das sind nur Abstraktionen?“
Bis jetzt ja.
Fürs Protokoll: Punkt Nummer 4 ist zu 80 % abgearbeitet. Für das Verständnis sogar vollständig, würde ich sagen. Wir leisten uns den Luxus einer Vertiefung und gehen einen kleinen Schritt weiter.

Ich schicke voraus. Eine kleine Vertiefung zum Thema: „Alles, was unsere ureigene Welt ist.“

Alles nur Stories?

Ein kleiner Junge liegt in der Dunkelheit.
Sein Bett ist warm, doch er spürt es nicht.
Er fühlt so viel und versteht so wenig.
„Ich möchte die ganze Welt verstehn",
ist sein letzter Gedanke, bevor er schläft.
Ich liebe Dich, kleiner Bub.
Ich küsse Dich.
Schlaf. Alles wird.

4. Gedanken über das Target

Eine emotionale Interpretation in einer Remote Viewing Session ist Bestandteil einer inneren subjektiven Erzählweise. Wir sind Hüter unserer internen Deutungshoheit über die Dinge.
Ein Kind würde vielleicht sagen: „Ich bin der König meiner Welt."

Denkste!
Sind diese mächtigen geistigen Erklärungsraster nämlich flächendeckend im Kollektiv der Menschheit verankert, also überwiegend in der Masse der Menschen vorzufinden, haben wir es mit einem „Narrativ" zu tun.
Voraussetzung hierfür wäre, dass die Mehrheit eine Geschichte über einen Ablauf als „wahr" integriert, also glaubt.
Und jetzt, dieses eine Mal, möchte ich Ihnen Wikipedia Artikel ans Herz legen. Wikipedia ist die Nummer eins Fundgrube für Narrative, sobald es um Themen wie Politik, Geschichte und korrekte und gewünschte Erzählweisen geht! Es ist wahr. Nirgendwo sonst finden sich in Masse derart viele durchgestylte „nur-so-politisch-gewollt-Narrative" wie in Wikipedia, was durch die fortlaufende ~~Zensur~~ Aktualisierung gelingt. Ja, das ist purer Zynismus: Wikipedia ist als Fundgrube von politisch korrekten Narrativen einfach unschlagbar. Es ist die Sichtweise, die Bühne, die wir hingehalten bekommen. Das, was wir so und nicht anders sehen sollen. Die Welt, die wir als Realität und Wahrheit einstufen sollen.
Und „Narrativ" können Sie dort auch einmal nachschlagen. Ansonsten kann man es ernsthaft nicht zur Definition und Abgrenzung eines politisch gebrauchten Begriffes gebrauchen. Aber bei „Narrativ" funktioniert es. Da die Artikel dort einem stetigen und ständigen Wandel un-

terzogen werden, habe ich Ihnen die Definition des Begriffes „Narrativ“ vom Dezember 2018 hinten als Anlage abgedruckt.
Es ist die übereinstimmende Betrachtung einer Gruppe von Menschen über Umstände oder Ereignisse und dient der Abgrenzung dieser Gruppe von anderen. Es ist dabei weniger wichtig, ob und wie wahr das Narrativ ist, wichtiger ist seine Wirkung und Funktion auf die Gruppe. Zum Beispiel das Schaffen eines Konsens, eines Zusammenhaltes.
Nun wäre das Narrativ ein genauso unschuldiger Begriff wie die Erzählung, konkret also wie die Nibelungensage oder Aschenputtel, wäre da nicht das kleine, feine und entscheidende Detail, dass es den Anspruch auf Wahrheit erhebt, währenddessen objektiv klar ist, dass es nicht immer wahr ist.
Schon hier wird deutlich, wie grundsätzlich bedeutsam Narrative für die Lenkung und Steuerung von Menschenmassen sind, wie sehr dieser Bereich dazu einlädt, missbraucht zu werden.
Mit einem schelmischen Grinsen scheint das Wort selbst auf seinen lateinischen Wortstamm narrare = erzählen zu verweisen. Nicht nur, dass der deutsche „Narr“ tatsächlich im Wort steckt, auch das Verb „narren“ hört man beinahe heraus, wenn man „narrare“ intoniert. Tatsächlich steckt eine sinngebende tiefere Bedeutungsebene darin, denn das lateinische „narrare“ scheint darauf zu verweisen, viele Menschen mit einer bestimmten Erzählweise zum Narren zu halten.

Oder kurz: Ein Narrativ narrt.
Narrative sind die vielen Geschichten, die Ihnen und mir als die Welt, in der wir leben, verkauft werden, die letztlich dann wieder den Herrschenden dienen. Geschichten, die uns mental polen und ausrichten sollen. Ein schönes Beispiel ist auch hier wieder die Geschichte vom „Tellerwäscher zum Millionär“. Nicht nur „Alles ist möglich“ könnte ihr Untertitel heißen, sondern auch „Du kannst alles werden, wenn nicht, bist du selbst schuld.“ Und das hat sich brutal und millionenfach eingeprägt und führte zu einer ziemlich rücksichtslosen, kalten und konsumgeilen Gesellschaft von Ellenbogenkämpfern.
Und jetzt kommt alles, was vielleicht Teil Ihrer Welt, Ihres Weltbildes ist. Oder das Ihrer Nachbarn. Ich habe mir die Mühe gemacht, Teile der Matrix zusammenzutragen. Bei manchen Punkten mögen Sie mit den Schultern zucken: „War doch klar. Ist nicht der Erwähnung wert.“ Bei anderen sind Sie vielleicht empört: „Jetzt spinnt er aber.“

Alles sind einfach Narrative.
Beginnen wir doch mit einem Teil jener Welt, der nur für manche, meist kürzere Zeitgenossen relevant ist. Und vor allen Dingen: Beginnen wir mit dem einfachen Teil der Welt.
Es gibt den Weihnachtsmann, den Nikolaus und den Osterhasen wirklich. Klar! Kennen Sie aus dem letzten Kapitel. Waren Theorien, Abstraktionen, Denkgebäude.

Jetzt schwieriger:
Es gibt Feen, Zauberer, Elfen, Magier, Erdwesen, Feuerwesen, Baumgeister, Gnome, Zwerge, Meerjungfrauen.

Und jetzt kommen wir zu Begriffen, Sätzen, Zitaten, Thesen, die vor unserem geistigen Auge ganze Geschichten entstehen lassen. Ich gebe die hier ohne Wertung weiter.

Etwas schwerer:
Paris ist die Stadt der Liebe.
Japaner sind fleißig.
Beamte sind faul.
Deutschland ist ein freies Land.
Wir leben in einer Demokratie.
Demokratie ist die beste Staatsform.
Es gibt hier Meinungsfreiheit.
Es gibt hier Pressefreiheit.
Der Bürger ist der Souverän der Demokratie.
Der Bundestag entscheidet über Gesetze. Er ist das oberste Staatsorgan.
Amerika ist das Land der Freiheit und der Demokratie.
Wir wählen die Volksvertreter, die uns regieren.
Die Rechtsprechung und Gerichte sind neutral.
Nazis sind böse und meistens doof und brutal.
Die Amerikaner waren nach dem Krieg besser zu den Deutschen als die Russen.
Die Amerikaner sind unsere Freunde.
Christus wurde zu Weihnachten geboren.
Am 31. Dezember ist das Jahr zu Ende.
Gott hat die Erde erschaffen.
Die Erde entstand durch den Urknall.
Die Evolutionstheorie ist wahr.
Der Mensch stammt vom Affen ab.

Der Mensch ist ein intelligentes Tier.
Der Ursprung aller Menschen ist Afrika.
Ein Mensch ist des anderen Wolf.
Der Mensch ist ein vernunftgesteuertes Wesen.
Ich denke, also bin ich.
Wettbewerb und Konkurrenz sind wichtige Faktoren der Wirtschaft.
In der Marktwirtschaft ist der Kunde König.
Angebot und Nachfrage ermitteln den Preis.
Der Kunde bestimmt den Preis.
Bargeld ist König.
Der Kunde bestimmt durch die Nachfrage, was produziert wird.
Es gibt einen Klimawandel.
Wir kommen in die nächste Eiszeit.
Die Arktis schmilzt.
Wir bekommen eine Klimaerwärmung.
Durch den Klimawandel wird es abwechselnd heiß und kalt.
Es gibt einen Treibhauseffekt.
Der CO2 Gehalt in der Atmosphäre wird durch Menschen künstlich und schädlich verändert. Das kann man beweisen.
CO2 ist schwerer als Luft und kann gar nicht in die Atmosphäre steigen.
Es gibt sauren Regen. Der tötet den Wald.
Das Ozonloch war eine menschenverursachte Gefahr für den Planeten.
Es wurde durch die Klimapolitik erfolgreich bekämpft.
Das Eis der Antarktis schmilzt.
Es gibt viele Geschlechter (Gender: männlich, weiblich, divers).
Die Menschen sind Schädlinge auf diesem Planeten.
Der Mensch ist böse.
Der Mensch ist gut.
Alle Menschen sind gleich.
Die Abendnachrichten zeigen, was in der Welt passiert.
Die Römer haben Kunst und Kultur gebracht.
Germanen waren grausame Barbaren.
Die Japaner haben Pearl Harbor überfallen.
Man weiß ziemlich genau, was sich in der Menschheitsgeschichte zugetragen hat.
Geschichte ist eine objektive Wissenschaft.
Menschen sind das intelligenteste Lebewesen auf diesem Planeten.
Die Wissenschaft verbessert die Lebensverhältnisse.
Schulmedizin ist besser als Alternativmedizin.

Alternativmedizin ist besser als Schulmedizin.
Irakische Soldaten haben Babies aus Brutkästen geworfen im Kuwaitkrieg.
Der Irak hat Massenvernichtungswaffen.
Während des Jugoslawienkrieges 1999 gab es Konzentrationslager.
Die DDR war kein Staat, sondern die Ostzone.
Die BRD war kein Staat, sondern die Westzone.
In Deutschland lebt man im Vergleich zu anderen Ländern besser.
Deutschland hat die Alleinschuld am 1. und 2. Weltkrieg.
Die Juden, Freimaurer, Bankiers haben Schuld am 1. und 2. Weltkrieg.
Die Wehrmacht war böse.
Die Wehrmacht war edel.
Die Amerikaner haben Deutschland vom Nationalsozialismus befreit.
Die Amerikaner halten Deutschland bis heute besetzt.
Ausländer sind Fachkräfte.
Ausländer sind alle Vergewaltiger.
Chinesen und Russen sind gegen Deutschland.
Fleisch ist ein Stück Lebenskraft.
Wir haben eine funktionierende Raumfahrt.
Die Nato ist ein Verteidigungsbündnis.
Die EU dient den einzelnen Nationalstaaten.
Die Schweiz ist neutral.
„Die Renten sind sicher."
„Niemand hat die Absicht eine Mauer zu bauen."
„Es wird keinem schlechter, aber vielen besser gehen."
Das Land zwischen Euphrat und Tigris ist die Wiege der Menschheit.
Die Erde dreht sich um die Sonne.
Die Sonne dreht sich um die Erde.
Die Erde ist eine Kugel.
Die Erde ist eine Scheibe.
Die Erde ist hohl.
Die Relativitätstheorie ist wahr.
Die Quantenphysik beschreibt die Realität.
Es gibt einen tiefen Staat.
Die Darstellungen im zweiten Teil dieses Buches sind Hirngespinste.
Die Darstellungen im zweiten Teil dieses Buches vermitteln geheimes und verborgenes Wissen und sind verborgene Realität.

Haben Sie es bemerkt? Alleine die Auswahl der Sätze dort oben lässt auf einen Kontinentaleuropäer, wahrscheinlich Deutschen schließen.

Gibt man diese Sätze Profilern, würden die ein äußerst erstaunliches Profil meiner Person erstellen. Zumindest der, die hier schreibt. (*„Schatz, der Typ gibt zu, schizophren zu sein.“*)

In dieser Auflistung finden Sie Aussagen, die Sie ohne zu zögern mit „Natürlich ist das Quatsch. Weiß doch jeder oder sollte doch in unserer modernen Zeit wenigstens jeder wissen“ bewerten. Bei anderen fragen Sie sich, warum der Autor diese mit in die Auflistung eingeordnet hat, schließlich sind die doch „tatsächlich wahr“ (was auch jeder weiß oder wissen müsste! Oder?).

Blick vom Berliner Reichstag hinüber zum Brandenburger Tor. Ein Ballon der Welt fährt an der Deutschlandflagge vorbei. Ein symbolischer Vorgang für die Frage nach Deutschlands Rolle in der Welt.

Was für Sie wahr ist oder eine Lügenstory, entscheiden Sie, denn wir haben es mit einem Wahrnehmungsprozess durch Sie selbst und Ihre Filter zu tun. Und Wahrnehmung ist ein subjektiver, intrinsisch gesteuerter Akt. Sie nehmen sich Ihre Wahrheit. Wahrheit nehmen eben. Wahrnehmung. Unser Geist ist wohl so konstruiert, dass er überall Halt und Ordnung sucht. Der Mut besteht darin, immer wieder offen zu

sein für neue Sichtweisen und ein Umwerfen alter Sichtweisen. Ein freier Geist zu sein, bedeutet, bei sich zu bleiben oder zurück zu finden und möglichst offen zu bleiben. Zugegeben – ein schwieriger bis unmöglicher Akt. Wir werden jeden Tag bombardiert von uns emotional und intellektuell fordernden Informationen, die zusätzlich noch bewusst lanciert werden. Frei im Geist zu bleiben hieße, auf der Mitte, auf des Messers Klinge zu balancieren, ohne sich vom Spiel der polaren Kräfte vereinnahmen zu lassen und eine neuerliche Rolle im fremden Auftrag zu spielen.
Und ich meine das hier auch nicht provokant, spielerisch oder überzogen, sondern ganz real und bodenständig. Alle Punkte da oben beherbergen ganze Geschichten, Kausalketten und Begründungen, die Ihnen und mir erzählt worden sind. Diese leben in unserem Gehirn als mentale Wirklichkeit und werden wie Realität behandelt. Aber in Wahrheit sind es erlernte, abstrakte Begründungsschablonen, die meist auf scheinbar kausalen Abfolgen beruhen.
Gehen Sie die Sätze ruhig noch einmal durch. Jetzt ohne diese sofort zu bewerten. Achten Sie doch nur einmal auf die Geschichten in Ihrem Inneren, die sich vor Ihnen in Pracht entfalten. Bei der Masse dieser Geschichten handelt es sich nicht um von Ihnen selbst erlebte, direkte Erfahrungen. Die Masse der Aussagen oben könnten Sie (und ich) vor Gericht nicht glaubwürdig bezeugen. Wir haben diese schlicht nicht direkt erlebt. Und es ist eben ein Riesenunterschied, ob wir innerlich von irgendeiner Sache absolut überzeugt sind, oder ob wir diese direkt erlebt haben!

Die meisten Geschichten dort oben kennen wir vom Hörensagen, haben diese gelesen oder im Fernsehen gesehen. Wir dürften uns folglich gar kein Urteil darüber bilden, denn sie traten nie direkt in unser (Er-)Leben ein.
Als ich Kind war, gab es eine bestimmte Ausdrucksart.
Hatte ich etwas „ausgefressen“ (so nannte man das, wenn man etwas Verbotenes getan hatte), dann war ich natürlich um bestmögliche Linderung oder kreative Schilderung des Geschehenen bemüht. Manchmal „musste“ man sich vielleicht auch die ganze Geschichte völlig neu zurechtspinnen, was man so ganz bodenständig als „Lüge“ bezeichnen würde. Meine Mutter sagte dann: „Was für eine Story willst Du mir da erzählen?“, womit alles klar war! Ich war gänzlich gescheitert. Die Geschichte wurde nicht „gekauft“. Ja, Wahrnehmung eben.

War meine Story nicht gut genug für Mutters Wahrnehmung. In diesem Zusammenhang finde ich die alte deutsche Redensart „der spinnt" genauso interessant, wie die neuerliche Ausdrucksart von „der Sache einen ‚spin' geben." „Spin" heißt „Drehung". Eine Sache oder Geschichte bekommt einen neuen Dreh, sie wird auf „links gezogen" oder im tatsächlichen Wortsinne „verkehrt", also von den Füßen vollständig auf den Kopf gedreht. Und auch die „spin doctors" als Berater unserer Politiker stehen hier doch plötzlich im rechten Licht! Neudeutsch heißt es ja auch verräterisch wie falsch statt: „Das ergibt Sinn" (denn Sinn kann sich eben nur *ergeben*), „Das *macht* Sinn!" Erkennen Sie den Unterschied? Tatsächlich wird versucht Sinnhaftigkeit zu „machen", zu „produzieren", indem eben durch zum Beispiel die erwähnten „spin doctors" eine Logik, eine erwünschte Lehre in die Hirne transportiert wird.
Aber „spinnen" ist im Altdeutschen wahrscheinlich mit dem „Hirngespinst" verwandt. Also einer Geschichte, die im Hirn eines Menschen ersponnen im Sinne von „gewebt" ihren Ursprung fand. Ein Hirngespinst ist eine „Kopfgeburt", reine Fantasie.
Was meine ich mit alldem? Eine Geschichte kann je nach persönlicher Sichtweise, Ideologie, Befangenheit etc. immer vollkommen unterschiedlich erzählt werden.
Gerade dieser Tage werden Täter zu Opfern und Opfer zu Tätern. Und die Geschichten werden aus vollkommen neuen kreativen ideologischen Blickwinkeln immer verbogener erzählt.
Zu meiner Kindeszeit hätte meine Mutter einfach und treffend gesagt: „Was für eine Story wollen die uns da erzählen?"

Viele „Stories", die uns erzählt werden, sind absolut provokativ. Gerade in den Bereichen von Politik, Wirtschaft und Weltgeschehen wird immer wieder mit aufrüttelnden, verärgernden und in die Schuld setzenden Geschichten gespielt. Und zwar täglich dutzendweise.
Vielleicht ist zum Abschluss ein Beispiel hilfreich. Ich greife den Punkt „Amerika ist das Land der Freiheit und der Demokratie" heraus und erzähle, was daran „die Story" ist. Die mental als Wirklichkeit verkauft wird, aber in Wahrheit nicht existiert.
Es gibt eine Menge Menschen, für die beschreibt dieser Satz persönliches Erleben. Alles, für was Amerika steht und symbolisiert, ist darinnen ausgedrückt. Mit den ersten Siedlerströmen ging es aus einem Europa ohne Perspektiven heraus in eine neue Welt. Dort wartete ein umfänglicher Neuanfang. Sowohl für den Einzelnen, wie auch das sich

neu bildende Kollektiv und dessen Ausgestaltung. Bürgerrechte wurden erstmals ungeahnt progressiv formuliert, die Stellung des Einzelnen und seiner Rechte gegenüber dem Staat neu definiert. Für echte Patrioten steht Amerika mit seiner Macht noch heute für Grundwerte, individuelle Freiheit und die durch den Staat eingeräumten und garantierten Möglichkeiten, etwas aus seinem Leben zu machen, sich auszuleben und die individuellen Rechte maximal eingeräumt zu bekommen. Dies ist deren „Welt". Und mag sich das für Sie als kritischen und neugierigen Geist nun auch unglaublich anhören, ist es doch genauso. Ich habe es selbst erlebt.

Wir waren vor Jahren in Amerika auf Familienbesuch. Schon nach einigen Tagen wurde mir bewusst, wie tiefgreifend der Einfluss der Medien auf die Menschen ist. Dies mag man in anderen Ländern viel eher bemerken, da man nicht mit deren „Feld" aufgewachsen ist. Man stößt als Fremder in das Land, hat andere Vorprägungen und andere Gehirnwäschen intus. Sprich: Meine Welt und deren Welt liegen weit auseinander, die Eigenbetriebsblindheit ist minimiert. Zudem ist es auch immer einfacher – ein jeder kennt das – die Fehler bei anderen zu erkennen, als die eigenen.

Viele Autos fuhren mit „Support our troops"-Aufklebern durch die Gegend. „Unterstützt unsere Truppen" (Soldaten).

Mein Einwand, es sei zumindest kontrovers zu sehen, mit solchen Aufklebern rumzufahren, wurde beiseite gewischt:

„Jede Kritik am Zusammenhalt von uns und unseren Jungs in der weiten Welt schwächt uns selbst. Die wollen uns nur spalten."

Ich war zugegeben baff. Da gab es zunächst nichts mehr zu sagen.

„Amerika sorgt für die Verbreitung der Demokratie in der Welt und sorgt sich um die Menschenrechte."

Das war dort die einhellig vertretene Meinung. Natürlich laufe nicht alles optimal, manchmal sogar schlecht, aber Opfer müssten gebracht werden und ähnliches.

Ich war zu kritisch und hatte schnell das Emblem des „unlockeren Kritikers". Das sei „typisch deutsch".

„Frank, come on, this is he land of the free!"

Für mich wurden Anspruch und Wirklichkeit dieser Sichtweisen an Silvester wie in einer Parodie auf die Spitze getrieben.

Ich wunderte mich an diesem Abend etwas. Es kam keine rechte Stimmung auf. Es glich mehr einem sehr normalen Abend in trauter

Runde. Um 0 Uhr nachts schließlich wurde kurz mit Sekt angestoßen, um sich schließlich bettfertig zu machen. Ich war etwas verwirrt. Es war alles irgendwie sehr unspektakulär ohne wirklich greifbar zu sein. Ein Anhaltspunkt schien mir aber auf jeden Fall die Ruhe zu sein. Genau. Alles war still. Keine Farben am Himmel, kein Böllern, keine Lichtblitze. Daran konnte man es zumindest äußerlich festmachen. Nicht eine einzige Silvesterrakete. Schwarzer Silvesterhimmel. Sieht man auch nicht oft.
„Wo ist das Feuerwerk?" Ich schaute in überraschte Gesichter.
„Ja, nein, Frank, das gibt es hier nicht."
„Ja, wieso denn nicht?" Hatten die alle keinen Bock zu ballern? Damals gab es diese „wir ballern nicht zu Silvester und halten die Luft rein" Gegenbewegung noch nicht.
„Das ist hier verboten!"
„Verboten??????????????????????????"
Jetzt musste ich doof gucken.
Ich wurde aufgeklärt. Im *„land of the free"* ist es Recht der einzelnen Bundesstaaten, Silvesterfeuerwerk als legal oder illegal zu klassifizieren und damit unter Verbot, Ahndung und Strafe zu stellen, was hier der Fall war!
Haha. Da hatte ich mein Schlüsselerlebnis. Das ist bei mir nun mit Amerika, „land of the free" vernetzt. Verbote bis ins Detail und bis zum Böllern. Andererseits leben die Menschen mit der ideologischen Wahrheit in einem freien Land zu leben.
Ich glaube, das ist auch eine Form kognitiver Dissonanz. Sich widersprechende Informationen werden harmonisiert. Einerseits die verbotene Freiheit, Silvesterraketen zu zünden, mit vielleicht weiteren Schablonen, dass dies zum Allgemeinwohl beitrage, Geld spare, unnütz und richtig ist – und so weiter und so fort.
Es geht hierbei nicht darum, welche themenbezogene Meinung Sie oder ich zum Thema haben, sondern einzig und allein um die objektiv vorliegende Dissonanz und das weitere Bestehen von *„America, land of the free!"* als ideologisches Abbild von deren „Welt" im Kopf. Beides bleibt einfach nebeneinander im Kopf bestehen, obwohl es sich objektiv gegenseitig ausschließt.
Es sind alles psychologische Strukturen, die in den Köpfen der Menschen geschaffen worden sind.

Während ich dies schreibe, ist es Nacht und in Amerika wird der Superbowl, das Endspiel des American Football 2019, übertragen. Eine

Vorsängerin singt auch gerade vom „Land of the free". Es ist eine Mega-Show mit einem eigentümlichen Reiz. Schillernde Farben, irgendeine Militärgarde trommelt, eine Sängerin singt von „America the great", die andere von „America, land of the free". Es ist eine Wahnsinnsaufladung, eine Kultveranstaltung erster Güte. Hier geht es momentan nicht um Sport, dieser ist die Kulisse. Es geht darum, Patriot zu sein. Es ist eine Art nationale Religion, die hier mit Gefühlen aufgeladen wird. Schöne Frauen, Soldaten, Melodien, Flaggen. Eine Orgie des Nationalismus.
Es ist schwer, sich dieses massiven und perfekten Angriffs auf unser Gefühlsleben zu entziehen.

In dem Moment wird mir klar – auch hier wird wieder eine künstliche Seinsebene geschaffen, die uns von uns entfremdet. Hier ist es der Stolz, „Amerikaner zu sein" und zu „dieser großartigen Nation zu gehören".
Da wurde die Software erfolgreich installiert. Das Paket kam an.

Hier werden Gefängnisse erschaffen. Geistige Gefängnisse aus fremden Gedanken gebaut, die als eigene wahrgenommen werden. Für alle Betroffenen – und da nehme ich mich nicht aus – ungleich schwer zu erkennen, da wir unser Sein schnell damit identifizieren. Ich bin kein Amerikaner, deshalb sehe ich es mit einer gewissen Distanz. Aber als Amerikaner hat man kaum eine Chance, sich diesem massiven Ansturm auf das Sein zu entziehen.
Hier heißt es: „Sei stolz, ein Amerikaner zu sein."
Und Millionen *empfinden* dies und halten dieses Gefühl für *„ich"*. Oder Teil meines Ich. Und das ist die Lüge. Es ist eine Fremdprogrammierung, eine Geschichte, die von Nationalismus als Wahrheit und Tatsache erzählt. Es ist eine Story.

Ich habe mich selbst bereits bei dem Gedanken ertappt, wie einfach es wäre, als unkritischer Amerikaner geboren zu sein und sein Land, die Regierung, die Geschichte – einfach alles – toll finden zu können.
Im Vergleich zu dem Joch, als Deutscher ständig mit einer Geschichtsinterpretation von Schuld, Sünde, Verantwortung für Millionen Tote etc. herumzulaufen, wäre das ein echtes Paradies: Sich ohne schlechtes Gewissen, ohne *Nazi zu sein*, frei und offen zu seiner Nationalität bekennen zu können. Weil man durch die späte Geburt auch keine Chance hatte, Hitler zu verhindern.

Aber: Auch das wäre nur eine weitere eingeimpfte Geschichte. Wie wohltuend sie sich auch über mein „Ich“ legen würde. Wie „stolz“ könnte man sich fühlen, Teil der „größten Nation“ der Erde zu sein – und hätte schon wieder eine „Gedankenspange“, ein falsches Ich, implementiert. Genauso, wie wir es mit unserem „Schuldkult“ tun.

Dazu gibt es einen guten Spruch:

„Sobald Du geboren worden bist, erhältst Du einen Namen, eine Nationalität, eine Religion und eine Rassenzugehörigkeit. Du verbringst dann den Rest Deines Lebens damit, diese fiktive Identität zu verteidigen.“

Wir sind das alles nicht!
Wir halten die Gedanken und die Geschichten für Teile unserer selbst. Damit haben wir selbst definierte Begrenzungen erschaffen, halten dies für Realität und „wahr“, dabei sind es nur mentale Legobaukästen.
Die Welt ist voller Geschichten. Die Welt ist Geschichte. Sie besteht daraus. Ausnahmslos. Überall. Ein Sammelsurium aus lauter Geschichten.
Religiöse, wissenschaftliche, politische und technische Geschichten. Wir erzählen sie uns gegenseitig und machen sie dadurch in einem Bewusstseinsprozess zu unseren Wahrheiten. Es ist eine Art kollektiver Massenwahn. Wer neu hinzugeboren wird, übernimmt dann durch die Konditionierungszentren (Kindergarten, Schule, Ausbildung) die vorgefertigten Bilder anderer.
Wir erzählen uns Sagen, Märchen, Parabeln, Gleichnisse und Mythen und erzeugen darüber mit unserem Bewusstsein geistige Felder.
Und auf diese Schablonen traf ich in vielen Varianten. Mein persönliches A-ha Erlebnis war jedoch dieses Silvester – so klein und unbedeutend das Beispiel auch sein mag.
Und ich möchte das Zitat weiter vorne noch einmal herauskramen:

"Wir suchen, was uns sucht".

Und dann möchte ich es erweitern:

„Wir sind gleichfalls Schreibende, wie wir geschrieben werden.“

Es sind sehr tiefgreifende und bedeutsame Gedanken. Es bedeutet, dass unser Bewusstsein mit der Realität in Verbindung steht und ein wechselseitiger Austauschprozess stattfindet.
Es bedeutet ferner, dass wir einen begrenzten Einfluss auf die Realität haben. Andererseits sind wir Fremdeinflüssen unterworfen.
Für unsere und die Entwicklung der Erde wäre dann entscheidend was und wie wir denken.
Wir werden dieses Thema noch etwas tiefer untersuchen.

Infiziert mit Geistesviren?

Tatsachen muss man kennen, bevor man sie verdrehen kann.
Mark Twain

4. Gedanken über das Target

Die leider viel zu früh verstorbene Vera Birkenbihl hat unter anderem auch über Meme und so genannte Geistesviren referiert. Geistesviren können in Form von Angewohnheiten, Verhalten, Emotionen, Gedanken, Worten, Liedern, (Ab-)Handlungen, Theorien vorkommen. Sie korrespondieren eng mit Rupert Sheldrakes morphischen Feldern. Verzeihen Sie bitte, wenn ich jetzt nicht im Detail auf diese Felder und deren Eigenarten eingehe, da ich das in den vorigen Büchern bereits tat.
Aber auf Geistesviren.

Geistesviren befallen Menschen und pflanzen sich sozusagen energetisch fort. Sie springen von Mensch zu Mensch, verändern die Denk- und Meinungsstruktur ihrer Opfer. Wir als Remote Viewer mit unserer eigenen Syntax oder Bedeutungswelt können uns dies als geistige Felder oder einzelne Bereiche in der Matrix vorstellen, die plötzlich immer größer und bedeutsamer werden und von den Menschen als „Wahrheit" adoptiert werden. Und zwar als „offensichtliche" Wahrheiten, die doch „jeder" kennt oder kennen müsste.
Geistesviren kann man nicht einfach bei sich bemerken. Dafür sorgt alleine schon die Eigenblindheit. Wie können wir nun bei uns bemerken, ob wir einem solchen Geistesvirus aufgesessen sind?
Tatsächlich existieren Wahrheiten nicht kraft ihrer gegebenen Natur, sondern es ist mehr wie in einem Irrenhaus. Wir bestätigen uns die

Dinge gegenseitig bis zur Realität. Das hört sich absurd an, funktioniert aber tatsächlich genau so.
Der erste Punkt, um einen solchen Geistesvirus zu enttarnen besteht darin, sich bei einem bestimmten Thema anzusehen, ob ... warten Sie ... wir nehmen ein konkretes Beispiel da oben aus der Liste. Und da ich es liebe, kreativ zu schreiben, werde ich nun eine Zahl tippen und die oben abzählen, um die jeweilige Zeile der Auflistung dann als Beispiel hier zu untersuchen.

20. „Gott hat die Erde erschaffen."

Ich werde also nun untersuchen, ob es sich bei dem Postulat „Gott hat die Erde erschaffen" um einen Geistesvirus handeln könnte. Nebenbei gesagt bin ich froh, dass da jetzt nicht bestimmte andere Sachen rauskamen, denn manche Sachen dürfte ich in unserem schönen Deutschland hier gar nicht frei diskutieren, weil da die Meinungsfreiheit eingeschränkt ist und ich mich nach Paragraphen des Strafgesetzbuches schuldig machen würde. Ja, Meinungsfreiheit ist wie schwanger sein. Ein bisschen geht nicht. Meinungsfreiheit ist total oder nicht vorhanden. Aber das führt uns zu weit.
Sie können die nachfolgende Auflistung und Konzeption auf alle Thesen, die Ihnen so begegnen, anwenden. Es sind vier.
Also. Das erste Werkzeug, um zu erkennen, ob man einem Geistesvirus aufgesessen ist, besteht darin, zu bewerten, ob das Behauptete oder Gesagte meiner Meinung nach gut, richtig und wahr ist.

1. Halte ich die These, das Gesagte, meinem Glauben und meiner Bewertung nach für gut, richtig oder wahr?
Ich versetze mich nachfolgend in die Rolle eines gläubigen Christen.
Wäre es gut, wenn Gott die Erde erschaffen hätte?
Absolut. Die Vorstellung, dass ein großer Weltenbauer und -erschaffer unseren Lebensraum für uns und die Tiere darauf erbaut hat, ist absolut gut! Brutal ist die Vorstellung, wir wären alleine im Universum, womöglich zufällig entstanden und unser Dasein hier sinnlos. Da wacht jemand über uns, bewertet uns, sorgt für ein Gericht nach dem Ableben der Menschen und so weiter.
Es ist also in jedem Falle gut!
Halte ich es für richtig und wahr, das zu denken?

„Als gläubiger Christ natürlich! Ein Gott gehört in die duale Welt. Er unterscheidet zwischen Gut und Böse. Sein Widersacher ist der Teufel. Es muss etwas Großes über uns geben, das letztlich richtet und auch verantwortlich ist.
Ein Zufall unserer Evolution und auch unserer Erschaffung scheidet alleine schon nach normaler Wahrscheinlichkeitsrechnung aus. Jedes Haus hat außerdem immer einen Erbauer und Erdenker. Ach ja, und bei der Evolutionslehre fehlen die Missing links." (Ich kann jetzt nicht auf alles im Detail eingehen.)

Also. Es ist wohl auch richtig. (Denn ich befinde mich ja momentan im Schreibemodus eines gläubigen Christen und versuche dessen „Hirnsetting" zu imitieren.)
Den ersten Satz kann ich also mit einem klaren „Ja" beantworten.
Gehen wir zum zweiten Satz. Und der ist enorm wichtig!

2. Ist es Tugend-Haft, das zu denken?
Warum ist das komisch geschrieben? Weil unsere innere Einstellung, unser Gut-Böse-Raster uns dazu verleitet, meist „gut" sein zu wollen. Haben wir diesen Drang nicht in uns, dann hätten wir „gut" sein sollen, was uns exakt bewusst ist!
Wir sind dann nicht richtig, wie wir sind, weil wir eine Bewertung von außen erfahren und vielleicht als böse oder sündig abgeurteilt wurden. Eine Untergliederung der „Grundenergie" „gut" ist die Tugend (eine andere wäre Toleranz, Großzügigkeit, Barmherzigkeit usw.). Wollen wir also Tugend (nach-)leben und bemerken einen Konflikt, da wir ja duale Wesen sind, dann sind wir in der Tugend-Haft. Ein Mönch, der in sich sexuelle Triebe spürt, diese aber aus seinem Glauben heraus unterdrücken muss, befindet sich in der Haft der Tugend, er ist tugendverhaftet, „Tugend-Haft."

Ist es also tugendhaft zu glauben, Gott habe die Erde erschaffen?
Ich bin nun wieder ... ok, Sie wissen schon.

„Natürlich ist das tugendhaft! Es ist sündig, Gott, die Bibel und somit die Erschaffung der Welt durch Gott zu leugnen. Wer dies macht, wird nicht in den Himmel kommen und nicht ewig leben. Unter Umständen kommt derjenige sogar in die Hölle.
Wer nicht daran glaubt, Gott habe die Erde erschaffen, muss missioniert werden, schon alleine um seine Seele zu retten und ihn von der ewigen Verdamm-

nis zu befreien. Wir müssen also unseren richtigen, guten Glauben in die Welt bringen.
Wer soll denn sonst die Welt erschaffen haben? Der Teufel? Der Zufall? Das heißt, Gott zu verleugnen. Damit ist man in der Sünde."

Es ist also *unbedingt* tugendhaft, das zu glauben. Neudeutsch sozusagen „alternativlos".
Fettes „Ja".
Weiter.

3. Ist das Thema, um das es geht, ein Tabu?

Ist es ein Tabu, daran zu zweifeln, Gott habe die Welt erschaffen?
Ein Tabu ist ein Verbot. Man könnte auch sagen eine Denkgrenze. Bis hierher und nicht weiter.
„Für mich als gläubig argumentierenden Christen gibt es einen Leitsatz. Entweder man glaubt an die Bibel oder nicht. Für mich ist die Bibel Gottes Wort. Dort steht, die Erde wurde in 7 Tagen erschaffen. Wer daran zweifelt, glaubt also nicht an die Bibel. Wer nicht an die Bibel glaubt, lebt in Sünde und im Irrtum (siehe -> missionieren).
Es ist also vollkommen sinnlos, mit jemandem zu diskutieren, der sich nicht an Gottes Wort und fundamentale Grundsätze hält. Ob dieser nun die 10 Gebote missachtet oder grundsätzliche Lehren wie die Erschaffung der Welt durch Gott. Steht doch da!
Vor 200-300 Jahren wurden Ungläubige noch verfolgt und eingekerkert. Darüber sollte man erst gar nicht mehr sprechen. Das ist so. Man muss nicht vollkommen Klares immer wieder neu überdenken und gut."

Der 4. und letzte Punkt.
Ärgert mich das Thema, bin ich intolerant?

„Ich brauche nicht mit jedem über seine irrigen Ansichten zu diskutieren. Ich muss mir nicht den Unsinn anderer Religionen oder Ungläubiger anhören. Die werden übrigens schon sehen, wohin die das führt. Das hat jetzt nichts mit Intoleranz zu tun, sondern einfach mit Recht und Unrecht. Gott hat die Welt erschaffen. Ist das so schwer zu begreifen? Warum muss ich den Unsinn mit der Evolutionstheorie überhaupt hier diskutieren?"
Weiterhin hilfreich ist hierbei die Frage, ob unsere eingenommene Haltung uns einengt oder unser Denken im Gegenteil weitet.

Führt es gefühlsmäßig also zu einem Gefühl der Verhärtung, der starren Grenzen und klaren Abgrenzungen, handelt es sich um einen Geistesvirus.

Wenn ein Gefühl von Weite, Weichheit, Diskussionsbereitschaft, Interesse, Offenheit auftaut, schwindet die Möglichkeit, es mit einem Virus zu tun zu haben sofort gegen Null.

Einen wichtigen Hinweis gibt bei der Selbstprüfung, die man nun mit jedem Thema, das einem begegnet, durchführen kann, also unsere emotionale Einstellung dazu.

Nicht nur jedes einzelne „Ja“ erhöht die Wahrscheinlichkeit, sondern unsere emotionale Aufladung zum Thema.

Exakt die Themen, die Sie wütend und böse machen, wo Sie in sich den unwiderstehlichen Drang spüren, alle Menschen nun bekehren zu müssen, damit diese endlich einsehen, dass ...genau dann müssen Sie leider davon ausgehen, mit einem Geistesvirus infiziert zu sein.

Und das tut weh! Weil genau die Themen, mit denen Sie in großer energetischer Resonanz stehen, natürlich auch genau bei Ihnen entsprechend schmerzen werden. Es ist schwer. Mit dieser Methode werden wir mit unseren eigenen Grenzen konfrontiert.

Bei Monty Pythons „Leben des Brian“ würde man nun sagen: „Jeder nur ein Kreuz.“

Jedes „Ja“ bei den nachfolgend zusammengefassten Fragen erhöht also die Wahrscheinlichkeit, einem Geistesvirus aufgesessen zu sein.

1. Halte ich das Gesagte meinem Glauben und meiner Bewertung nach für gut, richtig oder wahr?
2. Ist es Tugend-Haft und/oder moralisch, das zu denken?
Wichtig: Ein „Nein“ reduziert die Möglichkeit deutlich.
3. Ist das Thema, um das es geht, ein Tabu?
4. Ärgert mich das Thema, bin ich intolerant?

Wenn nein, ist die Wahrscheinlichkeit einem Geistesvirus aufgesessen zu sein gering.

Geistesviren erkennen: Ja = Virus, Nein = nicht

Soweit also unser kleiner Ausflug zu den Geistesviren. Alleine dieses Werkzeug hier hat Explosivcharakter zur Sprengung des bisherigen Weltbildes und zur Arbeit an sich selbst.

Die Diskussion hierüber zeigt in jedem Fall, dass ein jeder in seiner Welt lebt und sein eigenes Weltbild in Gedanken gezeichnet hat. Diese

zu überdenken weitet und öffnet den Geist wieder, öffnet unsere bisherige Welt.
„Die Welt" ist also eine Ansammlung aller Narrative, die Ihnen erzählt worden sind. Die Welt ist jene innere Ebene aus Ideen, Vorstellungen und Konzepten, die wir nach außen projizieren und für wahr halten. Dabei unterliegen wir einerseits einem von innen gesteuerten Wahrnehmungsprozess, den wir auf äußere Quellen spiegeln und andererseits einer von außen gesteuerten ideologischen Interpretation der Welt, die uns unentwegt vor die Füße getragen wird. Durch diese werden unser Denken und unser Geist ausgerichtet und eingepolt. Aus Fakten werden Geschichten zusammengebaut, ganz ähnlich, wie man mit einem Legobaukasten verschiedene Häuser bauen kann und danach von einer Seite beleuchtet. Diese Geschichten sind Narrative. Narrative erzeugen Geistesviren. Was und wieviel diese mit „Wahrheit" zu tun haben, ist mindestens stark unterschiedlich. Es sind ideologische Abbilder und Konstruktionen, die wir allesamt mehr oder weniger für wahr halten, die aber einfach nur Erzählungen, Ausdeutungen und Glaubensinhalte sind. Ob diese etwas und wieviel mit „Wahrheit" oder der Realität Schnittmengen oder Anteile haben, wäre ein gesondertes Kapitel für jeden einzelnen der obigen Punkte. Wichtig ist die vorgegebene Erzählweise und wem diese nutzt.

„Die Welt" ist das geistige Abbild dessen, was von den Menschen für die Wahrheit gehalten werden soll und in dem die Masse mental leben soll. In den modernen Industriegesellschaften der ersten Welt wird diese hauptsächlich über die Massenmedien Fernsehen, Radio und Zeitungen kolportiert; in zunehmenden Maße und mit der digitalen Revolution aber auch über das Internet. (Wie sinnbildlich, dass eine bekannte deutsche Tageszeitung „Welt" heißt, sie ist nicht nur ein Spiegel des Geschehens, was als Bedeutung erwünscht ist, sondern mit den Geschichten in der Zeitung wird den Leuten also eine „Welt" im Buchsinne hier vermittelt, ein Glaubenskonstrukt.) Das ist der Grund, weshalb in den letzten Jahren hunderte staatliche „Internetkrieger" in mühsamer Kleinarbeit in Foren und Kommentarseiten dafür sorgen, die alten Narrative aufrecht zu erhalten. Es ist weiterhin der Grund für verstärkte Zensur, die unter dem Deckmäntelchen des „Schutzes" von Persönlichkeitsrechten und Ähnlichem stattfindet.
Es sind virtuelle Blockwarte. Beim Einkaufen fällt mein Blick auf das Zeitschriftenregal. Tatsächlich werben doch manche Magazine damit, „die Wahrheit" zu schreiben, während sie meiner Meinung nach an

Einseitigkeit schwer zu überbieten sind: Ich meine, da steht alles an Stories drin – nur nicht die Wahrheit. Der Fall des Herrn Claas Relotius Ende 2018 beweist, welch ein Hohn der obige Spruch auf dem Foto ist. „Keine Angst vor der Wahrheit." Rudolf Augstein als Gründer des Spiegel prägte ein Credo für die journalistische Arbeit, das noch heute als Leitspruch in den Räumen hängt: „Sagen, was ist." Nun hat der „Spiegel" den Spiegel mal wieder selbst vorgehalten bekommen. Mit frei erfundenen Geschichten, die den Lesern für gutes Geld als Wahrheit verkauft worden sind und diese zudem noch in eine Richtung politisiert haben. Hier wurde das Vertrauen des Lesers auf sauber recherchierten Journalismus in den Grundfesten erschüttert.

Der preisgekrönte „Spiegel"-Reporter hatte dutzende Geschichten nachweislich mindestens grob manipuliert. Wahrscheinlich ist der Großteil seiner Arbeit frei erfunden. Er war eine der Starfiguren in der Presselandschaft, hat auch für die Zeit geschrieben oder die Financial Times. Das sind die wahren „Fake news", die uns ständig verkauft werden, während mit dem Finger auf andere gezeigt und laut gerufen wird. Der Fall Relotius ist aber nicht nur ein auf die Presse beschränkter Skandal, sondern offenbart eine gesellschaftliche Fehlentwicklung. Seine Geschichten waren solcherart, dass sie der Politik die intellektuellen und emotionalen Grundlagen gab, Handlungen oder Ideologien zu verfolgen und zu legitimieren. Es ist nun zweifelsfrei klar: Es besteht ein kausaler Zusammenhang zwischen Journalismus und Politik.

In einem letzten Versuch der Ehrenrettung versuchte man diesem Hiroshima für die Pressearbeit dann noch den Anstrich der „Eigenaufklärung" zu geben. So, als wäre ein Rest von journalistischer Ehre verblieben. In Wahrheit war es nur der verzweifelte letzte Spin, der dieser Geschichte gegeben wurde, weil die Zahnpasta bereits aus der Tube war.

Aber man hätte vielleicht gar nicht so tief greifen müssen. Allein ein Blick auf viele Titelbilder der letzten Jahre beweist: Hier wird offenkundig gegeneinander in Stellung gebracht, angestachelt und aufgehetzt. Ich schreibe dies nicht, um den „Spiegel" zu „bashen". Ich schreibe es mit Trauer darüber, was aus unserer Informationslandschaft geworden ist: Eine Front mit vielen, sich belauernden Schützenlinien. Ich betrachte das abgebildete Foto des Spiegel-Türposters als ungewollte Realsatire.[1]

Unter anderem produzieren die Massenmedien „die Welt". Wollte ich genau sein, würde ich sagen, sie produzieren die Geschichten als Angebot für die Welt, die von den Menschen je nach Bewusstseinszustand als Wahrheit „gekauft" werden können. Die Welt ist das duale Gegenteil der Realität. Realität ist außen und die Welt ist das innerlich entstandene Abbild im Menschen, das für „wahr" gehalten werden soll. Massenmedien geben Angebote in einem politisch, ideologisch, wirtschaftlich, medizinisch und gesellschaftlich klar definierten und abgegrenzten Areal. Dort können und sollen die Konsumenten sich bedienen, um ihre Wahrheit zu festigen. Das dient der gesellschaftlichen Gleichschaltung. Diskussionen sind erlaubt und gewollt – innerhalb des Areals. Entgegengesetzte Meinungen ebenfalls, solange sie innerhalb der Definitionen sind. Aufgabe der Massenmedien ist deshalb weiter, für alle Menschen das Gehege der tolerierten Meinungen zu definieren. Zusammenhänge sind nicht einfach wahr, sondern werden „wahr gemacht". Sprachliche Intelligenz: Dinge „wahr machen", wie man so schön sagt. Zusammenhänge mit dem Anspruch auf Wahrheit wurden erzeugt.[2] Im zweiten Teil des Buches werde ich beim Stichwort „Äußere Kulissen" noch einmal in einem Spezialbereich auf dieses Thema zurückkommen. Es wird sich dann um magisch-mediale Manipulation drehen. Ja, richtig gelesen.

Würde dieses Buch sich mit „Die Matrix-Trilogie" betiteln, so wäre es genau dies – die Matrix. Das Gedankenkorsett, innerhalb dessen sich jeder einzelne Mensch befindet. Manche Geschichten sind stark „felddominant", nehmen im Menschheitskollektiv einen großen Raum ein und werden von der Mehrheit für „wahr" gehalten. Andere sind für Minderheiten unumstößlich, aber für die Masse der Menschen absoluter Unsinn. Als Beispiel mögen die Zeugen Jehovas dienen mit ihrer bibelbasierten und schillernden Glaubenswelt aus Schuld, Sühne, Befreiung, Auferstehung und Jehova/Jahwe.

Je nach Geschmacksfarbe wird die eine oder die entgegen gesetzte Geschichte angeboten und für wahr gehalten. „Man versteckt die Wahrheit

---

[1] In Westberlin gab es vor dem Mauerfall die von der DDR finanzierte Zeitung „Die Wahrheit", die manchmal sogar recht hatte in der Darstellung der westalliierten Vorhaben und Aktionen.

[2] Mittlerweile drängen sich auch hier Parallelen zur ehemaligen DDR auf.

am besten zwischen zwei Lügen", dieser alte Grundsatz aus dem Einmaleins des Geheimdienstwirkens gewinnt hier wieder Bedeutung. Das Ergebnis maximaler Verwirrung erreicht man, indem man einen Teil Wahrheit und mehrere Teile Lüge in viele Geschichten packt. Ich will damit nicht behaupten, die Majorität unseres Weltbildes sei durch Geheimdienste konstruiert. Dies ist nicht wahr. So ziemlich jeder, der in den letzten Jahrtausenden etwas zu sagen hatte, versuchte an einem Teil der Welt mitzustricken. Es ist das ewige Spiel um Macht, Ruhm, Vermögen. Der glitzernde Tand dieses Planeten und seiner Geschichte.

Und weil Narrative eine so wichtige und zentrale Bedeutung für den „Krieg um die Köpfe" haben, weil sie *das* zentrale Element der auflagenstarken Printmedien sind, hat der Beschuss an den Medienfronten bereits begonnen. 2016 schreiben plötzlich die „Qualitätsmedien" ziemlich kriegerisch von der Karriere des Wortes „Narrativ". Fast zeitgleich finden sich dann in der „Zeit" und der „Welt" Artikel, die uns erklären, „Hinz und Kunz schwafeln heute vom Narrativ".

Der Krieg, der hier an der öffentlichen Front entbrannt ist, ist ein ganz alter: Wer bestimmt, was gedacht werden soll? Wie wird das Heute im Geschichtsschulbuch der Zukunft dargestellt und wie kommt man als Herrschender dabei weg? Welche Version der Geschichte wird gedruckt und als „wahr" erlernt?

Für die weitere Bearbeitung unseres Buches hier können wir abkürzen und salopp sagen:

„Die streiten sich alle darum, wie der Punkt 4 in unseren Köpfen aussehen soll."

Also: Jeder möchte bestimmen, was alles an Abstraktionen (Stories) in Ihrem Kopf zur Wahrheit erhoben wird.

„Der Kampf um die Köpfe." Ein Machtspiel. Wer hat Recht. Wer bestimmt, was wahr ist und was falsch. Was bleibt eine Story und was wird zur „Wahrheit" gekrönt. Und zwar nicht durch bloßes Drucken in Zeitungen zum Beispiel, sondern durch Erleben und Denken in den Empfängern!

Diese Narrative sind ebenfalls bei jeder Art von Target relevant, in der wir hinter die Kulissen schauen möchten. In dem der Ersteller des Targets (Hinter-)Gründe, Begründungen, Kausalitäten, Auswirkungen, Abfolgen und dergleichen Abstraktes mehr ersuchen lassen will. Sie sind eine Art kollektiv akzeptierter Blickwinkel einer Sache, Epoche oder Ereignis. Der Viewer mit seiner Denkart ist dabei synchronisiert mit dem Kollektiv oder hat seine eigene Sichtweise.

Es ist wieder einmal soweit. Wir müssen akzeptieren, mit einem multidimensionalen Werkzeug zu hantieren, dessen Ergebnisse wir immer wieder versucht sind, simpel und eingleisig in unsere Realitätsdimension herunterzubrechen.
Und: Unsere Remote Viewing-Ergebnisse werden nur so gut sein, wie unsere Einstellungen hier in der echten Welt.

Damit möchte ich „Punkt 4 in unserem Alltag“ endgültig verlassen.

Wohnorte des "Ich"

Jede unserer Erkenntnisse beginnt mit den Sinnen.

5. Gedanken über Ihr Innen

Während unseres Alltages und dem Verweilen im Wachbewusstsein verschwenden wir erschreckend wenig Zeit für Gedanken mit direktem Bezug zu unserem Körper.
Um also Zustände unseres Inneren bewusst zu machen, müssen wir zuerst einmal im Kontakt mit ihm stehen.
Hierbei können wir zweierlei innere Zustände erkennen:

1. körperliche
2. psychische

Die allermeisten modernen Menschen leben hauptsächlich im Kopf. Es sind, wie bereits weiter vorne ausgeführt, komplexe und abstrakte Vorstellungswelten und viele rationale Gedanken, die unseren Alltag dominieren.
Sie können hierbei einen kleinen Test an sich selbst vornehmen.
Beantworten Sie einfach die Frage, wo in Ihrem gesamten Körper Ihr „Ich“ wohnt oder angesiedelt ist. Zeigen Sie mit dem Finger auf die Stelle, wo das „Ich“ wohnt.
Wenn Sie damit fertig sind, lesen Sie weiter.
Viele definieren den Sitz des „Ich“ hinter der Stirn. Wenige hinter der Brust (Ein Hinweis zum Querdenken: Da, wo Orden hängen oder die Hand bei der Nationalhymne aufgelegt wird, also am Herz), ganz selten sagt jemand mal „überall im ganzen Körper verteilt“.

Das hier ist kein Quiz und es gibt keinen Gewinner, aber es zeigt, wie sehr wir Menschen im Kopf leben.
Es ist kein Geheimnis: Verstandes- und Kopfmenschen tippen sich an die Stirn, Herz- und gefühlsorientiert denkende Menschen auf die Brust. Zur dritten Gruppe kann ich Ihnen nicht wirklich eine sinnige Lösung anbieten.
Hinzu kommt oft noch, dass unser Körper in der New Age Bewegung eher „heruntergemacht" wird. Zynisch formuliert leben vergeistigte Wesen eben in höheren Ebenen, also dem Kopf, der ja auch dem Himmel am nächsten ist und den Kontakt zu den höheren Sphären herstellt.
Der Körper wird oft als „Gefängnis" der Seele abgetan oder als „Affenkörper" und vieles mehr.
Es könnte kaum irreführender sein.

Wir leben in diesem Körper, und jede Zelle ist von intelligentem Bewusstsein durchströmt. Aber das wird oft abgetan und der Körper als gegeben hingenommen.
Leider beschränkt sich auch aus diesem Grund die bewusste Wahrnehmung unseres Körpers bei den meisten modern und westlich geprägten Menschen auf Schmerzzustände oder sexuelle Empfindungen. Diese beiden extremen Sinnesreize schaffen es noch ins Bewusstsein, der Rest bleibt im Morast der Unbewusstheit unbemerkt.
Gerade Männer sind oft noch darauf gedrillt, ihren Körper zu negieren, Schmerzen zu unterdrücken oder Bedürfnisse zu ignorieren. Die Rückkopplung von Körperzuständen an das Bewusstsein ist hier meist kaum vorhanden. Nur wenn etwas nicht funktioniert, zum Beispiel bei Zahnschmerzen, wird der Körper wahrgenommen.
Oftmals dominieren der Drill auf Pflichterfüllung und Leistungsbewusstsein sowie eher „lineare" Aspekte, wie zum Beispiel täglich gleich bleibend hohe Konzentration bei der Arbeit, obwohl der Körper ein schwankendes und volatiles System mit einer Menge Parametern ist und ihm jedwede Linearität absolut fremd ist.
Eine Art kommunikative Standleitung Körper-Hirn gibt es genau so wenig wie eine intakte Herz-Hirn-Verbindung.
Wir sind eben nicht nur intelligente Bio-Emotion-Maschinen, sondern haben ebenfalls eine meist verschüttete sehr mächtige Herzenergie in uns, die wir mit unserem Verstand paaren können. Voraussetzung ist, sich dieser jedoch zunächst bewusst zu sein.

Dann gibt es noch eine Menge von psychischen Emotionen. Was meine ich damit? Jedwede durch Gedanken ausgelöste Gemütsbewegung, die uns aus einem neutralen Gleichgewichtszustand bringt.
Einen Überblick verschafft hier Robert Plutchiks *Rad der Emotionen.* Beispielhaft seien Angst, Panik, Trauer, Ekel, Ärger, Freude, Vertrauen und Interesse genannt.
Wenn Sie nun Bewusstheit, Eigendistanz und Reflektion über Ihre körperlichen oder psychischen Zustände gewinnen, sind Sie immer im Kontakt mit Ihrem Inneren. Kontakt mit sich selbst erschließt neue Räume und neues Bewusstsein.
Alles, was Sie sich hier erschließen, kommt Ihnen nicht nur im Leben, sondern genau so auch in einer Session zu Gute.
Warum?

Zu fühlen und bewusst zu machen, heißt zu integrieren. Je mehr wir integrieren, verstehen wir. Je mehr wir verstehen, umso mehr können wir in bekannter Resonanz bemerken und benennen.
Jedes Benennen und Ausdrücken ist ein Rückdekodierungsprozess vom Abstrakten ins Konkrete zurück. Es wird „belichtet", wird aus dem Dunkel gezerrt und offenbar.
Und die Basis von alledem ist, wieder in Kontakt mit uns selbst zu stehen.
Meditationsreisen durch unseren Körper können hierfür sehr nützlich sein. Sehr gut für die Herstellung und das Wiederaufleben des Kontaktes sind zum Beispiel Muskelentspannungsübungen nach Jacobsen.
Je mehr wir uns kennenlernen, umso mehr können wir über unser Fühlen wieder ausdrücken. Natürlich wird sich das alles auch in den Sessions wiederfinden.

So wie jede Veränderung Ihres Selbst.

Erwarten Sie deshalb nicht, dass Sie als Kopfmensch ohne oder mit wenig Bezug zum Körper zum Beispiel wie durch Zauberei plötzlich komplexe emotionale Vorgänge aus der Matrix auslesen.
Die Beschreibung Ihres Innen wird sich dann wahrscheinlich in der persönlichen Impression zu Anfang der Session erschöpfen.

Der Irre

Es ist logisch, dass in einer Gesellschaft, die verrückt ist, diejenigen, die nicht verrückt sind, als verrückt bezeichnet werden.
Gerald Dunkl, Psychologe

6. Ein manchmal rasender eigenständiger Verstand

6. Ein manchmal rasender eigenständiger Verstand – zeigt sich in einer Masse Bilder und komplexen Konstruktionen – Sie sollten dies bemerken und AULs herausschreiben
Wir erinnern uns: Der Punkt 6 weiter vorne im Buch bestand darin, wie uns Serien-AULs beim Abarbeiten der Sitzung stören und den Fluss hemmen. Sie waren eine Art Störfeuer und verhinderten den Zielkontakt. Sie konnten, mussten aber noch nicht einmal entfernt etwas mit dem Ziel zu tun haben. Meist sind sie komplett nutzlos. Es ist eine Art unbrauchbarer Gedankenmüll, produziert von einem rastlosten, springenden, ungezähmten und unkontrollierten Geist.

Diese „Grundenergie Geist" treibt hierbei den Verstand und die Kreativität an und lässt Bilder, Filmfetzen oder Sätze entwerfen.
Diese behindern die Annäherung ans Target, da wir die leisen, feinen Eingebungen überhören. Es ist wie Gebrüll gegen Flüstern. AULs brüllen, Targetinformationen flüstern.
Soweit und bekannt zum Bezug von AULs in Sessions.

Und jetzt schauen wir uns an, wie wir diesen Punkt 6 im Alltag beschreiben könnten.
Also. Wo begegnen wir im Alltag einem rasenden und scheinbar eigenständigen Verstand? Was wäre mit AULs im Alltag vergleichbar? Und von was würden uns dann AULs abtrennen? Was würden diese sinnbildlich „überschreien"?
Wenn man das so schreibt hört sich das ein wenig nach Alien an. Oh, bei „Alien" fallen mir gerade zwei Wortspiele ein, die ich als Freund von Bedeutungen unbedingt hier kurz einfügen möchte.
Es folgt also ein kurzer Einschub, fern vom Thema. Es geht um einige Sinnzusammenhänge zum Thema „Nomen est omen", was so viel heißt wie „im Namen liegt Bedeutung".

Sie kennen ja Neil Armstrong, den Astronauten, oder? Der am 21. Juli 1969 den Mond betreten hat, so die Geschichte.
Rückwärts gelesen heißt der Name: Gnorts Mr. Alien. Ui. „Mr. Alien." Schon lustig für einen Astronauten, oder?

Und Lady Diana, die ehemalige Frau von Prinz Charles, wurde abgekürzt als Prinzessin der Herzen ja einfach „Lady Di" genannt. Spricht man dieses „Lady Di" englisch aus, was ja millionenfach geschah, da sie eben britische Prinzessin war, so lautet dies aber „Lady Die", was das englische „to die" für sterben enthält und damit einen Teil von ihrer dann folgenden Biographie vorweg nahm, da sie bei einem Autounfall unter sehr mysteriösen Umständen ums Leben kam.
In einer Welt, in der alles mit allem verbunden ist, dürfen auch derlei vernunftsprengende Verkettungen mindestens mal erwähnt werden.
Oder waren diese Sätze da eben sozusagen so etwas wie ein AUL im Alltag?
...
Huch.

Ok. Wir waren beim eigenständigen Verstand, der im Alltag etwas fremdartig sein kann. Gibt es das denn überhaupt?
Aber ja! Ich begegne ihm ständig, sobald ich meine Mitmenschen beobachte, was jetzt etwas arrogant erscheinen mag, es hier so zu schreiben. Aber Sie kennen das bestimmt auch: Bei anderen fällt es immer sehr leicht, Ticks oder Macken zu sehen, nur die eigenen, für die ist man sehr oft blind...
Wir haben dieses Phänomen sogar schon weiter vorne gestreift. Es korrespondiert etwas mit dem Beispiel am Strand und dem Mann, der von seinen eigenen Emotionen gefangen gehalten wird. Aber auch mit dem Beispiel der Frauen, die durch den Alltag hetzen, immer etwas zu tun haben und mit sehr widersprüchlichen Rollenbildern in einem Dauerspannungszustand und dadurch Dauerkonflikt gehalten werden.
Gemein haben diese Beispiele natürlich, dass wir durch unser individuelles „Kopfkino" „in unserer Welt" verweilen und dadurch von der Gegenwart und dem Erfassen derselben getrennt werden. Unsere Sinne sind schlicht nicht offen, wir leben in unserem Kopf und mentalen Welten. Genau das ist auch bei „Alltags-AULs" der Fall.
Was meine ich nun mit diesen so genannten „Alltags-AULs"?

Es ist das Grundrauschen, die ständige Unruhe des ungezähmten Geistes. Irgendetwas will ständig Gedanken entwerfen, denken, konstruieren, beurteilen, entscheiden, dirigieren und vieles mehr.

Wenn wir uns auf eine Parkbank setzen, um die Sonne zu genießen – ja – dann sollten wir auf der Parkbank sitzen, um die Sonne zu genießen.
Wie sieht die Realität aus?
Wir bemerken den Impuls und Gedanken dies tun zu wollen und handeln danach. Sobald wir sitzen und eine Sekunde die wunderbare Sonne fühlen, denken wir vielleicht darüber nach, wie lange wir nun hier so schön sitzen können.
„Wann kommen die Kinder aus der Schule? Wie viele Stunden haben die heute? Sechs? Oder fiel Sport aus? Vielleicht sollte ich kurz in der Klassen-WhatsApp-Gruppe anfragen, ob nun Sport ausgefallen ist. Aber ich habe gerade letzte Woche da gefragt und möchte mich jetzt nicht blamieren als unwissender Elternteil. Wenn die Sport haben, dann sind das jetzt noch locker drei Stunden Zeit. Aber wenn nicht wird es knapp. Was mache ich überhaupt zu essen? Linsensuppe? Mag ja der Kleine nicht. Muss ich etwas Neues kochen. Nudeln? Ja, mit Tomatensoße. Das geht immer und schnell. Dann habe ich ja Zeit jetzt. Mindestens mal 20 Minuten.
Mist, ich habe ja die tiefgefrorenen Einkäufe hinten im Kofferraum. Die tauen mir ja auf bei der Hitze! Ich muss heim. Die müssen gefroren werden. Angetaut kann das echt böse werden.
War trotzdem schön auf der Bank. Muss ich mal wieder machen."

Viele Menschen können nicht ertragen, Stille in ihren Geist zu bekommen. Dafür gibt es einige Gründe. Das Übertünchen von Schmerz ist einer, doch diesen Grund will ich hier nicht vertiefen.
Wir wissen ja, für das Gehirn ist wahr, was an elektrischen Reizen ankommt. Wir waren mit den Augen auf dem Stundenplan, in der WhatsApp-Gruppe, am Herd und im Kofferraum bei den tiefgefrorenen Lebensmitteln. Nur in der warmen Sonne auf der Parkbank, da waren wir nicht, obwohl körperlich anwesend.

Sie meinen, ich übertreibe?

Der ewige Fluss oft sinnloser, immer rastloser und nie endender Gedanken trennt uns beständig von gegenwärtigem Erleben.

Wir leben im Kopf, nicht in der Wahrnehmung der Gegenwart. Das ist, was ich Grundrauschen nenne. Ständig das Geplärre und Gelaber im Kopf, mit dem wir uns auch noch identifiziert haben. Das sind aber nicht wir. Wir sind nicht die Gedanken. Oder möchten Sie ernsthaft von sich behaupten, Ihre Person bestehe aus 90% redundantem Geschwafel? Nein.
Was da ewig labert, ist ein ungezähmter, aus den Fugen geratener Geist. Nicht Sie. Er trennt beständig vom wahren Erleben der Gegenwart.
Verglichen mit der Situation in einer Remote Viewing Session: Wenn „Leben" und „erleben" das Target, das Ziel im Leben wäre, jeden Tag, dann vertritt der Verstand dieses ewige Geplärre, die AULs und das Aufnehmen der vielen feinen, gegenwärtigen Sinneseindrücke repräsentiert die leise Stimme der Targetdaten.

Dazu gibt es einfache Übungen. Setzen Sie sich doch wirklich mal auf eine Bank in die Sonne, stellen sich in den Wald oder schließen die Augen am Kaffeetisch im Bistro um die Ecke und nehmen mal bewusst alle Geräusche wahr. Nur wahrnehmen und zuordnen. Lauschen Sie hinein in die Kulisse aus den vielen Geräuschen. Versprochen, Sie werden überrascht sein, wieviele unbekannte Geräusche da auftauchen. Einfach hören, registrieren und ziehen lassen.
Wahnsinn, was wir ständig ausblenden. Im Grunde bekommen wir die Masse der Daten nicht mit. De facto sind wir taub. In diesen Kaskaden von Tönen kommt im Normalbewusstsein ab und an mal ein Ton in unser Bewusstsein, der Rest wird ständig und immer ausgeblendet!
Kennen Sie das irgendwoher? Klar! Das ist wie bei einer Remote Viewing Session.
Man fährt auf der Linie rum, der Monitor fragt: „Was hörst Du? Schreib mal alle Töne raus."
Ja, dann fährt man da rum und nochmal und nochmal und die Linie wird schon immer breiter. Ist das überhaupt noch die Signallinie? Also, bin ich da überhaupt noch drauf oder im Grunde jetzt nebendran, weil die vom vielen Abfahren schon so dick geworden ist? Und habe ich da Kontakt?
„Und? Was hörst Du?"
Huch! „Ach so ..."
...
„Ja, hören ... hm ... Brummen vielleicht. Oh, ich habe hier gerade ein AUL Bär und Kühlschrank."

Wunderschön, wenn Unsinn so klar offensichtlich wird. Da brummt ein Bär und ein Kühlschrank und der Verstand setzt das so toll zusammen. Ausschreiben und streichen.
Das Beispiel mit dem Brummen war die exakte Situation des Parkbankbeispieles, nur in der Session! Auf der Parkbank kommen wir nicht wirklich mit der Umgebung in Kontakt, in der Session nicht mit dem Target. Dazwischen ist dieser ewige Fluss von Gedanken und Konstruktionen.
Wir lassen uns ständig fremddirigieren von – Achtung, das klingt gruselig und wieder etwas schizophren – dieser Stimme im Kopf.

Wir denken, die Stimme im Kopf sind wir.
Sind wir nicht.
Das nennt man „mit den Gedanken identifiziert zu sein".
Zu denken, man selbst sei diese Gedanken. Ist man nicht.
Glauben Sie nicht?

Ich bin mal mit dem Bus gefahren. An einer Haltestelle stieg ein junger Mann ein, dem man ins Gesicht schaute und anhand der Mimik und einem Zwinkern des Auges ansah, dass dieser mindestens sehr angespannt sein musste. Die gehetzten Augen sprachen eher von einer Getriebenheit, die für mich an der Grenze zum Irrsein lagen. Ruhelos flogen die von einer Seite zur anderen.
„Ah, eng hier drin, viele Leute ... viiiiiiiieeeele Leute." Halblaut ging das durch den Bus. Die ersten um ihn herum drehten sich langsam und peinlich berührt fort.

„Und schlechte Luft. Ja, kein Wunder. So viele ..."

Ein anderer blickte nun angestrengt aus dem Fenster. Er verkörperte Fremdschämen als Bild.

„Ich habe nicht viel Zeit. Nicht viel Zeit. Ich muss noch einkaufen. Und so langsam der Bus. So viiiiiele Autos. Alles Stau. Immer diese vielen Menschen. Viiiiiiiele Menschen."

Er führte laute Selbstgespräche. Unentwegt. Unangenehm, oder? Kennen Sie solche Situationen? Landläufig bezeichnet man solche Menschen dann schnell als Idioten und ist unangenehm berührt.
Warum eigentlich genau? Weshalb?

Provokant formuliert ist der einzige Unterschied zwischen ihm und allen anderen Leuten im Bus, einschließlich mir selbst, dass er das Chaos an Gedanken, dass in jedem einzelnen Kopf der viiiiiiielen Busfahrgäste herrschte, nur laut aussprach. Er sagte, was die Leute sonst nur still denken. Bei ihm war irgendwie diese Schranke, Gedanken still für sich zu behalten, nicht da.
Und nur das Mithören durch Aussprechen führte zur Beurteilung, er sei ein Idiot. Dass wir alle ständig mehr oder weniger redundanten Kram wie den seinen denken, wird dabei gerne übersehen.
Der Mann war ein Spiegel aller. Sind wir dann nicht alle Idioten, irr, verrückt?
Er spricht es nur aus.
Das ist das rastlose Eilen unserer Gedanken unabhängig und getrennt von den Eindrücken der Gegenwart. Ob wir diese nun aussprechen wie der Fahrgast oder es sich in aller Stille in uns vollzieht. Immer trennt es unser Erleben ab.
Wir es nun klarer, dass wir nicht diese Stimme im Kopf sind?
Es ist nur ein Programm.
Und wir haben die Möglichkeit und Macht – wie in einer Remote Viewing Session – durch Disziplin und Selbstbetrachtung Ruhe in unser eigenes Gedankenhaus zu bekommen und wieder in Tuchfühlung mit Aspekten der Realität zu gelangen.
Es ist das Gleiche. Ob wir eine Session abarbeiten oder auf einer Parkbank sitzen.
Sie entscheiden (!!!) was Sie denken. Das ist nicht, was Ihnen momentan jeden Tag passiert. Da werden Sie gedacht. Etwas in Ihnen denkt Sie; müllt Sie zu.
Es gibt Wege und Techniken, sich dessen bewusst zu werden. Die Gedankenflut einzudämmen. Einer besteht in der Selbstbeobachtung und dem Aufbauen einer Eigendistanz. Es ist nichts Anderes als in einer erfolgreichen und gut laufenden Session: passiv Gedanken beobachten, wahrnehmen, kommen und gehen lassen, loslassen, weiter gespannt aufmerksam bleiben, trotzdem nichts erwarten. Neutral, offen und aufnahmebereit zugleich.
Und sich nicht in den Strudel von Assoziationen, Gedankenketten und Bildern hereinreißen lassen.

Ehefrau gegen Geliebte und Heilige gegen Schlampe – alle da

Vielleicht geht es auf dem Weg gar nicht darum, irgendwas zu werden.
Vielleicht geht es darum, alles abzuwerfen,
was wir nicht sind, sodass wir das sein können,
wofür wir bestimmt sind.
Paulo Coelho

7. Der „Dirigent“ oder „Hippo“(Hilfspolizist“) - jene „Ordnungsmacht“, welche uns Gedanken sortieren lässt.

Genau wie in einer Session könnte auch im Alltag die Verführung sehr groß sein, den „Hippo“ oder „Dirigenten“ mit unserem „Ich“ zu verwechseln.
Wir erinnern uns kurz: In einer Session sind wir vielleicht wahnsinnig stolz, wie klar wir uns selbst durch Sortierung der Gedanken („AUL“) in der Session führen können. Dieser vertritt die Kontrolle über die Sitzung oder deren Verwaltung, mit der wir uns vielleicht schnell einmal identifizieren. Folgende - fehlerhafte - Aufteilung wäre logisch: „Da gibt es also jenen Teil von mir, der empfängt irgendetwas und ich – also der Dirigent der Sitzung – schreibe das nun auf. Der Vernünftige, der auf die Einhaltung der Regeln und der Gedanken achtet.
Das ist in der Session so falsch wie im wahren Leben.
Im Alltag ist diese Funktion durch unseren internen Zensor oder Richter vertreten. Was ist das nun wieder?
Man könnte sich in einem Gedankenexperiment die Zusammensetzung dessen, was wir leichthin „Ich“ nennen, vielleicht als Bundestag vorstellen. Da gibt es also eine Menge unterschiedlicher Stimmen und Meinungen.
Also im echten Bundestag haben wir jetzt Fraktionszwang (man muss so abstimmen wie der Fraktionschef). Insofern hinkt das Beispiel. Statt freier Gewissensentscheidung bekommen die Abgeordneten - bei falscher, sprich ungewollter Sichtweise zu einem Thema – schnell mal alle Kredite von der Bank fällig gestellt oder auch Unangenehmeres. Die sind da also mitnichten frei, sondern werden ferngelenkt.
Aber in meinem idealtypischen Bundestag ist das nicht so. Da vereinen Sie nun in sich geschätzte 300 Stimmen mit unterschiedlichster Meinung und Funktion. Das sind Teile von den Rollen, die Sie im täglichen Leben einnehmen, aber auch von Ihren inneren Einstellungen. Alle-

samt innere Instanzen, beinahe eigenständige durch Sie lebende Entitäten.
Da gibt es die Mutter, Arbeitnehmerin, Ehefrau, Geliebte. Dann gibt es in Ihnen die Rebellin, die Fürsorgende, die Heilige, die Übergenaue, die Vernehmungsbeamtin, Zauberin, die Weise, die Gewissenhafte, die Schlampige, die Polizistin und viele Stimmen mehr. Viele sehr alte Archetypen finden wir hier, aber auch sehr spezielle individuelle Rollenelemente. Welche dies genau sind, dürfen Sie in sich durch Eigenbeobachtung herausfinden. Die obigen Stimmen sind beispielhaft.
In Ihrem Alltag werden diese wie in einer echten Bundestagssitzung aktiviert und plärren die teilweise unterschiedlichsten Meinungen durcheinander. Das führt zu Verwirrung, Überdenken oder zum Beispiel Gefühlen von Zerrissenheit. Man vermisst einen Standpunkt, eine Balance.

„Zwei Seelen wohnen, ach, in meiner Brust."
„Ich bin mir uneins!"

In der Remote Viewing Sitzung ist eine dieser vielen Rollenelemente eben nichts anderes als der Dirigent oder Hilfspolizist. Er beurteilt nach klaren Regeln, was „gute" und „böse" Daten sind und ob wir „alles richtig" machen. Er hat „das Recht" auf seiner Seite. Er achtet auf den Inhalt der Lehrbücher und den Verlauf der Sitzung. Er möchte AULs und jede Art vernunftbasierter Interpretation herausgeschrieben haben und bestimmt welche Begriffe aufgegliedert werden. Schon hier wird klar, dass dieses Rollenelement „Hippo" oder „Dirigent" sozusagen der Gegenpart zur Intention ist.
Es ist eine angelernte ordnende Rolle. Im Bundestag entspräche es vielleicht dem „Saaldiener". Jener Rolle, die „die Ordnung durchsetzt", die das Hausrecht verkörpert.
Im Alltag entspräche es der ständigen Selbstbeobachtung oder -kontrolle, die zum Beispiel unsere Kongruenz mit der Umwelt prüft (Leitsatz wäre: *„Darf ich das?", „Falle ich auf?"*). Wir urteilen ständig selbst über unser Verhalten, beurteilen, ob wir uns innerhalb einer von den Eltern erlernten Norm befinden (später Schule etc.). Es stutzt unsere geistigen Flügel, schränkt die Freiheit unseres Ichs, unseres Selbstausdrucks ein.
Bei Remote Viewing Sessions haben wir bereits das innere Gedankenleben der Menschen beobachtet. Sie wären überrascht, was für große Anteile in den Menschen ständig damit beschäftigt sind, nicht aufzufallen, nicht aus der Masse herauszuragen oder nicht peinlich zu erscheinen. Es ist so etwas wie ein „internes Zuchthausprogramm". Ständig verhinderte etwas in den

Menschen deren Ausleben und bewachte die Konformität mit der Masse. Paradoxerweise entstand ein Gefühl von Sicherheit und Harmonie, hielt man sich an die Regeln und verstieß nicht gegen diese. Beinahe unnötig zu sagen, dass dies zu Lasten der Individualität ging.
Dann kamen hauptsächlich noch finanzielle und sexuelle Gedanken dazu und ein Haufen „Trash". Alltagskram ohne tiefere Relevanz: Organisation, Abläufe, To Do.

Jetzt ehrlich: Der Blick ins geistige Innere war dermaßen ernüchternd.
Doch zurück zum Rollenelement des Dirigenten:
Es könnte sein, dass er in Ihrem Eigenerleben als Richter oder Zensor in Erscheinung tritt und ein schlechtes Gewissen macht oder Sie sich innerlich dauernd aburteilen. Vielleicht ist es auch ein Bereich Ihres Inneren, der die Gemeinschaftsregeln, an die Sie sich zu halten haben, bejahend vertritt. Oder es ist eine gedankliche Konstruktion, die gerne Macht über andere ausüben möchte (wie der Dirigent). In jedem Fall ist seine Macht als sehr bedrohlich zu werten. Man kann dessen idealtypische Dogmen niemals erfüllen, was zu einer ständigen Selbstaburteilung, einem schlechten Gefühl und negativen Selbstbild führt.

Wie auch immer Sie es persönlich belegen: Es ist etwas in Ihnen – aber nicht Sie selbst.
Wir haben es immer mit einem abgegrenzten Schema, einem kleinen frei plärrenden Teil inmitten von uns selbst zu tun. Als wäre dies nicht genug, haben wir diesen integriert, leben mit ihm und halten diesen für gewöhnlich als Teil von uns selbst – was er niemals war.

Viewermund tut Wahrheit kund

Eine Erfahrung kann ein ganzes Leben verändern.
Unbekannt

„Kinder und Remote Viewer sagen die Wahrheit."
Was? So ging das Sprichwort gar nicht?
Ja, stimmt, eigentlich heißt es ja „Kinder und Betrunkene sagen die Wahrheit". Habe ich gerade verfremdet. Warum?
Weil Viewermund wie Kindermund oft komplexeste Wahrheiten gelassen und einfach ausspricht und dabei noch ungeahnte Tiefen sichtbar werden. Dabei – und das ist das eigentlich Verwunderliche – realisiert der Viewer noch nicht einmal, was er da so Tiefbedeutsames in einfach Worte gebracht hat. Er muss also gar nicht wirklich wissen, was er da gerade sagt. Aber im Sinnzusammenhang des Ergebnisses wird eine Bedeutungstiefe sichtbar, über die man sich nur wundern kann.
Ein Beispiel? Stellen Sie sich bitte vor, Sie sollten beschreiben, wie Leben funktioniert und was es ist. Speziell, wie Lebensformen entstehen, wodurch deren Vorkommen begrenzt ist, inwiefern hier Umweltfaktoren einwirken und wie es interagiert.
Biblisch nähert man sich diesem Thema mit der Schöpfungsgeschichte. Die Erde und das Leben auf ihr wurden durch Gott persönlich in wenigen Tagen erbaut. Es ist die Philosophie des Kreationismus.
Die gegenteilige Auffassung hierzu gelangte durch die Evolutionstheorie ins Menschenbewusstsein. Sie ist das dem Kreationismus gegenteilige Glaubensgebäude, das behauptet, alle Arten haben sich im Laufe der Jahrtausende entwickelt.
Während der Kreationismus im religiösen Gewand daherkommt, bedient sich die Evolutionstheorie der wissenschaftlichen Bekleidung. Und wo zwei so gegensätzliche Pole erschaffen sind, sind ewiger Streit und Zwist natürlich vorprogrammiert.
Im Sanskrit ist es der ewige Tanz des Gottes Shiva („König des Tanzes"), der den Prozess von Schöpfung, Zerstörung und Wiedererschaffung des Universums symbolisiert.
Mythologisch wurde das Thema in unseren Breitengraden zum Beispiel mit dem Kampf von Ritter und Drache dargestellt. Diese symbolisieren einen Schöpfungsprozess von Ordnung und Chaos. Diesen beiden abstrakten Kriterien sind dann wiederum die Polaritäten männlich und weiblich zugeordnet. So sind Drachentöter oft als Stadtgründer dargestellt, während der Drache die Natur symbolisiert. Es stilisiert damit den Kampf des Menschen gegen die Unbilden der Natur, in

der die Stadt Sicherheit gibt. Dieses und tausende Verknüpfungen mehr.
Biologisch betrachtet würde man bei der Beantwortung dieser Frage vielleicht auf die Beziehung von Zellen und Umwelt und den so genannten Konzentrationsgradienten abstellen. Es geht darum, dass unterschiedliche Konzentrationen von zum Beispiel Mineralien unterschiedlich sein müssen, damit Austausch und damit Leben stattfinden kann. Wenn dieser Gradient gegen Null geht, entspricht das einer gleichartigen Sättigung überall. Dann gibt es keinerlei Aktivität mehr. Damit stirbt die Zelle, erlischt das Leben.
So könnte ich seitenlang alles auflisten und gegenüberstellen.
Ein Remote Viewer benennt das Ganze dann schlicht so:

„Im Prinzip geht alles, außer es geht nicht."

Und dabei weiß er noch nicht einmal, von was er gerade spricht.
Jetzt kann man sagen, dies sei trivial. Und total einfach ausgedrückt. Ich sage mal, man könnte es wirklich nicht einfacher ausdrücken, und meine dies, in Kenntnis wenigstens einiger tieferer Zusammenhänge, staunend.
Sätze wie diese sind kein Zufall oder gehen auf die Einfalt der viewenden Person zurück. Ich habe hierfür im Laufe des Buches noch eine Reihe Beispiele und werde die auch noch vorstellen. Ich gehe mittlerweile davon aus, dass diese Sätze haargenau lanciert sind. Aber schauen wir uns das Beispiel weiter an.
Das komplizierteste Wort hierbei ist noch „Prinzip". Das steht – macht man sich die Mühe und schlägt es nach – einmal für einen Grundsatz oder die Grenze, nach der etwas geschieht. Man handelt so oder so und das Prinzip beschreibt, wie es läuft und wie nicht. Im Sinne eines Spielfeldes, übertragen gesprochen. Es gibt ein Innerhalb und ein Außerhalb und das Prinzip ist die definierende Regel hierfür.
Es ist weiterhin die Grundlage, der ein aufbauendes Handeln zugrunde liegt.
Es kommt aus dem Lateinischen und heißt „principium". Es bedeutet Anfang, Beginn, Ursprung, Grundsatz.
Also wagen wir uns an eine Übersetzung und Interpretation. Die Schöpfung oder das Leben sind aufbauender Natur und folgen dem einfachen Grundsatz, dass erst einmal alles möglich – erschaffbar – ist. Die einzige Begrenzung dieses Spielfeldes ist keine Definition oder et-

was Unerlaubtes, sondern die schlichte Tatsache, dass etwas unmöglich umzusetzen ist, selbst nach der millionsten Variation.
Eine Ableitung hiervon ist, dass totale, grenzenlose Vielfalt der Erscheinungsformen gewollt ist und dem – einem Baum als Symbolbild gleich – eine immer weiterführende Verästelung zugrunde liegt. Das Prinzip hat Vielfalt als obersten Grundsatz. Man könnte auch einfacher sagen, das Prinzip ist alles – wobei wir den Remote Viewer zitieren, denn genau diese beiden Wörter hat er als einzige Nomen benutzt. Alles ist nichts anderes als Vielfalt.
Die einzige Begrenzung findet dieser erwünschte Grundsatz dann in der objektiven Unmöglichkeit („außer es geht nicht"), wobei auch hier in der Formulierung der eigentliche Wille, es doch irgendwie noch gehen zu lassen, übergeordnet scheint.
Weiterhin bekommen wir durch das Wort „Prinzip" einen Hinweis auf aufbauendes Handeln, auf eine aufbauende Schöpfung. Eine Ordnung oder ein Spiel mit immer komplexeren Ergebnissen. Es gibt uns einen Hinweis auf eine Weiterentwicklung von Lebewesen und lässt uns ahnen, dass Leben wahrscheinlich unter jedweder Voraussetzung einen Weg zum Sein sucht und meist auch findet (… außer es geht (wirklich) nicht). Dazu einige wenige erklärende Sätze mehr.
Wir haben in dem Satz den klaren Hinweis auf sich gegenüberliegende duale und sich gegenseitig aufhebende Kräfte. Also positiv, negativ, männlich, weiblich, also die Gegensatzpaare der Dualität, aus denen unsere Welt erschaffen ist.
Man könnte auch sagen, die Gegensatzpaare der Polarität, aus denen unsere Welt erschaffen ist. Hierbei bedingen sich die Gegensätze jedoch und tragen zum gegenseitigen Bestehen bei. Wir können das ganz körperlich wahrnehmen. Unser Einatmen bedingt unser Ausatmen und umgekehrt.
Nehmen wir eine Ehe. Eine gute oder erfolgreiche Ehe besticht durch die gegenseitige Ergänzung der Partner, weil sie so verschieden sind. Das eine weibliche Handeln ergänzt das andere männliche Handeln – und umgekehrt. Auf diese Weise kann Einheit entstehen, die sich aus der Vereinigung der Gegensätze zusammensetzt. Eine Spirale des Wachstums beginnt. Dies ist ein aufbauender Vorgang, der zum Wohl der Menschen beiträgt. Dies wäre ein auf Polarität beruhender Gedankengang.

Strom fließt nur zwischen den beiden entgegengesetzten Polen Plus und Minus.

(Schein-)Philosophien wie der Feminismus verstärken die Dualität der Gegensätze, also den Kampf eines Geschlechtes gegen das andere über Unterdrückung. Sie führen zum Kampf und der Aufhebung der Kräfte im Gegeneinander. Teile und herrsche spielt dabei ebenfalls eine große Rolle. Dieses Spiel wird seit Jahrtausenden mit den Menschen gespielt und führte unter anderem zur Hexenverbrennung und dem Patriarchat. Hier werden scheinbare Gegensätze aufgehetzt. Dies ist ein zerstörender Vorgang zu Lasten der Menschen.
Tatsächlich werden Menschen allerorten und zu jeder Zeit mit dualen Scheinphilosophien ständig in negative Verhaltensweisen hereingelockt.
Und so könnte man darüber beinahe ein Buch füllen. Denn dieser schlichte Satz ist vergleichbar mit Mantren oder mit dem Ying-Yang-Symbol. Erst einmal wirkt er sehr naiv, man weiß beinahe nicht, was man damit anfangen soll, andererseits kann man über ihn meditieren und findet immer wieder andere Perspektiven und Bedeutungen.
Im Laufe meines Lebens mit Remote Viewing fallen mir so komische Bezeichnungen sogar manchmal selbst auf, wenn ich am Viewen bin. Ich bemerke eines Teils sehr genau, wie ein Wort oder Satz aus dem Einerlei heraussticht, wenn ich zum Beispiel eine Szenerie beschreibe und dies anders tun könnte. Der Satz spritzt dann auf einmal in den Kopf, ist auf einmal in Gänze da und scheint in einem von mir gemeinten Sinnzusammenhang auch irgendwie zu passen. Mittlerweile weiß ich aber einfach aus Erfahrung, dass hier etwas ganz anderes so bunt wie ein Fenstermosaik ausgedrückt wird. Mit meinem derzeitigen Geisteszustand wäre es mir einfach nicht möglich mehrere Bedeutungsebenen so, wie sie entstehen, wenn ich das Ergebnis kenne, in einen Satz zu gießen.

Warum schildern Remote Viewer alles so einfach?
Ich habe eine ebenso einfache Vermutung. Die ist nur nicht so angenehm.

Wir sind zu blöde. Wir sind schlicht zu blöde.

Remote Viewing ist – soviel wissen wir mittlerweile – ein Grenzen sprengendes, überdimensionales Werkzeug.
Wenn wir aus unserem Bezugssystem Erde ausbrechen und mehr verstehen wollen, vielleicht noch vieldimensional, scheitern wir an unseren Kapazitäten. Das ist fast wie ein Pufferüberlauf am Computer.

Und während wir dann irgendetwas wahnsinnig Komplexes herunterrechnen, sind wir gezwungen, uns auf die kleinsten gemeinsamen Nenner und einfache Erklärungen zurückzuziehen.

Evolution der Gefühle

Ich freue mich, wenn es regnet, denn wenn ich mich nicht freue, regnet es auch.
Karl Valentin

Nähern wir uns noch einmal unseren Gefühlen. Remote Viewer lieben Gefühle in Sitzungen.
Die sind da aber ganz anders drauf. Die werten da nicht groß, was sich gut anfühlt oder nicht.
Die werden einfach von der Intensität angezogen. Das ist doch schon einmal ein erster guter Hinweis!
Wie anziehend ist doch das Gefühl „Todesangst" zum Beispiel. Ja. Anziehend. Sie haben richtig gelesen. Remote Viewer beurteilen die Dinge eben anders. Nach deren Energiegehalt. Nicht nach deren Platz in einem dualen gut-böse Raster. „Todesangst" ist einfach eine Emotion, zu der fast jeder in Resonanz steht und die einen gehörigen Level an Energie hat.
Ein Grund zu fragen, was Gefühle sind.

Ich schicke das Ergebnis gleich mal voraus.
Sie haben Gefühle, aber Sie sind nicht Ihre Gefühle.
Wir sind nicht unsere Gefühle.
Definitiv!

So, und nun beginnen wir damit, uns also den Gefühlen zu nähern.
Was sind sie?
Die Basis von Gefühlen finden sich in physiologischen und neuronalen Prozessen. Das heißt einfach, was unsere Hirnzellen tun. Was tun die? Lichtblitze aussenden.
Je aufgeladener ein Erlebnis empfunden wurde, desto mehr hat es sich in Sie eingegraben. Unsere interne Sprache heißt nicht Deutsch, Italienisch oder Spanisch, nicht einmal Wort, Keilschrift oder Rune. Unsere interne Sprache heißt Energiegehalt oder Ladung, die sich in ein inter-

nes „Bild“ umwandeln und einbrennen lässt. Das mit dem Bild ist aber nicht zwingend. Und wie wird so ein „Bild“ in uns selbst gemalt?
Innerlich malen wir unsere Bilder, die wir fortan abspeichern und wieder rausholen, mit Energie. Physisch materiell wäre das natürlich der Gedankenstrom, aufgeladen mit Informationen.
Aber nicht jeder Gedankenstrom mit Informationen ist interessant und führt zum Zeichnen entsprechender Bilder im Kopf. Das bemerken wir beim Vokabeln lernen oder wenn wir den Autoschlüssel suchen.
Also bleibt nur so etwas wie diese „Aufladung“, die wir auch als Zustand einer „neutralen Erregung“ (damit meine ich, diese Erregung kann sowohl negativ als auch positiv sein) benennen könnten. Der Energiegehalt. Die durch Sie erfolgte Aufladung mit Bewusstseinsenergie. Die Intensität. Wie sehr Sie innerlich aus einem Gleichgewichtszustand kamen.
Jede Erregung ist immer ein Zustand heraus aus einem vorigen. Dieser vorige Zustand kann sehr ausgewogen gewesen sein.
Plötzliche Wut wirft uns dann aus dem Gleichgewicht und wird als Stau oder Überdruck wahrgenommen, der sich entladen will. Man „könnte platzen“. Diese Wut, oder was wir da so nennen, ist dann eigentlich eine Störung des Energiehaushaltes, weil ja plötzlich viel zu viel negative „Ladung“ in uns ist.
Wäre es eine positive Überladung, würden wir vielleicht von Motivation oder Erwartungsfreude, Euphorie oder Ungeduld sprechen.
Physisch wären es Zustandsänderungen aufgrund von Stromladungen in unseren Hirnzellen, die wir spüren können.
Mit dem „Spüren“ drehen wir uns aber im Kreis. Spüren meint, wir übersetzen diese Stromstöße als „Fühlen“ und spätestens da sind wir beim Gefühl angekommen. Zirkelschluss.
Damit sind Gefühle, wie auch das Bewusstsein, ins Reich der Phänomene einzuordnen. Spätestens hier weht die weiße Flagge des Aufgebens. Wir kommen nicht dahinter. Ein Phänomen könnte wachsweicher nicht sein. Es ist definiert als abgegrenzt wahrnehmbares Ereignis. Es erscheint in der wahrnehmbaren Welt.
Und mehr wissen wir nicht darüber. Hier wäre normalerweise der Ausflug in die Gefühlswelt zu Ende. Aber wir möchten ja tiefer gehen.
Versuchen wir deshalb trotzdem einmal experimentell, uns weiter zu nähern.
Gibt es da noch Unterscheidungen bei Gefühlen?

Wenn Sie sagen: „Ich liebe Dich!" heißt das längst nicht das Gleiche wie bei Ihrem Partner, auch wenn es beide absolut ernst und aufrichtig meinen. Nie. Vielleicht gibt es eine Deckungsgleichheit hinsichtlich der Qualität oder Intensität der Gefühle. Darum geht es eigentlich den meisten frisch Verliebten immer (Liebt er/sie mich „genug"?).
Aber nicht, was es wirklich für den Einzelnen bedeutet. Mit was er es beschreiben würde, was sich daraus für ihn ergibt, was er bereit ist zu tun und vieles mehr. Das muss ausgelebt werden, um es danach in Worte fassen zu können. Und so zerbrechen auch so genannte „echte Lieben" nach Jahren. Aus der gelebten Erfahrung der Beteiligten.
Dies als kleine Einleitung.
Ein guter Attraktor für eine Remote Viewing Session sind Gefühle, zu denen wir in Kontakt stehen und die wir uns bewusst gemacht haben und nun ausdrücken können. Das sind drei Voraussetzungen. Auch bei fremden Menschen „fliegen" Viewer da drauf. Basis hierfür wird die Empathie des Viewers sein. Da diese auf seinem eigenen Erleben, seinem eigenen Kennen seiner Gefühle fußt, drehen wir uns hier auch im Kreis.
Welche Unterscheidungen oder Varianten gibt es bei Gefühlen? Gibt es vielleicht unechte Gefühle?

Wenn man etwas so benennt, aber nicht wirklich empfindet. Weil man es nicht besser weiß, weil es an Selbstreflexion oder Wissen fehlt.
Ein unechtes Gefühl ist eine Bezeichnung im Kopf. Ohne die zugehörige Qualität des Erlebens im Körper und ohne das Empfinden im Herzen oder der Brust. Manchmal kann man echte Gefühle auch im ganzen Körper feststellen, unechte folglich nirgendwo. Ein echtes Gefühl geht immer über die Dimension des reinen Denkens hinaus. Sie können es nicht erklären. Da ist mehr, was sich nicht logisch nachvollziehbar in Worte fassen lässt. Sie erinnern sich: Das Phänomen Gefühl.
Das würden doch so ausgedrückt viele Menschen unterschreiben, oder?
„Unechte" Gefühle sind deshalb das Gegenteil von echten. Sie sind nur im Kopf beheimatet und wie Schwarz-Weiß-Filme. Sie sind lau, aber logisch. „Ich liebe ihn, weil er fürsorglich ist und auf mich eingeht." Das ist keine Emotion, sondern eine Konstruktion. Es könnte so verlockend einfach sein. Ist es aber nicht.
Denn was die Person damit innerlich wirklich meint und bezeichnet, ist uns trotzdem weiter unbekannt. Was sie empfindet, bleibt ausschließlich in ihrer Welt. Also Fehlanzeige für den objektiven Nach-

weis eines unechten Gefühls. Was wir als Gefühl benennen, fußt also immer auch auf unserer ureigenen Definition und Gewichtung davon.
Andere Gefühle sind vielleicht einfach Gedanken aufgrund von Wertungen und Urteilen. „Ich bin nicht gut genug!“ oder „Ich bin ein total geiler Typ!“ entstehen aufgrund von Beurteilungen, die aber nur Gedanken eines Wertesystems sind. Das Wertesystem ist aber nicht vom Himmel gefallen oder von Natur aus in uns installiert, sondern wurde erlernt. Logisch, dass derlei „Gefühle“ eigentlich nur Gedanken sind. Wenn wir uns „schuldig“ fühlen, ist das kein Gefühl! Es ist Selbstzensur aufgrund eines Glaubenssystems.
Aber Achtung: Es kann wieder dazu werden. Durch stete Wiederholung wie bei einem Hänger in einer Schallplatte (dezentraler Tonträger im letzten Jahrhundert) kann es einprogrammiert werden.
Wenn *Sie selbst* das sagen würden, erzählten Sie sich gerade eine selbst erdachte logische Geschichte, die Sie sich danach auch selbst bestätigten. Passiert das genügend oft, wissen wir aus der Neurologie definitiv, dass Sie sich selbst programmiert haben. Alles, was wir immer wieder wiederholen oder extern hören, glauben wir. Das gilt als erwiesen (siehe Literaturempfehlung im Anhang).
Diese Gefühle sind also eine bloße mentale Projektion. Auf die Spitze getrieben: Man denkt, dass man fühlt. Aber man denkt nur. Es bleibt im Kopf. Eine reine Mentalwelt. Man verwechselt Gedanken mit Gefühlen.

Aber: Gedanken können Gefühle erzeugen. Wir können also Gefühle programmieren. Durch intensives Denken. Durch das Denken wird irgendwann das Gefühl geboren und weiter entwickelt.
Wann hat das Gefühl Geburtstag? Wenn wir fertig programmiert haben? Wann? Wurde es irgendwann von einem Gedanken zu einem Gefühl?
Oder bleibt es „in Wahrheit“ immer unecht? Es gehört ja eigentlich nicht zu uns, sondern wurde nur erdacht ...?
In den Achtzigern des letzten Jahrhunderts war „positiv Denken“ voll in Mode. Durch denkende Selbstprogrammierung zu mehr Lebensglück und Erfolg. Da hat es letztlich nicht geklappt, sonst wären ja alle, die die Bücher geschrieben und gelesen haben, heute glücklich und erfolgreich. Das ist aber nicht geschehen, ohne auf einzelne Biografien einzugehen. Ist also doch nicht so einfach mit dem Programmieren der Gefühle. Zumindest, wenn es gewollt ist.

Kann es denn sein, dass es überhaupt so etwas wie eine Grundsoftware bei uns Menschen gibt, die nicht erlernt ist? Mit der man dann Gefühle unterteilen könnte? In die, die da waren und sozusagen natürlich sind und solche, die erlernt wurden?
Wenigstens können wir eingrenzen, dass es nur zehn Gefühle gibt, die auf der ganzen Welt in Menschen vorhanden sind. Dabei ist jedoch nur das Vorkommen, nicht das Entstehen belegt. Diese sind:
Interesse, Leid, Widerwillen, Freude, Zorn, Überraschung, Scham, Furcht, Verachtung und Schuldgefühl (Stangl, 2019).
Auch bei dieser Auflistung kann es sich also um erlernte Gefühle handeln, auch wenn die Wahrscheinlichkeit etwas sinkt, denn es müsste ja weltweit und in jeder Kultur immer erlernt werden, was wenig wahrscheinlich erscheint.
Damit wären entweder wir oder andere für jedes Gefühl verantwortlich.
Aber wenn man uns zum Beispiel über Fernsehen, Werbung oder Tageszeitungen mit der Zeit fremdprogrammiert, sind dann wir oder die oder beide verantwortlich?

Nehmen wir die westlichen Gesellschaftskrankheiten Neid, Gier, Depression, Hass, Verblendung.
Woher kommen die?
Ich nehme als Beispiel die Gier. Leichte Gier ist Unmaß. Echte Gier ist an das Ego gekoppelt und unstillbar. Es erschafft als Grundfunktion das Begehren nach immer mehr von allem: Geld, Ruhm, Macht, Status, Anerkennung und treibt immer tiefer in das Ego, also unsere eigene Projektion von uns selbst hinein. Gier ist das Habenwollen, das ständige im Defizit von allem sich befinden. Man muss sich arm fühlen. „Zuwenig von allem" ist das zentrale Schlüsselwort aus der Empfindungswelt des Gierigen. Er oder sie leidet. An chronischem Defizit. Was ist dieses Defizit? Die eigene innere Leere. Die versucht der Gierige mit äußerer Fülle aufzuwiegen. Das Blöde: es ist äußerlich unstillbar. Aber nur in diese Richtung schaut der Gierige leider. Der Blick nach innen schmerzt wahrscheinlich zu sehr, auch wenn hier Heilung läge.
Das Verlangen nach immer mehr entsteht aus dem Mangel an innerem Reichtum. Grundlage hierfür bildet neben der fehlenden Selbstwertschätzung eine Verwirrung des Gewollten. Man kann zum Beispiel Wünsche programmieren, die völlig sekundär sind wie unzählige nutzlose Produkte beweisen. Die Befriedigung des Kaufens ersetzt echte

Befriedigung. Bedürfnisse werden kreiert und dann im Menschen wachgerufen. Parfums, Kleidung, Computer, Kino, Fernseher, Elektroherde und eine Million Dinge mehr sind nicht notwendig, um glücklich zu sein, sonst wären vor 100 Jahren alle Menschen unglücklich gewesen. Würde ein bestimmter Autotyp tatsächlich glücklich machen, ich würde hier mitten im Satz aufstehen und den kaufen. Tut er aber nicht. Sieht man an vielen Fahrern.
Der Spruch: „Man kann nicht so viel fressen, wie man kotzen möchte!" kann auch als Hinweis auf Gier interpretiert werden. Die eigene Unerträglichkeit ist zu groß, um im Außen genügend zuzuführen und dies aufzuwiegen.

Gier lässt sich nur mit Eigenwahrnehmung aufheben. Dann verpufft sie sekundenschnell im Nichts. Die Wahrnehmung der eigenen inneren Fülle.
Wir können ersehen, dass jedes äußere Handeln (Kaufzwang, Geltungssucht) auf vielen inneren Ursachen fußt. Hauptsächlich im Mangel an Liebe.
Sind nun die anderen, die Manipulatoren in Film, Funk und Fernsehen (man sagte damals noch „Funk", weil das Radio über Wellen übertragen wurde) schuld an zum Beispiel der Gier? Weil sie bösartig und machtbesessen sind? Oder der Einzelne, der Fernsehen schaut und sich manipulieren lässt? Weil er naiv und unkritisch ist? Oder beide? Oder keiner?
Müssen wir mit Schuld argumentieren oder gibt es andere Wege?

Wir können mit Sicherheit sagen, dass die beiden zusammenpassen und eine Einheit bilden. Der Manipulator kann nur durch den Naiven bestehen. Es ist der Schicksalskreis von Täter und Opfer. Diese bilden ein energetisches System. Sie bedingen sich gegenseitig. Auf dieser Argumentationsebene existiert auf Kausalität basierende Schuld nicht.
Es muss in den Opfern eine Basis für das Entstehen von Gier geben, sonst könnten alle Manipulatoren der Welt so viel wie sie wollen senden und lügen und verdrehen: Es würde nichts nutzen.
Und es muss in den Manipulatoren treibende Faktoren zur Bereitschaft für den Übergriff auf andere Menschen geben.
Es sind in jedem Fall immer geistige Ursachen.
Und sogar diese lassen sich allesamt in einer Ursache zusammenführen.
Bewusstheit.

So. Das ist doch schon einmal sehr komisch, oder? Dass ein Gefühl, ein Seinszustand verfliegt, weil man die Wahrnehmung ändert!
Das ist jetzt noch einfach ein Wort. Aber wir arbeiten uns ja weiter voran.

Wie könnte man dahin kommen? Zur Bewusstheit?

Virtuelles Erleben und echte Angst

Der Grund dafür, dass unser fühlendes, wahrnehmendes und denkendes Ich in unserem naturwissenschaftlichen Weltbild nirgends auftritt, kann leicht in fünf Worten ausgedrückt werden: Es ist selbst dieses Weltbild. Es ist mit dem Ganzen identisch und kann deshalb nicht als ein Teil darin enthalten sein.
Erwin Schrödinger

Für Erwin Schrödinger bestand unser „Ich" also aus denkenden, wahrnehmenden und fühlenden Teilen. Wir nähern uns nun dem Fühlenden.
Auch Männer haben Gefühle. Zumindest für Remote Viewing Sessions kann ich das schon einmal eindeutig bezeugen. Hunger, Durst...
Scherz beiseite.
Allerdings sind die in einer Session meist wesentlich lauer als in der hier erlebten Realität.
Oft genug dirigieren uns die Emotionen allerdings in der hiesigen Realität, wie wir sahen. Sobald wir fühlen, denken wir nicht mehr. Das hat das letzte Kapitel eigentlich ganz gut gezeigt.

Eine nette Übung für den Alltag habe ich da.
Wenn Sie das nächste Mal zum Beispiel richtig wütend auf jemanden sind, versuchen Sie doch einmal, diese Ihre Gefühle zu registrieren. Also Gefühle zu betrachten, Gefühle distanziert wahrzunehmen und vielleicht sogar zu bedenken, sich eben nicht in diese riesige Energiewelle hineinzuwerfen, die da tief aus Ihrem Inneren langsam und mächtig nach oben drängt und nun auf eine Person in Ihrem Umfeld niederprasseln möchte. Kennen Sie das Gefühl? Das so groß und mächtig und mitreißend ist? Dieser Energiestau, der sich entladen will? Der so übermächtig groß in Ihnen ist? Vom Magen hoch bis zu Ihren Stimmbändern wallt und sich im Kopf zu sammeln scheint?

Dann dürfen Sie doch bitte mit all Ihrer Achtsamkeit und Allgegenwärtigkeit das nächste Mal einfach beobachten und registrieren. „Aha, ich bin wütend. Wie fühlt sich diese Wut genau an? Wo im Körper ist die beheimatet? Wohin möchte die? Was macht die mit mir? Wie würde ich die nun malen? Mit was könnte ich dieses Gefühl bildhaft vergleichen?"
Hört sich hier eigentlich sehr einfach und machbar an, was?
Ok. Machen Sie es einmal. Ich sage Ihnen jetzt schon, Sie werden sich danach, nach dem Wutanfall, an diese Zeilen hier erinnern. Wie ärgerlich. Immer danach. Aber nie in der Situation. Da reißt es einen mit. Immer wieder. Bleiben Sie dran. Lassen Sie nicht locker. Probieren Sie es immer wieder. Und dann kommt der große Tag! Dann haben Sie vielleicht einen Wutanfall und während Sie vielleicht schreien, existiert da eine glasklare, echte, beobachtende, ruhende Kraft, die einfach nur passiv bemerkt: „Der schreit!" Das hört sich hier profan an, hebelt aber alles komplett aus. Während Sie schreien, betrachten Sie sich glasklar aus einer weiteren, zweiten unverfangenen Position dabei. Vollkommen ruhig.
Das ist genau der erste Schritt, um Distanz zu eigenen Gefühlen aufzubauen. Es ist nebenbei erwähnt, genau das, was wir in Remote Viewing Sessions x-mal gemacht haben: Gefühle beobachten, registrieren, herausschreiben.
In einer Remote Viewing Session schreiben wir die mächtigsten positiven wie negativen Gefühle einfach mal eben so registrierend und klar wahrnehmend heraus. Auch dieser scheinbar so einfache Vorgang ist bei näherer Betrachtung eine echte kleine Sensation!

„Dort ist gerade Panik. Die Leute haben Angst und laufen um ihr Leben."
„Ich will dort nicht sein. Ich habe Angst. Ich fühle mich unsicher."
„Ich glaube, das wird gefährlich für mich. Hole mich da bitte raus."
„Der guckt mich an und findet mich scheiße. Der ist viel stärker als ich und unheimlich."

Der Unterschied ist, wir sind in Distanz zu unseren Gefühlen oder den Gefühlen Dritter und werden mehr oder weniger nicht von diesen vereinnahmt, wie es im so genannten „wahren Leben" hier auf der Erde passiert.
Warum ist das so?

Warum haben wir diese eigenartige Distanz zu eigenen Gefühlen in einer Session?
Man könnte einwenden, weil wir die Gefühle nicht wirklich haben, sondern eben „nur in der Session“.

Sollte dies möglich sein? Ich glaube nicht. Ein Beispiel:

Man hat untersucht, dass für das Gehirn das Schauen eines Grusel-Kinofilms genauso real ist wie das echte Erleben einer solchen Situation. Das Gehirn selbst unterscheidet nicht zwischen einem Kinobild und einem Realbild. Die Augen sehen etwas Furchterregendes und der elektrische Reiz reizt die Nervenzellen des Gehirns. Und auf diesen das Hirn durchstreifenden Stromstößen ist keine beruhigende Information eingebrannt: „Ist nur ein Film.“
Es ist der gleiche elektrische Reiz wie das Erleben in der so genannten Realität ihn auslösen würde. Der gleiche. Für das Gehirn ist alles gleich real.

Trotzdem rennen die Leute aber nicht scharenweise aus dem Kino und um ihr Leben auf die Straße. Die bleiben drinnen sitzen und gruseln weiter. Also muss es da doch irgendwo einen Unterschied zum real Erlebten geben.

Wo ist der?

Ich behaupte wiederum in uns selbst. Wir beruhigen uns selbst in einer Art gelebter Zweisamkeit. Während wir tiefer in den Kinosessel rutschen, die Hand halb vor dem Gesicht, hingerissen zwischen der Spannung aus Neugier und Angst, sagen wir uns immer wieder beruhigend: „Das ist nur ein Film.“ Genau genommen sagen wir uns das nicht, sondern leiten es aus den Umgebungsfaktoren und unserer Erfahrung her. Kinosaal, viele Menschen, Leinwand, Ton aus Lautsprechern, Eintritt bezahlt, Titel gesehen und Handlung vorher schon gelesen und vieles mehr. Wir leiten unsere Sicherheit aus vernünftigen Abstraktionen und Erfahrungswerten her. Ganz so supersicher sind wir aber tatsächlich nicht, sonst könnten wir die Hand vor dem Gesicht wegnehmen und auch sonst einfach absolut entspannt dasitzen und den Film genießen.

Der Film geht vorüber.
Unsere Vernunft behielt Recht.

Wir haben den Film überlebt.
Dumm, unsere Emotionen, oder?
Für unser Gehirn bestand aber noch immer und weiterhin kein Unterschied zwischen real Erlebtem und diesem Film. Wir haben uns nur selbst rational überredet.
Das genau bemerken wir irgendwann in den nächsten Tagen oder Wochen, wenn wir selbst *in einer vergleichbaren Situation wie gesehen leben*. Plötzlich sind die Bilder wieder da, ist die Angst wieder greifbar und gegenwärtig. Wir ertappen uns dabei, Angst zu haben und allein durch den dunklen Flur zu gehen ...
Unsere gespeicherten Erfahrungen wurden unbewusst mit den im Film gesehenen Bildern abgeglichen. Bei Kongruenz der Schablonen schlägt unser Hirn Alarm!
Achtung. Gefahr.
Und es sagt nicht: „War nur ein Film."

Schauen wir uns das Geschehen beim Remote Viewing an.

Als Remote Viewer begegnet man schnell und öfter mal Wesen aus anderen Dimensionen, anderen erdfernen Lebensformen, Torwächtern, Fabelgestalten jeder Vorstellung und vielem mehr.
Und auch aus eigener Erfahrung kann ich sagen, dies kann absolut gruselig sein. Man hat zum Beispiel die Wahrnehmung einer wirklich mächtigen, gestörten, ungeduldigen Wesenheit, die sich langsam auf einen selbst als Eindringling „einzuschießen" scheint. „Einzuschießen" meint, man bemerkt haargenau, wie man, einem Radar ähnlich, langsam und sicher in deren Fokus gerät und an Kontur in ihrer Welt gewinnt, bis man „bemerkt" ist. Dann schaudert einem schon einmal. Es hat etwas von einer Nacktheit gepaart mit Unterlegenheit und einer gewissen Art ausgeliefert sein. Kann passieren.
Ein achtsamer Monitor wird nun schon Trennungen durchführen und Mittel ergreifen, die den Viewer schützen. Er wird den Viewer in eine Position manövrieren von wo aus er das Geschehen nun entweder gefahrlos betrachten kann und dies im Dialog mit dem Viewer kontrollieren oder ihn sogar abziehen und auf weitere Daten verzichten.
Hier möchte ich aber auf den Umstand der Angst abstellen.
Denn für das Gehirn ist auch dies genauso real wie der Kinofilm oder die Realität.
Es gibt dort diese Unterscheidung nicht.

Der Einwand, wir können in einer Session also über Gefühle reflektieren, weil wir diese gar nicht wirklich haben, greift also vollständig ins Leere. Die Angst ist real.
Vielleicht ist es ein bisschen wie im Kino. Im Kino sitzen wir mitten im Plenum und schauen auf die Leinwand. Jetzt, in der Session, sitzen wir am Tisch, der Monitor und ein Glas Wasser vor uns und haben diesen Kontakt mit einer Wesenheit.
Aber schon beim Schreiben hier bemerke ich, auf wie dünnem Eis diese Argumentation ist. Gerade auch für mich, der es selbst erlebt hat.
Was nützen bitte Schreibtisch, Monitor und Wasserglas – unsere ganze Dimension – wenn man einfach geistig klar in Kontakt ist? Überhaupt nichts.
Für geistige Probleme gibt es auch nur geistige Lösungen.
Die bestehen hier in einem Monitor, guter Kommunikation zwischen beiden, einer klaren Analyse der Situation und dem Werkzeugkasten an Mitteln (Trennlinien, Mauern, Glocken, Energiekapseln, saubere Entfernung).
Als jemand, der es erlebt hat, kann ich sagen, die Gefühle sind absolut real. Trotzdem kann man distanziert über diese berichten.
Und in einer Remote Viewing Session sind wir dann oftmals fähig unsere Emotionen oder die am besuchten Target mehr oder weniger genau, auf jeden Fall aber distanziert zu beschreiben.
Was ist der Unterschied?
Der Monitor.
Das hört sich jetzt bescheuert an, aber es verdeutlicht einmal mehr die Fährte, auf der wir die ganze Zeit entlangspüren.
Was macht der Monitor in einer Remote Viewing Session, wenn wir emotional zu tief ins Geschehen hereingezogen werden?
Na er holt uns raus. Er unterbricht den Fluss von extern und gibt uns ein Stopp. Vielleicht sogar noch mit Entfernungsprozeduren. Er holt uns raus! Er ist so etwas wie ein (über-)wachendes externes Kontrollbewusstsein.

Früher hätte man formuliert „die Mutter der Kompanie".
Er ist Fürsorger und hält uns neutral in einer emotionalen Ausgewogenheit. Bei negativen Gefühlen zieht er uns ab. Bei positiven auch irgendwann. Er ist der Beobachter der Session.
Klingelt es?
Nein?

Er ist genau das, was ich weiter vorne bereits als den versteckten nicht nummerierten Punkt in der Auflistung hatte.
Noch einmal?
Gerne:
Ich zitiere wieder:

„Hinter" all dem sind wir ein all dies registrierendes, einfach vorhandenes Sein; die neutrale, betrachtende passive „Grundenergie".

Das ist der „Monitor" in uns. Im Alltag. Das ist, was uns distanziert und was auch im Alltag einen Seinszustand des „Beschreiben-Könnens" erzeugen wird. Und genau damit meistern wir, nicht immer in alles komplett hineingerissen zu werden.
Indem wir uns selbst im Alltag stoppen, sobald wir in starke Gefühle hineingerissen werden. Wir beobachten und registrieren ein Gefühl. Exakt dann verliert es auch im Alltag an Kraft über uns.
Da gibt es das Ego oder Ich, das immer etwas will und dahinter diese Energie, die einfach nur erlebt und beobachtet. Es ist sehr dauerhaft, aber auch still.
Es ist ruhig, passiv und beobachtend, Ich ist meist irgendwie engagiert und hingerissen.

Es und ich.

Es ... ist ... Ich.

Kulissenriss.

Riss im Karton – die Geisterzahl zwischen Diesseits und Jenseits

ICH BIN NICHT ICH.
Ich bin jener,
der an meiner Seite geht, ohne dass ich ihn erblicke,
den ich oft besuche,
und den ich oft vergesse.
Jener, der ruhig schweigt, wenn ich spreche,
der sanftmütig verzeiht, wenn ich hasse,
der umherschweift, wo ich nicht bin,
der aufrecht bleiben wird, wenn ich sterbe.
Juan Ramón Jiménez

Und dieses Wesen sind Sie…

Ja, das hört sich toll und großspurig an.

Es … ist … ich.

Kulissenriss.

So. Fertig. Buch zuschlagen. Hört sich gut an und ist nach allem, was ich derzeit ermesse, beurteile, denke, auch noch wahr. Teile meines Fühlens würden das auch bezeugen, andere aber nicht.
Ich habe das Gefühl, Sie irgendwie alleine zu lassen, wenn ich hier aufhöre. So, als wäre es etwas inkonsequent.
Welche fünf bis zehn „Ich bin"-Sätze würden Sie über sich formulieren?
Also in der Art: „Ich bin Versicherungskaufmann, Bankkaufmann, Facharbeiter, Büroangestellter, Polizist, Familienmensch" und so weiter.
Oder:
„Ich bin Sportler, Maler, Künstler, Tänzer" oder „Ich bin kreativ, rational, zurückgezogen, emotional, empfindlich, beliebt, gelassen" …
Warum das hier angeschnitten wird?
Jeder einzelne „Ich bin"-Satz, den Sie über sich selbst formulieren, ist falsch. Jede „Ich bin"-Konkretisierung Ihrer selbst sind Sie nicht.
Was sich wie Unsinn anhört, ist aber logisch. Je tiefer wir uns selbst ergründen, umso weniger finden wir ein abgegrenztes Ich und umso weniger ist konkretisierbar.

Dann habe ich lange überlegt, wie man weitermachen könnte. In den letzten Kapiteln ging es sehr viel um Gefühle. Sie sind nicht Ihre Gefühle, sondern Ihre Gefühle werden durch Sie gelebt. Wir identifizieren uns zwar mit ihnen, wie mit unserem Verstand oder unserer Biografie und den Kausalitäten, wie genau jetzt alles zueinander floss und „wir zu uns wurden“ ... aber das sind alles persönliche Vorstellungen. Geschichten von uns über uns – Carson Clay.

Kollektiv erleben wir das Gleiche, wenn es um „die Welt“ geht. Da sind es dann „Weltbilder“, Narrative oder „Stories“.

Und von den Gefühlen, durch die wir zu leben scheinen, die uns eine gewisse Qualität des Erlebens zu schenken scheinen, bleibt bei näherer Betrachtung eben auch nicht viel übrig.

Wir konnten kein einziges Gefühl als angeboren nachweisen. Im Gegenteil aber die Masse der Gefühle in unterschiedlichen Stufen als angelernt und angedacht erkennen. Dabei konnte man manchmal sagen, das wird von außen einprogrammiert oder von innen zugelassen.

Gerade mal 10 Gefühle waren überhaupt kulturübergreifend nachweisbar.

Wenigstens haben wir schon einmal ein Werkzeug zur Hand. Was der Monitor in der Sitzung mit uns als Viewer tut – beobachten und dirigieren – können wir auf den Alltag und einen Teil unseres Bewusstseins übertragen.

Dann können wir uns selbst ständig (und am besten auch selbstständig) beobachten. Ins Dirigieren würden wir wechseln, sobald Gefühle über uns kommen und wir in etwas hineingerissen werden. Dirigieren würde in diesem Fall bedeuten, auf dem Beobachten zu beharren. Versuchen Sie das einmal. Schaffen Sie es, bei der nächsten starken Gefühlsaufwallung durch äußere Trigger Ihren Ärger, Wut, Verzagtheit, Angst, Sorge, Ekel, Empörung, Enttäuschung und so weiter selbst zu bezeugen.

Einmal selbst der Zeuge Ihres eigenen Gefühlserlebens zu sein.

Das führt uns zumindest aus dem Verstrickt-Sein heraus.

Wir hatten es weiter vorne bereits mit dem Beispiel des Wutanfalls gestreift. Uns selbst beobachten, wie wir wütend sind.

Diese Handlung führt zum exakt gleichen Seinszustand, den wir in einer Remote Viewing Session bereits beschrieben haben:

Dem Empfinden glasklarer Bilokation.

Ein Teil war am Schreibtisch, der andere irgendwo im Target unterwegs. Dann spürt man beides zugleich in sich. Der Effekt kommt und der Effekt geht.

Ich bin hier und ich bin da. Ein Teil von mir ist verfangen in der Emotion und der andere Teil von mir ist seelenruhig und beobachtet sich selbst dabei in der Emotion verfangen zu sein. Der Effekt kommt und der Effekt geht ebenfalls.
Bumm! Könnte Remote Viewing das bewirkt oder unterstützt haben?

„Zwei Sein hört sich ja echt verdächtig und nach Klapse[3] *an, oder? Ja, das kommt von zuviel Remote Viewing. Wussten wir es doch immer schon. Die Leute haben einen Knall – ja – oder die bekommen dann wenigstens einen.*
Und der Köstler hat gerade eindrucksvoll dargelegt, dass er einen bekommen hat. Hätte er vorher nur keine hundert und x Seiten Platz für beanspruchen müssen."

Oder vielleicht sind Sie ja auch geneigt, zu sagen, das sind jetzt nur Gedankenebenen. Wie ganz vorne auch schon aufgeschrieben. Einfach eine achte Ebene. Oder ein weiteres Programm.

Wenn Sie das sagen, weiß ich eines ganz sicher: Sie haben es nicht erlebt und denken so darüber. Sie haben es nicht empfunden. Wenn Sie es empfunden haben, wissen Sie in diesem gleichen Moment sofort, es ist eine echte wahre grundsätzliche unbefragte glasklare Seinsebene. Tritt diese auf, wird alles andere ganz klein. Keine gedankliche Projektion von oder auf etwas. Es ist etwas Grundsätzliches. Es unterscheidet sich in allem von dem, was wir kennen.
Und was glauben Sie, ist der Kern oder Mittelpunkt unseres Seins?
Nach allem was wir bis hierhin wissen?
Der in der Emotion verfangen ist, total aufgekratzt, oder der beobachtende Ruhige?
Haben wir eine Emotion als angeboren finden können, trotz intensiver Suche? Nein.
Ich habe es weiter vorne auch bereits geschrieben:
Sie haben Gefühle, aber Sie sind nicht Ihre Gefühle.
Die Analyse deckt sich mit meiner Wahrnehmung darüber: Der wahre Kern, die eigentliche Entität ist dieses ruhende, beobachtende, passive Etwas tief in mir.
Da gibt es ein Leben, eine Qualität, die im Alltag weitgehend verdeckt ist und die manchmal, spontan und eigenwillig als Betrachter wahrgenommen werden kann. Das hört sich nun gruselig an. Das war nicht meine Absicht.

---

[3] Volkstümlich für Nervenheilanstalt oder landläufig hart „Irrenanstalt"

Dieser Betrachter bin ich selbst.
Es ist ich.

So. Und wie ist das bei Ihnen? Doch genau so, oder?
Ich schreibe auch nur auf, was ich direkt bezeugen kann. Das habe ich nun getan. Was bleibt, ist eigentlich die Frage oder Untersuchung, was ich in Wahrheit bin.
Also: „Wer bin ich?"

Drehen wir es um. Es ist Ihr Buch, Sie hören gerade meine Gedanken, niedergeschrieben als Stimme Ihrer Gedanken im Kopf ... ziemlich verrückt, so betrachtet, nicht?

Und Sie?
Wer ist „Sie"?
Huch, das hört sich falsch an. Also nochmal:
„Wer bin ich?"
„Wer ist Sie?"
Nein? Falsch?

Ein kleiner Sprachhinweis aus dem Deutschen: Grammatikalisch richtig hätte ich: „Wer *sind* Sie?" fragen müssen. „Sind" ist aber plural. Dann sind Sie ja mehr als einer.
Merkwürdig, nicht? Als wäre das ein sprachliches Überbleibsel, das auf eine Doppel- oder Mehrfachnatur von uns Wesen hinweist.

„Wer *sind* Sie? Was *sind* Sie? Wo *sind* Sie? Wie *sind* Sie?"
Überall heißt es „sind". So, als gäbe es mehrere Instanzen oder Unterteilungen von uns.

Fassen wir noch einmal kurz zusammen:
Durch die Beobachtung, Aufschlüsselung und Gliederung aller Gedanken beim Remote Viewing haben wir festgestellt:

Wir sind nicht unsere Gedanken.

Nachdem wir das gleiche Raster auf den Alltag angewendet und untersucht haben, kamen wir zum gleichen Ergebnis:

Wir sind nicht unsere Gedanken.

Da es in der Wahrnehmung als Viewer im Remote Viewing Protokoll klar sowohl eigene Gefühle, als auch davon abgegrenzt fremde Gefühle gibt, die distanziert und als „Dritter" (Viewer) abgegrenzt wahrgenommen werden können, können wir auch nicht unsere Gefühle sein. Wären wir diese, könnten wir sie nicht als Beobachter wahrnehmen.

Wir sind nicht unsere Gefühle.

Das Gleiche geschieht schließlich im Alltag. Sobald man seine Gefühle beobachtet und neutral und passiv als weitere Instanz „von außen" wahrnehmen kann, kann man nicht mehr „diese Gefühle sein".

Wir sind nicht unsere Gefühle.

Genau so unser Körper. Wir können ihn wahrnehmen, können mit der Kraft unserer Gedanken durch ihn reisen, aber wir würden niemals sagen: „Ich bin mein Körper." Nein, den *haben* wir.

Wir sind nicht unser Körper.

Wer oder was *hat* den denn dann?
...
Wir sind nicht unsere Gedanken.
Wir sind nicht unsere Gefühle.
Wir sind nicht unser Körper.

Also was bleibt?
Ich habe für mich selbst ein kleines Spiel. Schon als Junge habe ich das ausprobiert und es hat mich irgendwie fasziniert. Mit etwas Glück hat es die richtige „Tonart", um vielleicht auch bei Ihnen zu „greifen".
Halten Sie doch einmal Ihren Arm so halbwegs nach oben, dass Sie Ihre Hand sehen können.
Formen Sie eine Zeigefingerhand. Nein. Nicht den Mittelfinger oben stehen lassen. Den Zeigefinger.
Und jetzt nehmen Sie sich bitte vor, diesen Zeigefinger ganz langsam zu knicken und dabei konzentriert drauf zu schauen.

Bereit?

Dann schauen Sie hin und knicken ihn ganz langsam ein. Ruhig mehrmals. Wieder nach oben und erneut einknicken.
Machen Sie? Bestens. Bitte tun Sie es wirklich einmal. Das ist keine der Vorschläge in den Büchern, die man einfach lesen kann. Es gibt wirklich nur eine Chance zum „Einrasten", wenn Sie es wirklich tun.
Legen Sie das Buch zur Seite, wenn Sie möchten, und schauen Sie auf Ihren Finger wie der mehrmals langsam einknickt. Gucken Sie ihm zu, wie der sich von Geisterhand bewegt.
Also.

So. Ich hoffe, sie haben das gemacht.
Ja?

Jetzt kommt die Frage. Nicht erlernt antworten, sondern wahrgenommen antworten. Wer bewegt den Finger?
Erlernt haben Sie jetzt schulterzuckend: „Ich. Mann. Na i-hich!" gesagt.
Das meine ich nicht.
Gefühlt ist es phänomenal und nicht ergründbar.

Fakt ist: Der bewegt sich wie von selbst. Auch bemerke ich in mir nirgendwo einen Impuls oder Stromstoß, der jetzt irgendwie in den Finger gehen würde.
Das Einzige, was bleibt, ist mein Vorhaben oder Wille und die unverzügliche (erlernte) Umsetzung.
Aber wenn es bei Ihnen greift, ist und bleibt es irgendwie etwas gespenstisch.
Und es ist immer ein bisschen wie Heisenberg und seine Unschärferelation. Sie können es nicht erfassen. Nie. Je genauer Sie es eingrenzen wollen, umso mehr entzieht es sich oder wird komplett und plötzlich falsch. Ich komme später noch einmal darauf.
Klar. Die Wissenschaft erzählt nun eine Menge über innere Ströme und die jeweiligen speziellen Körperzellen und so weiter und so fort. Aber damit überdeckt sie nur sehr ungeschickt, dass sie das Phänomen nicht erklären kann.

Wo entsteht der Impuls etwas zu wollen?
Sie haben die Sätze gelesen und sich darauf eingelassen, das Experiment mitzumachen. Danach haben Sie den Entschluss gefasst, einen Körperteil zu bewegen.

Der Ursprung für die Bewegung waren natürlich diese Zeilen. Die Dekodierung durch Ihre Augen, die formenden Ströme im Kopf. Dann der Entschluss und schließlich die Bewegung.
Also alles geklärt? „Irgendwas in Ihrem Kopf?" „Ströme von einer Gedankentätigkeit meines Gehirnes!" „Mein Körper ist eben eine Biomaschine, die sozusagen gehirn-elektrisch gesteuert wird."
Alles Wissenschaftliche, was Sie darüber lesen, erklärt haarfein bis zu einem gewissen Punkt in der Rückbetrachtung, was da geschieht. Haarfein und gut.
Aber es kann die Ursache nicht klären.
Denn die Ursache ist in einer nicht messbaren Dimension angesiedelt.

Sie meinen, wenn das so einfach ist, warum hat es Ihnen noch nie jemand gesagt. Das müsse ja falsch sein?
Nein. Es ist richtig. Und hinterfragen Sie doch ruhig einmal, warum es Ihnen niemand im Kindergarten, in der Schule, der Ausbildung, im Fernsehen, Zeitschriften, intellektuellen Zeitungen und so weiter gesagt hat. Warum es nur in den alternativen Szenen thematisiert wird.
Überall heißt es, Denken und Fühlen (vom Sein wird meist schon gar nicht geredet) entstehe durch unseren Körper. Also Materie bedinge Bewusstsein. Das ist ein Meisterwerk an Verkehrung. Hier wird alles buchstäblich auf den Kopf gestellt, werden Ursache und Wirkung vertauscht. Verwirrung auf dem Höhepunkt ihrer Ausführung.
Sie sind ein geistiges Wesen in einem Körper. Und diese einfache Wahrheit ist Jahrtausende lang existenzielles Menschheitswissen quer durch alle Kulturen, bis es als moderne Denkmode in den letzten ein- bis zweihundert Jahren verkehrt wird. Und diese Denkmode ist eine Interpretation unserer Welt, das materialistische Weltbild. (Sie hören es an der Wortwahl mittlerweile schon: es ist ein Weltbild, eine Erzählung über die Welt. Es ist eine Definition und Abgrenzung über das, was für wahr gehalten werden möchte. Es geht um die Hoheit über die Gedanken, die Hoheit der Deutung, wie die Welt aussehen und für wahr gehalten werden soll. Die Physik ist die Erzählung, die behauptet, real sei nur, was messbar und damit objektiv beweisbar ist.)
Wir leben in einer Zeit, in der diese bestimmte Gedankenspange oder diese bestimmte Denkabgrenzung als Dogma gilt. Das Dogma der so genannten Wissenschaftlichkeit. Das wäre soweit ja auch nicht weiter schlimm. Das wird es erst, wenn dieser klar abgegrenzte Bereich, in dem man sehr genau Ursachen und Wirkungen beschreiben kann, nicht als allgemeingültige Wahrheit verkauft werden würde.

Konkret: Etwas wie der menschliche Geist lässt sich mit Physik oder jeder Art Messung – so, wie viele andere Phänomene – einfach nicht fassen, berechnen, erklären oder nachweisen. Trotzdem ist er unzweifelhaft da. Sie lesen ja gerade.
Der Dalai Lama fragte einmal: „Sind die Grenzen der Wissenschaft für uns überhaupt noch auszumachen?" Das hört sich so an, als habe man beinahe alles entdeckt und legt nahe, es gäbe kaum mehr zu Erforschendes. Das ist aber nicht so. Die Antwort ist:
„Aber ja, man kann die Grenze unserer Wissenschaft sogar auf die Spitze getrieben, in einer Zahl ausdrücken. Sie lautet..."

$h = 6{,}626 \times 10^{-34}$ Js (Joule × Sekunde)

So. Das ist die Grenze zwischen Hier und Jenseits. Da hört es auf mit unserer physikalischen wissenschaftlichen Weltsicht. Bei 10^{-34} Js. Alles darunter ist komplettes Niemandsland. Zugegeben: seeeeeehr klein. Kaum noch ein energetischer Impuls. Homöopathie wäre dagegen, wollte man das vergleichen ... "grobstofflich" und „stark verdichtet".
Was ich da jetzt wieder ausgegraben habe? Das Plancksche Wirkungsquantum. Nie gehört? Es ist eine Grundkonstante der Physik. Sie bestimmt die Messbarkeitsgrenze. Unterhalb dieses Impulses können wir mit unserer physikalisch-wissenschaftlichen Weltsicht keinerlei Ursache-Wirkung-Zusammenhänge aufklären. Ganz einfach gesagt ist das der mathematische Grenzzaun unserer Physik. Das Ende der Patchworkdecke, der Beginn des Unbekannten.
Wir können die elektrischen Impulse unserer Nervenbahnen bis in unser Gehirn zurückverfolgen, die dazu führen, den Finger zu bewegen, aber wir gelangen nie an deren Ursache. Deren Spur versandet im Gehirn. Wie ein Täter, der sich im Nebel den Blicken entzieht ..
Ein Toter kann den Finger natürlich nicht bewegen.
Was unterscheidet den toten Finger, das tote Hirn, die tote Nervenbahn, von der lebendigen?
Die Ströme.
Wer oder was hat die Fähigkeit, zu bestimmen, wie die Ströme fließen, dass Sie den Finger bewegen können? Ströme machen das nicht zehnmal hintereinander zufällig. Verstehen Sie? Etwas dirigiert doch die Hirnströme.
Die simple Wahrheit ist: Der Impuls, Ihren Finger zu bewegen, entsteht außerhalb jeder Messbarkeit und außerhalb jedweder Beweisbarkeit. Unsere Schulwissenschaft mit dem Credo der Messbarkeit

versagt hier. Sie ist an ihrem Ende. Sie kann es in Wahrheit nicht erklären.

Sie können diesen Finger bewegen, weil Sie ein in diesem Körper wohnendes Geistwesen sind.

Bemerken Sie das tiefe, wahre, warme Gefühl in der Bauchgegend?
„Ja, genau so ist es!"
Wenn Sie die Augen schließen und in den Körper hineinfühlen (Ja, jetzt sind wir wieder in der Beobachtung), können Sie vielleicht sogar fühlen, wie alle Zellen, wie Ihr gesamter Körper unter einem leichten Strom steht. Wie alles sanft vibriert. Jede Zelle steht unter einer gewissen Energie. Diese Energie muss wohl die Lebensenergie sein (diese ist sehr wohl messbar, über dem Planck'schen Wirkungsquantum und weiter vorne nicht gemeint. Nur um Verwechslungen vorzubeugen. Gemeint ist der diese Energien zur Selbstwahrnehmung fähige Teil – Sie. Genau der ist bei einem Toten nicht mehr da). Etwas belebt Ihren Körper. Sie.
Ich denke, die aktuellen inneren Kulissen sind soweit aufgedeckt.

Die Aufteilung der verschiedenen Gedankenarten sollte für Ihr Verständnis bei Remote Viewing Sitzungen wertvoll sein.
Darüber hinaus auch im Alltag viele neue Einsichten oder Blickwinkel ermöglichen.
Fehlen noch ein paar zukünftige und vergangene Kulissen.
Ja richtig gehört.
Schauen wir uns erst einmal an, was in Zukunft so passiert.
Da kommt noch eine Lage von diesen störenden Kulissen auf unseren Wesenskern drauf.

Als wäre es noch nicht genug.

Transhumanismus – Die technische Kulisse

Bewusstsein gibt es seiner Natur nach nur in der Einzahl. Ich möchte sagen: die Gesamtzahl aller »Bewusstheiten« ist immer bloß »eins«.
Erwin Schrödinger

... auch wenn die Wahrnehmung von Bewusstsein unterschiedlich, speziell und abgegrenzt organisiert sein kann.
Denken Sie doch einmal ganz langsam mit und beenden den zweiten Satz.

Erster Satz:
Ich bin Bewusstsein.
Zweiter Satz:
Wir sind ...

Na?
Haben Sie gemacht? Haben Sie Bewusstsein eingesetzt? Wenn nicht, können Sie das wiederholen.
Sagen Sie nun automatisch „Bewusstseine" oder schlicht „Bewusstsein"?
Haben Sie bemerkt? Im Singular heißt es Bewusstsein. Im Plural ist es ebenfalls Bewusstsein. Bis vor ein paar Jahren gab es keinen Plural von Bewusstsein und in Ihrem Sprachgebrauch hat sich das (noch) erhalten. Ich bekomme Bewusstsein<u>e</u> gerade sogar in „Word" rot unterlegt. Zwei, drei Jahrzehnte – manche Dinge werden hier generationenübergreifend geregelt, man könnte auch sagen, dies geschieht nach der so genannten „Salamitaktik" – dann sagen alle Menschen brav „Bewusstseine**e**". Ja, Sie haben richtig gelesen. Ich vermute auch dort eine Verschwörung. Eine Verschwörung gegen den menschlichen Geist und seine Fähigkeit mit Wahrheit eins zu sein und in Resonanz mit der Natur und dem Sein zu schwingen. Er soll sich als abgegrenzt und allein empfinden. Können Sie jetzt denken, ich habe einen Aluhut auf.
Warum sollte das bedeutsam sein, ob man die Mehrzahl von Bewusstsein nun mit einem „Plural-e" versieht oder nicht?
Einfache Antwort: Weil dieses kleine zusätzliche „e" über den Fakt hinwegtäuscht, dass es in der bisherigen Sprachklarheit und -wahrheit keinen Plural von Bewusstsein gab. Bewusstsein war Bewusstsein.
In den simplen Sätzen „Wir sind Bewusstsein" oder „Wir haben Bewusstsein" spiegelt sich diese Wahrheit wieder.

Es hat eben nicht jeder einzelne und vereinzelte Mensch ein eigenes und vom anderen abgespaltenes Bewusstsein, sondern der bisherige Sprachgebrauch legt nahe, es phänomenologisch mit einem Bewusstsein zu tun zu haben, auf das wir alle zugreifen. Das soll nun keinem überbordenden Kollektivismus Raum geben. Es bedeutet nicht, wir sind alle so etwas wie Cyborgs aus Star Wars, jene Wesen, die keine Individualität ausgeprägt haben und „nur" gleiche Einzelwesen eines großen Ganzen sind. Menschen sind individuelle Wesen mit einer kollektiven Anbindung. Individuelle Aspekte eines kollektiven Ganzen. Das Eine und das Andere.
Und schon gar nicht, sollte es so politisch missverstanden werden, dass wir Menschen „alle gleich" sind und jetzt Schuluniformen tragen, eigentlich dann auch Geschlechter egal sind und so weiter. Eben alles, was derzeit gerade politisch eingefädelt und durchgeführt wird – eine neue Art des Sozialismus.
Und letztlich sind nicht nur alle Menschen einem Bewusstsein zugehörig, sondern auch alle Tiere und Pflanzen, Steine und Wasser, alles ist voller Bewusstsein. Alles ist durchdrungen von einem einzigen Bewusstsein. Dieses ist organisiert, es hat eine Seinsstruktur und Unterteilungen und Grenzen, aber letztlich ist alles vom Gleichen belebt. Das bedeutet ausdrücklich nicht, dass menschliches Bewusstsein die gleiche Schwingung wie ein Stein oder ein Tropfen Wasser hätte, nur, dass es von der gleichen Grundkraft durchwirkt wird.
Gibt es denn für diese Behauptung, alles sei nur ein Bewusstsein, Hinweise in der Natur?
Wir finden bei Vogel-und Fischschwärmen Hinweise auf kollektives Bewusstsein, weiterhin bei Ameisen, Termiten oder Bienen.
Im Pflanzenreich schneiden wir tatsächlich keine einzelnen Pilze, sondern nur die Blüten eines riesengroßen Fadengeflechtes, des Myzels – die eigentliche Lebensform des Pilzgewächses. Was durch den Boden bricht, sind tatsächlich nur die Blüten des Myzels. Nicht der einzelne Pilz ist also eine isolierte für sich stehende Lebensform, wie wir das wahrnehmen mögen. In Wahrheit ist er eine Blüte von Dutzenden oder gar Tausenden, die durch das Myzel an die Oberfläche getrieben werden.
Der Pilz mag als Gleichnis für uns Menschen dienen. Das Myzel ist hierbei unserem menschlichen Bewusstsein gleich. Wir alle haben ein Bewusstsein, auf das wir gemeinsam zugreifen. Wir leben und erleben uns in der objektorientierten Welt als abgegrenzt vom Anderen, sind aber über unser Bewusstsein alle miteinander verbunden. Anderer-

seits – und hier hinkt der Pilzvergleich leider etwas – haben wir einen individuellen Aspekt unserer Seele, so als sei jeder Pilz (also eigentlich ja die Blüte des Myzels) ein Individuum.

Wernher von Braun formulierte:
„Derjenige Teil der kosmischen Energie,
der in uns steckt, nennt sich ‚ich'."

Die Betrachtungen zu Burkhard Heims lebendigem Universum, in dem Bewusstsein als Urgrundstoff die verschiedenen Universen und die darin existierenden Wesen belebt, mag hier anschaulich sein. Es ist die Grundenergie, die dann Individualität ermöglicht. Gegen Ende des Buches betrachten wir dessen Gedanken noch einmal als Zusammenfassung.
Vielleicht hilft zunächst ein Bild weiter, zu zeigen, wie sich das mit uns Menschen und unserer Individualität und dem Kollektiv verhält. Unsere Individualität ist genährt vom Ganzen und *Teil* des Kollektivs.
Stellen wir uns ein Segelschiff auf einem Ozean vor.
Der Bootskörper entspräche unserem Körper, das Meer der dreidimensionalen Welt um uns herum und die Sonne darf ganz einfach die Sonne bleiben.
Der Kapitän, unsere Individualität in Raum und Zeit, steht am Steuerrad und betrachtet die geblähten Segel. Er lenkt nicht nur das Boot, sondern erinnert auch alle Reisen, Reparaturen und Geschehnisse seit dem Stapellauf. Und etwas im Kapitän will ans Ziel. Dies könnte meiner Idee von ihm und seinem Auftrag hier im Beispiel entsprechen. Er würde es vielleicht seine Seele nennen.
Der das Lenken und Steuern überhaupt ermöglichende Wind entspricht hierbei der Kraft des Bewusstseins oder der alle Lebewesen durchwirkenden Grund- und Lebensenergie.
Es ist ein bisschen so, als lenke ein fünfjähriger Kapitän auf diesem unserem Boot. Theoretisch könnte er ja eigentlich alles: steuern, navigieren, das Wetter einschätzen, die Segel stellen – und wissen wohin er will. Theoretisch. Praktisch ist er natürlich, wie wir alle auch, ein ziemlich unerfahrener Raum-Zeit-Segler.
Das *Konzept* des Windes, des Meeres, der Sonne, des Bootskörpers, des Kapitäns und dem Geist „dahinter" ist geistiger Bauplan. Es ist intelligente Information.

Menschliches Bewusstsein besteht in einem vernetzten energetischen System über mehrere Dimensionen hinweg. Die Ich-Wahrnehmung erfolgt sozusagen auf der obersten Oberfläche als eine Art Illusion. Tatsächlich belegen neuere Forschungserlebnisse im Bereich der Neurologie diese Sichtweisen. Ein „Ich" ist nicht zu finden, eher die Konstruktion dessen durch unsere Gedanken. Ideen oder Entscheidungen scheinen zu entstehen, *bevor* wir uns derer bewusst werden. Wir Menschen sind nach diesem Weltbild Wesen mit einem kollektiven Bewusstseinsfeld und jeder einzelne so etwas wie eine individuelle Blüte von einem riesigen Strauch oder ein Pilz (Blüte) und das Myzel (Pflanze) ist das übergeordnet lebendige Etwas oder die Biene, die obwohl ein abgegrenztes Wesen, so doch beeinflusst wird durch „den Bien", das Kollektivbewusstsein des gesamten Bienenvolkes jenseits des Materiellen. Unsere Gehirne sind in dieser Sichtweise nicht nur „Verursacher" von Gedanken, sondern auch in vielen Bereichen „Empfänger". Exakt einem Radio vergleichbar. Auf welchen Frequenzen diese zur Resonanz befähigt sind, entspricht der individuellen Entwicklung. Der Geist tritt in Resonanz zu dem, was ihm entspricht und in seiner Bandbreite liegt.
Wir menschlichen Individuen senden und empfangen höchst eigenartig, jeder auf einer anderen Frequenz. Unser Volksmund weiß „wir liegen nicht auf einer Wellenlänge" – oder tun es. Hier wird auf den Senden-Empfangen-(De-)Kodierungsprozess eingegangen. Jeder Einzelne von uns hat sein eigenes Resonanzspektrum. Wir kennen Menschen, die sind offen, andere verschlossen. Wer meinen Sie, wäre wohl eher fähig, empathisch zu sein? Eine einfache Frage. Wer wäre wohl demnach eher fähig, fremde Gedanken zu erahnen? Natürlich auch der offene Mensch. Und wer ist im letzten Schritt wohl fähig, die (scheinbare) Grenze seines Selbst zu überwinden (weil sie ohnehin nicht dermaßen stark definiert ist) und die Gedanken eines anderen zu lesen? Na eben. Der offene Mensch. Was heißt „offen" hier überhaupt? Auf mehreren oder vielen Kanälen empfangsbereit.
Breit gefächert aufgestellt und fähig mit anderen Menschen in Resonanz zu gehen.
Ungefähr das, was geschieht, wenn Menschen in Liebe miteinander alt geworden sind. Die Grenzen des Egos verschwimmen, der eine weiß um den anderen, was und wie er denkt, „man ist eins geworden". Man hat den anderen in sich selbst integriert. Man sendet und empfängt nun auch auf der gleichen Trägerwelle, hat die Resonanzbreite um die Bewusstseinsfrequenz des anderen vergrößert. Man hat sich aufein-

ander eingeschwungen. Man versteht wortlos, denn man hat das Wissen um das Empfinden des anderen in sich. Das ist das Ergebnis von Liebe. Liebe öffnet und erweitert und vergrößert (Angst wäre hier das Gegenteil, es verschließt, macht klein).
Betrachten Sie es einmal im Umkehrschluss. Menschen, die nicht mehr lieben, oder „von der Liebe enttäuscht" wurden, sind oftmals sehr in sich verfangen und verringern diese Resonanz- und Empathiefähigkeit immer weiter. Sie vereinzeln. Auch hier schimmert die deutsche Wortintelligenz durch. Die Vorsilbe „ver-" beschreibt oft einen destruktiven, unrichtigen Prozess. Wenn jemand „vereinzelt", so ist das ein Vorgang, der für den Menschen als soziales (Gruppen-)wesen so nicht unbedingt vorgesehen ist. In der Konsequenz verlieren diese Menschen dann ihre Fähigkeit zur Anteilnahme immer mehr, man kann mit ihnen bald nur noch über „ihre" Themen reden, sprich, die Türen zwischen ihnen und dem Außen gehen immer weiter zu. Schließlich sind sie nicht mehr erreichbar für andere. Sie haben sich „in sich selbst zurückgezogen", wie eine Blume, die verwelkt und deren ideelle Kraft in den Boden zurückgeht. Menschen mit diesem Lebenslauf sind in vielen Bereichen nicht mehr in Resonanz mit ihrer Umwelt und den Mitmenschen.

Soviel zu den Menschen. Kehren wir zu den Tieren zurück. Bei Bienen meine ich aus dem Verhalten das gleiche Phänomen eines Sammelbewusstseins herausdeuten zu können. Jahrzehnte lang wurden diese als Lebensform mit Kollektivbewusstsein beschrieben. Hierfür existierte der früher gebräuchliche Begriff „der Bien". Dieser bezeichnete über die Summe an Einzelwesen hinaus etwas, das man „den Geistkörper des ganzen Volkes" nennen könnte. Man hatte früher eben sehr schnell bemerkt, dass es da im Bienenvolk ein „mehr" gab, das sich materiell nicht fassen ließ. Auch hier findet eine Neudefinierung der ideologisch korrekt zu verwendenden Begriffe statt. Statt Lebensform mit kollektivem Bewusstsein möchte man diese nun als „Superorganismus" benannt haben. Der Unterschied? Für Leute mit einem Gespür für Worte liegt es auf der Hand. Wörter steuern unsere Gedanken. Die Bezeichnung „Superorganismus" verschiebt unsere Wahrnehmung wieder ein Stückchen mehr hinein in das rein Materielle. Kollektivbewusstsein stellte noch auf phänomenale Vorgänge hinter der sehbaren Materie ab. Es lenkte unsere Vorstellung sozusagen hinter die Kulisse des Körpers der Biene auf ein Geheimnis.

Und „Superorganismus“ ist herrlich „nur-materiell“ und passt gut dazu, dass „wir Menschen vom Affen abstammen sollen“ und „eigentlich böse sind“ und „einer des anderen Wolf ist“ und „Denken das Sein begründet“ und „das Sein vom Körper abhängig ist“ und vieles mehr – es wäre in der Tat ein eigenes Buch, die die Menschen verwirrenden Irrlehren und Desinformationen aufzulisten.

Bienen sind eigentlich also nur ein einziger „Superkörper“ und jede einzelne Biene wird als eine Art „spezialisierte Zelle“ betrachtet. Gibt es denn ein Gegenargument dafür?

Quetscht man versehentlich eine Biene, so kann man sehen, wie diese sich in Schmerzen krümmt und leidet.
Ist dabei nicht offensichtlich, was geschieht?
Die Biene leidet.
Eine Zelle kann nicht leiden. Aber ein beseeltes Wesen kann dies tun. Was leidet und sich freut ist der geistige, beseelte Aspekt *in* der Materie, weil Leben und Bewusstsein über Information mit der Materie verwoben ist. Nicht die Materie selbst leidet, sondern das innwohnende beseelte Geistige.

Sind diese seltsamen materiellen Definitionen denn tatsächlich ein Zufall? Ich könnte es mir ja vorstellen, wenn sie nicht allzu gut wie ein Puzzleteil in den Zeitgeist passen würden, alles Geistige oder Spirituelle nach und nach in die „Schmuddelecke“ zu ziehen.

Ich kann mir sehr gut vorstellen, wie das in vier, fünf Jahrzehnten aussieht und einige Remote Viewer haben bereits ihre Sitzungen auf die Targets gemacht, wohin die Menschheit steuert und was mit uns und unserem Bewusstsein passiert.

In Amerika versucht man derzeit, das Bewusstsein auf Festplatten zu übertragen. Das klingt verrückt. Ist es auch. Gemeint ist wahrscheinlich, die Summe all unserer Gedanken während eines Lebens zu digitalisieren. Also das, wovon Sie gerade jetzt einen Eindruck von „Ich“ haben. Das, was Sie oberflächlich als Summe Ihrer Erfahrungen, Einstellungen und Gedanken verstehen.
Wir haben in den letzten Kapiteln bereits festgestellt, dass ein kapitaler Unterschied zwischen den Gedanken und Erinnerungen und unserem (Bewusst-)Sein besteht.

Vielleicht wird es ja in wenigen Jahrzehnten tatsächlich möglich sein, unseren „Erinnerungs- und Gefühlspool" auf bequem einem Gigabyte unterzubringen. Jedoch haben Daten kein Bewusstsein. Sie haben keine Reflexion ihrer selbst. Computer wissen nicht, was sie tun. Ein Problem, das wir von Robotern bereits kennen. Wie könnte man das lösen?

Wir brauchen die Fusion. Die Fusion von Bewusstsein mit der Technik. Von Mensch und Maschine.
Zumindest in jenen Hirnen und deren Weg, den bestimmte Kräfte auf diesem Planeten einschlagen. Es ist, was Remote Viewer immer wieder sagen. Die Vereinigung von Fleisch und Metall kommt. Menschen werden mit Technik verbunden.

Kurz gesagt, erleben wir den Menschen 2.0. Das Upgrade unseres Selbst. Das Design dazu erschaffen natürlich auch wir selbst. Es ist die Fusion von uns mit der Technik. Zunächst wird es im Medizinsektor eingesetzt. In den „Kinderschuhen" finden wir solche Grundgedanken mit Biofeedbacklösungen oder neuro-adaptiven Stimulationsverfahren umgesetzt. Für Diabetespatienten wird bereits an künstlichen Bauchspeicheldrüsen geforscht. Diese werden dann als Minimaschine selbstständig im Körper agieren, den Blutzuckergehalt dauernd überwachen und die benötigten Insulinmengen im Körper selbst berechnen und abgeben. Das wird nur ein erster Schritt sein und die Leute werden sich darum reißen. Wer heute behauptet, es gäbe so etwas wie ein Urmisstrauen gegenüber einer Fusion von Mensch und Maschine, liegt komplett fehl. Sie wird als Qualitätssteigerung unserer Existenz wahrgenommen werden. Individuelle Makel können damit behoben werden. Das wird die Sichtweise sein.

Der nächste Schritt für eine Massenadaption könnte in der üblichen Täuschung: „Wir brauchen mehr Schutz und Sicherheit für Kinder" liegen. Die Argumentation geht dann – wie bekannt – so: „Weil es Kindesentführungen gibt, brauchen wir zur Sicherheit einen Chip mit GPS-Koordinaten integriert. Am besten ab Geburt."
Diese Eingriffe in die Autarkie des Kindes direkt bei oder nach Geburt zu vollziehen ist äußerst wichtig. Das Kind lernt in den ersten Sekunden schmerzlich, dass es nicht Herr seines Körpers ist und hier ein jeder in dessen intimsten Bereich eingreifen kann. Schon heute sind die Auswirkungen von Spritzen, Einstichen und so fort absolut trauma-

tisch für Neugeborene. Sie lernen in einer Kopplung von Handlung und Schmerz (Konditionierung): Ich habe hier keine Garantie auf Unversehrtheit. Ich bin ungeschützt. Jeder kann mir hier wehtun.

Willkommen auf der Erde.
Oder ist das Zynismus?

Nun mag es einige geben, die da sagen: „Was stellt der sich so an. Impfungen gehören dazu (Impfgegner werden ja bekämpft, wie das eigentlich mit Straftätern passieren sollte – aber oft nicht mehr passiert!) und mir hat das auch nicht geschadet."
Ohne jemandem zu nahe zu treten. Genau jene Leute, mit denen ich sprach, und die argumentierten, dies und jenes habe ihnen nicht geschadet, waren genau die Zeitgenossen, wo ich einfach nur noch still dachte: „Doch. Und wie!"
In der Militärtechnik wird es auch sehr zeitnah umgesetzt. Der Bedienersoldat muss und wird mit seiner Kampfmaschine verschmelzen. Das wird zum Beispiel bei Kampfpiloten so sein. Diese sind wahrhaft Teil der Technik geworden, wie Daten direkt in deren Hirn eingespielt werden. Auch andere Waffengattungen werden später dann mit dem menschlichen Bewusstsein verschmelzen. Bessere Reaktionszeiten und Fehlerminimierung bei fallenden Kosten spielen hier eine Rolle.

Also, es wird der Einsatz jener Techniken über das Sicherheitsbedürfnis und die Angststeuerung gehen. Wir sehen das heute auch schon sehr stark bei der Videoüberwachung unserer Straßen, um Straftaten angeblich zu verhindern oder diese dann vor Gericht besser beweisen zu können. Blöderweise aber fehlen immer dann die Aufnahmen, wenn man diese (bei politisch unbequemen) Straftaten gebraucht hätte. Bei 9-11 waren Bänder und Aufnahmen rundum verschwunden und auch dieser Tage kursiert wieder eine Straftat gegen einen ungewollten Politiker, wo wichtige Filmstücke zu fehlen scheinen.
Vielleicht teilweise parallel mit dem Einsatz von Chips und Minicomputern für Sicherheits- und medizinische Zwecke wird es dann auch für den Handel im Menschen implantiert.
Kleine intelligente Chips werden für das Bezahlen genutzt. Das ist ein wichtiger weiterer Schritt zum wahren „Homo oeconomicus". Die totale Einbettung des Menschen an sich in den existierenden Wirtschaftskreislauf. Der Mensch nimmt nicht mehr an der Wirtschaft teil, er ist

ein Teil der Wirtschaft und des Güterverkehrs geworden; als Nachfrageelement verschwommen mit dem Kreislauf von Gütern.
Und erst dann kommt der wichtigste und eigentliche letzte Schritt: Das Upgrade der Menschen über den rein medizinischen, militärischen oder wirtschaftlichen Bedarf hinaus.
Sie möchten ins Ausland und wollen schnell chinesisch verstehen und fließend sprechen. Bitte sehr. Mit diesem Chip stehen Sie in Kontakt zum Internet. Die Datenbasis einer bestimmten Firma wird Ihnen nach Bezahlung Zugriff auf den chinesischen Sprachbereich geben. Ab diesem Zeitpunkt sind Sie in Echtzeit mit allen Vokabeln und Schriftzeichen verbunden. Sie werden keinen Unterschied mehr feststellen zwischen Chinesisch perfekt erlernt haben und Chinesisch eingespielt bekommen. Die Daten sind Teil Ihres Bewusstseins, sie wurden in dieses implantiert.
Sie werden sich die Geschichtsinhalte „Deutschland und Europa 1600 bis 2050" kaufen können. Alle Infos zur Titanic oder Costa Concordia und allen Schiffskatastrophen wie zum Beispiel auch der MS Estonia. Also ... natürlich nicht *alle* Infos ... es ist dann mehr so, wie ein Mehrteiler in den öffentlich-rechtlichen Rundfunkanstalten. Wenn also bereits „alle Infos" als *„gut, richtig und wahr"* ausgefiltert wurden, *„zum Schutz Ihrer Gedanken"*. Inzwischen muss man es ja ansagen, um Missverständnissen vorzubeugen: Das mit den guten Gedanken war tiefster Zynismus und spielt auf eine Zensur an. Ok?!
Und hier noch etwas Satire:
Schätzungen zufolge sollen ja 60 % der Menschen und insbesondere Frauen blind für Ironie und krassere Spielarten dieses Humors – Sarkasmus, Zynismus – sein. Schauen Sie mal, wie Sie auf diesen Satz reagieren.

„Schatz, der Typ ist doch ein Macho, ich habe es Dir ja gesagt."

Im Grunde können Sie sich alles, was es heute an Software gibt, als körperintegrierte „In-App" vorstellen. Die Leute werden es lieben und wie verrückt kaufen.
Natürlich sind Telefone integriert. Sie sind also sozusagen technisch verbunden und ein Telefonanruf könnte rein über den Informationsaustausch in Gedanken stattfinden. Wozu sprechen? Es wird direkt ins Gehirn eingeleitet.
Vereinfacht als Bild dargestellt: Das Mobiltelefon muss als Chip in den Menschen integriert werden. In wenigen Jahren wird niemand mehr

mit so einem Teil herumlaufen! Das Mobiltelefon ist ein aussterbendes Produkt. Es wird Teil des Menschen sein.
Und dann werden wir wieder einmal technisch kopiert haben, was wir ursprünglich einmal ganz natürlich waren: ein Bewusstsein. Ein Kollektiv. Während über die Jahrhunderte alle vergessen haben, was so etwas wie „Bewusstsein“ überhaupt sein soll und „Kollektiv“ erst recht.
Wir sind dann Technik. Unser Bewusstsein wird sich dadurch verändern.
Denn leider werden dadurch zum Beispiel unsere natureigenen Schwingungen stark verfremdet. Mögen diese derzeit zum Beispiel in Resonanz mit der Schumann-Frequenz laufen, so wird nach dem Neudesign alles Mögliche an Impulsen in unserem Hirn kreuz und quer funken.
Und Sie wissen nun: In Zukunft kommt da noch eine Ebene an Kulisse zu den Gedanken hinzu.

Die technische Kulisse.
Und nun widmen wir uns den sozusagen „vergangenen Kulissen“.
Erst einmal die sozusagen vergangenen.
Es genügt ja vielleicht nicht, den Wesenskern unserer selbst hinter vielen Gedanken zu verschanzen. Unser Ego liebt es ja, sich selbst Geschichten über sich selbst zu erzählen. Wie man ist, wer man ist, wie man früher war oder auch wer man früher war.
Da muss die Kindheit keine Grenze sein.
Denn davor kann man auch noch jemand gewesen sein.
Vor der jetzigen Inkarnation („ins Fleisch gehen“, die Geburt).

Angeblich. Die Reinkarnation. Die Vorleben.

Auch wenn wir nun Grundüberzeugungen der Esoterik schlachten: Dies muss nicht sein. Betrachten wir das Phänomen „Reinkarnation“ unter der Brille der geistigen oder kollektiven Geistesfelder.

Remote Viewing und Reinkarnation – Ego Kulisse erweitert

Jede irdische Wissenschaft hat ihre Grenzen und ihre Geheimnisse, weil wir von allen Dingen nur die Erscheinung kennen und nie und nirgends das Wesen.
Heinrich Hansjakob

Reinkarnationsfälle (und davon gibt es viele!) wirken auf uns immer erstaunlich. Warum? Die Antwort hört sich zunächst ernüchternd und lapidar an: Weil sie nicht in unser Weltbild passen. Sie passen nicht in die Geschichten, die wir uns – je nach Gesellschaftstrend – mehrheitlich von der Welt erzählen. Das ist alles und es ist gar nicht spektakulär.

Nähert sich ein skeptischer Geist diesen Schilderungen, so wird er zunächst im Raster seines Weltbildes nach Erklärungen suchen: Wie konnte ein kleiner Junge unter Hypnose zu diesem und jenem Wissen gelangen? Ist Betrug oder Täuschung im Spiel? Ist die Geschichte erfunden? Welche Beweise gibt es? Und so weiter. Meist wissen oder erzählen Menschen eben bei Rückführungssitzungen etwas, was diese nach herkömmlichem Weltbild nicht wissen dürften bzw. könnten. Zweitens beschreiben und erleben diese es als „ihr Vorleben". Sie identifizieren sich damit. Punkt. Das ist – nüchtern betrachtet – das Reinkarnationsphänomen.

Ich unterstelle hier für die weiteren Betrachtungen einmal, dass es eine Anzahl echter Berichte gibt. Also Erzählungen von früheren Leben, die nicht auf Betrug, Täuschung und falscher sowie tendenziöser Darstellung beruhen, was auch meinem Erleben und den Ergebnissen eines langjährigen Remote Viewing-Projektes entspricht, an dem viele Personen beteiligt waren.[4]
Vorrangig geht es immer darum, dass die Personen Wissen haben, das sie nach unserem Weltbild und dem konservativen Bild der Funktionsweise unseres Gehirnes nicht haben können.
Was meine ich damit? Unser naturwissenschaftliches Dogma versteht die Speicherung unserer Lebenserlebnisse als Zustandsveränderung unserer Gehirnzellen und Vernetzung derselben. Auf gut Deutsch: Teile dessen, was wir erleben, werden physisch in unserem Gehirn abge-

[4] Das sog. „Engelprojekt" von M.Jelinski, „Remote Viewing – Theorie und Praxis", AAA 2015

bildet. Wir stellen uns das meist so vor, als sei da quasi eine Festplatte (das Gehirn), die Inhalte (Erinnerungen) speichert. Jeder Mensch hat also demnach in seinem Kopf, vor allen anderen verborgen, seine ureigenen Erinnerungen und läuft mit denen durch die Gegend und das Leben, fein abgeteilt und abgegrenzt von allen anderen Menschen, Gehirnen und Speicherungen. Wissen und Erfahrungen wären bei dieser Sichtweise in jedem Menschen separat, also *dezentral* abgelegt.
Vielleicht finden Sie das jetzt langweilig, wenn ich so „Offensichtliches" und „allgemein Bekanntes" hier aufwärme, aber es ist wichtig, das zu beschreiben, weil dies unsere Vorstellung, unsere Glaubensgeschichte, das moderne Naturwissenschaftsnarrativ dieser Vorgänge ist. Würden wir wie Indianerstämme abendlich am Lagerfeuer sitzen, wären dies die Geschichten über die Welt, die wir uns dabei erzählten. Es sind Erzählweisen, die uns sagen, die uns mental einjustieren, wie die Welt angeblich ist.
Also, wenn wir nun sterben, dann wird auch das Gehirn nicht mehr durchblutet. Ohne jetzt alle diese Vorgänge genau beschreiben zu müssen, kann man zusammenfassen: Das Narrativ unserer modernen und aufgeklärten Wissenschaft lautet hier: Mit dem Tod der Materie stirbt auch das Bewusstsein. Oder umgekehrt: Bewusstsein kann nur durch Materie leben.
Und dann werden sämtliche anderen Berichte von Nahtoderfahrungen oder wiederbelebten Menschen mit seltsamen Erinnerungen im Grenzland von Tod und Leben streng dual behandelt und demgemäß ins Reich der Fantasie verwiesen.
Offene Leser bemerken jetzt vielleicht schon, wie wir uns in einem Zirkelschluss verfangen haben.
„Weil Bewusstsein nur durch Materie lebt und der Körper stirbt, sind wir tot und es gibt kein Leben danach."
Deshalb finden wir *dann* Reinkarnation so sensationell.
Die eigentliche „Sensation" einer Reinkarnationsidee fußt also auf diesem Glaubenssystem! Es ist wichtig, sich diesen Umstand klar zu machen. Dass wir Reinkarnationsberichte so großartig finden, ist durch die herrschende „wissenschaftliche" Darstellung bedingt. Ein Glaubensbekenntnis, wonach Materie der Ursprung von Leben ist und das „Ich" ein individuelles, von anderen abgetrenntes Bewusstsein. Dass jedes Bewusstsein eine Insel oder ein Kreis ist, umgeben von vielen anderen kleinen Inseln oder Kreisen ...
Nur dann sind Schilderungen von Vorleben überhaupt so fantastisch.

Nach diesem Weltbild kann dann eine Information nur unter bestimmten Annahmen vom einen Kreis zum anderen Kreis (Mensch zu Mensch) wandern. Nämlich, wenn man etwas erzählt. Oder liest. Im Radio oder Fernsehen gesehen hat.
Wenn alle diese Übertragungskanäle ausgeklammert werden und man trotzdem etwas „weiß", in diesem Falle ein Vorleben, dann ist das eine Sensation oder „unmöglich". Mit anderen Worten: Ein Mensch hat nachweisbares Wissen über Ereignisse vor sehr langer Zeit, die er nach der herrschenden Lehre nicht haben dürfte. Vielleicht noch gepaart mit klaren emotionalen Vorstellungen, sich mit Informationsinhalten aus Vorleben zu identifizieren. Er empfängt also Bilder, Eindrücke, Informationen und identifiziert damit das, was er als „Ich" wahrnimmt. Das ist der eigentliche sensationelle Kern einer Reinkarnationsgeschichte.
Zum Vergleich: Jedem Remote Viewer, der das hier liest, ist wahrscheinlich klar, wie engstirnig das obige Weltbild ist, „wandern" doch in einer RV Sitzung eben auch Informationen in des Viewers Hirn, die ihm niemand sagte und keiner im Fernsehen sendete und es also Wissen und Informationen geben muss, die sozusagen zentral für jeden verfügbar sind.
So ... habe ich bis jetzt irgendetwas vergessen?
Ich hoffe, nicht.

Nun *scheinen* wir uns wegen dieses Weltbildes entscheiden zu müssen. Entweder es gibt ein Leben nach dem Tode oder nicht. Entweder wir leben weiter oder nach dem Tod ist alles vorbei.
Dabei bemerken wir nicht, wie wir die beschriebenen Vorannahmen bereits als Tatsachen akzeptiert haben. Oder dass wir gerade inmitten eines dualen Weltbildes einen starren Standpunkt vertreten sollen. Und dass wir unser Bewusstsein immer und automatisch an unser Ego, unsere Person und Persönlichkeit binden, obwohl auch das mitnichten so sein muss.
Wissen und Erfahrung müssen nicht an unser subjektives Erleben oder unsere Persönlichkeit gebunden sein! Tiere zum Beispiel bringen Wissen mit und nutzen es. Mein Hund steht gerade im Garten und frisst Brennnesseln, was er sonst nicht macht! Er spürt intuitiv (weiß?), was er benötigt. Woher kommt dieses Wissen? Wie und wo wird es gespeichert? Der chemische Aufbau der DNS reicht dazu jedenfalls nicht aus.
Und: Wissen und Erfahrung müssen nicht immer nur individuell in einem Gehirn vorhanden sein. Dies kann irgendwo übergeordnet ge-

speichert sein und die „Individuen“ würden dann Informationen aus diesem „Pool“ abgreifen. Im Tierreich ist das gut zu sehen und ich habe Ihnen dazu Beispiele im Appendix angefügt („Bodenbrüter“, „Apfelglotzer“ etc.).
Das Phänomen einer Reinkarnation muss also nicht zwingend darin bestehen als „Jemand“ gelebt zu haben und gestorben zu sein, wiedergeboren zu werden und sich zu erinnern. Es muss nicht die individuelle Wiederkehr einer persönlichen Seele bedeuten. Das sind geistige Konzepte.
Ein Hinweis nebenbei und eingeschoben: Wer findet eigentlich die Idee einer individuellen Widergeburt so toll? Oder besser gesagt, *was* in Ihnen? Und wer oder was möchte unbedingt unsterblich sein?
Antwort: Es ist Ihr/unser Ego.
Unser Ego hat ein Problem mit dem Tod. Unser Ego klammert und möchte weiter- oder wiederleben ...

Es ist ebenso möglich, dass wir Menschen auf ein Kollektivbewusstsein zugreifen. Und dieser Zugriff ist genau dann begünstigt, wenn das eigene Ego, das eigene konstruierte Persönlichkeitsbild, schwächer ausgeprägt ist – in jungen Jahren, der Kindheit und unter Hypnose. Warum? Weil die Filter das Ego nicht störend behindern.
Immer dann, wenn wir nicht in den Begrenzungen unseres Seins, seiner Voranahmen „wer wir sind“ (zu sein glauben) gefangen sind, wenn wir nicht abgrenzen zwischen „Ich“ und dem „Hier und Dort“, immer genau dann sind wir natürlich offener für „Datentransfers von außen“, für den Zugriff auf das kollektive Sammelbewusstsein der Menschen. Das genau könnte der Grund sein, weshalb Reinkarnationserlebnisse immer dann verstärkt zum Vorschein kommen, wenn die Menschen entspannter sind, die linke Gehirnhälfte mit ihren Voranahmen und Definitionszwängen herunterfährt, die Ratio stiller wird. Woher kennen wir das? Genau, vom Remote Viewing.
Hier ist vorstellbar, dass die Menschen, ähnlich wie in einer RV Sitzung, als Viewer Zugriff auf die Datenpakete von früher gelebt habenden Menschen im Sammelbewusstsein (Matrix, Akasha-Chronik etc.) erhalten. Sie empfangen deren Informationscluster und identifizieren sich mit Ihnen. Sie wieder-erleben.
Es ist, als würde man eine Saite auf einem Klavier anschlagen und der Ton erklingt durch Raum und Zeit immer wieder – in unterschiedlichen Persönlichkeiten.

Das ist der entscheidende Kern: Wir Menschen könnten in bestimmten Bewusstseinszuständen Zugriff auf abgespeicherte, „zentrale" Informationen haben. Nämlich auf eine Art kosmischen, biologischen Energie- und Informationsspeicher. Das ist überhaupt nichts Neues, sondern im Gegenteil uraltes Wissen. Dort ist jedes einzelne Leben, jede einzelne Erfahrung, jede Aktion, die im 4D-Raum geschah, abgelegt. Grundsätzlich ist jedes „Geistfeld" Mensch Teil dieses Speichers und dadurch mit diesem verbunden. Der Grad der Verbundenheit ist höher, je weniger Ego, je weniger eingebildetes Ich, je weniger individuelles Bewusstsein die Verbindung absperrt oder einschränkt. Unter Hypnose, wo die Masse der Reinkarnationsphänomene in äußerst entspannten Hirnzuständen und heruntergefahrenen „Ego-Schranken" stattfinden, ist die Verbindung zu diesem Speicher voll benutzbar. Die Informationscluster einzelner Vorleben wären auf natürliche Weise im Detail abrufbar. Der Hypnotisierte ist befähigt, genaueste und beweisbare Informationen, selbst solche, die nur dem vormals gelebt habenden Menschen oder nahesten Angehörigen bekannt sein können, abzurufen. Natürlich: Er ist ja mit dem kollektiven Datenspeicher verbunden. Im zweiten Teil des Buches werden wir bei Burkhard Heims Weltbild noch einmal auf eine mögliche Struktur unseres Universums und dieser Datenspeicher zurückkommen.

Wichtig ist, dass wir Menschen mit unserem Geist nicht nur eine Verbindung mit großartigen Informationsfeldern dieses Universums haben, sondern ein Teil davon sind, auch wenn wir uns als Persönlichkeit oder Subjekt und damit sehr abgegrenzt wahrnehmen. Je tiefer wir in uns kommen, desto schwerer ist „ich" zu definieren und abzugrenzen.

Und wann hätten wir mit unserer individuellen Seelenenergie Zutritt zu den Informationsinhalten eines früher gelebten Menschen?

Wenn wir ihm stark ähnlich sind. Anders gesagt: Wenn wir seelisch in Resonanz mit diesem stehen. Der Austausch von Informationen basiert hier auf Gleichschwung und Harmonie, was zusätzlich eine direkte Erklärung für das Erleben als „eigene Erfahrung" oder als „Ich" darstellt. Liebende verstehen sich ebenfalls wortlos, sind empathisch, spüren Schmerz und Freude des Partners wie den eigenen. Die Basis hierfür bildet immer *Resonanz*. Empathie z.B. ist Resonanzfähigkeit.

Und genau jene Resonanz kann ebenfalls die Basis für Reinkarnationserlebnisse sein. Unabhängig davon, ob jener Erlebnisteil, den wir heute „Ich" benennen, sich mit damaligen Erlebnissen identifiziert oder dies tatsächlich war, oder eben nicht.

Wollte man dies datentechnisch ausdrücken, könnte man sagen, jeder Mensch hat einmal seine Erfahrungen „in die Cloud gestreamt". Die Erfahrungen aller Leben sind auf dem Server abgelegt. Das Passwort für den Zugriff auf die jeweiligen Dateien ist eine Art seelischer Fingerabdruck. Nicht die Kapillaren der Haut (Fingerabdruck) müssen genau gleich für die Zugangsberechtigung sein, sondern der *„Seelenabdruck"*. Dann – nur dann – *spiegelt sich die Information automatisch*. Ein holografisches Universum speichert Seelenerlebnisse von Menschen ab und erlaubt das Lesen und Schreiben darin. Und warum können Seelen darinnen schreiben und lesen? Weil diese Bestandteile des Universums selbst sind.

Jetzt könnte man fragen, warum und weshalb der Mensch sich mit den bestimmten Datensätzen eines anderen Menschen identifiziert. Warum gerade mit diesem?

Im Grunde wurde es bereits erwähnt. Die Antwort ist: Weil er mit diesem Menschen stark wesensverwandt ist. Sie sind artgleich, haben die gleichen Themen. Anders ausgedrückt: Weil er mit diesem Menschen in starker *Resonanz* steht.

Denken wir an die hermetischen Gesetze. Gleiches zieht Gleiches an. Automatisch.

Ein kleines Gedankenexperiment. In 400 Jahren wird irgendwo eine Hypnosesitzung abgehalten. Ein Mensch liegt in einem abgedunkelten Raum und wird in seine Vorleben zurückgeführt.

Dieser Mensch ist wie Sie, aber er ist nicht Sie. Seine Persönlichkeit oder sein „Grundmuster" sind mit Ihren stark wesensverwandt. Würden Sie beide sich heute über den Weg laufen, könnten Sie sich wortlos verstehen, so sehr ähneln Sie einander. Mit anderen Worten: Dieser Mensch steht in Resonanz mit Ihren im Sammelbewusstsein zurück gelassenen Gedankenfeldern und zapft diese während der Hypnosesitzung an. Er würde aus *Ihrem* Leben erzählen. Bei diesem Prozess eines Energietransfers wird er die zugrundeliegenden Muster in Form von Meinungen, Verhalten, kurz seines „So-Seins" vom Kollektiv übertragen und mit „Ich" identifizieren. Er hat unmittelbaren Zugriff auf die Dateninhalte Ihres Seins, denn er ist wie Sie. Resonanz ist der Schlüssel, der das Tor zu Ihren Daten öffnet. In einer Sitzung wird er seine Vorleben mit Ihren Lebensinhalten personifizieren, weil er Ihnen in der Tat wesensnah ist.

Esoterisch könnte man hier von der „Seelenfamilie" sprechen.

Menschen im Sinne von Persönlichkeiten sind in diesem Gedankenbild nur eine Ausformung, eine Spielart eines einzigen gesammelten Be-

wusstseins, das immer und immer wieder spielt und sich verkörpert. In immer neuer Kreativität. Blüten eines viel größeren Pflanzenkörpers, einzelne Pilze eines Myzels. Unsere neueren neurologischen Forschungen zum Individuum und dem „Ich" weisen exakt in diese Richtung: Wir sind viel mehr und größer, als unser Alltags- und Individualbewusstsein uns Glauben macht.
Wahrscheinlich sind wir nicht nur verbunden mit allem, sondern sind das Alles und wissen es nur nicht mehr.
Nun könnte man einwenden, mit Remote Viewing sei dies ebenfalls alles möglich.
Natürlich. Remote Viewer sehen das – wie immer – etwas sachlicher: Voraussetzung hierfür bildet zunächst ein gut gewähltes Target. Wie bekannt, ist es für die Methode herzlich egal, ob ein Ziel in der Zukunft, Gegenwart oder Vergangenheit liegt. Ob es etwas Körperliches oder eben etwas Geistiges wie das Auslesen von Bewusstseinsinhalten vor 400 Jahren ist. Das ist egal.
Die Dateninhalte des Targets liest nur aus, wer sich selbst vergisst und mit dem Ziel in Resonanz steht. Und genau dafür gibt es das Protokoll. Die Basis ist die gleiche und besteht auch beim Remote Viewing in der Resonanzfähigkeit des Geistes des Viewers. Wie weit er sein Alltagsbewusstsein und sein Ego herunterschalten kann.
Unterschiedlich ist der Grad der Identifikation, diese bleibt bipolar. Auch die Identifizierung mit den Informationen wird trotz des Auslesens nicht so stark sein, sondern distanzierter.
Es ist ähnlich wie in der Quantenphysik.
Im Normalzustand, jetzt, während Sie dieses Buch lesen, empfinden Sie sich als konkret abgegrenzt. Ihr Sein ist etwas speziell und individuell Existierendes mit klar zugeordneten Attributen deren Sammelsurium „Ich" benannt wird.
Schon in einer gelungenen Meditation zerfließen diese Grenzen immer mehr. Das „Ich" wird immer tiefer, immer unspezieller wahrnehmbar. Alles Konkrete zerrinnt scheinbar zwischen den Fingern.
Dieser Vorgang des Nichtfass- und Nichteingrenzbaren, je genauer oder spezieller wir an Fassbarkeiten jenseits des normalen vernunftbasierenden Verstandes herankommen wollen, ist uns allzu gut aus Remote Viewing Sitzungen bekannt und ist weiterhin ein Kernthema der Spiritualität und auch der Physik.
In der Quantenphysik begegnet uns dieses Phänomen in der Heisenberg'schen Unschärferelation. Man kann nur Ort oder Impuls eines Teilchens exakt messen. Jede Steigerung der Genauigkeit bei der Orts-

bestimmung eines Teilchens geht zu Lasten der Genauigkeit der Impulsbestimmung und umgekehrt. Je mehr man eines von beidem eingrenzen will, umso mehr zerrinnt es. „Schlimmer“ noch: Natur und Phänomene mögen aus sich selbst heraus mit bestimmten Gesetzen und Voraussagen zutreffend funktionieren. Aber sobald wir als Beobachter, als wahrnehmendes Bewusstsein das gleiche Experiment verfolgen, verändern sich die Ergebnisse, *verändert sich die objektiv messbare Wirklichkeit.* Der Beobachter beeinflusst das Experiment (auch wenn er es nicht will und nur passiv beobachten möchte). Es gibt einen Zusammenhang zwischen Bewusstsein und Welt, zwischen Energie und Materie. Die Materie ist der Energie untergeordnet, die Materie dem Geist.

Unser Ich verhält sich im übertragenen Sinne ähnlich. Je mehr wir es ergründen, umso weniger ist es greifbar und wir als Wahrnehmer dieses Ich scheinen es zu beeinflussen.

Schauen Sie nur dieses Zitat von Werner Heisenberg an und ersetzen Sie dessen Sinn (die Wirklichkeit) mit „Ich“:

Aber die existierenden wissenschaftlichen Begriffe passen jeweils nur zu einem sehr begrenzten Teil der Wirklichkeit, und der andere Teil, der noch nicht verstanden ist, bleibt unendlich.
Werner Heisenberg

Wenn Menschen also fremde Sprachen sprechen, unglaubliche Details aus Vorleben vor Hunderten Jahren über Orte, Personen, Geschehnisse wissen – egal was – dann sind diese spektakulären Details ausnahmslos erklärbar über den Zugriff auf ein menschliches Kollektivbewusstsein mit der Resonanz als „Durchlasskontrolle“ oder Passwort für diesen Datencluster. Dies trifft natürlich ebenfalls auf Verhaltens- und Charaktermerkmale zu. Natürlich gleicht sich das Verhalten von wesensgleichen Personen.

Die Basis, das große Dahinter ist das kollektive Bewusstsein, die „Matrix“, die Akasha-Chronik.

Die Blüte, die Ausformung, die Spielart dessen ist das scheinbare Individuum.

Also. Zusammengefasst. Reinkarnationsphänomene sind als Resonanzphänomen eines kollektiven Bewusstseins im Modell ebenso erklärbar wie angenommene Vorleben.

Letztlich ist dies keine Abhandlung gegen oder für Reinkarnation.

Es ist eine Frage nach der Art des Bewusstseins von Menschen.

Wie es strukturiert und organisiert ist.
Was unsere Seele ist und wie wir diese verstanden haben wollen.
Es ist weiterhin eine Abhandlung darüber, wie jene geistige kosmische Identität, von der wir als Menschen mit unseren empfundenen Persönlichkeiten ein Teil sind, strukturiert ist; wie diese empfindet.
Ich fand im Internet einmal folgendes Wortspiel eines unbekannten Kreativen.

We are allone

Dieses verbirgt hinter der flüchtigen und vordergründig gelesenen Bedeutung „Wir sind allein" (wobei es dann falsch geschrieben wäre), eine weitere:

„Wir sind nicht alleine, sondern im Gegenteil alle eins."

Ich belasse die Schreibweise extra so, wie dargestellt, um den Gegensatz von illusionärem persönlichem Empfinden und der uns ständig umgebenden übersehenen Wahrheit hervorzuheben.

We are allone

Auf unsere Reinkarnationssitzungen übertragen könnte man das Ganze noch weiter zuspitzen auf:

I am Allone.

Ich bin alles, was ist. Ich lebe momentan einen weitaus kleineren, viel unbewussteren Teil, der sich an all diese Zusammenhänge nicht erinnert.
In mir ist das ganze Universum, alle Zeiten, alle Erlebnisse, alles, was geschah ist mit unterschiedlichem Zugang abgelegt. Ich bin ein Teil

von allem, wie alles ein Teil von mir ist. Es ist in allem und alles ist in mir, wie alles aus mir ist.
Hört sich toll an, würde aber letztlich auch bedeuten: Nach dem Tod stirbt jede Individualität und geht in das Gesamte ein, wobei es sich vollkommen verliert.
Die Frage ist also nur - aber ungleich bedeutsamer - inwiefern erlebe ich Grenzen meiner selbst nach dem Tod oder wieviel Individualität überlebt?

In alten Quellen (Sanskrit) heißt es, wir hätten eine unendlich lebende individuelle Seele. Erleuchtete behaupten dies ebenfalls.
Ich bin nicht erleuchtet. Kann Ihnen dazu nichts sagen. Was ich glaube, erscheint mir hier unbedeutend.

Damit beende ich nun die Kapitel über unsere inneren Kulissen.

Wir kommen nun zu den äußeren Kulissen.

Äußere Kulissen

Das gefälschte Informationszeitalter

Je mehr Informationen wir aufnehmen, desto weniger verstehen wir. Unser Gehirn mutiert zu einem vollgesogenen Schwamm und ertrinkt so in sich selbst.
Manfred Poisel

Ich schreibe dieses Kapitel als kleinen Türöffner für die hartnäckigen Gesellen unter den Lesern. Also jene Zeitgenossen, die immer noch innerhalb der hier in Zeit und Raum verteilten 3D-Objekte umherlaufen und glauben, dies sei "die ganze Welt" und die "Wahrheit", obwohl wir in den vorigen Büchern schon sehr viel an „Dahinter" aufgerissen haben. Da ist zuerst unser Alltag. Was wir angreifen können. Alles was sicher und wahrhaft existent zu sein scheint.
Dieses Kapitel schneidet viel von dem, was in den einzelnen Kapiteln des Buches zur Sprache kommt kurz an, gibt einen Überblick – und ja, ein paar Zukunftsprognosen und – Voraussagen aus dem „RV-Äther" sind auch schon mit hineingeflossen.
Letztlich sind wir hier im Kapitel des Buches angekommen, wo Sie selbst mehr denn je für sich entscheiden, ob hier nun einfach eine Menge mehr Geschichten ähnlich der „Welt" erzählt werden oder ob dies für Sie Wahrheit ist und Kulissen einreißt, um dahinter liegende tiefere Wahrheiten zu entblößen.
Als Remote Viewer haben Sie sich bestimmt schon mit dem Begriff der Information beschäftigt. Schließlich ist das der Kern einer jeden Sitzung und der Ergebnisse und eigentlich müssten wir ja die allerersten aller Datenrevolutionäre sein, oder? Wie durch „Zauberhand" erreichen uns Informationen in Form von Eindrücken, Bildern, abstrakt auch in Wortfetzen oder ganzen Sätzen. Manchmal sehen wir auch ganze Filme oder Episoden, erleben „jenseits von Stufe 6" so etwas wie interaktive Parallelwelten, wenn wir uns mit Menschen oder Wesen unterhalten oder sogar in die Emotional- oder Mentalbereiche von Pflanzen oder Planeten eintauchen. Datenrevolution sollte also eigentlich unser Kernthema sein. Der Fülle und Variabilität der Informationen in Remote Viewing sind scheinbar keine Grenzen gesetzt, was immer wieder erstaunlich ist, wenn wir mit Erlebnissen „heimkehren", die in dieser Raum-Zeit Dimension schlicht nicht erlebbar sind oder den Rahmen des Vorstellbaren sprengen.
Dies ist ein Grund, den Begriff der Information hier in diese Dimension rückzuführen und näher zu betrachten.

Welche Bedeutung bekommen Informationen und Daten nun in unserer Welt gesellschaftlich und wirtschaftlich zugebilligt? Es könnte nicht existentieller und bedeutender sein: Beinahe ein jeder spricht hier seit ungefähr zwei Jahrzehnten vom „Informationszeitalter“ und seit neuerer Zeit hört man allenthalben „Daten seien das neue Öl“.

Was ist – erstens – mit „Informationszeitalter“ gemeint und worauf möchte ich – zweitens – hinaus?
Als Informationszeitalter bezeichnete man im wirtschaftlichen Sinne die so genannte dritte Revolution „damals“ in den Mittneunzigern des letzten Jahrhunderts. Ich gehöre ja zu den glücklichen Menschen, die in der Mitte der Neunziger Jahre von Garagenfirmen wie AOL fasziniert waren. (Dieses eine Mal meine ich NICHT die „analytische Überlagerung-„AOL“ beim Viewen, sondern tatsächlich die Email-Firma mit dem Dreieck, die auf dem Höhepunkt der „Dot-Com-Blase den Filmgiganten „Time Warner“ kaufte.) Damals waren Amazon, Google, Ebay und wie sie alle hießen, von herkömmlichen Marktanalysten als „gnadenlos überbewertet“ eingeschätzt worden. Und es sei ein Witz, wieviel diese Aktien kosten etc. pp. Ich fand die einfach Klasse. Nie gab es nach meinem damaligen Dafürhalten mehr Wachstumspotential und Visionen bei Firmen. Heute weiß ich, es wird nun rückwirkend die dritte Epoche der Wirtschaftszyklen genannt. Eine Revolution in der Wirtschaft. Und ich hatte die große Gnade, dabei sein zu dürfen. Es miterleben zu dürfen. Als damals zum Beispiel die Mobiltelefone massentauglich und -nutzbar auf den Markt kamen. trat einer der Firmenchefs eines dieser großen Telefonproduzenten vor die Kamera und wurde gefragt, wo er das Produkt „Handy“ in 10 Jahren sieht. (Bis dahin galten Menschen mit Mobiltelefon im Kollektiv als Wichtigtuer, Blender oder auch Aufschneider. Ja, so war das Kollektivbewusstsein damals tatsächlich noch geprägt! Unglaublich, wie sehr sich die kollektive Wahrnehmung in Bezug auf Mobiltelefonie in der Öffentlichkeit gedreht hat – oder gedreht wurde?)
Ich schaute damals regelmäßig Wirtschaftsnachrichten, weil mich die „so genannte „new economy“ sehr interessierte. Er sagte sinngemäß, das Handy, wie man es dieser Tage kenne, würde aussterben. (Allein dieses Gerät und die Möglichkeit mobil zu telefonieren war bis dahin schlicht sensationell.) Es würde einem multifunktionalen Gerät weichen, welches nicht nur transportabel bliebe und überall ermögliche, zu telefonieren, sondern man wolle in diesem Gerät weiterhin einen Fotoapparat verbauen, eine Verbindung zum Internet herstellen, Notizen

abspeichern und Daten mobil transportieren. Außerdem wolle man einen Mp3-Player integrieren. Ich fand ja progressive Vorstellungen, Visionen und auch ruhig einmal Träumerei immer sehr Klasse, deshalb trieb ich mich ja in diesem Markt herum, aber bei aller Schwärmerei und Träumerei – dieser Typ hatte ganz offensichtlich einen Schatten. Eindeutig! (Nein, es war nicht Steve Jobs von Apple.)
Mobil telefonieren war schon die Revolution. Und jetzt sollte ich noch sämtliche mobile Daten da „mitschleppen", Musik hören, fotografieren etc.? Nee, echt jetzt. Daten lagerte man auf Festplatten und die waren so groß und schwer wie ein Ziegelstein..

Hirngespinste. Phantasien.

Ja, so kann man sich täuschen. Auch die Erfindung der Computer, erst die Amigas, Ataris und die ersten PCs waren ein Quantensprung. Die Erfindung der Betriebs-software Basic, dann Dos und als Windows mit der klickbaren und grafischen Oberfläche als Zugang zum Betriebssystem. Das war eine Revolution in der Revolution. Es war die Schnittstelle zwischen Endanwender und Software. (Diese Verzahnung wurde in neueren Windows Systemen wieder zurückgenommen; der Endanwender wieder auf die Oberfläche rückverbannt.) Computer sind das Synonym für den Übergang des Analogen- ins digitale oder Informationszeitalter.
Ich kann meine Überraschung noch heute vergegenwärtigen, als ich einen PC hochfahren ließ und mir dachte: „Der leuchtet ja wie ein Christbaum!" Lauter grafische bunte Elemente. Das war der Durchbruch des PC gegenüber Amiga. Immer mehr wurde digital gedacht und über den PC erledigt. Die Software eroberte weite Bereiche der Wirtschaft und Industrie, verknüpfte und steuerte Materielles (Hardware) mit Ideellem (Software). Das war die dritte industrielle Revolution, die der Industrialisierung (2. Revolution) und der großflächigen Agrarisierung (1. Wirtschaftsrevolution) gingen voraus. Alles wurde vernetzt, die „Erregung im System" wurde bis aufs Unendliche hinaus skaliert, wobei in diesem Modell wir Menschen als Gesamtheit des Systems zu sehen sind. Alle tauschen nun ständig Daten über Handy und Internet aus. Wollte man dieses Modell mit einem menschlichen Gehirn vergleichen, denn im Kleinen spiegelt sich das Große und umgekehrt, so sind dort Stürme voller Lichtblitze zu sehen. Alles ist in heller Auf- und Erregung. Alles kommuniziert miteinander und tauscht Informationen aus.
Ein Sozialwissenschaftler nahm dazu vor einem Ausschuss der Bundesregierung Stellung. Er nannte es: „Die Erregung im System steigt an!"

(Nach seiner Ansicht würde es dadurch unregierbar.)Diese „Internetwirtschaft“ hat unsere Gesellschaft, unsere Art zu arbeiten, Waren und Zahlungsströme – sie hat schlicht uns und alles komplett auf den Kopf gestellt. So, wie es damals für den größten Visionär nicht ansatzweise vorstellbar war!

Das heißt, eine „Revolution“ oder jedwede Ereigniswende vervielfacht bei Erfolg ihre Variationsbreite mit wachsendem Erfolg immer weiter! Ein Trend bestärkt sich selbst.

Dabei können die Begeisterung und auch die dies ausdrückenden Zahlungsströme via Investition in den ersten Wellen tatsächlich schneller und massiver laufen, als das Wachstum dieser Teilwirtschaft. Das führt zu so genannten „Bubbles“, die zwar schmerzhaft für Investierte sind, aber auch etwas über die Begeisterungsfähigkeit und Visionskraft der Sache aussagen.

Heute, weiß ich, „platzen Bubbles hin und her“. So eine Wirtschaftsrevolution läuft über locker eine Dekade und man kann auch das neudeutsch „hodlen“ . (Damit ist das stoische „Halten“ von Wertklassen unabhängig vom Auf und Ab der Börsen gemeint.) Was ich damals als wirklich großen Gewinn ansah, vervielfachte sich später, als ich nicht mehr dabei war, noch viel mehr. Warum schreibe ich das?

Nun, da wir gerade wieder vor einer Wirtschaftsrevolution stehen und dieses Mal geht es um Informationen in Form von Daten. Und auch dieses Mal werden wir unsere Welt in 15 Jahren nicht mehr wiedererkennen. Das ist kein Wirtschaftsbuch und auch Vermögenstipps finden Sie hier eher nicht. Aber eines habe ich doch bemerkt: Der Gewinn wäre noch wahnsinnig viel größer gewesen damals, wenn man viel länger investiert geblieben wäre. Das ist natürlich kein Anlagetipp im klassischen Sinne und ich will Ihnen erst recht nicht sagen, was Sie da tun sollen mit Ihrem Geld. Um Gottes Willen. Ich rede von mir. Aber ich weiß heute, auch wenn sich eingesetztes Geld nach 3 Jahren neuer Industrie- und Datenrevolte vervier- oder verzehnfacht haben sollte, lasse ich wenigstens einen kleinen Teil davon langfristig stehen. Das ist meine große Lehre aus der letzten Wirtschaftsrevolution. Ich weiß heute: Läuft so eine Umstellung der Wirtschaft erst einmal an, braucht es gut und gerne noch zehn Jahre bis die Strukturen umdefiniert werden, während sich Technologie überproportional und kaum vorstellbar weiter entwickelt und immer noch neue (Geschäfts-)Bereiche erschließt. (Damals hieß es zum Beispiel, das Internet breche zusammen, wenn zu viel Datenmasse in Form von Bildern oder sogar Musik gleichzeitig transportiert wird und „www“ wurde ironisch als „welt-weites Warten“ abgekürzt. Dann konnte man irgendwann problemlos mp3-Musikstücke herunterladen. (Ein schier unglaubliches Ereignis! Wir standen mit offenen Mündern auf einer Messe vor einem Rechner, der dies „einfach so" tat! Das waren 4 MB. Hey. VIER MB! Buoh! – Heute erscheint das lachhaft.) Auch wenn der Download pro Musiktrack schonmal 2,3 Stunden dauerte, es war ein Wunder.

Und später funktionierte dies unvorstellbarerweise sogar mit Bild und Ton Dateien, dann waren es ganze Filme und so weiter ... Warum ich das erzähle? Weil danach, später, ganze Industriezweige entstanden, die sich mit Onlineleihe, über Streaming und ganzen „All-inklusive-Paketen" einen globalen (!) Absatzmarkt sicherten. Und die ermöglichten nicht das Downloaden von 4 MB, sondern locker mal 2 GB, pro Film, versteht sich – und das in Echtzeit, also „aus der hohlen Hand", ohne zwischenbuffern. Ob dies nun Amazon Prime oder Netflix und andere sind. Dies war damals absolut unvorstellbar! Selbst größte Visionäre hätten dies als Irrsinn abgetan! Es wurde nicht einmal gedacht. Warum? Weil es eine Folge, eine Ableitung, eine Weiter-entwicklung der ersten gangbaren Techniken war. Das heißt: Auch die Technik bestärkt sich selbst. Es ist wie in der biologischen Evolution oder bei Ereignissen (übergreifend gedacht): Bestehendes, Erfolgreiches bestärkt sich selbst und entwickelt sich weiter. Kann man, wenn man mag, jetzt mal drüber nachdenken. Funktioniert eben auch, wenn man zum Beispiel über biologische Lebenssysteme, Ereignisketten und mehr nachdenkt (siehe Buch: Alltägliche Wunder). Wenn Sie so etwas interessiert (industrielle Entwicklung, Marktgeschehen, Investition), gucken Sie sich doch mal Firmen an, die sich heute bereits mit dem „IOT", dem Internet der Dinge („internet of things") beschäftigen, denn vom Toaster bis zum Kühlschrank wird alles Technische miteinander kommunizieren und Werte und Daten austauschen, wie wir uns das heute noch gar nicht vorstellen können. Elektromobilität, autonomes Fahren und die automatische Abrechnung der Maschinen miteinander sind die großen Themen; Firmen wie Bosch, VW, Audi, Fujitsu, Software AG, STM Microelectronics und viele mehr haben bereits voll investiert und wir stehen sowas von am Anfang.

Das heißt nun lediglich, dass wir vor einer weiteren Wirtschaftsrevolution stehen. Es bedeutet ausdrücklich nicht, dass Sie hier binnen 5 Jahren „Geld machen" können. Die mittlerweile bis zum Wahnsinn aufgeblähten Finanz- und Aktienmärkte werden mit hoher Wahrscheinlichkeit in eine Rezession steuern und wir sind dieser Tage Zeuge einer

vorsätzlichen und nachhaltigen wirtschaftlichen Zerstörung des gesamten EU-Raumes. Das Zugpferd, die Automobilindustrie,
ist bereits angeschlagen. Der gesamte EU-Raum bringt nicht einmal so viele Unternehmen an die amerikanische Börse wie das kleine Israel. Europa wird abgewirtschaftet und ausgebeutet.
Weiterhin unsicher für etwaige Gewinne bleibt, inwieweit deutsche oder europäische Firmen im Zuge geopolitischer Schachzüge ausspioniert und demontiert werden. Die Vereinigten Staaten wie auch Großbritannien werden ihre Interessen zu wahren wissen. Sie werden Firmen aus dem hiesigen Raum, die eine Bedrohung für ihre Wirtschaft durch Patente, Know how oder neue Technologien darstellen, (zer-)stören oder gefügig machen. Und eine wichtige mittel- bis langfristige Prognose. Basierend auf den Feststellungen, dass die betriebs- und volkswirtschaftliche Ideologie beibehalten und Maschinen mehr und mehr Arbeiten übernehmen werden, sind Menschen in der Zukunft immer weniger wichtig für die Produktion. Was heute noch einen Wert als „humane Ressource" genießt, wird zukünftig immer „nutzloser", da es Ressourcen, Nahrung, Wasser und Wohnraum verbraucht, aber nicht mehr produktiv zu nutzen ist. Es ist inhuman, es ist schrecklich und unvorstellbar: Es gibt steigende Wahrscheinlichkeiten, Menschen zu dezimieren. Eigenständiges Fahren wird in wenigen Jahren nur noch mit Ausnahmelizenz möglich sein; die Mobilität der Menschen wird stark verringert und deren Kontrolle damit wesentlich vereinfacht. Die neue Ordnung unserer Welt möchte die Mobilität von Menschen möglichst vollständig einschränken. Denn Mobilität bedeutet Freiheit.
Informationen sind als Geldwert bereits erkannt, weshalb der Datenriese Facebook dieser Tage auch in arge Bedrängnis gebracht wird (Verteilungs- und Machtkämpfe hinter den Kulissen). Elektronisches Geld, persönliche Daten, private und vor allem staatliche blockchainbasierte (oder „tangle-basierte") Kryptowährungen – das sind neben und mit den alten Zahlungssystemen die Hoffnungen der neuen Werteklassen der kommenden Jahrzehnte – mit allen Vor- und vor allem auch Nachteilen für Persönlichkeitsrechte, Individualität, Freiheit des Einzelnen usw. Alles wird miteinander kommunizieren und hierfür Werte und Daten tauschen. Es ist so etwas wie die Matrix, von uns Viewern nur als technischer Traum in eine 3 D Welt gesetzt.
Schließlich sind wir es, als Bewusstsein, die über das Handwerks-zeug der Mathematik und Physik Datennetze erschaffen, die alles das ermöglichen. Natürlich ist Bargeld dann in Kürze abgeschafft. Das gehört dazu. Ein Kauf ist auf der Rechtsebene nur Informationsaustausch. Selbst der

dingliche Teil lässt sich ohne Bargeld lösen (Banktransfer, deflationäre Kryptowährungen). Das bargeldlose Bezahlen via Handy ist nicht nur ein bloßer Zwischenschritt wegen der Abschaffung des physischen Geldes, sondern durch die zeitlich später erfolgende Abschaffung des Gerätes selbst. Ja, richtig gelesen.
Auch das Handy wird verschwinden. Es ist nur ein Übergangs-produkt, das seinen Zweck längst erfüllt hat: die Gewöhnung des Menschen an die Technik. Die scheinbare Unverzichtbarkeit von Kommunikationstechnik im Alltag. Was noch fehlt, aber geplant ist, ist die komplette Verschmelzung des Menschen mit der Maschine. Biologie und Technik verschmelzen im Menschen zum homo sapiens 2.0. Wo einst extern mit dem Handy telefoniert wurde, erfüllt diese – und viele weitere Funktionen – ein transplantierter Chip. Mehr dazu lesen Sie im Kapitel über Transhumanismus. Und natürlich, das ist alles nur „Verschwörungstheorie". Lesen Sie bitte in fünfzehn Jahren noch einmal nach.
Private Mobilität, gekoppelt mit dem Bedarf nach Strom, ist schon perfekt (fern-)steuerbar. Mobil bleibt nur, wer sich an gesellschaftliche Regeln hält. Strom zum Aufladen für das Fahrzeug kann beliebig dosiert und an Regeln gekoppelt werden. Besonders interessant ist die Synergie von „Bewegungspunkten" (der Erlaubnis mobil zu sein) mit einem Sozialplan oder Sozialpunktesystem nach zum Beispiel chinesischem Vorbild. Also die Einhaltung von Verhaltensregeln mit der Belohnung über zum Beispiel Mobilstrom oder Flugmeilen. Reiseerlaubnis erhält nur, wer definierte und politisch-gesellschaftlich erwünschte Verhaltensnormen erfüllt. Anonyme private Mobilität wird in wenigen Jahren die Ausnahme und nur mit separaten Genehmigungen möglich sein. Der Bewegungsradius der Menschen wird enorm verkleinert, deren Kontrolle durch das System total.
In der DDR gab es Ausreisebeschränkungen. Im hiesigen System nicht. Was aber nutzt das theoretische Recht, überall hin reisen zu können, wenn man durch „Sozialpunkte" bevormundet wird, auf öffentliche Transportmittel angewiesen ist, weil man nicht mehr individuell – souverän reisen kann oder es sich finanziell einfach nicht mehr leisten kann? Man sitzt in jedem Fall fest.
Wer Bus, Bahn und Flugzeug nutzt, ist durch Preise, Abfahrtzeiten, Streiks, Verzögerungen, Kontrollen und viele Details stark fremdbestimmt. Nicht umsonst ist das Auto ein Symbol für individuelle Freiheit. Eine DDR 2.0 wäre ein Überwachungssystem, gekoppelt mit den neuen technischen Möglichkeiten.

Gesellschaftlich verbinden wir alles technisch miteinander, erst die Computer mit dem Internet, dann die Mobiltelefone untereinander, dann die Wirtschaft mit den Computern und so weiter und so fort. Technisch ist es das Informationszeitalter. Dabei entfernen wir uns aber immer weiter von unseren Urgründen und ersetzen mit technischen Mitteln, durch die Mobiltelefonie, was wir natürlich konnten. Zum Beispiel telepathisch mit anderen Menschen verbunden sein. Zu spüren, was eine Pflanze von uns braucht (mehr Sonne, mehr Licht, andere Erde). Mit Messungen und Laborberichten finden wir alles heraus, und vieles mehr. Das funktioniert, aber es ist komplett abwegig.

Unsere Städte selbst, in denen wir schließlich leben, sehen von oben aus wie Schaltplatinen und das Leben darinnen wird dem Leben in einer Simulation auch immer ähnlicher. Die Architektur und Stadtplanung bezeugt unsere Denkart. Alles ist eckig und rechtwinklig und künstlich. Es erscheint hart. Natürliche Formen sind hingegen mehrheitlich schwungvoll, rundlich, wellig.

Naturvölker behausten organisch geformte Wigwams oder ebensolchen Höhlen. Und natürlich bezeugt zum Beispiel die rechtwinklige Maya-Bauweise auch deren hiervon bereits entfernten Gemüts- und Seinszustand, wie mir auch ägyptische Bauweise schon immer grenzenlos fremdartig erschien.

Tatsächlich soll ja die Idee zum Entwurf eines Computers auf einem LSD Trip entstanden sein. Ebenso die Vorstellung technischer virtueller Welten (als Gegenentwurf zur Natur). Es gibt nur eine natürliche Erscheinungsweise von uns hier auf der Welt: uns selbst als Mensch. In der technischen Welt erschaffen wir aber eine „Co-Existenz", den Avatar, einen künstlichen Stellvertreter von uns.

In wenigen Jahren wird es dreidimensionale Hologramme geben, die durch uns bespielt werden, ganze künstliche Welten, während draußen in sozusagen „Echtzeit-3D" (der echten Welt) das kali yuga herrscht. (Kali yuga: eines der vier Zeitalter des Sanskrit. Das Zeitalter des Krieges, der Kälte, der Entzweiung.) Das Buch „Ready player one" hat den Zweispalt von virtuellen Fluchtwelten in einer dystopischen Gesellschaft der Zukunft beeindruckend umgesetzt. Nein. Nicht von mir. Keine Eigenwerbung.

Das wirkt sehr düster und technisch. Für freiheitsliebende Menschen wahrscheinlich auch wie ein Albtraum. Aber es gibt auch eine Hoffnung. Remote Viewing Ergebnisse liefern nicht immer nur Dystopien. Die Totalkontrolle wird in Städten perfektioniert sein. Auf dem Land weniger. Das betrifft ebenfalls die Abhängigkeit vom System, die in den dichtbe-

siedelten Ballungsgebieten vollständig sein wird. (Umso weniger logisch ist der anhaltende Zuwanderungsboom in die Städte hinein.)
Einerseits wird das alles wahr. Wir werden durch Überwachungstechnik in Verbindung mit einem menschenverachtenden System nur Fragmente unserer Grundrechte zurückbehalten. Die Verbindung von Person und Mensch ist vollständig und lückenlos verwaltend wie technisch umgesetzt und wird zur Überwachung durch Bewegungs – und Identitätssensoren benutzt. Die Lebensart zwischen Land – und Stadtbevölkerung wird weiter auseinanderklaffen. Während man sich in der Stadt der weitgehenden Überwachung im öffentlichen und privaten Raum unterwirft, verbleiben auf dem Land Lücken. Die Menschen auf dem Land erschienen in Ihrer „geistigen Gesamtheit" homogener. Hier gab es gleichartige oder vergleichbare Ziele und Interessen, während in der Stadt divergierende Ziele und Vereinzelung vorherrschen. Eine Rückzugswelle von der Stadt auf das Land war hingegen nicht zu sehen, obwohl dies doch eigentlich logisch wäre.
Die gute Nachricht bei all dem besteht in der Komplexität. Die Remote Viewing Ergebnisse weisen klar darauf hin, dass die Gesellschaft viel zu kompliziert ist und schon deshalb enorm anfällig. Es gibt niemanden mehr, der durchblickt. Die Technik wird nicht nur unkontrollierbar, sondern auch schwer zu reparieren.
Auch auf die Abhängigkeit von Strom wurde mehrfach hingewiesen. Egal wie clever oder „smart", wie durchtüftelt und lückenlos alle Systeme sind, so haben diese eine große Achillesferse – und die wird reißen. Es ist ganz lapidar der Strom. Die moderne zukünftige Überwachungsgesellschaft scheitert an zwei Stellschrauben: der Vielfältigkeit des Bedarfes an Strom und ihrer Anfälligkeit aufgrund zu großer Komplexität. Der große „blackout", der nachhaltige, regions- oder sogar staatenübergreifende Stromausfall, erscheint also wahrscheinlich. Im Juni 2019, also mitten im Sommer(!) wurde bekannt, dass es im vergangenen Monat drei harte Grenzfälle gegeben habe, in denen nur der Zufluss aus ausländischen Netzen ausgeholfen habe.

In der Juristerei ist übrigens längst eine weitere Stellvertreterexistenz von uns entworfen: die „Person". Ein „juristischer Schatten" unserer Selbst existiert, und ist Träger von Rechten und Pflichten, nicht wir selbst als Mensch. Wir sind damit verknüpft und werden durch die Person juristisch vertreten, wie der Avatar uns in einem Computerspiel vertritt. Immer und überall wenn Sie als Person angesprochen werden, bewegen Sie sich in einem eigens hierfür definierten Rechtskreis mit ihr als Ihrem Träger von besonderen Rechten und Pflichten. Person entstammt dem lateinischen „persona", was soviel wie Maske oder Rolle bedeutet. Das ist nicht irgendein Scherz, sondern Realität. Es geht nicht um Sie als Mensch, sondern um Ihren Stellvertreter, die Person, Ihre Maske und Rolle, mit der Sie sich freiwillig identifiziert haben. Das sind Dinge, die heute jeder Jura-Student lernt, die logisch zu Ende gedachte Konsequenz dieser Ausführungen hingegen nicht, was den Rahmen hier sprengt. Es dreht sich dann letztlich um die Frage, ob der Mensch kraft Geburt frei ist oder nicht. Das sind alte Themen. Schon Friedrich von Schiller schrieb:

„Der Mensch ist frei geschaffen, ist frei,
Und würde er in Ketten geboren."

Er meinte das nicht schwärmerisch oder prosaisch. Seiner Ansicht nach bleibt ein Mensch frei, selbst wenn er durch das Herrschafts-system geknechtet wird.
Diese Rechtskreise und uns diktierende Normen sind Auswüchse von virtuellen Welten, wie auch die Wahrscheinlichkeitsrechnung in der Mathematik (viele mögliche Welten bei einem Würfelwurf) oder die Anwendung der Chaostheorie im Alltag (Beim Wetter wird es morgen zu 45% regnen. Entweder es regnet zu 100% oder nicht. Alles andere heißt „vielleicht".).
Wieso kann man dann eigentlich behaupten, man wisse, wie das Klima sich in 10, 20, 50 oder 100 Jahren verändere und von einer menschenverursachten Klimaerwärmung reden, wenn wir nicht einmal das Wetter von morgen und übermorgen sicher vorhersagen können?! (Bitte dazu das Zitat zum Klimawandel aus dem Weltklimabericht im Quellenverzeichnis lesen.) Und warum heißen Leute, die so etwas anzweifeln, gleich „Klimaleugner"? Mich, als Freund und Liebhaber von Worten lässt das Wort „Leugner" hellhörig werden. Denn es ist ein extrem energetisch aufgeladener, politisch benutzter Kampfbegriff. Solche Begriffe werden bewusst und genau gesetzt. Es ist so etwas wie eine mentale Atombombe, bildlich gesehen.

Leugner sind laut Duden.de Menschen, die

a.) (etwas, was einem zur Last gelegt oder über einen behauptet wird) für nicht zutreffend oder bestehend erklären,

b.) (etwas Offenkundiges wider besseres Wissen) für unwahr oder nicht vorhanden erklären und nicht gelten lassen (meist verneint), oder
c.) (etwas, was als Lehre, Weltanschauung o. Ä. oder allgemein anerkannt ist und vertreten wird) für nicht bestehend erklären.

Sollte etwa die – angeblich menschenverursachte (!?) – Klimaerwärmung mehr ein ideologischer Streit und Politikum sein, als eine Tatsache? Der Türöffner für die zukünftige Co2- Steuer? Eine Steuer, die man nach Belieben definieren und ausformulieren könnte und schließlich zur Einschränkung der Mobilität und einfacheren Überwachung und Verwaltung der Menschen missbrauchen könnte?
Ein persönliches Erlebnis hierbei. Im Jahr 2018 besuchten wir den Bodensee. Dort kann man bronzezeitliche Pfahlbausiedlungen besichtigen. Es handelt sich hierbei um so etwas wie kleine Dörfer, deren Häuser auf Pfählen in Ufernähe über dem Wasserspielgel errichtet worden sind. Man hat also Baumstämme als Grundhalterung in den Grund des Sees getrieben, um darauf das Bodenplateau für Häuser und ganze Ansiedlungen zu errichten. Diese Siedlungen gibt es rund um den Bodensee und auch an anderen Seen.

Mir erschlossen sich Sinn und Zweck des Vorhabens nicht. Wozu diesen Bauaufwand betreiben, wenn man direkt am Ufer oder in der Nähe des Sees auf sicherem Boden ebenso gut und mit weniger Aufwand, Mühe und Material bauen könnte?
Außerdem ist das Seewasser zusätzlich kälter. Im Winter könnte sich der Boden der Häuser niemals richtig erwärmen, immerzu müsse es „von unten her kalt ziehen". Bodenwärme kann durch Luftzug und Verdunstungskälte in den Hütten erst gar nicht entstehen. Mehr vermeidbarer Brennstoffbedarf wäre die Folge gewesen. Die Häuser würde man gerade in unseren Breitengraden nie richtig warm bekomme. Mich fröstelte bei der Vorstellung, hier überwintern zu müssen! Ich grübelte und verstand einfach nicht, weshalb vernünftige und rationale Menschen, mit einem Mehraufwand über dem Wasser bauen sollten, wenn dies

nur Nachteile bringt. Wie ich es drehte und wendete – es war von Grund auf unlogisch. Bei derartigen Gedankengängen ist mir bewusst, dass ich falsch schlussfolgere oder Informationslücken haben muss.
So auch in diesem Fall. Ich betraute die Führerin mit meinen Gedanken. Diese erklärte mir, meine Schlussfolgerungen fußten auf falschen Vorannahmen. In der Bronzezeit sei das Klima hier in Süddeutschland mediterran gewesen. Man habe über dem Seespiegel erfolgreich Linderung vor der großen Hitze gesucht. Das war es! Natürlich. Es ergibt eben Sinn, in einem Umfeld stetiger Kühlung zu leben, wenn es rundum zu heiß ist. Der See war eine Art natürliche Kühlanlage, für deren lebenslanges Wirken man gerne die Mehrarbeit beim Bau in Kauf nahm. Zusätzlich war man direkt am Wasser, das Handelsweg, Nahrungsquelle und Müllentsorgungsgebiet zugleich war.
Warum ich diese Geschichte erzähle? Weil hier durch die herkömmliche Wissenschaft eine Geschichte eines sich natürlich wandelnden Klimas ohne menschliche Einwirkung erzählt wird. Ganz ohne Benzin- und Dieselmotoren, Heizkraftwerke, Co2- Atemausstoß oder, Massentierhaltung war es rund um den Bodensee vor tausenden Jahren bereits schon einmal so heiß wie heute rund um den Mittelmeerraum! Weil die Erde vielleicht natürlichen Temperaturschwankungen unterworfen ist?
Was genau macht uns so sicher, dass die derzeitigen Temperaturerhöhungen nun menschengemacht sind?
Oder ist Klima ein Parameter dieser Erde, das natürlich und zyklisch in Wellen wie zum Beispiel die Rotation der Erdachse verläuft?
Der Verweis auf eine genaue Bestandsaufnahme und Erhebung von Grundlagenforschung wird mit dem Verweis auf die Eilbedürftigkeit zur Seite gewischt. Man habe eben keine Zeit, sich um Grundlagen zu kümmern, während die Zeit schwinde. Oder ist das schon wieder eine Ausrede und Ablenkung?
Umweltschutz ist wichtig. Die Erde bildet Grundlage all unserer Nahrung und jeder Art Produkte, die wir benötigen. Aber gerade der Umweltschutz wird mit dem Verweis auf den Klimaschutz immer mehr zurückgefahren. Während die Klimareligion ausgebaut wird, treten Umweltschutzthemen in den Hintergrund und werden als Melkkuh für Abgaben missbraucht.
Umweltgifte, wie Glyphosat werden für legal erklärt und kaum bekämpft. Grenzwerte werden nach oben gesetzt, um mehr nahrungsfremde, weil chemische Stoffe in der Nahrung zu legalisieren. Uranmunition wird verschossen und verstrahlt bis heute den Irak, was zu einer Mutationsquote bei Neugeborenen von ca. 50% führt. Die Insekten

sterben gerade milliardenfach und mit Ihnen werden die Nahrungsmittelketten des Biosystems unwiederbringlich zerstört. Die Liste des absolut primär notwendigen Umweltschutzes wäre ellenlang: Atommüll und -tests, Strahlungsanstieg, Meervermüllung, Mikroplastik, Waldrodung, Landraub durch Stadtwachstum, Wasser- und Luftverschmutzung und vieles mehr. Aber das Klima?!Ist es möglich, dass das Klima einen Platzhalter darstellt, von absolut notwendigem Umweltschutz durch Aktionismus abzulenken? Wer hier in Schnappatmung gerät, offensichtliche Wahrheiten hier derart entfremdet und falsch in Frage zu stellen, möge sich bitte mit Klimakritik befassen. Könnte es sein, dass das Klima missbraucht wird, um mit politischen und gesellschaftlichen Kräften zu spielen? Denn die Diskussionen rund um das Klima werden ebenfalls missbraucht, um gesellschaftliche Kräfte zu lenken.

Informationen können eben – missbräuchlich eingesetzt Aufmerksamkeit – also Seelen- oder Bewusstseinsenergie -ablenken, verfälschen, fehlleiten. Darum geht das ganze Spiel.

Um die Bindung von Bewusstseinsenergie.

Für mich als Remote Viewer ist hochinteressant, wie im erfühlten Gedankenraum bestimmte Parteien energetisch als „cool" aufgebaut werden. Es ist eine Art „Emotionsblase" im Kollektivfeld. Dieser Aufbau geschieht über geschickt lancierte PR-Kampagnen, die teilweise noch als private Meinungsäußerungen getarnt dargestellt werden. Erfolgreiches Spiel der Eliten und ihrer Agenden. Die Vereinzelung der Gesellschaft erfolgt nicht nur „horizontal" durch die Bildung von Splittergruppen und Förderung gegeneinander ausgerichteter Kräfte, um diese hernach und wenn erwünscht, gegeneinander zu führen, sondern auch „vertikal" durch die Entfremdung der Generationen.

Wieder einmal werden also – auch dies ein altes Spiel – Generationen gegeneinander aufgehetzt und gespalten. Neues ist „modern" und „Aufbruch", während Altes überkommen, falsch und moralisch zu verurteilen ist (Klimadebatte, Lebensstil). Alles das gab es schon oft und es wird nicht in eine gesunde

Erneuerung dieser Welt führen, sondern in eine weitere, noch tiefere Verknechtung der getäuschten und missbrauchten Menschen. In den 50er Jahren des letzten Jahrhunderts gab es bereits eine solche Generationenspaltung, um einen Wandel in der Politik herbei zu führen. Nach dem verlorenen zweiten Weltkrieg, wurden unter dem Vorwand der Aufarbeitung jüngster Geschichte Alt und Jung unwiederbringlich gespalten. Väter und Großväter wurden kollektiv zu Tätern gestempelt, die Verbindung zu unseren Ahnen bis heute zerstört. Die Auswirkungen auf die Menschen und deren Selbstverständnis sind bis heute ungeheilt und ziehen immer tiefere und weiterhin angeheizte Furchen von Selbstverachtung, Eigenkritik und Selbsthass im öffentlichen (Diskussions-) Raum. Auch diese unheilen Grundvoraussetzungen führen zu immer abstruseren politischen Entscheidungen. Es ist enttäuschend und deprimierend zu sehen, wie man anscheinend Massen immer wieder mit den gleichen Schablonen auf unterschiedliche Themen angewandt, beliebig steuern kann.

Ich bemerke, dem Themenkreis hier nicht weiteren Raum geben zu können, weshalb ich damit hier ende. Es wäre ein eigenes Kapitel, was die Struktur stören würde.

Kehren wir zurück zu unserer technikerfüllten Zukunft. Warum benutzen wir überhaupt so viel Technik? Antwort: Weil wir auf einem Pfad wandeln, unsere naturgegebenen Hauptfähigkeiten immer weiter zu vernachlässigen. Was ich zentral sagen möchte: Wir ersetzen unsere alten naturgegebenen Fähigkeiten zunehmend mit Technik. Wir verbinden technisch miteinander, von was wir uns natürlich entfernen. Unsere An- und Verbundenheit zur Natur, der Erde, diesem Universum, allen Mitgeschöpfen. Wir haben damit hier etwas verloren.

Was wir suchen, ist unsere „Natur-richtige-Anbindung". Sie basiert auf Intuition und Resonanz. Diese haben aber Voraussetzungen, die wir in diesem Buch ausführlich und tiefgehend besprochen haben. Intuition kann von außen künstlich blockiert werden. Mitmenschliche Resonanz (Empathie, Liebe) durch Angst und Stress in Egoismus umgewandelt werden.

Dann bleibt ein Ratio-Vernunftsmensch im Notfall- und Überlebensmodus zurück. Er beißt nach allen Seiten und empfindet die Umwelt als Bedrohung und Konkurrenz („Gut", wenn man dann eine dazu passende Philosophie von Wettkampf und Konkurrenz als Naturgesetz formuliert hat und mit missverstandenen darwinistischen Aussagen belegt. Das Leben fühlt sich dann entseelt, leer und hart an. Dann treibt der Mensch dahin. Er schwebt im sinnleeren Raum und versucht dieses Vakuum wenigstens mit Vergnügen oder Luststeigerung zu füllen. Der Mensch hat dann die zweite „Entbindung" nach seiner Geburt erlebt. Wurde er von seiner Mutter schmerzhaft getrennt, erlebt er es nun noch einmal von seiner Umwelt. Er, als eigentliches Kind dieser Erde, fühlt sich nicht nur getrennt von dieser, sondern sogar als „Schädling" derselben. So, als habe ein Kind im Mutterleib über neun Monate gelernt, es würde nur und ausschließlich, seine „Umwelt" mit seinen Ausscheidungen vergiften; eine Halbwahrheit, die den höheren Zweck des Geschehens (be-

wusst) ausblendet. Wir brauchen eine Versöhnung mit der Natur, eine Art „Wiederheiligung", das Bewusstsein, hinter der Welt der Erscheinungsformen, unsere Einbindung und Spiegelung mit der Heiligkeit der Natur wieder zu erkennen. Menschen sind nicht Schädlinge dieses Planeten, wie man uns dies immer wieder weismachen möchte. Sie sind eingebetteter Teil des Organismus.
Deren eigentlicher Zweck ist, zu behüten, zu verwalten, mit Augen-maß, Liebe und Hingabe als einzige Lebensform bewusst und reflektiert so zu handeln, wie der Gesamtorganismus dies benötigt. Als bewusster Teil der Natur in deren Geflecht eingebettet so zu agieren, wie es dem Fortbestehen hilft.

Ich möchte hier und nachfolgend den Begriff „Informationszeitalter" komplett auf den Kopf stellen, neu betrachten und an der Wurzel neu betrachten.
Schauen wir uns doch einmal Informationen abseits von Geheimdiensttätigkeit an, abseits von Profilerstellung, Nutzerverhalten und Käufer- und Konsumeigenschaften. Was sind Informationen eigentlich, für was stehen sie?
Da ist doch gerade der Begriff der Information erst einmal absolut immateriell. Die Information auf einer Musik CD sind Klänge, es ist nicht die durch einen Laser veränderte Struktur der Metallfolie dieser Plastikscheibe.
Was ich damit sagen möchte?
Für mich ist der Begriff „Informationszeitalter" absolut weit gefächert und über den Horizont von Betriebswirtschaft, Geheimdienst und 3 D Welt hinaus zu betrachten.
Er durchdringt alle Bereiche unseres Lebens und Seins.
Ich betrachte die ganze Welt als Information, verkleidet in einem Mantel aus Materie.
Alles ist, trägt, beherbergt Information, ist daraus gemacht und strahlt diese in einem wechselseitigen Prozess zurück in die Welt. Information beeinflusst sich wechselseitig auf Grundlage von Resonanz. Materie ist gefrorene Energie. Energie trägt modulierte Information. Information ist eine Spielart von Bewusstsein. Alles ist Information. Vielleicht ahnen Sie bereits, wohin die Reise allumwälzend geht?
Ich kann alles verkleinern und zerstückeln und Atome, Quarks und Strings formulieren. Wenn ich weitersuche, verlasse ich den Bereich der Materie und gelange zur Energie. Dann stelle ich überrascht fest: „Oh, alles ist aus Energie gemacht." Eben, wie oben beschrieben: „Materie ist

aus Energie gewoben" oder nun über Dimensionen hinweg „gefrorenes Licht" und im Kern einfach nur Energie, die qualitativ Bewusstsein, also Information, transportiert.

Sobald ich aber nach dem Wesen oder der Qualität der Energie frage, bringt der Zerstückelungsprozess keine neuen Erkenntnisse mehr. Wo hat das einen praktisch nachvollziehbaren Rahmen? Wenn Sie die Gegenwart eines Menschen lieben, die Atmosphäre, die dieser und Sie ergeben, dann kann man das nicht ergründen, indem man ihn zerschneidet, was schon im Beispiel absolut absurd wirkt. Wenn ihr Hund Ihnen treu ergeben ist, können Sie ihn nicht zerschneiden, um die Treue zu finden. Und doch ist sie unzweifelhaft vorhanden. Wenn Sie Spaghetti Napoli lieben, dann nutzt Ihnen eine Analyse des Institut Fresenius nichts, um herauszufinden, warum. Es sind Qualitäten, die sich mit unserem westlichen Weltbild nicht erforschen lassen. Das ist logisch, denn wir können wissenschaftlich mit den Begrenzungen unseres Weltbildes nur beweisen, was messbar ist. Treue, Liebe und individueller Wohlgeschmack sind aber nicht wissenschaftlich messbar. Aber diese Dimension existiert überall um uns herum. Es ist nicht einfach nur ein „Geisteswahn", eine Einbildung oder ein menschliches Gefühl! Falsch.
Es ist nichts anderes als eine von unermesslichen Spielarten von Bewusstsein, transformiert in Energie. Aber dafür ist es jetzt noch viel zu früh.
Wenn man heute im Supermarkt zum Beispiel ein Kilo Kartoffeln, Lachs, Schweinesteak, Nudeln, Joghurt, Schokolade, kauft, so kauft man nach schulwissenschaftlichem Weltbild eine Ansammlung von verschiedenen kombinierten Atomen. Also Eiweiße, Kohlehydrate, Fette, Vitamine, Mineralien, Enzyme. Es ist die Sichtweise des Zerschneidens und „unter die Lupe Nehmens". Wir kennen das zur Genüge.
Würden Sie aber einem Remote Viewer zum Beispiel als Target ein Kilo Kartoffeln, Lachs, Schweinesteak, Nudeln, Joghurt, Schokolade geben, ist es sehr unwahrscheinlich, dass dieser seine Zielbeschreibung auf die Ansammlung der Molekülzusammensetzungen reduziert. Im Gegenteil. Er betrachtet die Kartoffeln im Sinnzusammenhang ihres Seins. Vom Aussehen, wo diese herkommen, vielleicht wie diese wuchsen, wie das Wetter war, wie die Pflanze sich fühlte, ob sie gut gedieh oder ob sie es schwer hatte, ob und wie sie bespritzt wurde, unter Kartoffelkäfern litt, von Schritten oder Traktorreifen betrampelt wurde, ob Mäuse im Boden waren und daran nagten, und, und, und.

Es ist sehr wahrscheinlich, dass unser Viewer verschiedene Informationen aus dem erweiterten Sinnfeld „aller" Kartoffeln ausliest: dass diese aus Südamerika stammt, eine alte Kulturpflanze ist, von Naturvölkern angebaut und geschätzt wurde, durch Friedrich den Großen in Deutschland verfügbar gemacht wurde, der Hunger dadurch in Kontinentaleuropa eingedämmt werden konnte und so weiter. Diese Pflanze hatte zum Beispiel für Deutschland Schlüsselfunktion und Bedeutung. Für Millionen Menschen symbolisierte sie die Hoffnung auf Leben, statt einem Hungertod. Sie war eine wahrhaft königliche Angelegenheit. Er selbst mag vielleicht Kartoffeln und schreibt ein „irgendwie lecker" heraus.

Vielleicht würde unser Viewer auch erkennen, dass diese den Tomatenpflanzen artverwand ist oder sich in ihre Blattform verlieben. In der Schale abgekocht wirken sie basisch im Körper und gesundend. Es ist so vieles möglich. Genau so viel, wie Ihnen und allen anderen dazu einfällt. Dominant an Daten oder abgespeicherten Informationen in „Ihrem" Sack Kartoffeln ist, neben dem „Sosein" der Pflanze – sie ist zum Beispiel kein Fleisch und wurde in diesem Sinne nicht ermordet [5], sie hatte

5 Ich werde hier keine größere Abhandlung über Vegetarismus und Karnismus und die Bedeutung von „Mord" an Tieren oder Pflanzen beschreiben. Wenn Ihnen dieses Thema am Herzen liegt und Sie sich tiefer beschäftigen möchten, sei Ihnen die online erhältliche Lektüre „Vegetarisch leben" von Armin Risi ans Herz gelegt.

einen Wachstumszyklus mit verschiedenen Ereignissen, wurde verschiedentlich behandelt und so weiter. Ihr Sack Kartoffeln ist eine Ansammlung von Informationen. Sie tragen neben Kohlehydraten einen Sack Informationen nach Hause! Und einen Remote Viewer interessieren immer Attribute, Geschichten, Zyklen – wie bei kleinen Kindern.
Auf den Punkt gebracht und etwas überspitzt formuliert: Ein Remote Viewer antwortet Ihnen mit dem Target „Kartoffeln" nicht: „Ein wahnsinnig großer Haufen Kohlehydrate mit Stärke. Warte...die chemische Formel ist $C_6 H_{10} O_5$ für die Stärke ..." Das sagt der nicht! Nie! Weil es um die verbundenen Attribute geht!
Wenn Sie früher eine Langspielplatte, Musikkassette oder später CD gekauft haben, war doch weitgehend egal, aus was für einem Kunststoff die bestanden und wie dessen chemische Zusammensetzung war, es ging um die Mukke da drauf – um die Informationen!

Informationszeitalter heißt also eigentlich, das „geistige Feld" auszulesen. Zu erkennen, was Materie auf nichtkörperlicher Ebene an Eigenschaften vertritt. Was „des Pudels Kern" ist. Goethe wollte mit diesem Sprichwort ja zeigen, dass hinter der Fassade des Pudels etwas ganz anderes verborgen war (in diesem Falle der Teufel). Dass es also den Anschein, die Oberfläche, den Antlitz gibt und dahinter das Eigentliche, die Information, den Sinnzusammenhang, das Bewirkende und energetisch die Materie organisierende.
Wir erkennen also, was diese spezielle Materie *eigentlich wirklich* ist. Hinter der Fassade. Und zwar komischerweise doch *ganz automatisch*! Ganz automatisch fallen uns Attribute des Informationsfeldes Kartoffel, wie tausender anderer Targets ein!
Und wenn Sie die Kartoffel essen, die hier ach so breit diskutierte Kartoffel, werden Sie sich diese Informationen, deren Energie, deren Sinnzusammenhang, deren Ergebniszusammenballung des Targets – sinnbildlich gesprochen - einverleiben. Und Ihr Leib – ebenfalls aus Information zusammengesetzt – gerät im Rahmen seiner Schwingungsfähigkeit und Bandbreite in Resonanz mit diesen Informationen. Es wird nicht nur Ihren Körper und seine biochemischen Prozesse auf Basis eines Informationsaustausches beeinflussen, sondern auch Ihre Gedanken. Denn was in Ihrem Körper geschieht, wird sich auf ihre Gedanken, Ihre Mentalebene auswirken und umgekehrt.
Denken Sie doch bitte einmal daran, in eine Zitrone zu beißen. Stellen Sie sich bitte wirklich vor, wie Sie eine Zitrone halbieren und danach voll mit den Zähnen in das herbe und saure Fruchtfleisch hineinflet-

schen. Der Saft spritzt aus den Zellen in ihren Mund. Sauer, frisch, kalt. SAAAAAAUUUUUUEEERRR ... Zitrone eben.
Kurzer Stopp: Bitte fühlen Sie doch kurz einmal in Ihren Mund hinein. Ist Ihnen das Wasser im Mund zusammengelaufen? Ja? Das ist die Mentalsteuerung unseres Geistes über unseren Körper, abhängig von der Vorstellungskraft. Verstehen Sie? Es ist nicht nur unser Geist, der unseren Körper steuert, sondern in einem wechselseitigen Prozess von Informationsfeldern wird unser Geist auch durch den Körper beeinflusst, wird unser Geist und Körper durch äußere Felder beeinflusst und diese durch uns. Wechselprozesse aus Information. Überall.
Überall. Unentwegt. Das ist in meinem Verständnis, was Realität als Bild am Nächsten kommt.
Unendliche Wechselprozesse energetischer Attribute. In unserer Dimension eben verkörpert. Also mit Verpackung. Sie, ich, Kartoffeln ...

Ich hätte dies alles oben noch viel eindringlicher und brutaler beschreiben können, ja müssen, wenn ich statt einem Kilo Kartoffeln, Lachs oder das Schweinefleisch als Beispiel benutzt hätte. Denken Sie doch einmal ruhig länger und tiefer darüber nach, was diese repräsentieren. Welche Energie in Materie gegossen wurde mit den Dingen, die Sie im Supermarkt so stehen sehen. Viele Güter hegen absolut niederhaltende, krank machende, deprimierende Informationen. Es sind energetische Angriffe auf Ihre Körper-Geist-Struktur, verpackt in bunten Farben. Ich predige hier nicht, auch wenn dies so scheinen mag. Es sind schlichte und einfache Tatsachen, wenn man bereit ist, die Dinge unserer Umwelt unter Informationsgesichtspunkten neutral zu begutachten. Genau dann können Sie für diese Szenarien offen sein.
Ich las kürzlich in einem Greenpeace-Blättchen, dass in Deutschland jährlich 59 Millionen Schweine geschlachtet werden. Aus den weiteren Zahlen ließ sich ungefähr ableiten, dass ungefähr und mindestens noch einmal 20 Millionen Rinder hinzu summiert werden können. Geflügel mal außen vor gelassen jetzt. Wir sind dann bei ca. 80 Millionen Tieren. Ich erschrak, als mir gewahr wurde, dass dies in etwa der Einwohnerzahl Deutschlands entspricht. Das heißt, würde es um die Schlachtung von Menschen gehen, wäre binnen eines Jahres kein einziger Mensch mehr in diesem Land anzutreffen, da geschlachtet. Von Nord nach Süd lief meine gedachte Todeswalze. Die Menschen in Flensburg, Hamburg und Kiel haben es sehr schnell hinter sich. Zum 30. Juni werden die Menschen auf der Linie Köln-Kassel-Leipzig-Cottbus eingesammelt. Am 31.12. würden die restlichen Menschen unten in München und Berch-

tesgaden geschlachtet. Dann wäre Stille. Restlos alle Männer, Frauen, Kinder wären weg. Alle, die Sie tagtäglich sehen. Ist das nicht unvorstellbar? Menschenleere Städte.
Warum ich sowas Komisches schreibe?

Können Sie sich entfernt vorstellen, was für ein gewaltiger Blutzoll, was für ein zehnttausendfaches Todesritual alltäglich hier hinter verschlossenen Türen, vor den Blicken der Öffentlichkeit verborgen, stattfindet? Das ist in seiner Qualität ein satanisches Massenritual allererster Güte. Jeden Tag garantieren die Schlachthöfe neben „Schnitzeln", „Koteletts" und „Lendchen" die unablässige Produktion von Leid, Todesangst, Schmerz und vielen weiteren niederen und negativen Energien. Es gibt einen inneren Sinnzusammenhang des Satzes, „solange es Schlachthöfe gibt, wird es Schlachtfelder geben." Wir ernten, was wir säen. Ähnliches zieht sich an. Glauben Sie ernsthaft, das habe – jetzt nur energetisch betrachtet - keinen Einfluss auf diesen Planeten? Meinen Sie, diese Energien verpuffen einfach im Nichts? So in der Art: „Fertig geschrien, Kehle durch, vorbei?" Nein. Diese Schwingungen sind existent und pflanzen sich fort. Alles ist miteinander verbunden. Wir denken vielleicht, von Tieren, Pflanzen und Nachbarn getrennt zu sein, sind es aber nicht. Nach dem Resonanzgesetz werden diese Energien auf die Verursacher zurückschwingen. Nicht als Strafe, sondern als reine Kausalität. Schwingungen ziehen sich an und stoßen sich ab. Ein Teil von denen geht zum Beispiel ins gerade getötete Fleisch. Im Ernst. Sie essen Angst.
Für mich ist absolut nachvollziehbar, weshalb wir westlichen „Industriefleischesser" ständig in Existenzangst leben, Schlafstörungen haben und so weiter. Allein übers Fleisch bekommen wir unsere tägliche Portion negative Polung. Schauen Sie sich ruhig einmal die Bilder einer auch für gut und korrekt befundenen Massentierhaltungsindustrie an. Nicht die Schlachtung. Nur das „Leben" der Tiere. Und dann nehmen Sie Ihre ureigenen Gefühle dazu, alles was Ihnen zu dem Bild einfällt an Gefühlen und Eigenschaften und schreiben das dahin. Ganz sachlich. (So, wie ein Remote Viewer es beschreiben könnte.). ***Das** exakt essen Sie wirklich **alles** an Informationen.*

Darum kann man sein eigenes Glück nicht auf dem Leid dieser Kreaturen aufbauen. Stattdessen verursachen wir einen Kreislauf des Leids, dem wir durch Gleichschwung ebenfalls beitreten. Der Grund ist hierbei unwesentlich: Unwissenheit, Gier, Desinteresse …

Dies sind nicht die Zeilen eines (Moral-)Apostels. Nur eines Menschen, der die Dinge nach Ihrer Information sieht. Schauen Sie unter die Oberfläche von Werbung, bunten Farben, Argumenten, naturwissenschaftlicher Gedankenspange. Schauen Sie hinter die Kulisse. Es ist alles Kulisse. Ein Hinduistischer Mönch würde sagen: Maya. Alles ist Täuschung, Illusion, Oberfläche. Ah, da fällt mir etwas ein, wo dieser werbende Zynismus bis zur Totalverhöhnung der Tiere auf die Spitze getrieben ist.
Werbestimme: „Tierwohl, gleich nebenan in Ihrer Fleischtheke! Grob oder fein gehackt."
Wir haben also gehackte und abgepackte Fleischkörper und reden dabei von Tierwohl. Das ist Zynismus in Perfektion. Man könnte es auch – ich meine das ernst und nicht zynisch – „Leichenschändung" nennen.
Der Alltag ist manchmal so irr, dass es kaum mehr auffällt …

Ich erzähle Ihnen eine kleine Geschichte, die ich mir immer vorstelle. Sie passt zur Fleischtheke oben.

Der kleine Moment vor unserer Geburt:
Ich stelle mir manchmal vor, wie es sein könnte, wenn Sie oder ich, als Seele, so im siebten Himmel voller Frieden und durchtränkt von Gottes Liebe in Harmonie vor uns hin schwingen. Wir haben keinen Eindruck von uns selbst. Wir finden keine Grenze, wir scheinen überall zu sein, können uns aber nicht empfinden. Was wir erfühlen können, ist andauernde Glückseligkeit. Es fühlt sich an, wie ewige Freude, wie eine sehr hohe Energie, die uns ständig durchpulst und uns in Höhen von Freude und Glück trägt. Aber es gibt einen einzigen Wermutstropfen in dieser Szenerie und jede Seele weiß es: die Glückseligkeit in Gottes Nähe

währt nicht ewig. Irgendwann werden Sie und ich wieder hinein geworfen in das Rad der Geburten und vor diesem Augenblick haben alle Seelen Angst, verdrängen ihn aber meist erfolgreich. Dann, plötzlich, bemerken wir es. Der Impuls ist da. Es ist Zeit zu gehen. Und immer stärker, bekommen wir einen Eindruck wie und wo wir wieder inkarnieren werden. Dieses Mal ist es ein eigentlich wunderschöner Planet, voller Farben und vielfältigem Leben – aber mit einem Haufen Probleme.
Und in meiner Fantasie – wenn ich hier und heute zum Beispiel an einem Fleischregal wie abgebildet vorbeigehe – tönt dann eine mächtige Stimme, durch alle die vor Glückseligkeit besoffenen Seelen und sagt: *„Ihr werdet auf der Erde leben und euer Spaß und eure „Freude" auf diesem Planeten wird sein, zu Alkohol vergorene Getränke in euch zu tun, die eure Sinne verändern und über Feuer gebrannte Tierleichenteile zu verzehren."*

Da erschauern alle Seelen und zittern vor sich hin und keine kann sich vorstellen, derart „Spaß" zu haben.
Doch der Tag der Geburt naht ...
Okay, ich möchte wirklich nicht missionieren oder von der Kanzel predigen oder hier Fronten aufbauen zwischen Vegetariern und Fleischessern. Es liegt mir wirklich fern. Aber ich möchte auch schreiben können, was mir so dazu einfällt – ohne böse oder spaltende Absicht. Ich würde wohl morgen sofort wieder Fleisch bereiten, wenn es nicht an das Leid der Tiere gekoppelt wäre. Der Koch in mir würdigt den – nennen wir es „Rohstoff". Aber die Abwägung zwischen diesem Leid steht in einem Missverhältnis zur Befriedigung der Geschmacksknospen in meinem Mund.

Gandhi brachte das auf den Punkt:
„Ich glaube, dass spiritueller Fortschritt an einem gewissen Punkt von uns verlangt, dass wir aufhören, unsere Mitlebewesen zur Befriedigung unseres körperlichen Verlangens zu töten."

In wenigen Jahren wird industriell gezüchtetes Fleisch auf den Markt kommen. Also nicht aus Massentierhaltung stammend, sondern im Labor künstlich gezogen. Die ersten Entwicklungen sind bereits auf dem Markt, aber extrem teuer.

Ein letzter Gedanke hierzu: Ein Zyklus von harmonischen Energiespiralen entsteht beim Eigenanbau von Früchten oder Gemüse. Sie, mit ihrer

Sorgfalt, Bedachtsamkeit und Aufmerksamkeit (Pflanzen lieben wie alle Lebewesen Aufmerksamkeit), kurz, mit Ihrem Sein, beimpfen die Pflanze mit subjektiver Wesensenergie. Jeden Tag wenn Sie nach Ihr schauen, diese gießen, Blätter zupfen, sich am Wachstum freuen und so fort. Es ist dies ein Energietransfer, eine Transformation unserer einzigartigen Seelenenergie hinein in genau diese Pflanze. Wir informieren die Pflanze subjektiv mit unserer Wesenskraft. Erschaffen und vermischen ein Informationsfeld. Sobald wir Früchte von einem – sagen wir – eigenem Apfelbaum essen, an dessen Wachstum wir uns über Monate und Jahre noch erfreut haben, den wir hegten und pflegten, geben wir unserem Körper die höchste Nährform zurück: unsere eigenen Wesenskräfte in einen Apfel hineintransformiert. Genau dann schließt sich der Kreis der Energiespiralen. Wir geben unsere Energie in die Pflanze hinein, diese wächst und gedeiht unter diesem für sie so förderlichen Zustrom positiver Energie, trägt informierte Früchte und gibt diese an unseren Körper zurück. Ein energetisches Freudenfest für unseren Körper. Geht übrigens auch mit wild wachsenden Kräutern. Dann nehmen Sie allerdings die natürlichen Energien ohne Ihre individuelle Einflussnahme auf. Wenn nun rational etwas in Ihnen einwendet, auch Tiere werden wie Pflanzen behütet und mit unserer Seelenenergie großgezogen bevor diese geschlachtet werden und Pflanzen schließlich auch gemordet, schließen Sie doch bitte einmal die Augen und *fühlen* einfach mal in beide Bilder hinein. Es ist nebenbei ein schöner Test für Ihre Herzenergie. Einmal: Sie reißen eine Kartoffelpflanze aus der Erde und rupfen die Knollen von der Pflanze. Zweitens: Sie schneiden einem Schwein die Kehle durch und das Blut fließt über den Boden. Bevor Sie ans Fleisch kommen, müssen sie noch häuten und ausweiden, danach zerlegen. Was ich damit sagen möchte: es gibt einen energetischen Unterschied zwischen diesen Tätigkeiten. Dieser ist nicht verstehbar. Nur mit Ihrer Herzenergie fühlbar.
Wer alles rund um die „Informationen in Lebensmitteln“ trotzdem wissenschaftlich ergründen möchte, sollte unbedingt das Thema „Biophotonen“ näher anschauen. Es gibt verschiedene sehr gute Bücher darüber. Im Grunde wird damit der Lichtanteil in Lebensmitteln betrachtet. Es ist die wissenschaftlich bemessene Grundlage für die Thesen hier im Buch, dass wir Menschen, Tiere und alles sonst aus Licht erschaffen und zusammengesetzt sind. Nahrungsmittel sollten deshalb für eine möglichst optimale Versorgung des Körpers einen hohen Lichtanteil haben.

Als ich wieder einmal bei meinen Bienen war (ich bin auch Imker), kam mir der Gedanke, dass wir Menschen als wichtiges, bewusstes Bindeglied auf der Erde sind: (nicht um Imker zu sein oder zu schlachten.) Unsere naturgegebene Rolle ist, einen harmonischen Platz auf der Erde und dem Leben auf ihr einzunehmen. Zu hegen und zu pflegen, die Geschöpfe zu umsorgen, die Erde zu lieben, wie wir selbst auch davon nehmen. Das ist jetzt gar nicht einmal unbedingt romantisch oder emotional betrachtet. Alles auf der Erde hat eine Rolle und einen Zweck. Und jede Lebensform hat ihren genauen Platz im Gefüge. Menschsein ist eigentlich auch eine Liebesbeziehung zwischen Mensch und Erde. Und echte Liebesbeziehungen sind bekanntlich beidseitig.
Dass die Zustände auf diesem Planeten in etwa ins Gegenteil verkehrt sind, hat andere Gründe, auf die wir vielleicht hier noch eingehen können, die man aber auch im „Plan“ (Der verborgene Plan, 2006) nachlesen kann. In Kurzform: Wer den Planeten ausraubt und einseitig ausbeutet ist immer im Energiedefizit und nicht mit der Quelle verbunden. Genau deshalb meint der- oder dasjenige ja auch, sich die Energie von Mitgeschöpfen holen zu müssen. Neben reinen Energien spielt Geld und früher Gold eine stellvertretende Rolle für die Absaugung der Bewusstseinsenergien. Der Spruch „allen geht es immer nur um unser Bestes – unser Geld!“, verschleiert die Tatsachen: In Wahrheit geht es um eine einzigartige wertvolle universelle Währung: Ihr Bewusstsein. Die Qualität Ihrer Bewusstseinsenergie. Und dieser Kampf tobt hier auf der Erde. Es ist die alte Geschichte vom Kampf Gut gegen Böse. Duale Qualitäten von Bewusstsein, die sich hier materialisieren. Es ist kein Zufall, dass in der Alchemie Gold als Symbol für unser höchstes strahlendes Bewusstsein gilt. Dieses gilt es unter anderem über Geld zu kontrollieren. Das werden Sie in diesem Buch auch noch genauer lesen.

Sehen Sie, das meine ich ansatzweise, wenn ich vom Informationszeitalter spreche. Das ist meine Deutung des Begriffes. Hier ist Forschungsfeld für zehn Bücher, sobald wir alle Objekte und Geschehnisse, kurz, die Welt nach den Definitionen von „Information“ neu betrachten und nicht länger nach „Atom“ zerstückeln. Informationszeitalter heißt hier, „hinter“ die Welt der Objekte zu blicken und die innenliegende Information zu enthüllen. Der Stoff, die Materie dient hierbei nur als Träger für die eigentlichen bewirkenden körperlosen Eigenschaften.
Es sind diese Gedanken die Umkehr von einigen früheren Gedanken als tief auf den Prozess eingegangen wurde, dass unsere Materiewelt durch

die Dimensionen hindurch aus transformierter Energie erschaffen wurde.
Nehmen wir die ältesten Texte der Menschheit als Vorlage, ist unsere Dimension, also unsere Gesamtheit an Galaxien, die dichteste Form, die materiellste aller Welten. Durch lichtere Dimensionen hindurch, wird hier bewirkt und verursacht aber nirgendwo ist die Illusion, die Täuschung, besser und leichter zu durchschauen als hier [6]. Es gibt über unserer Welt einige Dimensionen, die allesamt lichter sind. Hier ist der Übungsplanet, hier ist Licht so weit verlangsamt, dass daraus Materie „gefriert". Hier materialisieren Gedanken langsam, man hat Zeit zu üben. Nicht jeder Gedanke wird sofort Realität. Wir haben die Zeit als Übungsparameter. Denn wir sind allesamt noch ziemlich undisziplinierte Schöpfer. Zu unbedacht, viel zu schnell hingerissen, zu emotional, längst nicht die Intelligentesten und vor allen Dingen weitgehend unbewusst. Mit unseren Schöpfungen werden wir selbst immer wieder konfrontiert. Auch hier erleben wir den Umstand, dass aus Energie (Gedankenkraft) und Bewusstsein, Materie erschaffen wird.

Informationszeitalter heißt, sich nicht länger von der Kulisse der Materiewelt blenden zu lassen, sondern sinnbildlich hinter diese zu blicken. Wir sind geistige Wesen inmitten einer zu Materie erstarrten Informations – und Energiewelt, inmitten von belebten Universen, inmitten von Dimensionen. Das ist, nebenbei gesagt auch eine der Auflösungen und zentralen Gedanken aus dem Buch „Der verborgene Plan". Wir sind umgeben von Energien und Information. Überall. Sind selbst Energie und Information und interagieren mit den verschiedenen Feldern daraus um uns herum. Wem das jetzt zuviel an Energie, Information, Materie und Bewusstsein war, wer (zurecht) findet, hier wurde im Schweinsgalopp über Dimensionen gesprungen, physikalische Prozesse bestenfalls angeschnitten, wüste Behauptungen aufgestellt, den bitte ich um Entschuldigung. Ich beschreibe hier einer Ernte gleich oftmals die Ergebnisse von vielen Gedanken, zu denen ich mich bereits tiefergehend geäußert habe.

6 Möchten Sie sich zu diesem Umstand näher und tiefer informieren, sei Ihnen das online erhältliche Buch „Auf ein Wort" zum Download angeraten.

Ich möchte hier nicht mehr im Detail auf viele Prozesse eingehen, die bereits hinlänglich genau beschrieben worden sind. Ich meine, hier kann geerntet werden[7]. Also schreibe ich teilweise in Schlagzeilen.
Und eine weitere Ernte heißt: „Reißt die Kulissen nieder. Die Staffage aus Naturwissenschaft, Materie und Atomen. Dahinter ist belebte interagierende pulsierende Information, Bewusstsein, Leben. Überall. Sie sind, essen, leben in einem einzigen Meer aus Information.
Dann: Reißt die inneren Kulissen nieder. Die Kulissen aus Gedanken und so genannter Persönlichkeit."
Was bräuchten wir für eine Bewusstwerdung hin zum Großen Ganzen, zur Hauptenergie sozusagen, für eine Rückverbindung von uns entweder mit unseren Urgründen oder einer externen zentralen Instanz?
Die jeweilige Information, den Kanal, die richtige Frequenz, den richtigen Gedanken. Nicht die Welt muss sich also ändern, sondern wir als mobile und aktive Teilchen können uns ausrichten wie Metalle an einem Magneten.
Das möchte ich nun anhand Remote Viewing Ergebnissen weiter diskutieren. Und zwar nicht, das ich Ihnen nun vorkaue, was wir herausgefunden haben. Das wäre auch viel zu einfach.
Dann könnte ich schreiben:
„Hey, ja, also kurz und knapp, und um Ihre Geduld nicht zu lange auf die Probe zu stellen:
Wir sind allesamt sehr, sehr kleine Teilchen dieses Universums. Und weil wir dazu gehören, können wir niemals verloren gehen. Unsere geistige Präsenz hat eine wirklich geniale Kapazität in diesem Universum, die jetzige Abspaltung davon und das, was wir landläufig nun „ich" nennen, hingegen nicht, steht aber mit allem immer in Verbindung, sofern es nicht durch giftige Nahrung, Luft, Stress, falsche Wünsche, Ablenkung und Ängstigung – um nur wenige zu nennen - irregeleitet wird. Dies sind allesamt diabolische Tugenden, die uns zum Beispiel von uns Selbst entzweien.
Ob wir das nun in unserem Leben bemerken oder nicht. Es ist aber immer in uns geblieben, weil wir ein Teil vom Ganzen sind. Wir sind immer auch ein Teil vom großen Ganzen. Energetisch wie informatorisch. Unsere Gedanken sind hingegen meist abgespalten davon. Wenn das länger so ist, bemerken wir, nicht mehr dazuzugehören und fabrizieren eine Menge Unsinn. Auch unser Emotionalleben verändert sich

7 Den mathematischen Beweis finden Sie bei Burkhard Heim. Seine Feststellungen findet die aktuelle konservative Wissenschaft allerdings zu anstrengend, auch weil der Denkansatz nicht übernommen wird.

und wir empfinden uns dann von allem getrennt und behandeln alles um uns herum so. Das sieht man am ganzen Planeten. Ganz prima auch am Dreck auf dem Autobahnparkplatz.

Wir sollten uns also am Besten rückverbinden. Nur wie begibt man sich auf die Suche? Wo sucht man was?
Die Welt, die Themen, Alles ist so riesengroß und erscheint so kompliziert und verschachtelt.
Keine Sorge. Nicht alles was mächtig erscheint, ist es auch. Ein Luftballon ist riesig und mit einer kleinen Nadel ist er in einer Sekunde ein Nichts. So ungefähr verhält sich das auch mit den ganzen Kulissen unserer modernen Welt.
Kommen wir zum Ende dieses Kapitels.
Wir brauchen eine Informations*wissenschaft*.

DAS ist Informationszeitalter.

So geschieht das derzeit mit beinahe jedem Thema, jedem Wort, jedem Sachverhalt. Alles ist verdeckt und verdreht. In unserem Beispiel ist Informationszeitalter also nicht die Technisierung der Welt oder die Blitzartigkeit von Kommunikation über technische Kanäle, sondern ist in Wahrheit die Uressenz unserer Welt dahinter. Alles ist im Wesen Information und erscheint nur unterschiedlich.
Und jetzt geht das mit diesen äußeren Kulissen erst so richtig los.

Demokratie 2.0 - Orwell's Welt im Anmarsch

Wer den Kopf in den Sand steckt, knirscht später mit den Zähnen.
(unbekannt)

In diesem Buch handelt es sich im Kern darum, die Kulissen zu durchbrechen, die Schichten zu erkennen und zu überwinden.
Gleich zuerst: Alles was jetzt kommt, können Sie natürlich auch als Geschichte, die Ihnen jemand über diese „Welt" erzählt, einordnen. Was in meiner Wahrnehmung wichtig ist und zu einem Blick hinter die Kulissen führte, muss ja schließlich von Ihnen längst nicht geglaubt werden oder wahr sein. Es ist meine Wahrnehmung. Prüfen Sie, hinterfragen Sie, forschen Sie. Machen Sie sich Ihre eigenen Gedanken und betrachten das hier als Vorschläge. Vorschläge für andere Sichtweisen, neue Gedanken und Angebote an Ihre Intuition. Beweisen will ich lange nichts mehr.
Selbst also, wenn Sie die Geschichten auf den nächsten Seiten als „Unsinn" werten oder „Zufälle", sehen Sie diese vielleicht wenigstens als spannend oder kurios an. Das ist okay.
Zur Vorbereitung auf die nächsten Seiten vorab ein kleiner Rück- und Überblick.
Ich schreibe nachstehend über:

1.) Rückbetrachtend über innere Kulissen
2.) Äußere Kulissen als Tarnung vor der Realität.
3.) Äußere Kulissen als Vortäuschung der realen Welt.
4.) Äußere Kulissen in Spielfilmen, um unsere Träume zu lenken.
5.) Ein kleiner Blick hinter die Kulissen
6.) Zusammenfassung

Da waren zuerst all die inneren Kulissen.
In den letzten Kapiteln habe ich versucht, zu schildern, von welchen inneren Kulissen wir umringt sind. Zuerst einmal waren es unsere, die Wahrnehmung extrem einschränkenden Sinne. Wir sehen nur den kleinsten Teil der Realität. Das allermeiste bleibt uns verborgen. Wir sind ohne jede Chance, mit unseren Sinnen so etwas wie Realität auch nur entfernt wahrzunehmen. Einige Philosophen sind der Ansicht, hier könne Vernunft und klares Denken unseren Wahrnehmungsrahmen erweitern, was ich bejahen würde. Allerdings hat auch das Denken ob-

jektive Grenzen und ist zusätzlich oft subjektiv eingefärbt. Das haben wir danach betrachtet.

Es waren dies unsere auf vielen Ebenen unseres Seins fortwährend plappernden Gedanken in unterschiedlichen Kategorien. Ich habe versucht, diese beispielhaft und auch mal witzig darzustellen. Es mündete in das Fazit, dass wir im Grunde durch unsere Gedanken zu Getriebenen geworden sind. Das für normal gehaltene Bewusstsein befindet sich global im Wahnsinn, was den Zustand hier auf der Erde auch erklärt.

Als wäre das alles nicht schon erschütternd genug, sind da auch noch die Gefühle, die uns mit einer Irrsinnskraft in Ihren Sog ziehen. Auch hier finden wir wieder denselben Mechanismus vor: Bewusstseinsenergien von uns werden in spezielle Gefühlszustände transformiert, die dann für deren (Eigen-)Leben in uns unsere Energie ziehen. Zudem bringen Sie uns ständig aus einer Ruhe, Mitte und Gelassenheit. Wir durchleben tausende Zustände. Diese Zustände leben durch uns.

Fälschlicherweise halten wir also Gedanken und Gefühle für uns selbst, was ein Fehler und Trugschluss ist. Remote Viewing, mit der Technik des ständigen Beobachtens half mir – und könnte auch Ihnen helfen – Distanz zu den eigenen Gedanken aufzubauen.

Hinter all dem vermute ich, mehr als dass ich es wirklich konstant fühlen könnte, unser wahres Sein. Diese stille passive Präsenz. Auch auf diese sind wir gegen Ende eingegangen.

Nun sind wir bei einer Wende in diesem Buch angekommen. Fortan geht es um „äußere Kulissen“. Ich bin bereits bei den Ausführungen zur „Welt“ kurz darauf eingegangen. Auch dieses sind Schichten, die uns als Wahrheit und Realität verkauft werden.

Wir leben inmitten einer Welt, in der fälschlicherweise so getan wird, fast alles sei wissenschaftlich erklärt. Das ist wichtig. Denn man möchte auf keinen Fall, dass Sie auf den Gedanken kämen, es gäbe noch tiefere als wissenschaftliche Denkweisen, die zu Wahrheiten führen könnten. Zum Beispiel altes Wissen, dass auf einem magischen Weltbild beruht.

Vor den Kulissen, auf der Bühne, sehen Sie viele Wissenschaftler: Psychologen, Physiker, Mediziner, Biologen, Chemiker. Sie sind in den Hörsälen der Universitäten, im Fernsehen zur besten Sendezeit. Nur von einigen Konsuminformationen unterbrochen, erzählen diese mundgerecht aufbereitete Geschichten für die Massen. Hier werden

Weltbilder vermittelt und zugleich Grenzen definiert: Bis hierhin darfst Du denken, bis hierhin ist es gesellschaftlich legitimiert. Danach kommt der Bereich, mit dem Du Dich lächerlich machst und ausgrenzt. Dann wird Dein Kollege, der eindeutig besser angepasst ist, die Beförderung erhalten. Vorne auf der Bühne sehen Sie sehr viele korrumpierte Menschen. Es sind meist jene, die direkte Vorteile vom System über Zuwendungen, Spenden oder Zahlungen erhalten, um Ihnen – ja genau Ihnen – zu erzählen, was Sie denken sollen. Es dient weiterhin dazu, Sie klein zu halten und die anderen an der Macht und einer Position der Kontrolle.

Ich bin davon überzeugt, dass dieses ganze Theaterstück aus „Vernunft", „Wissenschaft" und „rationalem aufgeklärtem Weltbild", dass ach so viel weiter und fortschrittlicher ist, als in den „dunklen Jahrhunderten" zuvor, neben Ihrer individuellen Indoktrination vor allem auch der Täuschung dient. Es ist eine Maske, eine Kulisse, die vorgehalten wird.

Was hier tagtäglich abläuft, gleicht einem Zaubertrick eines Illusionisten. Vorn auf der Bühne, im Licht, wird ein Haufen Klamauk veranstaltet. Dort sind die scheinbaren Wunder und die mächtigen Magier. Sie ernten das Staunen, die Fassungslosigkeit und die Bewunderung des Publikums. Ihre Größe erwächst direkt aus der Summe der Bewunderer und der ihnen zufliegenden Energie.

Schauen Sie sich mal ein paar Zaubertrickauflösungen im Internet an.

Das ist echt enttäuschend und trivial.

Und was jeden Tag hier auf der Erde passiert, wo all die Mächtigen uns vortäuschen, wie glamourös und mächtig sie handeln und wie ohnmächtig, klein und unwissend wir selbst sind, ist nicht mehr als eine geschickte und totale Verdrehung der Fakten. Das ist nur so, weil wir an deren Zaubertrick glauben. Weil unsere Sinne verführt und ferngelenkt sind. Das ist nur so, weil wir selbst nicht reflektieren und bewusst werden. Zugegeben, sie fahren mächtigste Batterien der Ablenkung auf. Auch in diesem Buch haben wir davon gelesen. Ob das das Gefühl von Ohnmacht ist, Zeit- und Geldverknappung, Strahlung, vergiftete Nahrung auf der einen Seite und Konsumgeilheit, als Ablenkung, tolle Mode und schnelle Autos undundund ... auch dies kann scheinbar endlos bis zum totalen Erbrechen getrieben werden.

Es geht dabei grundlegend immer nur um Eines: Das Bewusstsein, wie bei einem Zaubertrick eben, abzulenken.

Gib Ihnen Glasperlen und nimm das Gold.

Man schenkt Filme und erntet die Bewusstseinsenergie. Als ein kleines Beispiel. Sie können es auf beinahe Alles anwenden. Aber reden wir jetzt über Spielfilme.
Eine weitere Geschmacksfarbe dieser Täuschung besteht also neben der angesprochenen „Realitätsschablone" („Wissenssendungen", Nachrichten, Polit-Talks und vieles mehr) in den Träumen der Menschen. Von was wir Menschen träumen, das wollen wir wahr machen, das leitet unsere Bewusstseinsenergie auf ein Ziel hin. Wir müssen erst Träume haben, um Sie zu leben. Wer also die Träume der Menschen kontrolliert, kontrolliert deren Ziele und Handeln. Sehen Sie, dafür „greift" man an einem ganz anderen – mächtigen – Punkt Ihres Bewusstseins an – Ihrer kreativen, gestaltenden Kraft! Dafür sind nicht die Dokumentationen oder eher „sachlich daherkommenden" Sendungen da, sondern die Filme. Über Filme lassen sich spielerisch genauso Grenzen des Gewünschten, „No-Go-Bereiche", Denkgrenzen, ja, ganze Weltbilder und so weiter transportieren. Es ist an Mächtigkeit nicht zu unterschätzen, was da in unseren Kopf transportiert wird. Es sind seit alters her federführend die Weisen und Magier, die mit Geschichten das Massenkollektiv besamten. Früher waren dies die Märchen und Sagen, die tief in uns das unbewusste Handeln und unsere Träume beeinflussten, heute ist es die internationale Filmindustrie, allen voran Hollywood.
„Hollywood" heißt korrekt übersetzt „Stechpalmenwald" (Holly = Stechpalme, Wood = Wald). Das Gebiet des heutigen Hollywood wurde früher „Cahuenga" oder „Cabuenga" genannt, was schlicht „Platz des Berges" heißt. Ab cirka 1870 wurde es „Hollywoodland" genannt, weil der damalige Landbesitzer viele „Hollys" (Stechpalmen) pflanzte. Seine Frau liebte diese Pflanzen. Also übersetzt etwa „Land der Stechpalmen". Selbst der heute bekannte weltberühmte Schriftzug hieß früher einmal „Hollywoodland" – er wurde aber ersetzt. Mit dem Boom der Filmindustrie ließ man interessanterweise die Endung „land" hinten einfach fort und es blieb das zweisilbige und durch die Filmindustrie selbst veränderte, kurze Kunstwort „Hollywood".
Sucht man nach Gleichungen und Sinnzusammenhängen, kann man auch ein neues Sinnbild aus zwei Worten konstruieren, nämlich holy wood" (holy = heilig, geweiht, wood = Wald oder Holz). Aber natürlich: ganz vernünftig betrachtet, kann man „holy" nicht direkt aus „holly" herleiten, trennen doch nicht nur zwei „L", sondern auch ein lang gesprochenes „O" die beiden Worte. Auch wenn in der Evolution der Worte und der Sprachlebendigkeit über die Zeit genau dies immer

wieder passiert ist: Vokale wurden verkürzt oder verlängert, andere Buchstaben wurden gedoppelt oder vereinzelt. Lassen wir uns freigeistig und spielerisch auf diese Verballhornung ein.
„Holy Wood“ tritt dann übersetzt in Beziehung mit dem „Heiligenwald“ oder dem „geweihten Wald“. Das soll nicht heißen, das Film-Hollywood sei heilig, auch wenn man sich dort gerne in der alten Tradition der Magiere wähnen mag.
Im Sprachklang „Hollywood“ („Holy Wood“) steckt also auch ein Hinweis auf die Stammestraditionen alter Völker, wenn sich die Druiden für die Ausübung ihrer geheimen und magischen Künste in die Tiefen der heiligen, geweihten Wälder (z.B. „Externsteine“) zurückzogen. Außerdem verweist der Name ähnlich einer Matrjoschka, jenen russischen Steckpuppen, in einer weiteren versteckten Ebene auch auf das „heilige Holz“, den Zauberstab das Haupthandwerkszeug eines Magier oder Zauberers. Sind diese beiden Zusammenhänge zu Magieren, Priestern oder Druiden reiner Zufall?
Auf dem Economist Cover des Jahres 2017 entdeckt man die redaktionell veränderte Spielkarte des Magiers. Er hält seinen Zauberstab nach oben, hinter ihm die Sonne, über ihm die liegende acht. Er hat eine virtual reality Brille auf und seine linke Hand tastet nach einem 3D Drucker aus dem Eigenheime am Fließband laufen. Eine Aussage: Was früher Magie war, ist heute Technik. Es sind die heutigen Zauberer, die mit Hilfe von Technik Illusionen („Filme“) erzeugen. Sie, erschaffen Welten am Display oder der Leinwand und bedienen sich künstlicher Realitäten. Sie greifen in unser Unbewusstes ein, erschaffen „unsere“ Träume an der Wurzel („Eigenheime“, „american dream“). Es sind die Träume von uns Menschen, die über die Leinwand verursacht, gelenkt und Gestalt annehmen sollen und uns beeinflussen. Wie nennt man Hollywood auch? Die Traumfabrik. Wer die Träume der Menschen kontrolliert, kontrolliert die Menschen selbst.

Warum sollte dieser Zusammenhang Hollywoods mit Zauberern Bedeutung haben?
Es war seit Jahrtausenden eine Kaste, die das Volk beeinflusst hat: Früher die Priester, Magier und Zauberer, später religiöse Gesellschaftsfraktale jedweder Couleur. Immer hat man seinen Herrschaftsanspruch davon abgeleitet, übermächtige Kräfte zu haben, in Kontakt mit Göttern zu stehen oder gottgleich zu sein. In unserer heutigen „aufgeklärt“, also „rational“ genannten Zeit, zieht man sich darauf zurück, einfache Geschichten zu erzählen. Aber man erzählt sie technisch per-

fekt! Wie auf der Tarotkarte des Economist: Der Magier hat heute eben eine VR-Brille und einen 3D-Drucker. Er benutzt Technik für seine „Magie".

Der Zauberstab ist das Sinnbild für das Unmögliche und die Fähigkeit des Zauberns an sich. Der Zauberer gibt vor, in Kontakt mit höheren Ebenen zu stehen, übermenschliche Fähigkeiten zu haben und Menschenunmögliches zu können. Er entwickelt Narrative rund um seine Tricks, macht Menschen Glauben, Staunen, fasziniert, und fesselt deren Aufmerksamkeit. Es ist ein wenig wie das Sinnbild ganz am Anfang des Buches. Die Menschen sitzen in Reihen wie uniformiert und werden uninformiert, während sie nach vorne auf die Bühne blicken. Dort trickst der Zauberer oder dort läuft der Film.

Und auf den Leinwänden trickst Hollywood. Hier findet der Eingriff tief ins menschliche Bewusstseinskollektiv statt. Hier sind die modernen Zauberbilder, werden über Technik Illusionen scheinbare Realität und werden heute die Narrative entwickelt. Hier werden die großen Dramen inszeniert, Gesetze der Physik mit Trickfilmtechnik aufgehoben, die genialen Tricks aufgeführt. Hier erscheint das Unmögliche möglich.

Aber eben nur aus der Perspektive des Auditoriums. Nur aus dem eigens hierfür definierten Blickwinkel. Schaute man von hinten auf die Tricks, verblassen viele in Ihrer Einfachheit und von der glitzernden, atemberaubenden Fassade bleibt nichts mehr übrig.

Für das perfekte Greifen einer Illusion ist also immer wichtig, in der genauen Zielrichtung zu sitzen, in der sie wirken soll. Schon ein Wechseln der Blickrichtung zerstört die gesamte Szenerie und Illusion...

Man könnte ebenfalls sagen: Für das Greifen einer Illusion muss man an der richtigen Stelle, Adressat sein.

Hollywood liefert diese Illusionen. Es sind nicht einfache unschuldige Filmchen, die da abgedreht werden zum Vergnügen der Leute. Es gibt sehr genaue Regeln, nachdem Manuskripte angenommen werden. Nicht nur nach den Stilregeln („Heldenreise"), sondern nach ihrem politischen Inhalten, den transportierten gesellschaftlichen Bildern und Werten, die diese aussagen sollen, den Regeln und Fassaden, die durch die Filme transportiert werden. Hat man die Schablonen einmal erkannt, die dort immer wieder in die Hirne gehämmert werden sollen (Zum Beispiel: Wir sind ein freies Volk, demokratisch, achten die Würde des Menschen und haben unverrückbare Werte wie Toleranz, Religionsfreiheit...usw). Die Macht der Worte ist so groß, dass ich sogar hier beim Schreiben feststelle, wie sorgsam – vorsichtig – ich mich ausdrücken muss, da hier riesige Gedankeninhalte bereits transportiert worden sind. Maßgebend ist: was Sie da gesagt bekommen muss

1.) längst nicht der Realität entsprechen
2.) stellt die oft vollkommen verkehrten Zustände in ein manipuliertes und erwünschtes Licht
3.) transportiert Phrasen und Fantasien als Wahrheit
und viel mehr.

Um es noch einmal klar zu formulieren: Hollywood ist weder in direkter Tradition zu Druiden, noch hat die Traumfabrik wirkliche Magie zu bieten. Es ist Schaumschlägerei, Täuschung und Illusion mit Hilfe von Technik. Bühnenkünstler mögen vielleicht gerne in der Tradition alter, echter Druiden stehen. Aber sie bleiben Künstler und sind keine Zauberer. Angewiesen auf Täuschung, Licht, Ablenkung.
Hier ist Hollywood – nebenbei erwähnt – eine perfekte Kopie zur materiellen Welt, die uns eben auch echter – natürlicher – Magie berauben möchte und diese durch Technik ersetzt (z.B. Telepathie contra Handy).
Ich habe in Verdeckte Ziele bereits darüber geschrieben, als wir während eines Ufo-Projektes auf total verseuchte und manipulative Bewusstseinsbereiche stießen. Und nicht ohne Grund nahmen die Themen Massenmanipulation und -medien dabei großen Raum ein.

Die Liste der Traumfabrikthemen ist lang. Über die Filme bekommen wir spielerisch und subtil vermittelt, was wir glauben sollen; in welcher Gedankenblase wir uns bewegen.
Wir sollten genau beobachten, welche Weltsicht, und Geschichten, welche Erklärungen und Begründungen die modernen Filmproduktionen vermitteln. Ob es eine globale Epidemie mit Rettung durch eine überstaatliche Organisation ist, eine Ufo-Invasion der Erde, Weltraumgeschichten, Zukunftsszenarien künstlicher Intelligenz oder ein Klimainfarkt mit weltweiten Schreckensszenarien. Hollywood kopiert und bearbeitet eben nicht Filmthemen aus den „Fakten" des Alltags, sondern liefert und flankiert die Narrative, die entwickelt wurden uns geistig in einer vorgedachten Blase zu halten oder dorthin zu bringen. Dabei steht die Filmindustrie in enger Verbindung zur NASA, den Streitkräften und politischen Kräften.

Unser Gehirn funktioniert über Geschichten und Emotionen. Wir nehmen es auf. Selbst wenn Sie haargenau wissen, wie sehr erfunden und unrealistisch die Inhalte sind und es nicht glauben, passiert nach Tagen, Wochen, Monaten etwas Fatales, was man zweifelsfrei nachgewiesen hat: In vielen (nicht allen) Fällen vergessen Sie zwar nicht die transportierten Inhalte und Aussagen, sie wissen aber nicht mehr, woher Sie es haben. Das heißt, viele gesehene Inhalte sind verknüpfungslos bei Ihnen abgelegt (worden). Genau dann vermischt sich erfolgreich Fiktion und Realität zu einem unbewussten Sumpf in Ihnen drin.

Ein ganz einfaches Beispiel: Wenn Kinder zum Beispiel einen Film schauen, in dem der „coole" Held eine bestimmte Markenhose trägt oder eine Baseballkappe oder, oder, oder, und diese untergründig und nebenbei eingeschleifte Information wird und über die nächsten Monate noch ein paar Mal wiederholt, dann wird das verknüpft einprogrammiert.
Was heißt das?

Wenn Sie das nächste Mal mit Ihrem Kind einkaufen gehen, sehen Sie das Ergebnis: Es will eine Baseballkappe von einer bestimmten Firma und auch die zugehörige Jeans ist viel toller als das No-Name-Produkt daneben. Das Kind wurde zum Konsumsklaven hin manipuliert. Von freier Willensentscheidung keine Spur.
Der springende, spannende Punkt kommt aber erst noch: Fragen Sie Ihr Kind einmal, warum denn nun diese Marke, Hose, Kappe etc „cool" ist.
Es wird antworten, „Na weil die es eben ist. Die ist einfach besser. Das finde ich so."
Ihr Kind *findet* und *fühlt* das tatsächlich. *Es ist Teil von dessen Realität.* Sie haben hier nichts weiter, als das praktische Beispiel viel weiter vorne, als wir über die verschiedenen Gedankenarten (beim Remote Viewing) gesprochen haben und die Schlüsse daraus zogen: es sind fremdgesteuerte, manipulierte Gefühle. Und mit Gefühlen identifizieren wir uns. Und glauben Sie nicht, das höre bei Konsum auf – da fängt es an. Dieses Realitätsdesign Ihres Gehirnes wird erfolgreich mit JEDEM Thema betrieben. Politik, Gesellschaft, erwünschtem und unerwünschtem Verhalten, Sexualität, Attraktivität, Beliebt sein, gesellschaftlichem Stellenwert ...
Ja ich weiß. Viele von Ihnen sitzen nun hier, lesen das, denken ich spinne und sie seien garantiert nicht gehirngewaschen. Es ist ja auch

hammerhart, bereit und offen zu sein, das bei sich zu überprüfe Warum will ich dies oder jenes haben/sein/werden/erreichen....?
Die Summe tausender dieser Geschichten und Filme in den Köpfen der Menschen ist eine Art Gedankengefängnis. Ein Gedankengefängnis voller Vorannahmen und erlernter Geschichten. Wir betrachten nicht die Welt, sondern Objekte als Platzhalter von Ideologien. Wir sind in unserer Wahrnehmung in weiten Teilen Produkt von Indoktrinatoren. Das durchzieht unseren gesamten Alltag, unser Geschichtsverständnis, unsere für „Gut und Schlecht" gehaltenen Einstellungen.
Nicht umsonst wurden früher Märchen und Sagen benutzt um Traditionen, altes Geheimwissen oder die ideelle Geschlossenheit einer Volksgruppe an die Nachkommen weiter zu geben. Heute sind die alten traditionellen Märchen längst nicht mehr Bestandteil der Kindheit. An deren Stelle sind in unseren Breiten allzu oft zum Beispiel Disney-Geschichten getreten (das ist z.B. auch, was Herr Brzezinski mit kultureller Macht meint). Mittlerweile sind fast alle wichtigen deutschen Märchen als Disney-Interpretation vereinnahmt und mit amerikanischer Ideologie an uns zurückgeschickt worden. Auch darüber wird Entwurzelung betrieben. Wenn die Traditionen nicht mehr gelebt werden, wird die Homogenität einer Volksgruppe zerstört.
Die Filme sind in gewissem Sinne genauso Kulisse, wie es unsere Objekt-3D-Welt ist. Es wurde eingangs ja schon kurz erwähnt. Sie verschleiern nicht nur die Realität und ersetzen diese durch Narrative, sondern sind bereits selbst oft zu einhundert Prozent Kulisse geworden. So, wie wir ins Informationszeitalter eintreten, wo Technik allerorten dominiert und die reale Welt ersetzt, geschieht dies auch in den Filmen. Nicht nur in der Geschichte oder neuerdings in den Maschinen-Protagonisten, sondern der Film spielt in computersimulierten Welten. Was wir auf der Leinwand sehen, ist nicht real, gab es niemals wirklich, sondern ist selbst Teil der Informationsrevolution: eine Kulisse aus Bits und Bytes, erschaffen in Speicherbausteinen von Computern. Der Film *ist selbst Kulisse* geworden. Sind die Objekte die Kulisse der 3D Welt und werden durch virtuelle Scheinwelten ersetzt, was wir „Informationszeitalter" nennen, so nehmen diesen Platz die Computeranimationen als Kulisse in den Filmen ein.

Gibt es denn Hinweise oder Beweise für diese Behauptungen, „Magier" würden unsere Wahrnehmungen über Dokumentationen, Filme und virtuelle Welten steuern?

Der *Economist* ist ein Magazin im Eigentum der Rothschild Familie. Sie haben die Tradition ins Leben gerufen, einmal im Jahr Prognosen und Prophezeiungen fürs nächste Jahr auf ihrer Titelseite abzudrucken. Sehr oft sind da Treffer zu verzeichnen, was ja von selbst bei gesundem Menschenverstand die Frage aufkommen lassen müsste, wie das denn sein kann. Denn entweder haben sie dort Spitzen-Prophezeiungsexperten in ihren Reihen, die aus Vogelflug und magischen Steinen die Geschehnisse der Welt in der Zukunft vorhersagen können, oder aber sie machen die Geschehnisse einfach selbst.
Das Cover des *Economist* („The world in 2019") zeigt Leonardo da Vincis Mensch („Vitruvianischer Mensch") mit einer Brille, ähnlich einer so genannten „Virtual-Reality-Brille". Es passt gut ins Bild der Vorjahre; wir kommen noch im Detail darauf zurück. In jeder der vier Hände hält dieser Mensch einen Gegenstand: ein Marihuana Blatt, einen Tennisball, ein Handy mit Strichcode und eine Waage, die Justitia imitierend. Diese Gegenstände könnten für Drogen, Sport, Technik und Gesetze stehen. Ein Mensch, dessen gesamte Welt über künstliche Themen gefüllt wird und ihn blind für das reale Außen macht ...
Für das Jahr 2017 wurden verschiedene Tarot-Karten auf dem Cover abgebildet, was an sich schon eine kleine Sensation ist. Ich begreife dies als klares Bekenntnis dafür, magisch im Hintergrund tätig zu sein. Sprich: In den oberen Rängen unserer Welt finden Sie keine Rationalisten, sondern, da bin ich mir sicher, Magier. Wir leben in Zeiten einer völligen Umkehr, einer Wendezeit und die neue Ära wurde eingeläutet.

Eine der Karten des Covers zeigt die Tarotkarte des Magiers. Leider kann ich Ihnen aus urheberrechtlichen Gründen hier keinen Abdruck des Covers ablichten; „er-googlen" Sie sich den bitte selbst („*Economist* Cover 2017 bzw. 2019"). Es ist der Magier des Tarot-Decks, aber mit 3D-Brille. Eine genaue Beschreibung kann ich aber liefern:
Auf der Titelseite des Heftes sind acht Karten abgebildet. Die zweite der unteren Reihe zeigt den durch deren Redaktion „überarbeiteten" Magier. Dieser hat die gleiche Grundstellung wie auf den alten Tarotkarten rechts, allerdings trägt er
1. eine dieser Virtual Reality Brillen über seinen Augen und
2. seine linke untere Hand bedient einen 3-D Drucker aus dem Eigenheime am Fließband kommen.

Die Magier der heutigen Zeit haben also zwei Wirkebenen:
1. Sie bestimmen, was wir sehen und wahrnehmen (Hollywood, Fernsehen).
2. Sie haben eine Standardschablone für unseren Lebenslauf (Arbeit, Eigenheim, Konsum, Familie)

Zu 1. Virtual Reality ist *der* neue Renner. Sollten wir bislang das Klicken vor dem Fernseher oder dem Monitor als intensives Spielerlebnis wahrgenommen haben, so werden die Grenzen zwischen Realität und Fantasie weiter verschwimmen. Kürzlich in einem Elektronikmarkt wurde ein Freund Zeuge eines symbolträchtigen Ablaufes. Eine junge Frau probierte eine dieser Brillen bei einem Spiel aus. Der Verkäufer warnte sie, wegen der täuschend echten Simulation der Darstellungen. Sie könne Wirklichkeit und Täuschung nicht mehr unterscheiden, sobald sie die Brille aufsetze. Sie nahm es leicht hin. Nachdem sie die Brille aufgesetzt hatte, erschrak sie so sehr, dass sie zu Boden stürzte. Es war wohl die Simulation eines Gebirgsweges mit tiefem Blick nach unten, der sie hat zurückschrecken lassen. Die dargestellte Brille ist also der Hammer, um uns von der scheinbar tristen Welt in eine andere leuchtende, abenteuerliche zu flüchten.[8] Menschen lieben ja Prophezeiungen und von Remote Viewern werden die immer erwartet: Es ist dies nur die Zwischentechnologie für eine zukünftige Technologie, die das Holodeck der Enterprise nachahmt. Zukünftige „Fernseher" projizieren das Bild dreidimensional mitten ins Wohnzimmer. Dann sind Realität und Fiktion greifbar miteinander verwoben. Vor unseren Augen wird mitten unter uns das Spielfilmgeschehen ausgetragen. So, als seien die Charaktere wirklich in unserem Haus. Sie werden sich vor unseren Augen, direkt vor unserem Sofa bewegen. Vorher wird dies in speziellen Theatern aufgeführt, bevor es „heimtauglich" ist. Nun ja, es ist wie in den Büchern vorher. Heute ist man ein Spinner oder Verschwörungstheoretiker, wenn man so etwas schreibt. Nachdem es eingetroffen ist, hat es jeder gewusst, es war auch ganz klar – und man bleibt ein Verschwörungstheoretiker.

Ein weiterer Aspekt dieser Brille ist das perfekte Sinnbild für das, was mit uns geschieht. Wir werden blind sein, für die reale Außenwelt, weil unsere Sinne in designten Welten, erdachten Konstruktionen und fik-

[8] Inzwischen gibt es Freizeiteinrichtungen mit Demonstrationen für jedermann. Zum Beispiel im dänischen „Universe", wenige Kilometer nördlich von Sonderburg, kann man auf eine Planke im 50. Stockwerk aus einem Hochhaus treten. Und herunterfallen.

tionalen Räumen gefangen sind. Wir nehmen nicht mehr wahr, was wirklich im dreidimensionalen Außen – auf der Erde eben - geschieht. Die Zauberei der Technik wird zu unserer Täuschung eingesetzt. Der Nutzen ist klar: Von virtuellen Welten geblendete Augen und verführte Hirne sind eine willige, amorphe, leicht regierbare Masse. Die virtuelle Realität tausendmal geiler als das vielleicht triste Leben in einer grauen Großstadt. Die Abenteuer werden in Dolby Surround auf 30 Leveln in einer perfekt inszenierten Scheinwelt erlebt. Unser Gehirn konnte noch nie Wahrheit und Fiktion auseinanderhalten. Auch in einem Film nicht, was den Umstand erklärt, warum wir bei manchen Szenen erschrecken oder mitweinen. Worin liegt noch der gravierende Unterschied eines Menschen, der sich allabendlich in diese Welten flüchtet, tagsüber seinem Job nachgeht und ansonsten brav konsumiert zum Gleichnis des Spielfilmes Matrix: dort liegen Menschen in Wannen mit einer künstlichen Flüssigkeit. Über eine Apparatur sind sie mit einem Gerät verbunden, welches Erlebnisse in ihr Hirn einspielt, die dieses für real hält, für das echtes Leben, während dabei ihre Lebenskraft abgezogen wird und sich etwas davon nährt.
Die Brille ist ebenfalls ein Sinnbild für einen weiteren virtuellen Aspekt der Realität. Eben nicht Computerspiele, sondern die Filmindustrie. Wir haben es bei den Betrachtungen zu Hollywood bereits erwähnt. Wir sehen nicht die Welt, wir sehen alles durch die Brille, die wir aufgesetzt bekommen.
Soviel also zu virtuellen Welten, die wir bereitwillig aufsuchen werden. Denken Sie so um 2030 noch einmal an mich. Aber kehren wir nun zurück zu den generellen Betrachtungen.

Hinter den Kulissen, hinter dem, was wir täglich als „normal“ über Massenmedien gezeigt bekommen, ist eine Welt voller Magie und Ritualen. Seltsamerweise benutzen gerade jene Kreise, die ich hier die „Marionettenspieler“ nennen würde, weil diese weit oben in pyramidalen Machtstrukturen über eine Unmenge an Geld, Einfluss und Macht verfügen, magische Symbole, vollziehen rituelle Kulthandlungen und so fort. Sind diese denn alle verrückt oder schauen sie nicht ihre eigenen „Wissenschaftssendungen“ wie Galileo? (Ich weiß, es scheint zynisch, eine Soap wie Galileo als Wissenschaftssendung zu bezeichnen, aber viele Menschen sehen sie so. Die Begrenzung der Welt auf „Logik“ und „Wissenschaft“ ist für uns „Muggels“ gedacht.)

Nein. Die Drahtzieher denken magisch. Es ist eine komplett andere Schablone, als die, die Ihnen vorgemacht wird. Eine in sich auch logische, aber vollkommen andere Art des Denkens.
Hierzu gibt es noch eine Unmenge an spezieller Literatur und auch Webseiten, wobei diese beständig weniger werden. Es ist klar – Themen die hinter die Bühne gehören, hinter die Kulissen, dürfen nicht ans Licht, dürfen nicht von Ihnen gesehen werden. Sie sollen ein genau definiertes Weltbild als normal halten. Es gibt eine Unmenge von Indizien und Beweisen für diese Behauptungen. Pizzagate zum Beispiel und die offen gelegten Emails, Berichte über rituellen Missbrauch, Orgien, Morde etc.

Zusammenfassend noch einmal einige Zeilen:
Für uns Durchschnittsmenschen ist der Tisch der wahren Informationen sehr dürftig gedeckt. Alles ist immer nur „vernünftig, kausal, wissenschaftlich". Hierbei handelt es sich aber um nichts als eine Kulisse.
Statt ein Bild der Realität zu erhalten, geschieht mit uns beim Genuss der von den Eliten kontrollierten Massenmedien das Gegenteil. Wir werden fehlinformiert und wie falsch gepolt oder „geladen".
„Genießen" wir Massenmedien, die durch die Elite missbraucht werden, um gezielt Fehl- und Falschinformationen unter die Menschen zu bringen, können wir unseren Geist diesem schädlichen Einfluss auch nur sehr schwer entziehen.
Dies ist keine Verschwörungstheorie, sondern Fakt. Massenmedien informieren gezielt falsch. Auch in der Literaturliste im Anhang finden Sie eine Menge interessanter, wertvoller und aufklärender Literatur, oft auch noch kostenlose E-Books und anderer elektronischer Dateien, die mittlerweile klar belegen, was hier los ist und wie abgrundtief böse das ist, was da gerade vor aller Augen geschieht. Die gezielte Irreführung, Manipulation und Ruhigstellung der Menschen. Gleichzeitig, wie eine Verhöhnung, die Veröffentlichung der eigenen (Schand-)taten (versteckt, verklausuliert und zwischen Lügen eingepackt, aber veröffentlicht) ohne dass es bemerkt wird. Sinnbildlich kann man dann sogar mit dem Finger auf die Menschen zeigen: „Mann sind die blöd." Und „Wir haben es euch doch gesagt!"
Diese aufgebaute Kulisse wird den Menschen täglich als „Welt" in die Köpfe eingespielt. Es ist so tiefgehend wichtig zu verstehen, dass Tagesschau, Tagesthemen, Panorama, Talkshows und viele Formate immer mehr einseitig und tendenziell berichten und Sie programmieren. Nicht nur ein bisschen, sondern täglich so sehr, dass sich die Balken

biegen. Es dient einfach dazu, durch Sie konsumiert zu werden. Auch hier geben Sie Ihre Energie ab. Sie werden eben nicht informiert, sondern bekommen klar gesagt, was Sie zu denken haben.
Die führenden Printmedien sind da ebenfalls nicht besser. Auch hier werden scheinbare Diskussionen und verschiedene Meinungen zugelassen – solange diese innerhalb des erwünschten Geheges, innerhalb der Kulisse sind.
Im Internet, ob dies nun Portale wie Youtube betrifft, oder Facebook, aber auch ganz normale Seiten, die über Suchmaschinen erreicht werden können (oder konnten), ist der Krieg längst entbrannt.
Während wir kaum noch etwas dezentral speichern, wird zensiert und gesperrt, was das Zeug hält. Was im Netz gelöscht wird, ist nicht mehr. In den letzten Büchern sprach ich so oft von der Orwell'schen Welt. Und was war ich? Klar! Verschwörungstheoretiker. Über die letzten Jahre werde ich unfreiwillig Zeuge, wie immer mehr Webseiten sang – und klanglos verschwinden. Plötzlich sind diese „vorübergehend nicht erreichbar", dann liest man von deren Betreiber, dass er gesperrt wurde. Das sind keine Einzelfälle, es passiert dauernd. Ja. Es waren regierungs – und systemkritische Webseiten und Meinungen und „nein", diese waren keiner der mir bekannten politischen Parteien zuzuordnen – aber ist dies ein Grund sie zu löschen?

Als jemand, der seit Jahren alternative Medien schaut, bin ich die letzten Jahre wirklich erschrocken, in welchem Maß mittlerweile zensiert wird und mit welchen Mitteln und wie restriktiv vorgegangen wird. Der zugelassene Meinungskorridor ist mittlerweile kleiner denn je, während gleichzeitig allerorten von Toleranz die Rede ist. Die Intoleranz ist aber immer größer. Vieles ist plötzlich „rechts". Früher wurde vieles, oft Ähnliches, mit „Links" und „kommunistisch" bekämpft. Jetzt ist man ganz schnell „Nazi". Nehmen wir die Zuwanderungskritik? Rechtsradikal. Auch wenn man betont, dass die westlichen, kapitalistischen Industriemächte die Fluchtwelle ausgelöst haben. Die wirkliche Toleranz eines Staates und dessen Gesellschaft lässt sich nicht „von innen heraus" beurteilen, solange man sich nur inmitten des umhegten Geländes zugelassener Meinungen und Lebensweisen bewegt. Sie ist erst erkennbar, wenn man sich in den Randbereichen oder außerhalb befindet oder anders lebt als die Masse. Plötzlich tauchen lauter „Blockwarte" auf. Man lässt die Menschen sich gegenseitig bewachen und beobachten. Das ist sehr effektiv.

Noch einmal genauer: Sie können keinen Eindruck von jeglicher „Freiheit" gewinnen, solange Sie so leben, wie man es für Sie vordachte und wie es für das System vorteilhaft ist. Erst außerhalb. Dazu gibt es ebenfalls einen kleinen Spruch:

„Man spürt seine Fesseln erst, wenn man sich bewegt."

Sobald Sie sich aber bewegen, werden Sie feststellen, dass das System nicht nur über seine Organe zugreift, sondern gerade auch über einzelne Privatpersonen, die beginnen werden, über Sie und ihre Lebensweise zu urteilen. Und das sind nicht irgendwelche: es sind in aller Regel die näheren Personen: Bekannte, Verwandte. Nicht unbedingt enge Freunde oder nahe Verwandte. Es ist der erweiterte Dunstkreis Ihnen bekannter Personen.
Das ist kein Zufall, sondern ein geplantes Überwachungssystem. Die Schafe kontrollieren sich selbst untereinander und zeigen an, wenn eines ausbrechen möchte.
Wir schlittern in einen intoleranten Überwachungsstaat, in dem wir alle Alles verlieren. Unsere Meinungs- und Versammlungsfreiheit – alles wird mittlerweile als „Bedrohung" und gegen den Staat aufgefasst und geahndet. Einige wenige treten unser eigenes demokratisches Recht mit Füßen und deuten es als Gefahr um.
Mittlerweile ist der ideologische Irrsinn derart augenfällig, dass wirklich nur noch die am tiefsten schlafenden Schafe davon ausgehen können, hier sei „soweit alles in Ordnung" oder „man habe ein paar Probleme, aber die Regierung werde die lösen".
Ich selbst ertappe mich dabei, dass Angst beim Schreiben dieser Zeilen mitspielt. Die Angst, Kritik zu üben und durch den Staat sanktioniert zu werden, Angst, mein Verleger bekommt Probleme, die Angst vor dem System ist wieder greifbar.) So weit ist es bereits wieder gekommen. Sind wir vielleicht wieder in einem modern ausstaffierten Jahr 1930? Oder sogar schon später? Genau da wollten wir doch nie mehr hin! Es sollte doch ein tolerantes, demokratisches, vielfältiges, liberales Land mit Meinungsfreiheit sein. Genau dafür, Werte und Grundrechte eines Grundgesetzes zu wahren, haben doch Millionen Beamte einen Eid abgelegt.
Wann stehen die Männer in den langen Kunstledermänteln wieder vor der Tür? Oder sorgfältig uninformierte Uniformierte? Das ist doch, was nie mehr passieren sollte! Wir sind auf der Autobahn dorthin. Und das ist genau so, wie es auf den Webseiten passiert. Es geschieht im Stillen,

scheibchenweise, möglichst fern der Öffentlichkeit. Die Menschen werden voneinander separiert und danach einzeln „rangenommen". Erst mit „guten Gründen" und „für die Ordnung", dann „zu Recht". Einer nach dem anderen. Am besten unter einem geheuchelten Vorwand. Alexander Solschenizyn hat es in seinem Buch „Der Archipel Gulag" beschrieben.

Was wir in den nächsten Jahren sehen und leider auch durchleben werden müssen, wird erneut bester Stoff für die Geschichtsbücher und Biografien der Zukunft sein. Ein faschistisches Staatssystem wird aufgebaut, mit gegen die Bevölkerung agierenden Politikern, Staatsorganen und Exekutivkräften wie Polizei und Militär. Technische Bespitzelung allerorten, selbst noch in der eigenen Wohnung und der Zugriff und die Gewalt gegen die eigenen Bürger. Ja, und eine Menge Computerspiele kann man dann in den nächsten 10 bis 20 Jahren dazu entwerfen. Uns steht eine Wendezeit allererster Güte ins Haus und wahrscheinlich wäre es sogar besser, den Kontinent zu verlassen.

Davon handeln gleich die nächsten Seiten. Auf diese Fährte stieß ich mehr durch Zufall in einer Remote Viewing Session.
Es ist nichts weniger, als der Untergang Europas, unserer Gesellschafts-, Wirtschafts-, Religionsformen und unserer Gesetzes- und Staatsstrukturen.

Und für eine Vorbereitung der nächsten Seiten stellen wir uns vor, ausgerechnet Eliten würden sich dem auf den letzten Seiten beschriebenen alten, magischen Wissen sehr verbunden fühlen und wollten es fast immer vor der Masse verstecken. Ihr seltsamer Ehrenkodex aber würde immer wieder von Ihnen verlangen, Teile und einzelne geplante Ereignisse zu entblößen. Außerdem ist es wie ein sehr reizvolles Spiel mit dem Feuer.
Der bereits angesprochene *„Economist"* ist dabei als besonderes Sprachrohr solcher begrenzter Blicke hinter die Kulisse aufgefallen. Aber auch andere Medien.
Die transportierten Inhalte solcher bedeutungsschwerer Offenbarungen haben eine bestimmte Schablone.

1.) Sie werden über Massenmedien transportiert.
2.) Sie haben mehrere Bedeutungsebenen
3.) Sie manipulieren die Uneingeweihten.

4.) Sie informieren die Eingeweihten rund um den Globus.

Selbst wenn Sie das nicht glauben, können Sie vielleicht die nachfolgenden Geschichten einmal unter diesem Blickwinkel sehen.
Es sind dies absolut wichtige Gedanken für das Verständnis der folgenden konkreten Darstellungen, wie der Costa Concordia, dem Sojus Zwischenfall, dem EU Parlament und anderen.
Exakt die gleiche Handlungsschablone, wie beim *Economist*- Beispiel wird immer wieder benutzt. Man streut Informationen für magisch denkende auf einer ganz anderen und für die Masse meist unverständlichen Ebene und spielt dabei mit dem Feuer. Es ist eine Art Verhöhnung der Masse, ein Gelächter über deren Unfähigkeit, zu erkennen und es ist ein Beweihräuchern der eigenen Genialität, die Kontrolle ausgeübt zu haben und es weiter zu tun.

- Man kann es sich leisten.
- Es ist kreativ, so als male man ein Bild oder erfinde einen Spielfilm.
- Man beweist seinen Mut und ist fähig, den Kitzel zu ertragen, alles beinahe zu enthüllen, wie ein Serienmörder, der „Spuren" legt.

- Man kann sagen: „Wir haben es euch doch gesagt. Bitte. Seht her."
- Für „Normalmenschen" ist es unvorstellbar. Wer es doch versucht: „Verschwörungstheoretiker".

Magisch-mediale Manipulation

Das sind die Medien. Es sind verantwortungslose Medien. Der Kriminelle wird so aussehen, als wäre er das Opfer, und das Opfer sieht aus, als wäre es der Kriminelle. Wenn Sie nicht aufpassen, werden die Medien es schaffen, dass Sie die Menschen hassen, die unterdrückt werden und die Menschen lieben, die unterdrücken. Dies ist eine Art Taktik der Propaganda, die ich psychologische Kriegsführung nennen würde.
Malcolm X

Manchmal hat man Sessions, die sind überhaupt nicht spektakulär. Sie sind so „lala". Am Ziel dran, aber auch nicht so umwerfend.
Als 2012 die Costa Concordia vor der Küste Europas unterging, war die große Frage eigentlich, ob es ein Unfall war oder Absicht. Zugege-

ben, auch ich war von dieser Sichtweise geblendet und wollte das gerne herausfinden. Malcolm X hat auch bei mir Spuren hinterlassen.
Zudem ist es auch verlockend, kurz mal beim Kapitän eine tiefe Gedankenprobe zu ziehen und dann zu wissen, was Akte ist.
Um es gleich vorweg zu sagen: Per Remote Viewing fanden wir jetzt keinen schlagenden Hinweis darauf, es mit einem geplanten Verbrechen zu tun zu haben, aber einige seltsame Zwischentöne waren da in der Sitzung (und das ist ja immer das Interessanteste oder die beste Spur). Der Viewer meinte nämlich, das sei „wie Magie, die keiner sieht, obwohl sie vor aller Augen stattfindet" und das sei „wie die Titanic".
Manchmal erntet man scheinbar so wenig aus einer Session, dass es sich nicht lohnt, da groß drüber zu reden. Was will man mit diesen beiden Sätzen? Man könnte nichts Evidentes dazu sagen.
Der Samen war aber *in mir* gelegt. Das war vielleicht das größte Ergebnis dieser Session. Könnte es möglich sein, dass Magie bei dieser Havarie eine Rolle spielte? Schließlich hatte der Viewer mit seinem AUL nach Titanic bewiesen, on target gewesen zu sein. Der hatte schon unbewusst mitbekommen, was da los war. Und weil mir die Sache mit der Magie einfach keine Ruhe gab, machte ich mich auf die Suche und wurde fündig.

So fündig, dass hier nun eine Abhandlung darüber erscheint, die sich um magisch-mediale Manipulation dreht. Komischerweise hat da bis heute niemand so Stellung dazu genommen, dabei liegt für mich alles klar auf der Hand:

Die Inszenierung des Costa Concordia Unglücks, war ein sorgsam geplantes und medial aufbereitetes magisches Ritual, dass eindeutig den kommenden Untergang Europas symbolisierte.

Die folgenden Seiten basieren auf einem Vortrag, den ich im Jahr 2012 drei Mal gehalten habe. Nur für diejenigen, die meinen, ich könnte mich heute locker hinstellen und solche Dinge behaupten. Ich habe es nachweislich auch schon 2012 getan.
Ach so, und bevor ich das vergesse.
Ich würde mir wünschen, dass Texte wie der folgende Ihre Aufmerksamkeit schärfen, Ihre Aufmerksamkeit und Beobachtungsgabe, hinter normalen und rational erscheinenden Informationen den tiefer liegenden Bedeutungscharakter zu entdecken.
Manchmal, wie folgend, springt er einem ins Auge.

Er ist gewollt und inszeniert.

Man muss es nur sehen. Hinter der ach so vernünftigen und rationalen Fassade, haben wir es mit einer magischen Welt zu tun.
Wir beginnen nun mit dem Beispiel des Unglücks der Costa Concordia. Aber in Wirklichkeit geht es um viel mehr. Um die Schärfung Ihres Blickes für eine bestimmte immer wieder ähnelnde Schablone, mit der es schwierig, aber möglich ist, vorsätzliches magisches Handeln von so genannten „zufälligen" Ereignissen zu trennen.
Ohne jetzt dieses Fass zu weit zu öffnen, handelt es sich bei den Zufällen sehr oft um „synchronistische" Ereignisse, also Ereignisse, die seltsamerweise einen Sinnbezug zueinander haben, obwohl sie kausal nicht zusammenhängen.
Dieser zweite Teil des Buches hier wird immer wieder ein Schwergewicht darauf legen, das Eine vom Anderen zu trennen und Sie darauf aufmerksam zu machen, was hinter der Kulisse der scheinbar so rationalen Welt noch passiert und wie man das auch in einem weit größeren Bedeutungszusammenhang sehen kann.

Costa Concordia – Europas Untergang - ein rituelles Verbrechen?

Ein sinkendes Schiff ist nicht nur eine echte Katastrophe, sondern auch eine sprichwörtliche. Darüber hinaus ist es auch ein Menschheitsarchetyp. Und bei sowas sind Remote Viewer ja schnell mal sehr empfindlich. Warum? Tief in uns leben Archetypen. Uralte Erinnerungen der Menschheit in bildlicher Form. Grundmuster des Begreifens und Sinnbilder für die gesamte äußere Welt. Einer meiner Lieblingsarchetypen ist zum Beispiel „die Heldenreise". Suchen Sie doch einmal danach im Internet. Sie werden überrascht sein. Die Heldenreise ist nicht nur die Blaupause für jede Handlungslinie eines Hollywood Filmes, sondern auch ein Echo unseres Lebenslaufes, dessen Verstehens und Sich-Wandelns.
Im Schiff finden wir ebenfalls einen solchen uralten Archetypus, der schon in biblischen Zeiten mit der Arche Noah in der Genesis beschrieben wird. Ein Schiff ist ein Sinnbild für eine Reise und auch ein Überlebensareal inmitten einer feindlichen Umwelt. Es beherbergt und ermöglicht Leben. Im christlichen Sinn ist es weiterhin ein Sinnbild für

eine Gemeinschaft oder Gemeinde in den (stürmischen) Wogen des Weltgeschehens.
In unserer Sprachintelligenz hat sich diese Deutung erhalten, wenn wir sagen „Die Ratten verlassen das sinkende Schiff." Auch „Frauen und Kinder zuerst" und „Der Kapitän geht mit seinem Schiff unter" fußen auf dem Symbolismus des Schiffes.
Wenn ein Schiff, welches für die europäische Union steht, also mit Schlagseite manövrierunfähig im Wasser liegt, so beinhaltet dies eine tiefe synchronistische Parallele, die vom Untergang des Gemeinwesens EU erzählt. Geht der Kapitän dann entgegen des Sprichwortes als erster von Bord, so symbolisiert dies die Position der Bevölkerung, verraten und verkauft zu sein und von ihre Regierungen nicht mehr geleitet, geführt und vertreten, sondern im Gegenteil, allein gelassen zu sein.
Schreiben wir doch das Ende, die naheliegende Schlussfolgerung dieses Artikels, zuerst.
Hier wird nachfolgend höchstwahrscheinlich ein magisch- rituelles Verbrechen beschrieben. Eine perverse Inszenierung mit Symbol- und Bedeutungscharakter. Wo ein schwarz-magisches Symbol sozusagen live, 3D, in Farbe und Echtzeit, zwar mitten in der Welt und für alle sichtbar installiert wurde, jedoch nur für wenige erkennbar ist. Mit „Welt" meine ich in diesem Zusammenhang nicht unsere Mutter Erde, sondern im Gegenteil jene täglich inszenierte Veranstaltung aus selektierten Neuigkeiten, scheinbar wichtigen Berichten und allem, was zu *unserer Vorstellung in was wir zu leben glauben*, beiträgt. So, wie ich es auf den Seiten vorher beschrieben habe. Was genau meine ich also mit diesem Vorwurf des rituellen Verbrechens?
Ich mutmaße die gewollte und bewusste Versenkung eines Kreuzfahrtschiffes als allgemein sichtbares Symbol für den nun nahenden und zu vollziehenden Untergang Europas in seiner bis dato vorherrschenden Form in politischer, wirtschaftlicher, religiöser und kultureller Hinsicht. Kurz: Das Europa von heute wird es bald nicht mehr geben.
Das ist auch der Grund, weshalb dieses Thema heute, im Jahr 2019 von mir noch einmal hier behandelt wird, obwohl es schon auf Vorträgen vorgestellt wurde. Durch die Ereignisse der Jahre ab 2015, seien es terroristische Übergriffe oder Massenimmigration, sowie Kriege, erscheint dieses Thema wieder in einem neuen hochaktuellen Licht. Aber schauen wir nun auf die Details der Ereignisse, die zur Havarie der Costa Concordia führten.

Die Costa Concordia wurde absichtlich in seichte Gewässer gesteuert. Ort und Zeitpunkt hierfür waren wählbar. Dies sollte man bei den nachfolgenden Betrachtungen und Verbindungen zu anderen Ereignissen der Weltgeschichte im Auge haben. Beschauen wir also die Umstände der Ereignisse einmal so, als seien sie *kein Zufall* gewesen und urteilen danach, ob darin so etwas wie Logik zu finden ist.
Tauchen wir ein in die Welt der Deutungen und Bedeutungen. Ich erwünsche hier ihre Offenheit, das Beschriebene wie eine Art Traumbild vor Ihrem inneren Auge auferstehen zu lassen.

Ich beziehe mich im Folgenden auf die Schiffskatastrophe der Costa Concordia, einem Luxuskreuzfahrtschiff, das am Freitag, den 13. 01. 2012 vor der italienischen Insel Giglio havarierte und schließlich auf die Seite schlug. Es musste am 14. 01. 2012 komplett evakuiert werden. Doch der Reihe nach.

Ein Schiff ist ein sehr begrenzter Lebensraum inmitten einer Wüste von Wasser. Nur sehr endliche Mengen von Menschen finden darauf und darinnen Platz. Können ernährt und geschützt werden. Schon von daher hat ein Schiff einen sehr hohen Symbolwert, ähnlich auch einem Kamel in der Wüste („Wüstenschiff"). Immer geht es um einen ge-

schützten Lebensraum inmitten einer lebensfeindlichen Einöde. Etwas schwimmt, es trotzt der See, beherbergt Leben, es ist begrenzt.
Nun, wie heißt unser Schiff hier? Denn in Namen liegt ja Wahrheit. Namen haben Bedeutung, deshalb heißt es ja „nomen est omen". Deshalb haben Namen eine über die reine Identifizierung hinausgehende Bedeutung. Namen *kodieren*. Welcher Name wird hier kodiert?

Concordia ist auf Lateinisch „die Eintracht" oder „die Einigkeit". Concordia ist die Göttin der Eintracht und Einigkeit in der altrömischen Mythologie. Dem altrömischen Glauben nach fördert und erhält diese Göttin die Einheit der Bürger Roms.
Das französische „Concorde" ist vom gleichen Wortstamm und hat den gleichen Sinn. Ich werde später noch auf diese Verwandtschaft zurückkommen.
Für „costa" findet sich auf italienisch, spanisch, portugiesisch die unzweifelhafte Übersetzung „Küste" oder „Ufer".
Ich setze also ein „Costa" hinzu, dies heißt übersetzt die „Küste", fertig ist die „Küste der Einigkeit".
Die Costa Concordia, das größte italienische Luxus-Kreuzfahrtschiff seiner Zeit mit 115.000 Bruttoregistertonnen steht eben nicht nur für sich selbst, sondern symbolisiert damit auch ein Gebiet inmitten einer feindlichen Umwelt. Dieses Gebiet ist Europa, mehr oder weniger unter Zwang geeint worden und unter Herrschaft der EU als politischer Struktur. Warum sollte die Umwelt feindlich sein? Man kann Europa heute durchaus als eine „Festung der 1.Welt" begreifen. An den geografischen Rändern Europas beginnt das Mittelmeer und dahinter die dritte Welt, wo Wohlstand und Luxus enden. So, wie die Schiffswände eine Grenze zur Wasserwüste sind, sind die Grenzen der EU die Markierungslinie zu Armut, Hunger und totaler wirtschaftlicher Versklavung.
Hat ein Schiff also Schlagseite, dann sind diese Grenzen aufgeweicht, beziehungsweise nicht mehr intakt. Die feindliche Umwelt fließt ins Schiff hinein. Das Schiff wird zu seiner Umwelt. Übertragen interpretiert: Aus der ersten Welt wird die dritte Welt. Die Menschen fließen durch die nicht mehr vorhandenen (weil geöffneten) Grenzen der EU, wie das Wasser ins Schiff. Platt formuliert: Das Schiff wird zu einem Teil des Meeres, wie wir zu Afrika werden.
Da ist es vorbei mit der einstigen Einheit Europas. Die sinkt nämlich gleich mal mit – oder bekommt Schlagseite. Die eine Seite Europas ist ganz weit oben, die andere Seite bereits abgesoffen.

Da das Schiff übersetzt „Die Küste der Einheit“ heißt, wird es mit der Einheit auch bald vorbei sein.
Und genau dieses Schiff havarierte direkt vor der Küste Europas. Die Seezone vor Italien ist ein Teil der europäischen Grenze und damit der europäischen Union. Etwas treibt also hilflos inmitten der Gewässer der Europäischen Einheit.
Spätestens jetzt enthüllt sich eine Deutung des symbolträchtigen Bildes: ein Schiff vertritt den Zusammenschluss der Nationalstaaten in der europäischen Union, läuft auf Grund und havariert an der Küste dieser gleichen europäischen Union, die Einigkeit dieser Völker politisch, wirtschaftlich und sozial vertretend. Was liegt da sinnbildlich sterbend regungslos im Wasser? Die Eintracht, die politische Union, die europäische Union. Warum sollte die Costa Concordia außer ihrem Namen die europäische Einigkeit, die europäische Union vertreten und symbolisieren? Welche Hinweise außer dem Namen gibt es hierfür noch?

Nun, man hätte es auch „klein Europa“ nennen können…die einzelnen Decks des Schiffes benannten 13 EU-Mitgliedsstaaten von unten nach oben mit Deck 1 beginnend:
Deck 1: Holland, Deck 2 Schweden, Deck 3 Belgien, Deck 4 Griechenland, Deck 5 Italien, Deck 6 Großbritannien, Deck 7 Irland, Deck 8 Portugal, Deck 9 Frankreich, Deck 10 Deutschland, Deck 11 Spanien, Deck 12 Österreich und Deck 13 Polen. Das sind alle Mitgliedsstaaten bis zur Erweiterungsrunde des Jahres 2004. Das Schiff wurde 2004 bestellt.
Aber nicht nur das. Das gesamte Schiff hatte Europa als überall präsentes Thema. Durchgängig fanden sich Hauptstädte als Restaurantnamen wie das Restaurant Roma, die Stockholm Sports Bar, die Prag-Lounge, das Europa Atrium, das Casino Barcelona, das Paris Buffet Restaurant, den Wiener Ballraum, die große Bar Berlin, die Piano Bar Budapest um nur einige zu nennen. Auf Schritt und Tritt wurde man mit Namen oder Gemälden aus den europäischen Städten konfrontiert. An der Wand der Hauptbar, bei den Aufzügen prangte in goldenen Lettern übergroß „Europa“ inmitten einer Wasserfläche. Es wurde überschwemmt…Geht es noch eindeutiger? Wohl kaum.
Die Costa Concordia ist also ein Symbolbild, ein Spiegel der europäischen Union wie der Landmasse Europas.
Ausgerechnet auch 13 Mitgliedsstaaten werden auf dem Schiff abgebildet. Warum? Zum Zeitpunkt der Katastrophe hatte die EU 27 Mitgliedstaaten. Es gab also keinen logischen Grund gerade 13 Staaten auf

den Decks zu verewigen. Wenn Sie meinen, ich überinterpretiere hier die Verwendung der Unglückszahl 13 und das spiele in unserer modernen Welt nicht unbedingt eine Rolle, möchte ich mit einem kleinen Beispiel widersprechen.
Bei Ihrem nächsten Flug schauen Sie doch bitte einfach mal auf die Sitzreihen des Flugzeuges und suchen nach der Sitzreihe Nummer 13.

Sie werden diese nicht finden. Diese wird ausgelassen. Nach der 12 folgt die 14. Anbei ein Foto der Gepäckfächer im Flugzeug, die synchron zu den Sitzreihen angeordnet sind. Zahlensymbolik hat also sehr wohl noch eine große Bedeutung, selbst in den praktischen Bereichen unseres Alltages. Man könnte nun einwenden, die Auslassung der 13. Sitzreihe sei ein Zugeständnis an den Aberglauben „einfacher Menschen“. Aber wäre dies tatsächlich ein echtes Gegenargument? Es beweist nur die Gegenwärtigkeit der Bedeutung dieser Zahl im Kollektivbewusstsein. Es beweist, wie sehr wir uns heute noch nach alten Mustern richten.
Es ist also nicht lapidar oder zu vernachlässigen, wenn die Costa Concordia genau 13 EU-Mitgliedstaaten auf ihren Decks beschildert hat, sondern im Gegenteil als auffällig einzustufen.

Nach der Katastrophe, das Schiff fuhr zu nahe an einen Felsen und seine Außenhaut wurde aufgeritzt, lag es nun starr und gelähmt, wie ein waidwund geschossenes Tier auf der Seite und wartete auf den Fangschuss. Auf der Außenseite prangte neben dem Schiffsnamen noch die aufgedruckte blaue Flagge der EU mit ihren goldenen Sternen. Es ist, als sei die Fahne entweiht worden, wie sie da so in den Himmel bleckte. Gemeinhin werden Fahnen ja verbrannt, sollen Staaten durch ihre Insignien symbolisch zerstört werden. Diese hier wurde ertränkt. Sie ist einfach abgesoffen.
Bildhaft könnte man es so ausdrücken: Die Grenzen dieses Gebildes wurden von außen gewaltsam aufgerissen und danach wurden die Decks geflutet, so wie einige Jahre später über Europas offene Grenzen Migranten in die einzelnen Staaten fluteten ... übrigens auch zu großen Teilen über das Mittelmeer ... (Anmerkung: Vollkommen egal, wie man sich politisch nun zu derartigen Massenbewegungen fremder Menschen in andere Länder stellen möchte, ist es Fakt, dass dies einen stark ändernden Einfluss auf die bisherige Politik und Kultur haben wird).

Und nun lag es da. Vollgesogen. Ein Schatten seiner selbst. Ein metallener Koloss. Auf Hilfe von außen angewiesen. Aus eigener Kraft nicht mehr fähig, sich aus seiner misslichen Lage zu befreien. Das Wasser stand „bis zum Hals". Der einstige Stolz der Reederei, der Luxusliner hat nun Schrottwert. Katzengold. Einstige innere Werte sind zerstört, weder kontrollier- noch steuerbar. So, wie eine untergehende Kultur noch ein tönerner, innen hohler Koloss ist.
Genau wie die Europäische Union. Ein Staatengebilde, noch fortexistierend zwar, doch ohne inneren, ohne ideellen Wert. Der tönerne Koloss zerbricht.
Ein Zeitungsartikel über den Zustand der Costa Concordia brachte es auf den Punkt. Ein Schiffsingenieur wurde von der Regionalzeitung *Il Tirreno* interviewt. Ersetzen Sie den Namen Costa Concordia nur mit dem der EU:

„Die Struktur bricht jetzt in sich zusammen, ein Kollaps der Costa Concordia ist zu befürchten."

Ein politischer Bildwitz brachte diese Gedanken auf den Punkt. Ich möchte ihn im Folgenden beschreiben.
Zwei Bergungstaucher stehen auf dem Wrack der Costa Concordia und blicken auf eine neben ihnen ebenfalls untergehende fiktive „Euro Concordia", an deren hoch aufgerecktem Ende Bundeskanzlerin Merkel als Führungsfigur der EU steht.
Der eine Taucher sagt zum anderen: „Immerhin, dort drüben ist der Kapitän (gemeint ist Frau Merkel) noch an Bord!"
Das ist eine Anspielung auf das zu frühe Verschwinden von Kapitän Schettino auf der Costa Concordia kurz nach dem Unglück. Er war binnen kürzester Zeit per Rettungsboot auf dem Festland, während auf dem Schiff das Chaos ausbrach. Im Gerichtsprozess gab er an, plötzlich in das Rettungsboot gefallen zu sein. Das Gericht glaubte ihm nicht. Kein Wunder, dummerweise zeigte ein Video, wie er sich im wahrsten Sinne des Wortes „abseilte", mitten hinein ins Rettungsboot. Er wurde zu 17 Jahren Gefängnis verurteilt. Kapitän Schettino verursachte bereits im Jahr 2010 einen Unfall im Hafen von Warnemünde und beschädigte die dortige Aida Blu.
Aber was der Bildwitz noch transportiert, ist so ganz nebenbei das Untergehen der europäischen Union im Zusammenhang mit dem Unglück der Costa Concordia als synchronem Ereignis! Es wird eine Verbindung hergestellt zwischen dem Havarieren eines Schiffes und der Zukunft der Europäischen Union. Und genau das war hier auch tatsächlich passiert und bildete sich durch die Vorgänge und Umstände ab!
Auf einem Schiff vertritt der Kapitän die Regierung, er übt Hoheitsrechte aus. Der Kapitän jedoch verließ die Costa Concordia nach dem Unglück vorschnell. Das Schiff musste ohne die Direktiven des verantwortlichen jedoch abwesenden Oberhauptes evakuiert werden. Der war zu diesem Zeitpunkt bereits auf dem Festland in Sicherheit.
Wenn das Schiff EU sinkt, wird eine Oberschicht, die sich heute bereits in Panama Grundstücke und Häuser gekauft hat, ebenfalls nicht mehr vor Ort sein, sondern seine Schäfchen längst ins Trockene gebracht haben.

Blicken wir uns weiter um. Was geschah an der Börse?
An diesem 13. Januar wurde übereinstimmend zum Unglück die Kreditwürdigkeit der neun folgenden EU Staaten durch *Standard and Poors* für den weiteren Börsenhandel herabgestuft: Frankreich (Deck 9), Österreich (Deck 12), Spanien (Deck 11) und Portugal (Deck 8). Weiterhin noch Zypern, Malta, Slowenien, Slowakei. Es beschreibt dies

einen Vorgang zu dem die Rahmenregelungen für die einzelnen Staaten festgelegt werden, auf den internationalen Märkten zu agieren. In diesem Falle wurde es erschwert.
Wie passend ist es da, dass die Costa Concordia als Metapher des Kapitalismus in einem Spielfilm herhielt. Tatsächlich wurde der systemkritische Film „Socialisme" von Jean Luc Godard auch auf der Concordia gedreht. Er beschreibt eine Mittelmeerkreuzfahrt. Es wird zum Beispiel ein unscharfer Blick auf das verregnete Sonnendeck gezeigt, so als sei die „Party" vorüber, wie auch die glorreichen Zeiten des Kapitalismus, für den der Euro ein Sinnbild ist.
Auch hier ein weiteres Puzzleteil des ohnehin bereits sehr stimmigen Bildes: Mit der EU zerfällt die Wirtschaftseinheit und auch ihre Währung der Euro.
Einen weiteren Hinweis auf ein rituelles Verbrechen findet sich in der Anzahl der Todesopfer.
Lange Jahre hieß es – und noch heute kann man dies als scheinbare „Tatsache" nachlesen – es habe 32 Todesopfer gegeben, obwohl doch „Verschwörungstheoretiker" „so gerne 33" gesehen hätten. Der Grund ist naheliegend, die 33 gilt als heilige Zahl in Geheimgesellschaften und so hätten genau 33 Opfer eben einen weiteren Hinweis auf ein Ritualverbrechen geben können.
Nun. Es sind 33 Todesopfer. Nach der Hebung des Liners fand man den Leichnam eines bis dato als vermisst registriert und gezählten indischen Kellners im Schiffsinneren. Die Zahlen wurden korrigiert. Minus 1 bei vermisst, plus 1 bei Todesopfern; dreiunddreißig. Nicht bei Wikipedia. Dort sind es bis heute 32, was falsch ist. Auch der Name kodiert die „33".
Wie? Costa Concordia, abgekürzt „CC", „C" ist der dritte Buchstabe im Alphabet = 33.
Genau diese Überlagerung von Symbolik, Zahlen und Bedeutungen ist eine Handschrift, die ich mittlerweile im Schlaf erkenne, die mir früher aber absolut fremd war.
Noch einige Worte zum Unglücksort.
In einem Reiseführer kann man lesen:

„Die Halbinsel [nördlich von Giglio Porto] gabelt sich in zwei kleine Felsspitzen, die Punta Gabbianara und die <u>Punta del Lazzaretto</u>, die wiederrum drei kleine bezaubernde Buchten formen: Cala Cupa, Cala del Saraceno und Cala del Lazzaretto. Die Buchten sind nur vom Wasser her erreichbar."

Die Bucht Cala del Lazzaretto direkt vor den Toren des Hafens von Giglio hat ihren Namen vom Turm del Lazzaretto. Er verdankt seinen Namen dem im achtzehnten Jahrhundert erbauten Krankenhaus, welches extra zum Verweilen in Quarantäne und zur Behandlung von infizierten oder erkrankten Reisenden erbaut wurde.

Ob wohl die Schiffbrüchigen des Jahres 2012 nach ihrer Evakuierung vom Schiff auch dort behandelt wurden? Am Punkt „del Lazzaretto"? Schlägt man die Wortbedeutung Lazarett im Duden nach, findet man:

1.Ein Krankenhaus zur Behandlung ansteckender Krankheiten
2. Ein Gebäude oder Schiff, das als Quarantäne-Station verwendet wird
3. Nautisch: Ein Stauraum zwischen den Decks eines Schiffes
4. Eine Quarantäne-Station für Seereisende

Vergleicht man nun den letzten Liegepunkt des Schiffes mit den Angaben auf einer Karte vor Ort, staunt man nicht schlecht. Der Liner liegt vor der Bucht del Lazzaretto und dem Punta del Lazzaretto. Der Bug, die Spitze des Schiffes zeigt auf den Ortskern mit dem alten Turm. Es bleibt eine seltsame Synchronizität: Ein Schiff, welches geborgen werden muss, liegt genau am zugehörigen „Lazarett-Punkt".
Ohne hier zu weit zu interpretieren, könnte man fragen:
Diente die Concordia als Stau- oder Lagerraum für eine unbekannte und geheime Fracht? Oder was wurde dort unter Umständen unter Quarantäne gesetzt? Wird man zwischen den Decks des Schiffes bei der Zerlegung fündig? Doch genug der Spekulation.

Betrachten wir Zusammenhänge zur Freimaurerei.
Die Bilder des verlassenen Schiffes gingen Monate durch die Presse. Eines zeigt aus etwas seitlicher Perspektive, wie es direkt vor der Hafeneinfahrt zwischen den beiden Türmen der Hafeneinfahrt liegt. Seit den Anfängen der Zivilisation wurden Eingänge zu heiligen und geheimnisvollen Orten durch zwei Säulen bewacht. Ob in der Kunst oder in der Architektur, sind diese zwei Säulen archetypische Symbole, die ein wichtiges Tor oder einen Durchgang zum Unbekannten hin darstellen. In der Freimaurerei werden die Säulen Jachin und Boas genannt
Es könnte sich bei diesen beiden Hafentürmen stellvertretend um die beiden freimaurerischen Türme Jachin und Boas handeln, was einen weiteren Hinweis auf einen Ort, an dem ein Ritual begangen wurde, darstellt.

Der Name der rechten Säule (Jachin) bedeutet *„Ich* (Gott) *werde aufstehen!"* oder *„Ich werde aufrichten!"*, die Bezeichnung der linken Säule Boas bedeutet *„In ihm* (Gott) *ist Stärke!"*. Die beiden Säulen begrenzen normalerweise auf den zu zentralisierenden Gegenstand, also zum Beispiel den Altar. In der Architektur wurde dies öfter umgesetzt: Zum Beispiel beim Palast in Astana in Kasachstan, wo zwei riesige goldene Säulen den Palast einrahmen oder vor dem IRS Gebäude in Kansas. Hier stehen die beiden Säulen zur Seite einer schwarzen Pyramide.

Entwicklung der Lilie aus der Biene

Giglio (ital.) = Lilie
Lilie = u. A. Bedeutung als Todesblume, 2 Lilien sowie 2 Türme

Am Beispiel des Hafens von Giglio nimmt die Komposition der Leuchttürme das Schiff statt eines Altars oder Opfers in den ideellen Fokus, ihre Mitte.
Interessant dabei auch, dass die Namensbedeutung des einen Turmes direkt auf die spätere Technik der Bergung durch Wiederaufrichten hinweist (*„Ich werde aufrichten!"*).

Im Zusammenhang der beiden Leuchttürme, die die freimaurerischen Säulen Jachin und Boas repräsentieren könnten, ist das Wappen der Insel Giglio (Italienisch für Lilie) noch erwähnenswert. Es bildet im Zentrum zwei Lilien zusammen mit einem Gebäude und ebenfalls zwei säulenartigen Türmen ab. Neben der weitaus bekanntesten Bedeutung der Lilie als Symbol der Reinheit und Unschuld, sowie Anklängen auf die Dreieinigkeitslehre der christlichen Kirche, steht die Lilie auch als Todessymbol und wurde bei Todesritualen im alten Ägypten benutzt. Wegen dieser älteren Bedeutung gilt es als wahrscheinlich, dass die christliche Bedeutung hauptsächlich als Alibi diente. Schon durch die Herkunft des Symboles strahlte sie natürlich eine hohe Anziehungskraft auf die Freimaurerei aus.
Weit weniger bekannt ist, dass der abgebildete Lilientyp, die „fleur-de-lys" sich schematisch aus der Biene heraus entwickelte. Biene und

Bienenstock sind in der Freimaurerei wegen Ihrer Funktion, Ordnung und Organisation hochgeschätzt. Zahlreiche freimaurerische Gebäude, Gegenstände oder Insignien werden durch Wabenform, Biene oder Bienenstock geschmückt.
Wie sieht nun das weitere Schicksal des ehemaligen Kreuzfahrtschiffes aus? Am 15.07.2014 wurde die Costa Concordia dann schließlich von ihrer auf dem Meeresboden verankerten Plattform gelöst und in den Hafen von Genua abgeschleppt. Sie wird dort abgewrackt. Damit beginnt die Resteentwertung, die Einzelteile werden wieder aus dem Verbund herausgeschweißt. Dann wird das Deck Frankreich wieder von Großbritannien und Deutschland getrennt. Man schneidet heraus, was man eben so braucht: hier einen Stahlträger aus dem Barcelona Casino, da Aluminium aus dem Österreich-Deck. Alles wird filetiert und wieder rückvereinzelt, was einst zusammengefügt zu einem Ganzen war.
Also all die Bauteile und Decks mit den Namen der Nationalstaaten werden wieder separiert, wo sie einst fest miteinander verbunden waren ... die Costa Concordia zerfällt. Sie wird verschrottet.

Dies ist heute schon ein passendes Symbolbild für das Zerfallen der Einheit Europas.
Mit dem Aufstieg der Nationalstaaten wird die Einheit bildlich wieder auseinander geschweißt. Die Werte werden aus dem toten Körper Europa herausgeholt. Es wird noch einmal recycelt was geht, bevor der ganze Kadaver schließlich und endlich auf dem Müllhaufen der Geschichte landet. Jeder klaut sich noch einmal was raus, wie es meiner Meinung nach auch mit Deutschland nach dem Ersten wie Zweiten Weltkrieg bis zur totalen Verarmung geschah.
Die mehrere Dutzend Kilogramm schwere Schiffsglocke wurde schon einmal vorab und – glaubt man den Berichten – außerhalb des Verschrottungsplanes demontiert, sprich, gestohlen. Sie sollte ursprünglich auf der Insel Giglio verbleiben, wurde aber durch unbekannte Taucher aus acht Meter Tiefe vom Wrack gestohlen, als das Schiff mit Schlagseite, noch vor der Bergung lag.
Nun, können nach diesen Schilderungen und Merkwürdigkeiten jetzt die Darstellung teilen, das sei „wie Magie die keiner sieht, obwohl sie vor aller Augen stattfindet" ...?
Und: „Wie die Titanic", sagte der Viewer ...

Remote Viewer haben die Fähigkeit, „on target“ komplexeste Fähigkeiten in einfachste und banalste Sätze zu packen. Man kennt das mittlerweile.
Grund genug für mich, nach Übereinstimmungen zwischen der Costa Concordia und der Titanic zu suchen.
Das sei nun echt an den Haaren herbeigezogen?
Meinen Sie ... noch!

Wertung:

Rund um die Katastrophe der Costa Concordia mehren sich die im Artikel aufgezeigten Merkwürdigkeiten. Meiner Meinung nach wurde hier ein satanisches Ritual vor aller Augen orchestriert.
Inhalt des magischen Stückes: wieder einmal der Zerfall oder Untergang Europas.

Fazit: Vorsatz

Übereinstimmungen zwischen Concordia und Titanic

Wenn den Magistern das Latein ausgeht, betreten die Magier die Bühne.
Unbekannt

Betrachten wir hier nun weitere Parallelen und blicken auf den Hergang des Unglücks.
Die Bordrestaurants der Costa Concordia servierten gerade "Italienische Genussmomente mit den Aromen dieser Welt", als ein „Rumms“ durchs Schiff ging. Teller, Tassen und Flaschen flogen durch das Speiserestaurant, so eine Zeugin. Kommt Ihnen dieses Szenario von irgendwo her bekannt vor? Dann haben Sie bestimmt den Film „Titanic“ geschaut, wo genau dieses Szenario gezeigt wird. Warten Sie noch einen Augenblick.
Die Costa Concordia kollidierte nach einem Kursänderungsmanöver gegen 21:45 Uhr mit einem vorgelagerten Felsen der Insel Giglio. Viele der rund 3200 Passagiere der Costa Concordia saßen gerade beim Abendessen als die Erschütterung durchs Boot lief.

Das Licht geht aus, Tumult bricht aus, zunächst wird gesagt, es handele sich nur um ein elektrisches Problem, bis scheibchenweise die Wahrheit durchsickert. Das Schiff muss geräumt werden.
Einige Passagiere springen von Bord und retten sich so auf die nahe gelegene Insel. Funknotsprüche werden nicht gesendet, grundlegende Bergemaßnahmen und Standards missachtet. Kurz: Chaos. Bis circa 04:45 Uhr am 14.01.2012 ist das Schiff dann endlich evakuiert.

Und jetzt drehen wir das Zeitrad 100 Jahre zurück.
Nein, warten Sie, nicht genau.
Wir drehen nur genau 99 Jahre und 9 Monate zurück.
Dann schreiben wir den 14. April 1912.
Und an diesem Tag sank die Titanic.
Huch.
Schon komisch. Aber vielleicht nur ein Zufall, diese 99 Jahre und 9 Monate...
Aber es ist eine Unschärfe darinnen. Die Titanic kollidierte mit einem Eisberg am 14.April 1912 um 23:40 Uhr und sank knappe drei Stunden später am 15.04.1912 lokaler Zeit im Atlantik vor New York. Würde man dies auf europäische Zeitzonen bereinigen, so sind 6 Stunden abzuziehen. Und nun stimmt das Datum erschreckend genau überein...
Beide Schiffe rammten also einen oberirdisch sichtbaren Gegenstand, einen Fels, beziehungsweise Eisberg, weil beide Kapitäne eine offensichtliche Gefahr ignorierten. Auf der Titanic war es die Anweisung mit erhöhter Geschwindigkeit trotz Eisberggefahr zu fahren, auf der Concordia der Befehl, von der Standardroute abzuweichen und in seichte Gewässer einzusteuern, um einen „Gruß" zu übermitteln, welches in einem ebenfalls gefährlichem Manöver bestand (mit allen Lichtern nah vorbeifahren und das Horn zum Gruß stoßen). In beiden Fällen geben die Kapitäne bewusst ein als gefährlich bekanntes Kommando.
Beide Schiffe bekamen die Schiffsaußenseite durch diesen Gegenstand unter der Wasserlinie regelrecht aufgeschlitzt.
Legendär ist die Schiffskapelle der Titanic, die bis zum Untergehen des Luxusschiffes spielte.
Auf der Concordia wurde zum Zeitpunkt der Kollision ausgerechnet die Titanic Titelmelodie „My heart will go on" von Celine Dion gespielt. Dies berichtete der Schweizer Passagier Yannick Sgaga. Er wurde aus dem Wrack geborgen.
Schlagzeilen machten nach der Concordia-Katastrophe Valentina Capuano (30) und ihr Bruder. Deren Großmutter hatte den beiden immer

wieder die Geschichte ihres Bruders Giovanni erzählt. Er hatte 25-jährig als Kellner auf der Titanic angeheuert und starb dort. Er war damit deren Großonkel.
In der Liste der Seltsamkeiten gibt es noch die Sache mit dem Foto-Shooting. Noch im Dezember 2011, kurz vor der Havarie, wurde für das spanische Magazin „El Mundo“ eine Bilderserie auf der Concordia geschossen. Thema: Die Nachstellung von Szenen aus dem Film Titanic.
Es ist mittlerweile fast flächendeckend bekannt, dass auch die Titanic-Katastrophe einen merkwürdigen literarischen Vorläufer hatte. Es war Robert Morganson in seinem Roman namens „Titan“, der die Katastrophe 14 Jahre, bevor sie geschieht, genau beschreibt. Sein 1898 veröffentlichter Roman beschrieb das Kreuzfahrtschiff „Titan“, das im Nordatlantik gegen einen Eisberg fährt und sinkt. Die Anzahl der beförderten Passagiere stimmt mit der realen Katastrophe Jahre später auf der Titanic nahezu genau überein.
Im Roman beträgt die Länge des Schiffes 800 Fuß, die Titanic maß 880 Fuß. Die Bruttoregistertonnen waren mit 45.000 zu 46.000 ebenfalls fast identisch. Die Anzahl der Propellerschrauben wurden mit drei angegeben, was auch auf die Titanic zutraf. Beide Schiffe waren aus Stahl und hatten 2 Masten, wasserdichte Schotten, Platz für 3000 Passagiere, galten als unsinkbar, hatten zu wenige Rettungsboote, hatten ihre Schicksalsfahrt im April, prallten gegen einen Eisberg, bei beiden Schiffen war New York entweder Ankunfts- oder Abfahrtsort, beide gehörten britischen Reedereien, wurden auf der linken Seite aufgeschlitzt und so weiter.
Im Jahr des Erscheinens des Buches existierte nachweislich nicht einmal ein Bauplan der Titanic oder ihrer Schwesternschiffe.
Die Parallelen sind derart erdrückend, dass auch hier ein nachahmendes Verbrechen diskutiert werden müsste. Andernfalls wäre es ein doch sehr unwahrscheinlicher Zufall.
Skeptiker wenden ein, Morganson habe im Grunde nur von anderen Fällen vorher abgeschrieben. Schließlich sei das Sinken durch Kollision mit einem Eisberg eine für die damalige Zeit verhältnismäßig häufige Unglücksursache anderer Schiffe gewesen. Da hätte er doch deren Unbill auf seine Romanvorlage übertragen können.
Außerdem habe es am 9.Juli 1880 eine Kollision eines eisernen Dampfschiffes mit einem Eisberg gegeben, worauf es innerhalb von Stunden sank. Der Vorfall habe damals ein weites Medienecho erreicht, was dann wahrscheinlich für den Roman Verwendung fand.

Bevor ich es vergesse.
Dieses Dampfschiff, das 1880 mit einem Eisberg kollidierte hieß Titania.
Im Ernst. Titania.
Ich weiß nicht, ob mit dieser Erklärung nun das Ganze ... äh ... „bodenständiger" oder „rationaler" oder doch eher noch unwahrscheinlicher wird. Zumal damit die vielen übereinstimmenden Details zwischen der Romanvorlage und der Titanic nicht erklärt werden können.
Aber wir haben nun ein Schiff mehr im Ringelrein.
Also, 1880 Titania – Eisberg, 1898 Titan – Eisberg – Roman, 1912 Titanic – Eisberg,
2012 Concordia – Fels. Vom Namen passt die nicht.
Auf der Liste der wirklich außergewöhnlichen und großen Schiffsunglücke, denen vom Unfallhergang und den sonstigen Umständen ein Bezug zur Titanic-Katastrophe nachgesagt wird, bleibt da eigentlich nur noch die Andrea Doria, die ihre Jungfernfahrt übrigens am 14.01.1953, also auf den Tag genau 59 Jahre vor der Concordia-Katastrophe hatte.
Dieses war ebenfalls ein Luxusliner und ebenfalls auf der Transatlantikroute mit Ziel New York unterwegs. Dieses Schiff wurde von der Stockholm, einem Kreuzfahrtschiff, welches bis heute in Dienst steht, an der Küste der Insel Nantucket seitlich gerammt, wonach Wasser eindrang. Nach der Kollision entwickelte die Andrea Doria eine starke Schlagseite. Die Hälfte der Rettungsboote konnte deshalb nicht benutzt werden. Die Bilder der havarierten Andrea Doria erinnern zwangsläufig an die mit ähnlicher Schlagseite liegende Concordia.
Aber gibt es denn außer diesen inhaltlichen Übereinstimmungen einen zahlenmäßigen Bezug?
Nicht direkt. Der Unfall der Andrea Doria ereignete sich am 25.Juli 1956 und scheinbar ist da keine Deckungsgleichheit zwischen dem Unglück mit der Concordia. Aber mit der Concorde.
Ja, mit dem fliegenden Namensvetter der Concordia, dem französischen Überschallflugzeug. Dieses stürzte ebenfalls am 25.Juli in der Nähe des Flughafens Charles de Gaulle bei Paris ab. Wir schrieben das Jahr 2000 und es hatte ebenfalls das Ziel New York. Es ist wie ein Hohn, aber die Maschine war von der Peter Deilmann Reederei gechartert und sollte 99 der 100 Passagiere zu einer Kreuzfahrt mit der MS Deutschland fliegen. Man wollte direkt in New York die Seereise beginnen.

Es bleibt eine Randnotiz, dass exakt jene abgestürzte Concorde als Drehort für den Film Airport 80 benutzt wurde. In diesem Film geht sie in einer Feuerexplosion auf, wie es dann Jahre später tatsächlich geschah.
Es ist wie immer, wenn man solche Themen anfängt. Die vielen Gleichheiten springen einen förmlich aus allen Ecken an. Es ist ein vernetztes System. Alles scheint mit allem Verbindungen zu hegen. Aber man kann sie nicht einfach auflisten. Sie wirken dann nur noch verwirrend. So bleibt es schwer, einen roten, logischen Faden beizbehalten. Zwangsläufig müssen dazu leider links und rechts an der Peripherie auftauchende, wirklich bedeutsame oder auch nur einmal interessante Details und Geschichten zu Gunsten der flüssigen Lesbarkeit ausgelassen werden. Eine weitere dieser vielen Nebengeschichten möchte ich aber noch erwähnen.
Im Grunde werden hier zwei Sachverhalte aufgezeigt:
1. Ein magisch-rituelles Medienereignis, eine inszenierte Katastrophe, wie wir sie dieser Tage sehr oft sehen (1. Artikel)
2. Ein unter Remote Viewern bekannter Effekt unserer Raum-Zeit-Ebene, der „Echo-Effekt“ genannt wird (teilweise 2. Artikel)
Unterschied dabei?
Nummer eins wird durch Menschen bewusst herbeigeführt. Nummer zwei ist ein synchronistischer Effekt unserer Realitätsebene.

Wertung:
Das Unglücksereignis „Costa Concordia“ war meiner Meinung nach eine rituelle Inszenierung. Mit symbolischem Bezug zu anderen Unglücken. Verschiedene Daten und Zahlen weisen bereits typisch okkulte Hintergründe auf. Was liegt da näher als schließlich auch den Zeitpunkt der eigentlichen Katastrophe möglichst gut und angepasst an die sonstigen zeitlichen Erfordernisse zu „timen“?
Fazit: Bis hierhin Vorsatz

Die sonstigen Namensähnlichkeiten mit anderen Schiffen oder zeitliche Bezüge zu anderen Ereignissen halte ich für typische Synchronizitäten und „Echos“ - Wiederholungen - zu der unsere „Realitätssoftware“ immer wieder einmal neigt.

Fazit: Synchronistisches Ereignis

Die echten War Games – Weltuntergang vertagt

Kennen Sie den Film War Games? Er wurde 1983 in den USA gedreht und kam am 09.10.1983 während des so genannten „Kalten Krieges“ in die Kinos.

Hier sehr kurz die Handlung. Am Anfang sieht man, wie die strategischen Luftstreitkräfte der USA einen sowjetischen Angriff auf die USA simulieren. Dabei soll herausgefunden werden, wie und ob die Landesverteidigung bei einem möglichen sowjetischen atomaren Erstschlag funktioniert. Insbesondere ist hier die Zweitschlagsfähigkeit ausschlaggebend, also Befehl und Ausführung des Gegenschlags, der dutzende amerikanischer Atomraketen gegen die Sowjetunion schicken würde.

Bei dieser Simulation wird festgestellt, dass 22 Prozent der diensthabenden Offiziere den Abschussbefehl aus moralischen und Gewissensgründen verweigern würden. Dies wird als nachteilig bewertet und zur Behebung dieses menschlichen Faktors wird die Kontrolle und Befehlsgewalt über diesen Gegenschlag an einen neu entwickelten, lernfähigen Computer, kurz „WOPR“ (War Operation Plan Response) übertragen.

Gleichzeitig will sich ein Teenager in das Computersystem eines Spieleherstellers einhacken und wählt zufällig Telefonnummern an (so ging das früher einmal und war der Vorläufer des Internets). Schließlich findet er eine Plattform und spielt mit ihr. Sie nennt sich WOPR – er ist in Wahrheit nicht mit einem Spiel, sondern mit der das amerikanische Atomraketenarsenal steuernden Software verbunden.

Neben anderen Spielen wie Poker und Schach findet er dort auch das scheinbare Spiel „weltweiter thermonuklearer Krieg“ und startet es. Er simuliert einen Raketenangriff durch die Sowjetunion, den das System fälschlich als echt erkennt und die Befehlshabenden immer wieder mit virtuellen, scheinbar stattfindenden sowjetischen Angriffen konfrontiert, die aber durch das „Spielen“ verursacht sind. Der User trennt die Verbindung, während WOPR weiter alle Varianten durchspielt und probiert, wie er gewinnen könnte. Nach mehreren Wendungen kommt er schließlich zu dem Schluss, dass bei diesem Spiel keiner gewinnen könnte und stellt deshalb die gefährliche Simulation ein. Wörtlich sagt er gegen Ende: „Ein seltsames Spiel. Der einzig gewinnbringende Zug ist, nicht zu spielen.“

Das Lexikon des internationalen Films fasst den Film wie folgt zusammen: „Ein perfekt inszenierter, spannender Film, der die Gefahren der Mikroelektronik vor Augen führt und auf mögliche Katastrophen durch die computergesteuerte Atomrüstung hinweist."
Soweit der Film. Jetzt die Realität. Wir bleiben im Jahr 1983 und befinden uns nun 10 Tage vor dem Kinostart in den USA, also dem 26. September 1983. Und da passiert fast deckungsgleich das, was der Film beschreibt, in Wirklichkeit.
Was haben Sie am 26.September 1983 gemacht?
Wissen Sie nicht? Ja, aber die meisten wissen wie aus dem Hut gezaubert immer, was sie am 11. September 2001 taten...
Es ist schon bezeichnend für unsere Zeit. Einer der größten Helden auf dieser Welt ist ein Soldat, den kaum einer kennt. Dieser Herr ist für mich persönlich ein Vorbild für eigene Stärke, Integrität und (Selbst-)Vertrauen.
Ohne ihn gäbe es mich nicht. Ich verdanke ihm mein Leben.
Und Sie Ihres mit an Sicherheit grenzender Wahrscheinlichkeit auch.
Da sind wir keine Ausnahme. Wahrscheinlich hat er das Leben von ein paar Milliarden Menschen gerettet. Was für eine Gnade für ein Leben das sein muss ist schwer vorstellbar. Herr Petrow hat alles richtig gemacht, das sei vorausgeschickt.
Ja. Und Sie kennen ihn nicht! Unfassbar, eigentlich, oder?
Das hängt schon einmal damit zusammen, dass Herr Petrow kein Amerikaner ist. Dann gäbe es nämlich geschätzte 25 Kinofilme, 3 Fernsehserien über ihn und weitere gefühlte 102 Auftritte in Fernsehshows, die aller Welt bis in den letzten Winkel des Tibet von seiner wahrhaften Heldentat berichten. Aber halt, es gibt eine englischsprachige Doku über ihn: „The man who saved the world". Verwechseln Sie das aber mal nicht. Mit dem gleichen Titel drehte das ZDF eine Doku über die Kuba-Krise und da ist der Held ein amerikanischer Offizier. Der hat aber nicht zwingend die Welt gerettet, wie der Titel das verspricht.

Drehen wir die Zeit zurück und reisen nach Russland. Suchte man eine Bezeichnung für die Geschehnisse der kommenden Nacht, sollte man sie nach dem Kinofilm „War Games" – Kriegsspiele nennen. Es ist, als sitze man in der Kommandozentrale und WOPR beginnt mit seinen Simulationen, aber der Reihe nach ...
Stanislaw Petrow ist Russe, und geht wie jeden Tag auf die Arbeit. Er dient in den russischen Streitkräften im Range eines Oberstleutnants und tut Dienst in einem unterirdischen Bunker ca. 50 km von Moskau

entfernt. Seine Aufgabe ist es, als verantwortlicher Offizier den Luftraum zu überwachen. Dafür sitzt er in einem Computerraum, welcher satellitengestützt ist. Hier laufen nicht nur alle Verbindungen zusammen, sondern auch wieder auseinander – um Befehle zu erteilen. Hier ist die Schaltzentrale in der Hochphase des Kalten Krieges zwischen der Sowjetunion und den USA. Beide bis an die Zähne bewaffnet mit einem schrecklichen Atomwaffenarsenal. Auf der einen Seite SS-20, auf der anderen Seite Pershing-Raketen, die sich rund um den Erdball gegenseitig bedrohen. Diese Patt-Situation führte zu klaren strategischen Vorgaben. Sollten Russlands Überwachungssysteme den Abschuss amerikanischer Atomraketen in Richtung auf das Staatsgebiet der UdSSR melden, so saß Stanislaw Petrow als kommandierender Offizier nicht nur in der Schaltzentrale, sondern er war auch der erste der Meldekette, um die weiteren notwendigen Befehle erteilen zu können. Die Vorgaben hierfür waren klar und eindeutig: Im Fall eines nuklearen Angriffes auf die UdSSR sah die Strategie einen mit allen Mitteln geführten sofortigen nuklearen Gegenschlag vor – und den hatte er in diesem Fall unverzüglich zu melden.
Kurz nach Mitternacht passierte es: Dutzende Augen hefteten sich ungläubig auf die Monitore und kurz danach auf ihn. Der Computer meldete eine einzelne US-amerikanische Atomrakete, die in Richtung Sowjetunion anflog.
Aber Petrow glaubte dem Computer einfach nicht. Es wäre schließlich unlogisch, dass ein nuklearer Erstschlag mit nur einer Atomrakete erfolgen würde. Schließlich würde der Gegenschlag den Angreifer komplett auslöschen. Dies war unlogisch. Dies war seine Ausdeutung der klaren und unmissverständlichen Computeranzeige. Kurzerhand meldete er der Militärführung einen Fehlalarm des vorher bereits in die Diskussion geratenen Computersystems.
Dann aber gefror den Soldaten im Meldezentrum das Blut förmlich in den Adern. Eine zweite, dritte, vierte und fünfte abgefeuerte Rakete wurde gemeldet. Aber Petrow schlussfolgerte, dass ein richtiger Erstschlag mit mehr als nur fünf Raketen erfolgen müsse, um zum Beispiel ein erfolgreicher sogenannter „Enthauptungsschlag zu sein". Der Druck auf ihn war sehr groß: Eine Fehleinschätzung von ihm würde zu einem Niedergehen dieser fünf, wenn nicht dutzender folgender Atomraketen auf das Staatsgebiet der UdSSR führen, während ein Alarm das Abfeuern dutzender sowjetischer Atomraketen bedeutet hätte.

Weitere Daten und Informationen waren nicht zu bekommen, um den Fall näher zu untersuchen. Er blieb also bei seiner Einschätzung und meldete einen weiteren Fehlalarm.
Erst am Morgen dann stellte sich zweifelsfrei heraus, dass seine bloße Einschätzung der Lage, seine Logik und sein kühler Kopf richtig gewesen waren und er Millionen Menschen das Leben gerettet hatte. Er hatte die Kommandokette direkt unterbrochen, der Atomschlag fand nicht statt.
Wir standen auf, gingen nichts ahnend zur Arbeit oder in die Schule und alles war weiter wie immer. Unglaublich.

Die seltsamen Parallelen der Vorkommnisse liegen auf der Hand.
Über das Jahr 1983 hin wird der Film gedreht, im selben Jahr passieren sehr ähnliche Vorfälle dann tatsächlich. Es ist beinahe, als würde die Filmhandlung wahr werden, sieht man einmal davon ab, dass die Nationalitäten vertauscht sind. Im Spielfilm sind die Sowjets die scheinbaren Aggressoren, während in der Realität des Jahres 1983 die Amerikaner zu Unrecht als Aggressor durch den Computer definiert werden.
Die Fehlerhaftigkeit von Computern ist identisch in Realität und Film. Bei beiden sind es falsche virtuelle Alarme, die zwingend zum Unglück führen würden.
In beiden Fällen handelt es sich um Raketenangriffe, auf die mit einem Gegenschlag geantwortet werden müsste.
In beiden Fällen unterbleibt dies. Der Film erzählt vollkommen korrekt von der späteren tatsächlichen Verweigerung eines Zweitschlagbefehls, wodurch der Krieg vermieden wurde.
In beiden Fällen ist es die Logik, die dazu führt, den Befehl zum Atomraketenangriff nicht zu geben. Im Film ist es die Einsicht, dass man das Spiel nicht gewinnen könne. In der Realität im Grunde das gleiche Fazit aus den Meldungen des Computers („mit nur 5 Raketen kann man keinen richtigen Erstschlag führen" – sprich: „nicht gewinnen").
Ich frage mich: Ist so etwas Zufall?
Möglich.
Treiben wir mit unserer Vorstellungs- und Gedankenkraft solche Geschehnisse voran?
Oder liegt dem ein und die dieselbe Energie zugrunde, die sich hier in unserer Dimension manifestierte, sich sozusagen ausdrücken wollte?
Schließlich befinden wir uns im Jahr 1983 in der Hochphase des Kalten Krieges und die Angst vor einem Atomkrieg ist millionenfach überall

auf der ganzen Welt täglich bedacht. Das ist der ideale Nährboden, um durch kreative Köpfe, die aus dem menschlichen Kollektivbewusstsein Ideen schöpfen, eine solche Handlung zu ersinnen. Sie schreiben diese sozusagen aus den Gedächtnisfeldern ab.
Gleichzeitig könnten unsere Gedankenkräfte und gerade starke Emotionen wie Angst und Sorge parallel natürlich ganz reale Computerfehler verursachen.
Die Antwort liegt in Ihnen. Ich vermag das nicht zu beantworten.

Wertung:

Synchronizität / so genannter "Zufall" / Wirken von Matrix-Gesetzen

Herr Petrow lebt heute in einem kleinen Ort nahe Moskau ohne jeden Luxus in einem Plattenbau.
Noch ein Kinofilm mit seltsamem Insiderwissen?
Bitte sehr.

Der Spielfilm „2012" und seine Vorhersagen

Prognose ist dressierter Zufall.
Peter Cerwenka

...wenn man etwas nachhilft.

Es geht weiter. Die Costa Concordia und Leonardo da Vinci werden uns gleich noch einmal begegnen.
Sicherlich kennen Sie noch den Film „2012". Man kokettierte mit dem Anlaufdatum und setzte die Weltpremiere in Amerika auf den 11.11.2009 an. Was ist an diesem Film bemerkenswert?
Er handelt von einem Weltuntergang und zeigt die Ereignisse davor. Nun, viele der in diesem Film vorausgesagten Ereignisse traten wirklich ein ...
Gleich in den ersten Minuten sieht man einen kleinen Jungen im Regen an einer Straße. Alles ist dunkel und grau in grau. Er spielt kauernd mit einem Plastikschiff an einer Pfütze. Dann geht alles ganz schnell. Ein Auto fährt vorbei, es spritzt, eine Welle schlägt gegen das Spielzeugboot, es kentert. Die Kamera fokussiert in Großaufnahme auf das klei-

ne Plastikschiff (Minute 1:36 im Film). Es liegt auf der Seite. Es liegt genau so auf der Seite, wie wir das von den unzähligen Fotos der Costa Concordia kennen werden – einige Stunden in der Zukunft.
Das die Pfütze umgebende Geröll wird in der Großaufnahme und im Maßstab zu riesigen Felsen. Das Schiff liegt auf der Seite; in unmittelbarer Nähe befinden sich Felsen – ein Abbild der Szenerie, die zwei Jahre später vor der Insel Giglio stattfinden wird. Zu schade, die sehr kurze Szene hier nicht abbilden zu können.
Die Übereinstimmungen sind frappant. Nicht nur die Bauform des Schiffes ähnelt, auch die Brückenkonstruktion und wie es da so halb gesunken, halb über der Wasseroberfläche liegt. Ein Abbild der Concordia. Nicht schlecht für einen Film, der Ende 2009 in die Kinos kam. Weltpremiere war am 11.11.2009.
Der Film bietet uns eine eintreffende Prophezeiung eines erst über zwei Jahre später stattfindenden Ereignisses an.
„Zufall", könnte man meinen und dieses Mal würde ich demjenigen voll zustimmen, der dieses vermutet. Schließlich gibt es eine Menge Filme mit einer Menge Bildern und einige stimmen dann immer mit der Realität überein.
Aber hier verhält es sich etwas anders.
Lassen Sie mich ein kurzes Bild entwerfen. Der ganze Film enthält mehrere präzise und teilweise abstruse eingetroffene Voraussagen. Immer wieder tauchen vernachlässigbare und nebensächliche aber sehr zutreffende Elemente im Handlungsstrang des typischen „Hollywood-Tamtams" auf, die Jahre später genauso geschehen werden.
Die vorausgesagte Concordia-Katastrophe – in einem schnellen Standbild abgearbeitet, typisch für diesen Film – hatte ich bereits erwähnt.
Weiterhin schildert der Film die Entdeckung von ungewöhnlich starken Sonneneruptionen, die die Erdkruste aufheizen.
Tatsächlich hatte die NASA bereits im Januar 2009 eine 132-seitige Studie zu einer erwarteten Super-Sonneneruption herausgegeben. Hier wurde auf die zu erwartenden gesellschaftlichen Auswirkungen in unserer modernen Welt abgestellt. Als hauptgefährdet wurden hier die Energieversorger ausgemacht. Dort könne es bei starken Eruptionen zu Totalausfällen führen, die unsere hochzivilisierte Welt lahmlegen würde. Hatte der Drehbuchschreiber dort vielleicht Anleihen übernommen oder wurde auf Ideen gebracht? Möglich und nachvollziehbar wäre dies. Aber damit hätte er auf keinen Fall die Geschehnisse des Jahres 2012 beeinflussen können. Was passierte da also?
Zeitsprung ins Jahr 2012:

Am Montag, den 23.01.2012 kommt es zu einer gewaltigen Sonneneruption, die als stärkste seit 2005 registriert wurde. Einige Tage später sollte die nächste folgen.
Die US-amerikanische Weltraumbehörde NASA schaltete deshalb nur wenige Tage später, am 27.01.2012 eine Eilmeldung auf ihrer Internetseite. Die Breaking News besagt, eine gewaltige Sonneneruption habe um 19:15 Uhr (europäische Zeit) einen Sonnenausbruch der höchsten Kategorie, „x" genannt, registriert, die sich mit einer Geschwindigkeit von 2400 km pro Sekunde ausbreitete. Glücklicherweise bewegte sich der Hauptteil dieser Wolkenexplosion nicht direkt auf die Erde zu, sondern daran vorbei. Trotzdem kam es durch die Strahlung zu Schwierigkeiten beim Empfang mit elektrischen Geräten. Ein wahnsinniges Glück, wie man heute weiß. Schon wieder war eine Darstellung dieses Filmes Wahrheit geworden. Und niemand konnte Einfluss darauf nehmen, ob nun gleich zu Anfang des Jahres solche großen Eruptionen erfolgen werden oder nicht. Aber sie geschahen. Wir wissen heute: Die Eruptionen des Jahres 2012 waren gigantisch und durch eine Aneinanderreihung glücklicher Zufälle kam es nicht zum totalen Blackout.
Das nächste Beispiel ist wohl das skurrilste in der gesamten Auflistung. Ab Minute 10:09 wird im Film die Mona Lisa im Louvre ausgetauscht. Man sieht ein Team im Dunkel durch die Museumshallen gehen und die echte Mona Lisa abhängen, während eine zweite an die Wand gehangen wird. Für einen sehr kurzen Moment werden im Film die beiden Gemälde übereinander bzw. untereinander während des Austausches gezeigt (Minute 10:27).
Es gibt also zwei Mona Lisas – eine echte und eine doppelte und beide sind direkt nebeneinander im Louvre. Merken wir uns dieses Bild.
Warum werden die Bilder ausgetauscht? Sicherlich, um sie zu retten und zu bewahren vor den kommenden Ereignissen.
Zurück in die Realität.
Im Prado in Madrid hängt seit 400 Jahren ein Bild, das der weltberühmten Mona Lisa sehr ähnelt. Bisher hielt man es für eine nachträglich angefertigte Kopie eines flämischen Malers. Zu Beginn des Jahres 2012 gibt es neuere Informationen: Das Gemälde soll nicht zur gleichen Zeit wie das Original entstanden, sondern ebenfalls in Leonardo da Vincis Werkstatt gemalt worden sein. Nun erhält es erstmalig ein Renommee als „zweite Mona Lisa".
Mit Hilfe von Infrarotstrahlen sei festgestellt worden, dass der Maler bei der Arbeit an dem Bild dieselben Korrekturen vorgenommen habe

wie da Vinci am Original. Dies zeige, dass beide Werke simultan entstanden seien. Damit ist die Mona Lisa im Prado so etwas wie die Zwillingsschwester der bislang „echten" Mona Lisa und den Beweis lieferte jener Blick unter die sehbare Oberfläche des Bildes.
Ab Ende März 2012 soll die spanische Kopie der Mona Lisa direkt neben dem Original im Louvre hängen und ein direkter Bildvergleich somit möglich sein.
Es ist schon sehr verwunderlich, dass der Kinofilm „2012" in der 11ten Spielminute von einer Mona Lisa und deren Kopie erzählt und genau diese Geschichte dann zu Beginn des realen Jahres 2012 tatsächlich in die Medien kommt.
Unheimlich ist, dass der Film in Bezug auf die Unterscheidbarkeit der Bilder ins Schwarze trifft. Dort erwähnt eine junge Frau die Infrarotstrahlen. Nur damit sei es möglich Original und Kopie zu unterscheiden. In der Tat wird dies in der Realität als einzige Möglichkeit diskutiert, um zu entscheiden, ob Da Vinci die doppelte Mona Lisa tatsächlich zwei Mal anfertigte oder ob es sich dabei nur um eine Kopie handele. Schließlich sollen die beiden Mona Lisas dann zusammenhängen – auch dies zeigte der Film. Zum Zeitpunkt der Ausstrahlung war dies für einen normalen Zuschauer jedoch einfach nur als reine Fiktion zu werten. Aus dramaturgischer Sicht des Filmes handelte es sich um eine sachliche Notwendigkeit vor Beginn der Katastrophen, um das echte Gemälde zu sichern und gegen eine Kopie einzutauschen.
Erinnern Sie sich noch an die Schilderung des Brandes von Notre Dame weiter vorne? Hier wurden wenige Tage zuvor ebenfalls wertvolle Statuen abmontiert, so dass der kulturelle Schaden diesbezüglich als harmloser eingestuft wurde.
Warum ich das schreibe? Um die Handlungsweisen gegenüber zu stellen.
Im Film werden die Bilder ausgetauscht, um sie zu bewahren, weil man weiß, dass eine Katastrophe eintreffen wird.
In der Realität des Jahres 2019 werden die Statuen abgebaut, weil renoviert wird ... hier ist offiziell natürlich kein Vorwissen wie im Film vorhanden. Sollte es sich aber doch um Brandstiftung handeln, wäre der Abbau genauso logisch und stringent wie im Film auf Vorwissen begründet.

Als wäre dies der Merkwürdigkeiten noch nicht genug, ist auf der im Jahr 2012 aufgetauchten Kopie statt der Signatur des Künstlers gut sichtbar eine dreifache 6 zu erlesen („666").

Also: Der Film 2012 zeigt eine gedoppelte Mona Lisa und im Jahr 2012 taucht tatsächlich ein Geschwisterbild der Mona Lisa auf. Ziemlich abgefahren.
Im Unterschied zu den Sun Flares war dieses Ereignis aber – vorausgesetzt, gewisse Kreise wollten sich einen Spaß machen – jedoch herleitbar. Es ist eine Frage des Timings und beeinflussbar, ob und wann man die Existenz eines Bildes medial an die große Glocke hängt.
Die ziemlich spektakuläre Synchronizität bleibt.
Spulen wir noch etwas vor zur Stunde 1:25:34: Der Präsident – es ist ein Schwarzer – geht durch Washington. Die Erde beginnt zu beben. Der riesige Obelisk im Hintergrund bekommt Risse und stürzt schließlich vollständig ein.
Hier befindet sich der Blockbuster in guter Gesellschaft. Die am 20.09.2010 erstmalig ausgestrahlte US-amerikanische TV-Serie „The Event" wird das Washingtoner Monument ebenfalls wegen eines Erdbebens einstürzen lassen.
Erdbeben sind an der US-amerikanischen Ostküste sehr selten. Tatsächlich aber bebte die Erde am 23.08.2011 in 6 Kilometern Tiefe mit einem Epizentrum 140 km südwestlich von Washington. Kapitol und Weißes Haus wurden kurzzeitig evakuiert und drei der vier Turmspitzen der Washington National Cathedral stürzten ein.
Im oberen Teil des Washington Monuments bildeten sich durch die Erschütterungen Risse, große Mengen Mörtel fielen während des Bebens herunter. Der Riesenobelisk wankte, aber er stürzte nicht. Im Inneren hatten sich große Steinteile gelockert und der Fahrstuhl wurde beschädigt. Nach einem finanziellen Aufwand von 15 Millionen Dollar und über 32 Monaten Renovierungstätigkeit wurde er der Öffentlichkeit 2014 wieder zugänglich gemacht.
Der weiße Gigant, das 666 Fuß hohe (555 Fuß Höhe oberirdische und 111 Fuß unterirdisch) Wahrzeichen Washingtons wurde beschädigt, hatte Risse bekommen, wankte ... ein hochsymbolisches Geschehen eines ebenso symbolträchtigen Freimaurerbauwerkes.

Über die Bedeutung von Obelisken wurde bereits viel geschrieben. Sicher ist, dass sie heute als freimaurerisches Symbol dienen. Sie gehen bis auf den ägyptischen Sonnenkult des Gottes Re zurück (griech. Helios) und sind ein männliches Phallussymbol. Damit sind bereits drei wesentliche Hauptmerkmale für den derzeitigen Herrschaftskult auf unserer Erde definiert: männlich, Sonne, Phallus. Derzeit haben wir einen männlich dominierten Sonnenkult. Auch die vielen „Streitwagen"

(Brandenburger Tor, Rom etc) sind mit dem Obelisken eng verwandt. Es sind Sonnenwägen. Was ägyptisch Re als Sonnengott zugeordnet wurde, war in Griechenland Helios mit seinem Streitwagen (Mithras, Mitra, Sol etc pp).
Obelisken sollten eine Verbindung zwischen Menschen- und Götterwelt herstellen. Sie sollen die sphärische Energie auf die Erde heruntertransformieren. Ihnen wird nachgesagt, wie Antennen zu wirken, die die Strahlen kosmischer Energien empfangen und auf die Erde ableiten, zumindest symbolisch. Im alten Ägypten stellten sie die steingewordenen Strahlen des Sonnengottes dar. Energetisch stehen sie an markanten Punkten (z.B. in den maßgeblichen Hauptstädten der westlichen Hemisphäre (Paris, London) der Erde, weshalb ebenfalls vermutet wird, dass sie auf Leylines gebaut sind.
Symbolisch stehen sie von alters her für Zeugungskraft und Fruchtbarkeit. Modern interpretiert für Potenz, Macht und Erleuchtung.
Wenn durch ein Erdbeben ein freimaurerisches Machtsymbol Risse bekommt und renovierungsbedürftig wird, so kann man dies als symbolischen Akt des Machtschwundes durch höhere Gewalt interpretieren. Ein solches Ereignis ist wohl nicht herleitbar, und selbst wenn es dieses wäre – wie einige Quellen anhand neuer Technologien zur verdeckten Kriegsführung wähnen, auf die ich hier nicht näher eingehe – nicht im Sinne der Machthabenden. Gehen wir also von höherer Gewalt aus.
Eine kleine Anmerkung noch: In islamischen Staaten symbolisieren Obelisken das Böse. Dort werden sie mit Steinen beworfen.
Schließen wir den Reigen der seltsamen Voraussagen mit einem Seebeben (ab 1:27:50). Der Film zeigt eine Sekunde lang das Stattfinden von zwei Seebeben westlich von Japan. Diese werden eine gigantische Flutwelle an die Küste werfen. Diese Welle wird im Film kurz gezeigt. Die Kamera fährt sozusagen auf dem Rücken der Welle mit. Danach kommentiert eine Nachrichtensprecherin das Beben in Tokio.
Am 01.01.2012, 14.03.2012, 14.08.2012 und 01.12.2012 erschüttern Erdbeben Japan. Davon werden zwei als stark eingestuft. Das Beben am 1. Januar erreicht den Wert 7,0 auf der Richterskala und erschüttert neben dem Osten Japans auch die Hauptstadt Tokio.
Der Wahlspruch zum Kinofilm war laut Plakat: „We were warned" („Wir wurden gewarnt") Durch wen? Etwa den Film selbst?
Und ganz unten lockt das Plakat weiter mit der Textzeile: „Find out the truth. Search: 2012" („Finde die Wahrheit heraus. Suche: 2012"). Ein Hinweis für sogenannte Truther? Was soll die Wahrheit bei einem Ki-

nofilm sein? Vielleicht, dass er Voraussagen zum realen Jahr 2012 oder folgenden bekannt gibt? Ansonsten wären und blieben doch Filme einfach nur Filme, oder?!
Insgesamt zeigt der Film einige skurrile Übereinstimmungen und spielt mit Bildern und Zeichen. Es sieht nach einer Art Vorwissen aus.

Wertung:

Maßgebend für die Untersuchungen rund um den Spielfilm war die Hoffnung wieder echte „Matrix-Effekte" zu finden. Nachher blieb der starke Verdacht, es wieder einmal mit konkretem Vorwissen zu tun zu haben. Das hatten die Filmemacher wohl in einigen Bereichen, während sie in anderen „spekulierten".

Fazit: Vorsatz

Hingegen stellt wohl das Ausstrahlen der Fernsehsendung „The Event", in der das Washington Monument wegen eines Erdbebens einstürzt, während ein knappes Jahr später ein reales Erdbeben in Washington das gleichnamige Monument Risse bilden lässt, eine Synchronizität dar.
Das Herrschaftssymbol der USA und internationaler Hintergrundkräfte wird durch Naturkräfte beschädigt. Hier wird Niedergang in der Sprache der Natur ausgedrückt.

Fazit: Matrix, Echo, Sinnzusammenhang

Um es unter Bezug auf das Eingangszitat zu konkretisieren: Prognosen und Voraussagen hebeln in den dargestellten Fällen den Zufall also am allerbesten aus, wenn aktiv beeinflusst wird.

Da ich nun mehrfach Echo- und Serieneffekte angesprochen habe, möchte ich nachfolgend auf diese kurz vertiefend eingehen.

Serien, Synchronizitäten, Echo-Effekte

Hier angesetzt, möchte ich den Echo-Effekt erläutern. Er ist in meinen Vorbüchern, vor allem in „Alltägliche Wunder" in zahlreichen Beispielen ausführlich behandelt.
Als „Echos" bezeichnen zumindest Remote Viewer serielle Ereignisse in jeder Form. Der Ausdruck ist inzwischen Szene-Jargon.[9]
Neutraler könnte man „Serie" formulieren, was dann jedoch der vielschichtigen Brillanz und oftmals tiefer Bedeutung dieser Ereignisverbindungen nicht gerecht wird.
Unglaublich? Unglaublich.

Was sind also Echo-Effekte?
Echo-Effekte können in verschiedener Art vorliegen. Sie sind sich wiederholende Gleichheiten oder Sinnzusammenhänge in unserem Realitätsgefüge. Es ist der Hang unseres Realitätsdesigns, Gleichheiten zu erzeugen. Ich bin in den vorigen Büchern sehr oft darauf eingegangen und habe diese untersucht.
Etwas kann zum Beispiel dreimal hintereinander fast gleichartig geschehen, ohne dass ein erkennbarer kausaler Zusammenhang dazu ersichtlich ist. Flugzeugabstürze zum Beispiel. Ich bin darauf in den letzten Büchern sehr detailliert eingegangen.
Diese Echos sind wohl auf einen gewissen Hang unserer Realitätskonstruktion zurückzuführen, innerhalb des Schöpfungsprozesses der Realität neben der Kreativität auch ein lineares Element mit einzuflechten (Chaos-Ordnung, Apfelmännchentheorie). Dinge wiederholen (Echo) sich also oder haben gleiche Grundbausteine, die zu sich wiederholenden Mustern und einem gleichenden Element in der Grundordnung der Realität führen. Wir finden Zyklik, die zu Wiederholungen führt überall in der Natur. Angefangen in der Geometrie, in der Musik beim Rhythmus, in der Natur bei Planetenbahnen und Sonnenumläufen. Zeit scheint zyklisch organisiert und auch Geschichte oder historische Ereignisse sind – wie materielle Formen – fraktal aufgebaut. Dies führt dann zu Gleichheiten in Formen, Ereignissen, Benennungen oder abstrakten Sinnzusammenhängen.
Leisten wir uns hier ein buntes Kapitel mit Erklärungen und Beispielen, die letztlich den Schluss nahe legen in einer Art Simulation zu leben.

---

[9] Der Begriff taucht in den Kolumnen der RV-Akademie 2006 auf, die bis heute im Netz stehen.

Beginnen wir ganz „unschuldig“.
Am einfachsten ist der Einstieg „vom sich Gleichenden“ eigentlich über unsere materielle Formentstehung zu finden. Diese entsteht auch grundsätzlich in einem polaren sich gegenseitig bedingenden und begrenzenden Akt aus Chaos und Ordnung. Die Werkzeuge des Baukastens unserer Welt sind begrenzt, somit spiegelt sich das Große im Kleinen wieder und umgekehrt.
Das führt teilweise auch zu sehr lustigen Vergleichen wie das Foto zeigt. Eine Palme und eine Ananas beruhen auf den gleichen Formmustern und Bauprinzipien.

So geht das in der materiellen Natur eigentlich andauernd. Alles scheint aus den gleichen, sich wiederholenden Grundmustern und -formen konstruiert. Man muss nur die Augen offen halten. Hier ist es allzu normal für uns und nicht einmal groß der Nachfrage wert (das finde ich wiederum sehr erstaunlich; dieses „nicht-darüber-verwundert-sein“).

Aber es ist nicht darauf begrenzt, sondern spiegelt sich auch in immateriellen Attributen, die ja ebenfalls zu unserer Gegenwart oder Dimension gehören. Es gibt eben nicht nur Objekte wie Palmen und Ana-

nas in unserer Welt, sondern diese sind eingebettet in ein Raster aus Zeit und Raum.
Also sind logischerweise Wiederholungen und Gleichheiten nicht nur auf die materielle Formentstehung beschränkt, sondern gehen darüber hinaus. Auch Abstraktes wie Ereignisse, Namen, Orte, Abfolgen, Handlungen oder Zusammenhänge haben dann auch sich gleichende Komponenten der Entstehung. Das heißt, es gibt eine komplett unerforschte und unsehbare Welt jenseits unserer wissenschaftlichen Kausalität, die auf einer Art sich gleichenden und spiegelnden Harmonie beruht. So etwas wie geistige, sich wiederholende Webmuster
Das ist für unseren Verstand natürlich sehr schwer akzeptierbar. Selbst wenn es uns begegnet, sind wir eher geneigt es auszublenden. Es gibt ein schönes Sprichwort hierfür:

„Man sieht nur, was man kennt."

Dieses verweist auf unseren inneren Resonanzprozess, nur das in unserer Umwelt zu erblicken und zu dekodieren, was in uns reflektiert ist. Wir können nur sehen, was wir erfahren und verinnerlicht haben.
So lange wir uns also nicht grundsätzlich für ein weiteres Wirkprinzip in dieser Realität öffnen, und zum Beispiel nur in kausalen Sinnzusammenhängen denken, werden derartige Verkettungen als „Zufall" gewertet und damit vielleicht zu Unrecht vorschnell abgetan. Aber das soll unser Problem hier nicht sein. Unsere Erziehungsanstalten Kindergarten und Schule mögen alle Anstrengungen unternehmen, uns auf ein materialistisches wissenschaftsgläubiges Weltbild hin zu sozialisieren, unsere Grundkonzeption bleibt jedoch naturverbunden. Wir sind ein Teil der Natur.

Die Natur und das große und ganze Realitätsdesign haben derlei Begrenzungen nicht nötig. Mit anderen Worten: Sie sind einfach.
Fest steht auf jeden Fall: Akausale Sinnzusammenhänge finden statt und sind auffindbar. Wir haben nur ein rationales Akzeptanzproblem mit ihnen. Hier finden wir zahlreiche Beispiele in unwahrscheinlichen Zufällen oder Synchronizitäten, die auf eine verborgene Ordnung unserer Realitätsebenen hinweisen, in die unser Bewusstsein schöpferisch eingebunden scheint.
Sinnzusammenhänge, die sehr schwer als Zufall abzutun sind, werden oftmals entbunden von Logik und Kausalität dimensionsübergreifend

gewoben, wo unser Bewusstsein eingebunden ist. Wir fühlen es – wir haben Bedeutung in der Welt.
Es scheint sich – zumindest im privaten Umfeld oder bei persönlichen Phänomenen – um einen Akt zu handeln, bei dem unser Bewusstsein wieder einmal nicht ganz unbeteiligt an der Gestaltung der Realität ist.

Noch ein persönliches Beispiel? Schauen Sie doch auf das Bild.

Im Süden Frankreichs liegt vor der Küste eines Urlaubsortes eine kleine Insel. Wegen ihrer Form sieht sie bei oberflächlicher Betrachtung aus wie ein Kriegsschiff. Wie ein Zerstörer oder eine Fregatte. Es sind dies relativ kleine, wendige, zur U-Boot Abwehr und zum Geleitschutz gebaute wehrhafte Kriegsschiffe. Fast jeden Morgen, als ich im Urlaub aufstand und auf das Meer blickte, blieb mein Blick an diesem kleinen Eiland hängen.
Sie können sich meine Überraschung vorstellen, als ich direkt neben unserem kleinen „Felsenkriegsschiff" ein echtes mit fast gleicher Silhouette sah. Das Bild ist extrem herangezoomt. Von weitem sah es tatsächlich aus, als wären da zwei gleiche Inseln. Der kausale Hintergrund: In der Nähe ist der größte Marinestützpunkt Frankreichs im Mittelmeer – Toulon. Von dort lief das echte Kriegsschiff aus. Für die spirituelle Bedeutung ist das freilich gleichgültig.

Ein weiteres Beispiel für Sinnzusammenhänge:
Es gibt eine sehr schöne und entspannte Art, Bücher zu schreiben. Man hört nur auf sein Gefühl. Man schreibt sehr entspannt voran und nimmt jede Idee, wie sie kommt. Allerdings muss man bei dieser Art ungeplanter Schreiberei immer sehr nah bei sich und seinem Bauchgefühl bleiben. Es gibt keinen anderen Richtungsweiser als den Bauch dabei.
Was heißt das? Man plant nicht. Zweitens schreibt man jedes Thema immer nur genau so lange, wie es sich direkt beim Schreiben gut anfühlt. Sobald dieses Gefühl sich abschwächt oder sogar einem von Arbeit oder Erschwernis weicht, muss man direkt umschwenken und die letzten Texte löschen. Auch wenn der Intellekt überzeugt ist und haargenau begründen kann, warum etwas sehr gut ist und weiterverfolgt werden sollte. Ich habe es oft genug probiert. Es stimmt nicht. Folgt man dem guten Gefühl weiterhin, stellen sich dann Fügungen ein. Man findet mühelos ständig das, was man an Zitaten gerade braucht, baut einfache und wichtige Übergänge ohne Nachzudenken, hat hier noch ein Beispiel parat und „findet" da noch ein Einschubkapitel. Man ist Zeuge einer Zauberei, die mit einem und dem Buch passiert. Wahnsinn. Das war hier oft so.
Heute Abend hatte ich wieder eines dieser Erlebnisse. Vor Jahren schoss ich einmal ein Foto, mit dem tiefen Gefühl, das noch einmal zu brauchen. Sie finden es als Kapitelunterteilung „Äußere Kulissen" weiter vorne. Beim Fotografieren hatte ich dieses tiefe Gefühl von „wichtig". Dann schlummerte es ein paar Jahre auf der Festplatte. Anlässlich eines Buchprojektes gehe ich dann immer alle Dateien durch und sammle die in Extraordnern. Diese Datei war bis heute nicht dabei. Warum? Weiß ich nicht. Sie war irgendwie nicht wichtig. Ich benötigte noch eine Kapitelunterteilung und schaute heute entspannt in den sonstigen Ordnern. Da fällt mir diese Fotografie von damals auf mit dem tiefen Wissen: „Das ist sie! Äußere Kulissen – Man darf nicht alles glauben, was man sieht", scheint mir doch das Hauptthema und Motto dieses zweiten Teiles im Buch – Manipulationen und „Nichts ist wie es scheint" – sehr gut zusammenzufassen. Den „i-Punkt" bilden im linken oberen Fenster dann die Worte „traurige Zauberer", was mir bislang nicht auffiel, aber mit Freuden zur Kenntnis genommen wird, geht es schließlich im zweiten Teil sehr viel um Manipulation und die „Magier". Ein würdiges Kapitelbild. Wie konnte ich damals fühlen, dass ich das Foto noch einmal brauchen werde? Heute wurde ich mein eigener Zeuge davon.

Es ist, als lebten wir weitab von Zeit und Raum in einem großen Puzzle. Mal wird hier ein Stück eingesetzt, mal da. Alles folgt einem Plan, nämlich, das Puzzle fertig zu stellen und wir erleben normalerweise alles linear, synchron. Nur so ein Gefühl in uns, unbestimmt und leise – das seltsamerweise alles weiß.

Als wir an einem schönen Sommertage den Bundestag besuchten, wollte ich mir eine der Broschüren aus dem Ständer angeln, um mich etwas zu informieren. Ich sah das:

Broschüren im Bundestag mit Bedeutung: „Deutsch leider vergriffen." Alle Sprachen da, nur Deutsch nicht.

Natürlich können nicht immer alle Sprachen da sein und natürlich gibt mein eigener Geist dem Vorfall einen Sinn. Mir aber sprang eine besondere Sinnhaftigkeit sofort ins Auge. Im Haus mit der Aufschrift: „Dem deutschen Volke", dem Ort des formal höchsten Parlaments, wo formal alle Entscheidungen getroffen werden und Bürger formal unseren Souverän über Wahlen bestimmen, dort ist ganz praktisch keine deutsche Lektüre zu haben. Viele Sprachen gibt es da, wie im ganzen Land, wenn man nur einmal in den Supermarkt geht, nur Deutsch, ja, das ist nicht da.

Man könnte sagen: Die Multi-Kulti-Politik spiegelt sich im Bundestag sinnbildlich selbst. Wunderbar. Also, der Effekt.

Ein Schnappschuss von der Einweihung eines hinduistischen Tempels in Springen/Deutschland auf dem Gelände des Bhakti Marga Ordens (Shree Petha Nilaya). Schon öfter wurde bei Veranstaltungen dort von „Wundern“ und beobachtbaren Phänomenen und Seltsamkeiten berichtet. Einmal war ich selbst zugegen. Swami Vishnawanda heiligt und beschwört die Flamme. Während der Zeremonien entsteht ein später auf dem Foto klar erkennbares „Om“-Zeichen als Flamme.

Die Om-Silbe ist das umfassendste und heiligste Symbol des Hinduismus. Wann könnte sein Erscheinen passender und vielsagender sein, als bei der Einweihung des Tempels, bei dem die Gottheit gegenwärtig sein und danach in den Tempel einziehen soll?!
Hier zeigt sich also ein bildlicher Sinnzusammenhang (in diesem Fall der Heiligkeit oder auch der Bestätigung des erfolgreichen Rituals) zwischen Flamme und abstrakter Bedeutung bzw. Zeichen.

Oftmals geben Synchronizitäten auch Antworten auf still gestellte Fragen. Nun folgt das letzte der kleinen Beispiele mit eher lustiger Färbung.
Wer sich schon immer einmal gefragt hat, wie die betriebswirtschaftliche Verwertung der verschiedenen Nahrungsmittel bei all den zurückbleibenden Resten in einem Hotel oder einer Kantine kalkuliert wird, findet im nachfolgenden Beispiel Antwort.

Was geschieht also in den Nahrungs-Verwertungsketten von Großbetrieben mit dem Verzehr?

In einem internationalen Hotel fragten sich die Gäste schon öfter, was eigentlich in verschiedenen Gerichten genau enthalten sei. Besonders betroffen waren hierbei klassische „Wiederverwerter“ wie Hackbraten, Frikadellen oder Sauce Bolognese, wo der betriebswirtschaftlich ambitionierte Küchenchef schnell mal einige Fleischreste vom Vortag quasi „recyceln“, sprich dem erneuten Angebot zur

Nahrungsaufnahme durch die Gäste, zuführen kann. Moderne Nahrungskreisläufe sozusagen.
Sehr überraschend, wenn man dann beim Buffet eines internationalen Großhotels „Bulette mit Befund“ in der Beschreibung der Nahrungsmittel auf dem Metallschild über den Speisen liest. Den Hotelnamen habe ich „übergilbt“. Es geht nicht darum, über ein Hotel herzuziehen, sondern um den Witz und Esprit im Geschehen selbst.

Ein Befund verweist auf das Ergebnis einer Untersuchung und wird in der Medizin als Beschreibung bei Mensch und Tier benutzt. Aber bei einer Frikadelle? Da kommen einem schon sehr merkwürdige Gedanken, was da so alles eingemischt sein könnte. Also, würde man das Teil genauer untersuchen, ergäbe sich wohl „ein Befund“.
Hiermit soll natürlich nicht gesagt sein, menschliches Fleisch fände Eingang in die Buletten jenes Hotels (da ich oben ja auch von Menschen sprach). Ein Schild wie dieses gibt jedoch einen klaren Hinweis auf einige unerwartete Bestandteile in der Bulette, würde man diese untersuchen. Hier besteht ein gegenseitiger Wechselwirkungsprozess aus vorausgegangener Aktion und nachfolgender leider fehlerhafter – oder eben ungewollt korrekter – Bezeichnung. Ein sogenannter Freudscher Fehler, wo der eigentliche Gedanke oder die eigentliche Intention unwillkürlich zutage tritt.

Und sicherlich nicht wenige Gäste befanden und diagnostizierten einige liebevoll eingearbeitete Bestandteile als überraschend. Nein, ich befand, nicht zu probieren.
Um es nun klar einzugrenzen: Dies ist ein wechselwirkendes Echo von Handlungen (Einarbeiten von diversen Resten) und Benennungen (falsche Übersetzung).
Dann erschließt sich ein neuer Sinnzusammenhang.
Ein Freund von mir sagt immer: „Wahrheit ist wie Wasser. Sie sucht sich immer ihren Weg.“ In diesem Fall war es die mangelnde Kenntnis des Übersetzers, gepaart mit betriebswirtschaftlichem Denken, vielleicht einer gewissen Laxheit oder zeitlichem Stress oder, oder, oder ...
Wunderbar.
Versuchen Sie dies einmal kausal zu begründen.
Unmöglich.
Hier wirkt auf ganz profane Art und Weise ein anderes Naturgesetz: Anziehung, Gleichschwung, Resonanz. Das Universum spricht.

In jedem Falle sind Echo-Effekte faszinierend und haben einen „Aha-Effekt" beim aufnehmenden Betrachter, weshalb sie eng mit C.G.Jungs Synchronizitäten verwandt sind. Sie zeigen sich jedoch nicht immer derart persönlich. Das Nummernschild des Autos von Sarajewo ist zum Beispiel so eine Sache.
Kennen Sie nicht?
Kommen wir zur vielleicht spektakulärsten Darstellung dieser Ausführungen.
Was ist mit dem Auto von Sarajevo gemeint? Es bezeichnet jenes Fahrzeug, in dem der Thronfolger Österreichs erschossen wurde, was unmittelbar als Auslöser für den Ersten Weltkrieg gewertet werden kann.
Ja. Richtig gelesen.
Also der Reihe nach.

Das Attentat von Sarajevo am 28. Juni 1914 steht nach offizieller Geschichtsschreibung für den Beginn des Ersten Weltkrieges, da es zur Kriegserklärung Österreich-Ungarns an Serbien führte. Bei diesem Attentat wurden der Thronfolger Österreich-Ungarns, Erzherzog Franz Ferdinand, und seine Gemahlin Sophie Chotek, Herzogin von Hohenberg während der Autofahrt durch Sarajevo erschossen. Die Schüsse von Sarajevo und der folgende Tod des Franz Ferdinand waren der offizielle Auftakt des Ersten Weltkrieges und lösten diesen in der Abfolge der daraus resultierenden Handlungen aus.
Weniger bekannt ist die Tatsache, wonach das Nummernschild des Autos bereits das Enddatum des Krieges vorhersagte.
Das historische Foto zeigt die Limousine 10 Minuten vor dem Mord. Klar zu erkennen ist das Nummernschild, welches auf die Zahl 118 – und nicht wie in anderen fehlerhaften Quellen 218 – endet.
Im Ganzen lautet die Beschriftung: "A" in seiner Bedeutung für "Wien" und danach die Kombination III 118.

Also A III 118.

Formatiert man diese Zeichenfolge in ein Datum, erhält man den 11.11.18, den genauen Endtag des Ersten Weltkrieges. Man staunt nicht schlecht über den Symbol- und Aussagegehalt dieses Fahrzeuges, verkörpern sich in dieser einen Fahrt, diesem einen Zeitgeschehen, bereits Anfang und Ende des Ersten Weltkrieges.
Das Fahrzeug selbst ist heute noch im Heeresgeschichtlichen Museum in Wien ausgestellt.

Der – ziemlich intelligent anmutende – Echo-Effekt besteht also darin, dass ein Auto in Bezug zu Anfang und Ende des Ersten Weltkrieges steht und zusätzlich noch das Datum von dessen Ende als Nummernschild hat.
Zumindest für uns „erdsozialisierte“ Menschen stellenweise verwunderlich. Ein Bewohner von Tizian IX oder einem ähnlichen Planeten am anderen Ende der Galaxis wäre vielleicht entzückt, hier eine Synchronizität zur 21. Galaktischen Rennflugmeisterschaft zu finden.
Was ich damit sagen möchte: Skeptiker mögen zu Recht einwenden, im Nummernschild nicht zwingend eine Vorhersage zum 1. Weltkrieg zu lesen. Schließlich lässt ja auch die durchaus unterschiedliche Zeichenfolge von „I“ und „1“ sowie die Schreibfolge einen gewissen Deutungsraum.

Wenige Minuten vor dem Attentat in Sarajevo: Der Phaeton wartet auf seine Insassen. Quelle: Heeresgeschichtliches Museum Wien.

Das Fahrzeug selbst ist heute noch im Heeresgeschichtlichen Museum in Wien ausgestellt. Genauso, wie eine weiße Gams noch heute im Haus der Natur bei Salzburg ausgestellt ist.
Was soll nun eine weiße Gams im Museum mit der vorangegangenen Geschichte zu tun haben?
Ganz einfach: Die obige Geschichte wäre unvollständig erzählt ohne diese weiße Gams.
Dieses ausgestellte Tier hat eine sehr spezielle Verbindung zum Thronfolger Franz Ferdinand und dem Ausbruch des Ersten Weltkrieges. Drehen wir die Uhr noch einmal ein knappes Jahr zurück, bevor wir dann doch wieder beim Beginn des Ersten Weltkrieges landen.
Denn als kleine unbekannte Fußnote der Geschichte, könnte man ebenfalls formulieren, die Ursache für den Mord von Sarajevo wäre ein Jahr vor der Todesfahrt beim „wirklichen Startschuss" zum 1. Weltkrieg durch den leidenschaftlichen Jäger Franz Ferdinand selbst gelegt worden – jedenfalls wenn man im waidmännischen Sinne abergläubisch ist. Unglaublich? Ja.

Wir schreiben den 27. August 1913.
Der Thronfolger verbrachte seine Jagd im Blühnbachtal bei Salzburg. Er mochte dieses Jagdgebiet besonders. Er selbst hat bis zu diesem Tag fast 300.000 Stück Wild geschossen. Auch an diesem Tag verläuft die Jägerei wieder sehr erfolgreich für ihn und er erlegt 23 Gämsen. Dann erblickt er eine weiße Gams. Sein Leibjäger warnt ihn, jagdliches Brauchtum verbiete strikt, eine weiße Gämse zu schießen, denn „dies bringe Böses". Trotz der Warnung seines Jägers, legt er an und erschießt das Tier. Es gilt als alter Jägeraberglaube, niemals ein weißes Tier zu schießen, da dies Unglück verheißt. Es ist eine alte Überlieferung, dass der Abschuss einer weißen Gams Unheil mit sich bringt. Binnen eines Jahres würde der Jäger sterben müssen.

Wer sie (Anm. des Autors: die weiße Gams) erlegt, werde verflucht und sterbe innerhalb eines Jahres.

Als er am Abend seiner Frau die Tat schildert, erwidert diese erschrocken, warum er dieses um Gottes Willen nur getan habe. Er antwortet:

„Wenn es einem bestimmt ist zu sterben, dann stirbt man."
Spiegelt sich in diesem Satz Ignoranz oder Hingabe?

Nicht ein Jahr später fallen die Schüsse von Sarajevo, die Prophezeiung tritt damit ein.
Genau jene geschossene Gams ist bis heute im Museum bei Salzburg ausgestellt. Das sind die Fakten.
Erlauben wir uns aus diesem Anlass einen kleinen Exkurs zum Thema Kausalität:
In unserer auf Ursachen beruhenden Weltsicht bekommen wir damit aber ein kausales Problem: Sind nun doch die Schüsse von Sarajevo der mittelbare Auslöser für den Ersten Weltkrieg oder ist es das Schießen der Gams, die zu den Ereignissen von Sarajevo führte? Sobald man sich auf den Gedanken einlässt, dass tatsächlich Vorhersagen, Prophezeiungen und nonkausal folgende Geschehnisse durch „Zeigerereignisse" angezeigt werden könnten, sprengt es die zu Grunde liegenden Verbindungen ins Unendliche. (Oder es ist natürlich alles Quatsch!) Speziell und auf das Beispiel bezogen: Wenn der Abschuss der weißen Gams tatsächlich die Ursache ist, nachfolgende Geschehnisse auszulösen, welche hintergründigen geistigen Ursachen stapeln sich dann wiederum „hinter" dieser Tat?
Gier? Unbedachtsamkeit? Welchen Seelenzustand hat ein Mensch, der 300.000 Tiere erschossen hat?
Ich bin mir bewusst, wie unglaublich das alles ist. Allerdings ist es nur konsequent hinterfragt, was greifbar „hinter" eine Prophezeiung wirklich steckt, wenn diese tatsächlich ursächlich wäre.

Aber natürlich können rein kausale Gründe in jeder Richtung und zeitlich über Jahrtausende gesponnen werden, was nichts anderes bedeutet, als dass auch diese Filterung eine Selektion unserer Wahrnehmung ist und in Wahrheit jedes Geschehen vieltausendfach miteinander multikausal verwoben ist. Wie ein riesiges Netz. Trotzdem ist es eine interessante „Nebengeschichte", weshalb sie hier auch Raum finden sollte.
Wer Näheres darüber nachlesen möchte, kann dies im Buch „Das Franz-Ferdinand-Prinzip"[10] tun.
Natürlich mag es eine Menge Jäger geben, die ein weißes Tier schossen, jedoch nicht binnen Jahresfrist starben (und schon gar nicht – nicht einmal mittelbar – einen Weltkrieg dadurch verursachten, wie es ja oben anklingt). Zwei weitere Prominente jedoch wurden ebenfalls

---

[10] „Das Franz Ferdinand Prinzip: Warum der Erste Weltkrieg wirklich begann" von Anita Hohenberg (Autor), Igor Friedrich Petković (2014)

Opfer des Fluches. Kronprinz Rudolf von Österreich und „der größte Jäger aller Zeiten", wie er sich selbst nannte, Nicolae Ceaucescu, der ehemalige rumänische Präsident. Dieser erschoss an einem Januartag 1989 gleich zwei weiße Gämsen hintereinander und verstarb dann am 25.12.1989 durch vollstrecktes Todesurteil. Sowohl der Kronprinz Rudolf wie auch der rumänische Präsident verstarben binnen Jahresfrist nach ihrer Freveltat. Ganz wie die Prophezeiung dies verheißt.
In der weißen Gämse verkörpern sich der Sage nach die im Alpenraum sehr bekannten weißen Frauen, die Schicksalsspinnerinnen der nordischen Sagen, manchmal aber auch Jungfrauen oder Feen.

Ich selbst hatte einmal das Glück, zwei weiße Rehe im Wald aus unmittelbarer Nähe heraus beobachten zu können und kann aus eigenem Empfinden heraus bezeugen, wie tief mich diese Tiere innerlich berührten. Sie erschienen wie Lebewesen aus einer anderen Sphäre, nicht wirklich hierher gehörend. Ihr Weiß stach vom Dunkel des umgebenden Waldes ab. Zuerst verglich ich diese mit „Einhörnern". Wenngleich auch Fabelwesen, sind sie immerhin das einzige Pendant im Vergleich des Gesehenen mit unserer hiesigen Erlebniswelt. Aus einer natürlichen, instinktiven Logik heraus empfinde ich es auch jetzt als Sakrileg, diese Wesen zu schießen. Vielleicht ist es dieses tiefe Gefühl von Unrecht und Sünde, was im alten Jagdaberglauben überlebt hat. Als ich über das Erlebte nachdachte, erschien es mir plötzlich sehr logisch, wenn unsere Volksweisheit von weißen „Einhörnern" zu berichten weiß. Stellt man sich vor, diese jungen weißen Rehe oder Hirsche werfen Teile ihres Geweihs ab, so erhält man sogleich das Urbild eines „Einhorns".
Diese äußerst merkwürdigen Verkettungen rund um den Beginn des Ersten Weltkrieges haben noch einen weiteren Nachschlag. Dieser findet sich wieder beim Fahrzeug selbst. Es handelt sich beim Auto von Sarajevo um den Typus eines sogenannten „Doppelphaeton" mit 28/32 PS. Die Bezeichnung Phaeton ist für ein Auto im Grunde denkbar ungeeignet. Sie fußt auf Phaeton, dem Sohn des griechischen Sonnengottes Helios. Die Geschichte geht so: Phaeton erbat von seinem Vater für einen Tag die Lenkung des Sonnenwagens. Er vermochte jedoch die Pferde nicht mehr zu zügeln, sie brachen aus der Bahn aus und der feurige Wagen stecke die Erde in Brand. Zeus tötete daraufhin Phaeton mit einem Blitz.
Die Kurzform: Phaeton verunfallt mit seinem Wagen und muss sterben. Warum benennt man einen Autotyp nur mit einem Namen, der in

seiner mythologischen Bedeutung bereits den Unfall und das Unglück verheißt? Ist das nicht eine sehr unglückliche, ja, beinahe das Schicksal herausfordernde Wahl?
Das ist der Plot für eine Zeitreise ins Jahr 2008. Das Doppel unseres „Sarajevo-Phaeton" ist ein moderner VW vom (erfolglosen) Modelltyp Phaeton.
Nach dem Erzherzog stirbt wieder ein Regierender in einem Auto, das Phaeton heißt.

Diesmal ist es Dr. Jörg Haider, Landeshauptmann von Kärnten am 11.Oktober 2008. Die genauen Umstände seines Todes sind bis heute ungeklärt und bleiben mysteriös. Nach offizieller Darstellung wird ein Unfall postuliert, bei dem er – wie Phaeton – die Kontrolle über seinen Wagen verloren haben soll. Zahlreiche seltsame Fakten und Ungereimtheiten der offiziellen Version lassen Zweifler und Kritiker nicht verstummen, die von einem geplanten und genauestens durchgeführten Attentat an ihm ausgehen.
Dieser 11. Oktober hat es in sich, wie ein weiterer Fall beweist.
Es geht um den ehemaligen Politiker Uwe Barschel.
In der gleichen Nacht, jedoch 21 Jahre zuvor, also genau vom 10. auf den 11. Oktober 1987, wurde Uwe Barschel, ein deutscher Politiker, im Hotel „Beau Rivage" in Genf ermordet. Victor Ostrovsky, ehemaliger Mossad-Agent, schildert in seinem 1994 erschienenen Buch „Geheimakte Mossad" haarklein die Geschehnisse dieser Nacht als geplanten Geheimdienstmord und beschreibt diesen bis ins Detail.
Ganz einfache Echos sind oft über Tage in Zeitungen zu finden. Wiederholungen von Unglücken. Dinge passieren oft mehrmals fast identisch. Als habe da jemand in einer anderen Dimension eine Kopierfunktion bei unserem Weltendesign. Wenn Sie das nächste Mal Siedler, Civilization, Age of Empires oder ähnliche „Welt-Bau-Simulationen" spielen, beobachten Sie doch einmal das Geschehen. Sie können sich auch vorstellen, im Programm zu leben und sich fragen, wie das wäre ...

Wie ich das meine?
Stellen wir uns doch zum Spaß einmal vor, unsere Realität würde, einer Software gleich, aus einer anderen Dimension heraus programmiert. Das ist gar nicht mal so ein neuer Gedanke, sondern Jahrtausende alt. Schon antike Philosophen waren der Meinung, unsere Welt würde aus anderen Dimensionen heraus beeinflusst, ja sogar dirigiert. In alten hinduistischen Schriften finden wir diesen Gedanken ebenfalls

wieder. Natürlich nicht mit den Handwerkzeugen von Computern und Software. Dort führen diese Arbeiten zum Beispiel verschiedene Götter aus oder aber diese anderen Existenzebenen werden tatsächlich als solche benannt (Anderwelt, Jenseits). Stellen wir uns also vor, unsere materielle Welt sei, einer Softwareanwendung ähnlich, aus einzelnen Programmzeilen, Codes, zusammengesetzt. Wir, innerhalb des Programmes, haben keine Chance, mit unseren auf die virtuelle Umgebung angepassten Sinnen die umfassende Wirklichkeit zu erkennen, sondern leben immer nur innerhalb der Simulation.
Außerhalb wird Einfluss auf diese „Mini-Welt" genommen. Mittels Programmierung können sämtliche Grundparameter erstellt werden. Man könnte unsere Realität zum Beispiel auch eine Million Mal kopieren.
Wozu sollte das gut sein?
Um zum Beispiel Multi-Simulations-Modelle einer Welt zu fahren (bei Wettervorhersagen machen wir das bereits), auf die dann verschiedene Variablen angelegt und deren Auswirkungen getestet würden. Eine dieser Millionen Welten wären wir hier.
Ich weiß, fantastische Gedanken. Aber schon hier haben wir wieder eine sinnvolle „Kopierfunktion" oder ein „Echo". Diesmal nur ganz groß gedacht.
Nun könnte man, der Einfachheit der Programmierung und ihrer Routinen wegen, bestimmte Funktionen zu Blöcken zusammenfassen und diese kopieren. Oder eine Ebene darunter sogar kleinste Programmabfolgen standardisieren, um nicht Design, Farben, Abfolgen, Geschehnisse einzeln programmieren zu müssen, sondern diese „en bloc" einzufügen. Einziger Nachteil dabei: Es kommt zu gewissen „Rasterungen" und „Standards".
Was sich hier sehr theoretisch anhört, kann in jedem Computerspiel zu Anfang des Jahrtausends beobachtet werden: Verpixelungen, gleichartige Häuser bei Städtebausimulationen ähnlich unseren Reihenhaussiedlungen, drei, vier verschiedene Designs für Baumarten, die sich wiederholen, aber auch immer wieder gleiche Wetterabfolgen, Tiere im Umfeld, sich wiederholende Geräusche. Mit anderen Worten: Man bemerkt, in einem Programm zu sein. Es wirkt nicht echt. Schon heute ist der Fortschritt in der Programmierung frappant vorangeschritten. Heutige Spiele wirken extrem echt und sind in wenigen Jahren von der Realität nicht mehr zu unterscheiden.

Nun könnte unsere gesamte Welt ebenfalls ein solches Softwaredesign sein. Und Wiederholungen, Gleichartigkeiten, Häufungen von Ähnlichkeiten einen Hinweis auf den Softwarecode geben.
Der Echo-Effekt ist dann einfach die Offenbarung eines bewirkenden Programmcodes. Ein Vereinfachungsmuster eine Dimension höher.
Statt der Vorstellung, andere Wesen würden aus höheren oder lichteren Dimensionen heraus unsere Welt beeinflussen und gestalten, wäre ebenfalls möglich, wir selbst, unser Bewusstsein würde dies tun.
Wir selbst geben Informationen über unsere Gedanken, Emotionen und unser Bewusstsein in einen weiteren, übergeordneten Realitätsraum ab und dieser ergießt sich zurück in unsere Realität. Und da in unserem eigenen Erleben und unseren eigenen Erlebnisroutinen neben der Kausalität auch gleichartige Reihen und Wiederholungen angelegt sind, bekommen wir diese als Echo unserer eigenen Bewusstseinsinhalte rückmaterialisiert in unsere Welt hinein. Wir selbst wären dann die Konstante dieser und weiterer Dimensionen und der energetische Austausch wäre nichts weiter als Informationsaustausch. Bewusstsein eine subjektiv empfundene Ballung von meist polaren Informationen. Eine Rückspiegelung, ein Spiel des großen und ganzen Informationspools. Echos sind dann Ballungen gleichartiger Information, die sich rückergießen. Auch Echos sind ein Spiel der Information.

Zum unmittelbaren Verstehen dann lieber noch ein Beispiel.
Man könnte hier noch viel mehr schreiben. Dieser Tage wurde der zukünftige Präsident der Ukraine gewählt. Er reiht sich in den Reigen von Ronald Reagan oder Arnold Schwarzenegger, denn es ist ein weiterer Schauspieler, der nun Politiker wird. Wolodymyr Selenskyj spielte in der gleichnamigen ukrainischen Fernsehserie den „Diener des Volkes" und verkörperte mit seiner Schauspielkunst einen unbestechlichen, unabhängigen und starken Politiker. Wie aus dem Hut gezaubert wurde der ehemalige Komiker mit 73% zum neuen Präsidenten gewählt, nachdem er noch ein halbes Jahr zuvor ausschließlich als Schauspieler bekannt war. In erster Linie mag seine Wahl als Beleg dafür dienen, wie unbeliebt der vorige Präsident Poroschenko war. Weiterhin vielleicht auch als Maß der Verzweiflung (oder Dummheit) des Wählers, an einen Schauspieler ohne jede Erfahrung und politische Ausbildung Hoffnungen zu knüpfen.
Höchst bedenklich, dass Herr Selenskyj nicht in einem kleinen abgelegenen Staat am Ende der Welt seine politischen Geschicke testen kann, sondern in der Ukraine, jenem krisen- und kriegsgeschüttelten Land

mit Strahlkraft für die ganze Welt. Hier prallen mittlerweile westliche und russische Interessen aufeinander. Es soll nach der Rede von George Friedman auf dem Chicago on foreign relations ein Gürtel rund um Russland geschaffen werden, um ein Zusammenwachsen und wirtschaftliches Kooperieren der Staaten auf der euro-asiatischen Landmasse zu verhindern. Russlands Wirtschaft soll von Europa abgetrennt und der Handel erschwert werden. Die kollidierenden Interessen münden in ein gespaltenes Land voller Konflikte – und hier wird eine politische Marionette mit ultrareichen Gönnern im Hintergrund installiert und dessen Wahl noch als anscheinend vom Volk gewollt eingefädelt. Perfekter kann Verhöhnung nicht gestaltet sein.
Der Deutschlandfunk lässt die Wahl des Schauspielers durch Experten positiv kommentieren. Er könne als Seiteneinsteiger für neue Einblicke sorgen.
Für wie blöd werden Zuhörer noch gehalten?
Die Demokratie wird zur Lachnummer stilisiert, die Realität mit Seriengeschehen verwoben. Schauspieler als Politiker. Serienhelden als Präsidenten.
Kurz: Die Realität gerät zur Satire von sich selbst. Wie offensichtlich muss der Slapstick, muss die Verhöhnung alter Werte wie dem Wahlrecht noch auf die Spitze getrieben werden, bevor der letzte aufwacht? Könnte man klarer ausdrücken, dass Volksinteressen vollkommen gleichgültig sind? Erkennen Sie den Spiegeleffekt dieser Wahl?

Von diesen Zusammenhängen gibt es tausende. Man muss sie nur finden. Das ist schwer. Denn gut dokumentiert und recherchierbar sind eigentlich immer nur mediale (Negativ-)Ereignisse. Beispielhaft sei hier vielleicht noch die Pannenserie der deutschen Flugbereitschaft erwähnt. Wie durch Zauberei reihten sich hier über einen längeren Zeitraum Triebwerk- an Hydraulikschäden und zahlreiche andere Pannen und führten zur Umkehr der Flugzeuge oder Absage der Flüge.
Bei Ihnen sollte also etwas Nagendes zurückbleiben.
So ein unbequemes Gefühl, dass da um Sie herum nicht alles so normal ist, wie es immer scheint...
Es scheint eine eigene Welt neben der kausalen zu sein, die nur weitgehend unentdeckt ein Eigenleben führt. Wie gesagt – in „Alltägliche Wunder“ – habe ich dies bei der Auseinandersetzung mit „der Matrix“ untersucht.
Wichtig war hierbei die Leitfrage, was eigentlich Realität ist und in was für einem Gefüge wir hier leben.

Kritiker wenden ein, Echos, Synchronizitäten oder eben diese uns bedingende Dimension seien logisch nicht beweisbar und nur an ihren Effekten zu erkennen – wollte man diese eben so interpretieren.
Liebe ist ebenfalls nicht logisch beweisbar und für einen Betrachter nur an ihren äußeren Effekten interpretierbar – wenn man das dann so nennen möchte. Was ich damit sagen möchte: Um im Anfangsbild dieses Buches zu bleiben, stehen wir bei derlei Betrachtungen eben in der Nähe der Schwelle des Höhleneinganges. Wir sehen nicht mehr nur „Schatten". Wenn ich auf Ursprünge außerhalb unseres Realitätsgefüges rückschließe, kann es natürlich nicht hier, innerhalb, durchgängig logisch sein und in diese „Realitätsspange" passen.
Unser menschlicher Betrachtungshorizont endet zum Beispiel, wollte man sich nun mit der unendlichen Vernetzung von Begebenheiten auseinandersetzen, absolut früh, meist in erster oder zweiter Instanz von kausalen Betrachtungen (was nebenbei gesagt, oft absolut idiotisch ist!!!).
Wenn bei einem Geburtstag ein Kind im Spiel „zufällig" eine Torte vom Tisch stößt, ergehen wir uns in eine vorschnelle „Schuld"-Diskussion. „Du bist schuld, weil Du nicht auf den Tisch achtest und schnell rennst. Ich habe Dir schon tausendmal gesagt, nicht in der Wohnung zu rennen!" So ein Unfug zum Beispiel.
Also sehen wir nur die Oberfläche der Oberfläche. Wir vereinfachen ständig die uns umgebende multikomplexe Umwelt auf ein einfaches Ursache-Wirkung-Raster. Mit Realität hat das nichts zu tun.
Dass dem (natürlichen) Spiel in der Kindheit ein Bewegungsdrang zu Grunde liegt, der ausgelebt werden muss oder die schlichte Unfähigkeit, auf bestimmte Verbote hören zu können, sehen wir bereits nicht mehr. Dass dahinter wiederum jahrtausendealte Entwicklungsprogramme im Menschen sind, Sinne entwickelt werden müssen und viele Dinge mehr, sehen wir erst recht nicht. Vielleicht war auch ein Angstgefühl der Grund für das schnelle Rennen des Kindes. Es hat sich daran erinnert, wie Sie es gestern im Spaß erschreckt haben und das Gefühl nahm Überhand in ihm, worauf es rennen musste. Sie wiederum haben es erschreckt, weil es „Ihnen Spaß" machte, was in Ihrer eigenen Kindheit beruht. Schnell gehen ganze Kausalbäume mit tausenden Verästelungen auf, die in winzigste Aktionen des Hier und Jetzt einmünden.
Letztlich ist alles in der Welt mit tausenden Bedingungen verzahnt. Und jetzt haben wir diese Fülle, nur auf Kausalität bezogen, angeschaut!

Kaum einer von uns kommt im Alltag beim Herunterreißen einer Torte auf den Gedanken, dass sich hier gerade eine Serie manifestiert und dies beim Nachbarn auch gerade geschieht oder dieser Miniunfall eine Art Entladung einer destruktiven Energie ist, die gerade Raum braucht. Oder es einen wichtigen Bedeutungsgehalt für Ihr Leben hat und deshalb passiert oder schlichte „Anzeigefunktion" für Vorgänge besitzt, weil Materie energetische Strömungen ausdrückt.
Halten Sie mich für verrückt – ich laufe mittlerweile sehr aufmerksam durch die Gegend und sehe die Welt nicht mehr ausschließlich kausal, sondern in einer Art großartigen Perfektion. Ein Spiegelkabinett, das sich ständig ausdrückt.
Dann noch ein sehr wichtiger Aspekt.
Gibt es einen echten Unterschied zwischen „natürlichen" Serien, Synchronizitäten, Echos etc und menschengemachten?
Bislang haben wir ja festgestellt, für bestimmte Zusammenhänge wie zum Beispiel die Verkettungen beim Costa-Concordia-Geschehen eher menschliches Fingieren und Einfädeln zu verorten. Es ist angesichts der Faktenlage viel wahrscheinlicher, es hier mit gewollter Manipulation zu tun zu haben, als mit einer natürlichen Serie von aberwitzig-sinnvollen Zusammenhängen.
Dies würde dann in die Feststellung einmünden, so etwas wie „echte" Serien und „menschengemachte" Manipulationen zu klassifizieren.
Man kann das tun. Es ist nicht falsch.
Ich möchte jedoch zu bedenken geben, dass es eine Betrachtungsweise ist, die relativ frühzeitig endet.
Wie meine ich das?
Eine Unterteilung in „absichtlich", „manipuliert", „rituelle Manipulation", „gewollt", „fingiert", „herbeigeführt" und zahlreiche ähnliche Attribute zu einem Phänomen versetzt uns in die Annahme, hier würden Menschen ein Geschehen herbeiführen. Das ist soweit auch richtig. Falsch ist die nahe liegende Schlussfolgerung daraus:
„Damit ist es keine ‚echte' Serie, Synchronizität, Verkettung, Echo mehr."

Falsch.
Warum?
Weil wir bei dieser Betrachtung von einer Zweiteilung ausgehen. Einerseits der Natur und andererseits dem Menschen. Demnach gibt es einmal natürliche Fügung und andererseits menschliche Manipulation. Menschliche Manipulation würde nach dieser Sichtweise natürlich

nicht in eine natürliche Serienbildung hereinpassen, da diese ja vorsätzlich gewollt ist.
Wir gehen fälschlicherweise davon aus, Menschen könnten sich sozusagen „außerhalb" der Natur bewegen. Wir könnten außerhalb natürlicher Gesetze so etwas wie eigene Gesetze definieren und durchführen.
Das wird uns alltäglich zwar so suggeriert, ist aber nicht so.
Menschen sind Bestandteil der Natur und des Seins. Man kann genauso gut argumentieren, jedes menschliche Handeln kann nie außerhalb der Natur sein, sondern ist immer nur ein Teil des Realitätsgefüges – kann sich nie davon entkoppeln, nie unabhängig werden. Sei es auch mit viel Kalkül und scheinbar freiem Willen.
So gesehen ist jede zum Beispiel durch Eliten gewollte Manipulation unserer Geschehnisse auf diesem Planeten auch nur ein gewollter Aspekt dieser oder anderer Dimensionen. Nur drückt dieser sich eben aktiv destruktiv, sehr rational und manipulativ aus. Auch Eliten sind ein Teil des großen Spiels. Auch deren gewolltes Agieren ist nicht außerhalb des Weltengefüges, sondern nur ein Bestandteil davon. Insofern werden diese zum unbewussten Helfer bei der Durchführung von Naturgesetzen – in diesem Fall eben Serien, obwohl Sie diesen Gedanken ruhig auch weiter spinnen können und auf andere Bereiche erweitern dürfen. So mündet man schnell in die Frage nach der Rechtfertigung des Bösen in der Welt. Zu diesen Fragen möchte ich Ihnen ausdrücklich die Ausführungen von Armin Risi, z. B. auf Youtube, ans Herz legen.
Gerade bei den nächsten Kapiteln über das Parlament in Straßburg, Charlie Hebdo und viele weltliche Themen und zugeordnete Merkwürdigkeiten ist dies wichtig.
Problematisch ist diese Interpretation dann bei einigen radikalen christlichen Sekten, die bestimmte definierte Ereignisse hier auf Erden bewusst herbeiführen wollen, um eine erwartete Wiederkehr eines Messias zu manifestieren (Armageddon, rote Kuh etc.). Diese werden ihre Gottgesandschaft exakt derartig begründen. Sprich: Auch vorsätzliches manipulatives Handeln ist in Gottes Plan. Diese sind dann lediglich „sein Werkzeug".
Soweit einmal sehr kurz erklärend zu den angesprochenen „Echo-Effekten".
Nun aber zurück zu unseren Untersuchungen über Europa und bedeutungsschwere Ereignisse und Rituale im politischen und gesellschaftlichen Geschehen.

Wir hatten den Untergang des politischen Europas mit der Schiffskatastrophe der Costa Concordia verglichen.
Gibt es denn noch mehr – vielleicht bewusst inszenierte oder orchestrierte – Sachverhalte, die auf ein solches symbolhaftes Handeln rückschließen lassen?
Blicken wir auf das Europäische Parlament in Straßburg.

Turmbau zu Babel in Straßburg – Entzweiung reloaded

Dank der Fortschritte der Wissenschaft und des damit wachsenden Wissensstandes sind die Deutschen nunmehr in der Lage, ihren Untergang von Jahr zu Jahr exakter zu beschreiben. Es scheint, als sei dies die einzige Anteilnahme, die sie noch an ihrem Schicksal als Volk zu nehmen fähig sind. Dies natürlich nur innerhalb der ihnen von ihrer Regierung gestatteten Grenzen.
Wilhelm Schwöbel (1920 - 2008), deutscher Zoologe und Aphoristiker

Bitte stellen Sie sich doch einmal vor, Sie hätten ein paar Dutzend Beamte, diese hätten monatelang, nein jahrelang, Zeit und nichts anderes zu tun, als ein Design für ein Bauwerk zu planen. Dafür bekommen diese reichhaltige Mittel, können Künstler und Ingenieure und eine Menge anderer Spezialisten beauftragen.
Sie würden die Wichtigkeit eines symbolischen Staatsgebäudes herausstellen, würden festlegen, welche Strahlkraft davon ausgehen soll, wie es auf den Betrachter wirkt. Seit Jahrtausenden wird das schließlich schon so gehandhabt und mancher große Herrscher wollte die Pracht und den Reichtum seiner Regierungsgewalt, die Blüte seiner Herrschaft eben in ein Bauwerk gießen.
Auch das Volk orientiert sich an diesem Gebäude; die Größe und Bedeutung führen in einem Spiegelungsprozess zu einem Selbstverständnis der Menschen im System und einem intuitiven Verstehen der Größe und des Reichtums der dargestellten und symbolisierten politischen Ordnung. Es sollte ein Parlamentsgebäude sein. Deshalb soll es zusammenführen, lebendig sein, dem Austausch dienen, es sollte ein vereinigendes Gebäude sein, vielleicht eine Symphonie der Einigkeit und des Zusammenwachsens von Völkern und Staaten. Deshalb müsste es über eine positive Energie verfügen, müsste vielleicht an ein Grundverständnis von Zusammenhalt und Verständigung erinnern,

daran, wie Menschen gemeinsam Schwierigkeiten überwinden können.
Durch alle Kommissionen muss das durch, Gremien müssen entscheiden, Menschen stimmen darüber ab.

Sie prüfen hunderte Entwürfe, treffen hunderte Künstler und deren Ideen, verwerfen hunderte Pläne und Konstruktionen, um letztlich, nach jahrelanger Abwägung aller Bedingungen schließlich DEN EINEN Plan umzusetzen. Und dann, nach Jahren und vielen ausgegebenen Millionen für diese Entscheidungsfindung, sind Sie sicher:
„Meine oder unsere Entscheidung steht fest. Wir haben alles bedacht und sind uns nun sicher, wir nehmen genau DIESES Design. Diesen Konstruktionsplan, der alle unsere Wünsche perfekt beinhaltet."
Nachdem es gebaut ist, sieht es so aus, das Parlamentsgebäude der Europäischen Union: Ein abgebrochener Turm.

Und jemand, der von Architektur überhaupt keine Ahnung hat, steht davor, dreht den Kopf zu ihnen und sagt:
„Sag mal, wart Ihr eigentlich alle besoffen, als Ihr das geplant und umgesetzt habt?"
Und vielleicht – ich unterstelle das hier einmal – vielleicht hatten Sie und Ihre Kollegen ja wirklich keinerlei böse Absicht, wollten wirklich

nichts unheilvoll Wirkendes da zusammenbauen, wie es Kinder tun, die Legosteine so lange zu einem Turm aufeinanderschichten, bis er mit lautem Getöse umfliegt. Sie hätten wirklich keinerlei Ahnung, von was dieser unwissende Prolet ohne Manieren da neben Ihnen erzählt.
Deshalb ist die Antwort:
„Na hören Sie mal, was erlauben Sie sich. Wir haben hier Jahre geplant und alles abgewogen und nun kommen Sie daher und belästigen mich mit Ihren unflätig impulsiven und höchst spontanen Gedanken?"
Aber das Gegenüber schert sich gar nicht um diese Attacke und antwortet nur:
„Das Teil da sieht aus wie der Turmbau zu Babel."
Das sitzt.
Man schaut einmal hin, man schaut zweimal hin, dann trifft die Erkenntnis wie ein Schlag: Ja. Es sieht aus wie der Turmbau zu Babel.

Ein Sinnbild des Misserfolges und der Zerstörung.
Und groß, und still und leise aber mächtig steigt ein einziger Satz langsam in einem auf: „Ach Du Scheiße."
Und wenn wir wirklich weiterhin nur Dusseligkeit unterstellen wollten, wird einem in genau diesem Moment klar, dass man in einer unübertreffbar brillanten Freudschen Fehlleistung das Gegenteil von dem zusammengebaut hatte, was man eigentlich hätte ausdrücken wollen.
Man hätte dann die Geschichte in Glas und Stahl gefügt, die davon erzählt, wie Menschen nicht zusammenwuchsen, sondern im Gegenteil etwas begannen und danach entzweit wurden. Entzweit durch unter-

schiedliche Sprachen, Nichtverstehen und das Auseinanderdriften in alle Richtungen, wonach jeder seinen Weg geht und einzelne Völker mit eigenen Identitäten entstanden, die unterschiedlich waren und danach konkurrierten, anstatt zusammenzuarbeiten. Keine Einigkeit, sondern Zwietracht und Symbol für ein nicht vollendetes, gescheitertes Projekt.
Und dann würde ein Seitengebäude, die neuzeitlichen Planer nennen ihn Bumerang, wie eine Rampe an den abgebrochenen oder unvollendeten Turm gefügt werden. Wollte man in Perfektion nachstellen, wie in antiker Zeit hohe Gebäude errichtet wurden, nämlich mittels eben dieser Rampenkonstruktion, so wäre das natürlich der optimale Entwurf dafür. Sozusagen die Zeitreise zurück in die Zeit der unvollendeten Symphonie; dem Werden des Turmbaus zu Babel. Eine Reise zurück an die Baustelle, zu der Zeit, als die Menschen noch eine Sprache sprachen, noch ein Ziel verfolgten, noch ihre Kräfte bündelten bevor sie hoffnungslos zerstreut wurden.
Diese Rampe perfektioniert die Anklänge an den Turmbau zu Babel, den Eindruck der Baustelle und des unvollendeten Werkes.
Für alle, die es noch nicht begriffen hätten, würde in einem offiziellen Werbeplakat der Europäischen Union dann auch noch die eigentlich doch schon unübersehbare Gleichheit des abgebrochenen Parlamentsgebäudes mit dem alten Gemälde von Pieter Breughel hervorgehoben werden.
Aber jetzt wird auch noch eine Geschichte dazu erzählt. Auf dem Plakat ist nämlich jene Europäische Union, die dieses Gebäude wie kein anderes repräsentiert, noch im Bau, wie der darauf abgebildete Kran zeigt. Noch wird gebaut, der Baustopp, die Entzweiung und Verwirrung der Menschen liegen bei diesem Drehbuch folglich zwingend in der Zukunft. Darüber sind auch noch einige umgedrehte Pentagramme gemalt, obwohl doch über Jahrzehnte beständig behauptet wird, auf dem Kopf stehende, also umgedrehte Pentagramme ohne Schutzkreis seien ein Symbol des Bösen, ja nicht nur eines Bösen, sondern des einen Bösen – des Teufels. Dann werden da noch einige Menschen dazu gemalt. Aber nein, stopp, sind das Menschen? Eigentlich sehen diese aus wie Roboter, sind maschinenhaft schematisiert und scheinen sich auch so zu bewegen. Sie wirken gar nicht mehr lebendig, auch wenn einer von ihnen schwer arbeitet und zwei männliche Figuren sich umarmen, während eine einzelne Single-Frauen-Figur ein Kind hält. Man könnte dies so interpretieren, dass hier kein Europa der Familie gezeigt wird,

sondern eines der gleichgeschlechtlichen Liebe einerseits und der alleinerziehenden Mutter auf der anderen Seite.

Und falls irgendwer, der vielleicht nur vorbeijoggt, dabei Musik hört und mit nur einem Auge darauf schaut noch nicht kapiert hat, was hier läuft, wird noch dazu geschrieben:
„Europe – many tongues, one voice."
„Europa, viele Zungen, eine Stimme."
Als Werbung für ein Parlamentsgebäude. Da friemelt doch wieder einer rum ...!
Eine Ausdeutung: Wer mit vielen Zungen spricht, spricht eben nicht einheitlich.
Zweite Deutung: Ein Parlament ist dort, wo diskutiert wird, Meinungen ausgetauscht werden, wo abgewogen werden soll.
Dort spricht das Plakat von „einer Stimme". Natürlich kann man auslegen, nach all den Debatten, kommt es zu einer Entscheidung und Europa spricht vereint mit einer Stimme für alle. Nach den bisherigen Entgleisungen der Designer und Ideengeber kann oder muss man dies sogar anders sehen: „In diesem Haus darf mit vielen Zungen geredet werden. Am Ende wird monarchisch oder diktatorisch und zentralistisch das getan, was einer will."
Viele Zungen, eine Stimme kann eben auch bedeuten: „Schreit und zetert alle nur, am Ende machen wir das so, wie es eine zentralistische Gewalt sagt."
Wohlgemerkt: genau so lange, bis der ganze Laden zusammenbricht. Denn die Geschichte vom Turmbau zu Babel ist schlechthin das Gleichnis für viele Völker, Sprachverwirrung und das Scheitern eines ehedem gemeinsamen Projektes. Auf energetischer Ebene für Unverständnis, Zerwürfnis und Entzweiung.
Wie um alles in der Welt konnte man nur so ein Symbol für Europa wählen?

Auch momentan bröckelt der Staatenbund. Unter dem Druck der Massenmigration aus dem Nahen Osten und Afrika spaltet sich Europa bereits auf. Die östlichen Staaten – allen voran Polen, Ungarn, Tschechien und auch Österreich halten es für angebracht, die Grenzen zu schließen, um einen kontrollierten und dosierten Zustrom zu ermöglichen. Europas Elite ist in dieser Frage gespalten. England hat sich bereits von der EU losgesagt und verhandelt nun über die Bedingungen des so genannten „Brexit" (der britische Exit aus der EU).

Neben abgebildet ein 50-Euro-Schein, der mir dieser Tage in die Hände fiel.

Auf den Webseiten des ZDF kann man – allerdings unter einer Beschreibung der Sendung „Terra X" nachlesen:
„Bis heute ist der Turm von Babel ein Symbol für menschlichen Größenwahn, für das Streben über alle Grenzen hinaus, für die Verführung, die bei den Menschen immer darin besteht, dass sie glauben, alles zu können."
Und ich denke mir: „Mann, wenn das ZDF den Planern und Bauherren das doch nur vorher hätten sagen können." Ironie Ende.

Wertung:
Ein Gebäude, welches die politische und gesellschaftliche Einheit eines Staatenbundes ist, wird sinngemäß mit einer gegenteiligen Information belegt.

Hierzu dient die architektonische Ähnlichkeit mit dem Turmbau zu Babel. Ein altes Gemälde, welches biblische Erzählungen von Entzweiung und Zwist darstellt. Mystiker mögen in diesem Dissens eine Art „magischen Fluch" erkennen, der als Gegeninformation zum eigentlichen und vorgegebenen Zweck des Gebäudes „eininformiert" wurde.

Handelt es sich um eine Freudsche Fehlleistung? Griff man unbewusst auf kollektive Gedankenmuster zu, weil man in Resonanz mit Zweifeln an die Einheit Europas stand und dies unbewusst durch die Architektur ausdrückte? Für eine Bejahung beider Fragen gab es meiner Meinung nach einfach zu viele Beteiligte. Mindestens einem Menschen hätten die Ähnlichkeiten während der jahrelangen Planungen auffallen müssen und taten es mit an Sicherheit grenzender Wahrscheinlichkeit auch.
Und direkt hinter diesem Gedanken beginnt der Vorsatz.

Fazit: Vorsatz

Anm. Der Turmbau von Babel

(Eine Geschichte aus dem Alten Testament, Gen 11, 1-9)
Alle Menschen hatten die gleiche Sprache und gebrauchten die gleichen Worte. Als sie von Osten aufbrachen, fanden sie eine Ebene im Land Schinar und siedelten sich dort an.
Sie sagten zueinander: Auf, formen wir Lehmziegel, und brennen wir sie zu Backsteinen. So dienten ihnen gebrannte Ziegel als Steine und Erdpech als Mörtel. Dann sagten sie: Auf, bauen wir uns eine Stadt und einen Turm mit einer Spitze bis zum Himmel, und machen wir uns damit einen Namen, dann werden wir uns nicht über die ganze Erde zerstreuen.
Da stieg der Herr herab, um sich Stadt und Turm anzusehen, die die Menschenkinder bauten. Er sprach: Seht nur, ein Volk sind sie, und eine Sprache haben sie alle. Und das ist erst der Anfang ihres Tuns. Jetzt wird ihnen nichts mehr unerreichbar sein, was sie sich auch vornehmen.
Auf, steigen wir hinab, und verwirren wir dort ihre Sprache, so dass keiner mehr die Sprache des anderen versteht.
Der Herr zerstreute sie von dort aus über die ganze Erde, und sie hörten auf, an der Stadt zu bauen.
Darum nannte man die Stadt Babel (Wirrsal), denn dort hat der Herr die Sprache aller Welt verwirrt, und von dort aus hat er die Menschen über die ganze Erde zerstreut.

Wie auch das Europäische Parlament eine große symbolische Strahlkraft besitzt, trifft dies im Grunde für alle historischen und berühmten Gebäude zu. Regierungsviertel, Rathäuser oder eben Parlamente mögen hierbei die staatliche und weltliche Macht repräsentieren.
Kathedralen und Kirchen sind ein steinernes Sinnbild geistlicher und religiöser Gesellschaftsordnung und kultureller Prägung, zeugen aber auch vom Reichtum des Erbauers. Über Jahrtausende hinweg teilten sich weltliche und kirchliche Eliten die Verwaltung und Regierung ihrer Untertanen. Man sollte schon zweimal hinschauen, wenn die erbauten Insignien der Herrschaft plötzlich von seltsamen Unfällen und Katastrophen heimgesucht werden. Es sind schließlich Zeichen und Beweis von Macht und Würde. Vom 27. auf den 28.02.1933 stand zum Beispiel der Reichstag in Berlin in hellen Flammen. In jedem Falle war die Ursache in einer Brandstiftung zu suchen. Der Täter, Marinus van der Lubbe, beharrte bis zu seiner Hinrichtung darauf, die Tat allein

und ohne jeden Hintermann begangen zu haben. Trotzdem vermutet man bis heute eine Beteiligung von Nationalsozialisten an der Brandlegung. Für unsere Betrachtungen hier ist dies ohnehin nicht weiter wichtig. Ich glaube, bereits erwähnt zu haben, dass für die Bedeutung eines Ereignisses unwichtig ist, ob es durch den Vorsatz eines einzelnen, einer Gruppe oder völlig ohne das Wissen eines einzigen Menschen zustande gekommen ist. Für uns Menschen erscheint die Suche nach Gründen und kausalen Zusammenhängen für eine Einordnung der Zusammenhänge – für unser Verstehen – wichtig. Für die Deutung und Bedeutung ist dies gleichgültig. So wird dieses Feuer auch, unberührt vom Streit um die Täterschaft des Reichstagsbrandes, als das Ende der Demokratie gedeutet. Man muss sich nicht besonders anstrengen, um den Brand eines Parlamentsgebäudes derart zu interpretieren – und hier sind wir mitten beim Thema.

Schauen wir auf einige weitere Beispiele zum Themenkreis „Bedeutungen in Gebäuden" an.
Wenn man glaubt, pures Geschehen könne Symbolismus an bedeutungstiefer Strahlkraft nicht übertreffen, wird man im Juli 2019 eines besseren belehrt: Ein Gebäude, welches in der Krone seines Giebels die Widmung „Dem Deutschen Volke" trägt, ist nicht mehr barrierefrei für dieses zugänglich. Gemeint ist der Deutsche Bundestag, der mit einem Graben „geschützt" wird. Vor wem soll da „geschützt" werden? Gräben zerteilen im Jahr 2019 längst nicht nur das Volk, sondern nun auch den Regierungsbezirk vom Volk.
„Das kannst Du jetzt echt nicht bringen", würde ich sagen, sollte mir ein kühner Planer von diesem Vorhaben erzählen. Oder: „Das springt ja förmlich ins Auge." Oder: „Das trennt in seiner Bedeutung dann Volk und Gebäude. Mit der Widmung dort oben ist das blanker Hohn." Und dazu müsste ich noch nicht einmal PR-Berater sein oder ein besonderes Augenmerk für gewollt-ungewollt-bedeutsame Handlungen besitzen. Nein.
Aber es ist Fakt:
Man mag wohl „gegen Grenzen" sein, zumindest wenn diese das Territorium des ganzen Staatsgebildes umfassen und keinerlei Zugangskontrolle stattfindet. Da latscht durch, wer eben ankommt. Für das Gebiet des Bundestages trifft dies nicht mehr zu. Dort werden Grenzen in Form von Gräben und Zäunen neu erbaut. Man verschanzt sich mit einem Graben. Was für eine wunderbare Symbolik. Unübertrefflich. Und zwar vor dem Rest des Volkes. Ja richtig. Genau dem in der Widmung.

Was früher als Schutz von Burgen, dem Feinde zum Trotze eingesetzt wurde, umringt also zukünftig den Deutschen Bundestag: ein Graben. Auch dieser 10 Meter breite und 2,50 Meter tief geplante Graben, dessen Baubeginn noch nicht feststeht, hat Sicherheit und Regelung des Zustroms zum Zweck und ist eingebunden in das neu erarbeitete, 150 Millionen Euro schwere Sicherheitskonzept des Bundestages. Flankiert wird er links und rechts von Sicherheitszäunen und verläuft parallel zur Front (des Bundestages. – Anm. des Verfassers natürlich).
2019 und eine – wenn man so will – innerdeutsche Grenze wird bald wieder neu erbaut.

Beim nächsten Thema handelt es sich um einen Meilenstein in der Geschichte. Wir werden davon in den kommenden Geschichtsbüchern lesen. Kaum ein Ereignis kann wohl noch mehr Strahl- und Bedeutungskraft haben. Es geht um den Großbrand von Notre Dame vom 15.04.2019. Hier wird hinter den offiziellen Darstellungen der Leitmedien immer wieder von Brandstiftung geredet. Das ist nicht verwunderlich, denn es gibt eine Reihe von Merkwürdigkeiten bezüglich der Brände, auf die ich hier jedoch nicht tiefer eingehe, sondern nur kurz aufzähle.

In Notre Dame brach das Feuer im Dachgebälk aus, was als sehr ungewöhnlich zu werten ist. Die weggeworfene Zigarettenkippe eines Bauarbeiters wurde denn als mögliche Brandursache serviert, während man Brandstiftung sofort über die Massenmedien kategorisch ausschloss (wie auch einen Monat zuvor bei der brennenden „Saint Sulpice", zweitgrößte Kirche nach Notre Dame in Paris). Allerdings ist das Dachgebälk derart alt, dass es sich bei dieser Behauptung (Zigarettenkippe als Brandgrund) mehr um einen schlechten Treppenwitz handelt. Eine Zigarette scheidet als Grund definitiv aus, wie mittlerweile in Versuchen und Tests immer wieder gezeigt wurde.
Kabbalisten kommen auch wieder auf ihre Kosten: Der Brand geschah 666 Tage nach der französischen Parlamentswahl, 666 Monate (mit einer Woche Genauigkeitstoleranz) nach dem Mord an John F. Kennedy (übrigens ebenfalls in einem „Phaeton"-Wagen) und 888 Tage nach der Wahl Donald Trumps zum Präsidenten der USA.
Auch, dass man rund ein Dutzend wichtige heilige Evangelistenstatuen in den Tagen und Wochen zuvor sicherte und wegschaffte, erscheint nun in einem anderen, auch zweifelhaften Licht und es wurde bereits gemunkelt, hier habe Vorwissen eine Rolle gespielt. Was weitgehend

unbekannt ist: Man hat diese alle enthauptet. Im Ernst. Sie stehen kopflos herum. Den Symbolgehalt geköpfter Heiliger muss man kaum interpretieren.
Ebenso eindeutig wie geköpfte Heiligenstatuen weist die Form des Feuers selbst auf ein satanisches Ritual hin: Aus der Luft gefilmt (und das geschah in epischer Breite) sah das brennende Dachgebälk wie ein riesiges rotbrennendes Kreuz aus. Alle vier Enden brannten in inszenierter Symetrie zugleich und lichterloh. Ein perfekt brennendes Feuerkreuz. Der Ku-Klux-Klan benutzte dies als Symbol. Das Warnkreuz stellen Klanmitglieder zum Beispiel in den Vorgärten von missliebigen Gemeindemitgliedern auf, um diesen „Strafmaßnahmen" anzudrohen. War dies also eine Warnung an Paris oder gar ganz Frankreich? Es mutet wie blanker Hohn an, wenn ich während dieser Schreibarbeiten hier die Beschwerden über den Einsatz von Pyrotechnik (Böller, Raketen etc.) in einem Fußballstadion höre.
Das Sichern der Evangelisten aus dem Dom heraus erinnerte an den Film 2012. Auch hier wurden im sicheren Vorwissen kommender Ereignisse die Kunstgegenstände abgeholt. Im Film war es ja die Mona Lisa. Es ist die gleiche Handlungsschablone (aber wer weiß, vielleicht geschieht im Louvre selbst auch noch etwas).
So reihen sich noch einige Auffälligkeiten rund um das Thema, die ein einfaches „zufälliges Brennen" immer unwahrscheinlicher machen.

Auf dem Economist-Cover des Jahres 2019 wurde Leonardo da Vinci zusammen mit okkulten Anspielungen abgebildet. So weit, so gut. Was sollte der jedoch mit dem Brand von Notre Dame zu tun haben?
Das Datum.
Er wurde am 15.04.1452 geboren. Der Zeitpunkt ist also wieder einmal auffällig und korreliert wiederholt mit einer Veröffentlichung im Economist. Er malte unter anderem die Mona Lisa und viele weitere Bilder, die in Paris, im Louvre, ihr Zuhause haben.

Leonardo da Vinci verstarb 1519, hatte im Jahr des Brandes seinen 500. Todestag (am 02.05.2019), was als formales Argument für sein Erscheinen auf dem Economist-Cover für 2019 gelten mag. Sollte es jedoch tatsächlich Brandstiftung gewesen sein – und die Ermittlungen hierüber sind ja noch nicht abgeschlossen – so hätte der Täter den Tatzeitpunkt natürlich perfekt synchronisieren können, um gewollt diese Verbindungen herzustellen.

Wie gesagt: Einen Monat zuvor, am 17.03.2019, hatte die zweitgrößte Kirche von Paris, Saint Sulpice, gebrannt. In den Mittagsstunden seien plötzlich Flammen aus der Tür des Seitenaltars geschossen. Es handelt sich wohl kaum um einen Fall spontaner Selbstentzündung. Selbst einen Monat später lässt sich die Ursache nicht einfach ermitteln, was wieder einmal bezeichnend für ein bestimmtes Handeln unserer Medien ist: Manche Dinge werden immer wieder hochgekocht, andere landen ganz schnell in der Versenkung und die Blumendecke kommt darüber.

Zeitgleich zu Notre Dame brannte es übrigens in der Al Aqsa Moschee auf dem Tempelberg in Jerusalem. Ungewöhnlich, dass auch dieses Feuer auf dem Dach ausbrach. Es war nach relativ kurzer Zeit wieder unter Kontrolle.
Bleibt noch, kurz vom Zeichentrickfilm „I pet goat" aus dem Entstehungsjahr 2012 zu berichten. Auch hier haben wir es mit einer Vorhersage zu tun. Eine Jesusfigur mit einem Dornenkranz taucht auf. Im Hintergrund zerfällt eine christliche Kathedrale (erkennbar am Kreuz). Dieser Vorgang spiegelt sich in seinem Auge, während seine Dornenkrone verschwindet. Besonders dabei: Der Kirchturm fällt exakt so, wie später der Hauptturm von Notre Dame fällt und dabei gefilmt wird. Ob die Kathedrale nun unzweifelhaft und ausschließlich Notre Dame abbilden muss, darüber kann sicherlich gestritten werden. Wie immer: Eine gewisse Unschärfe muss bleiben.
Es ist ein anderes, verwobenes Detail, das hierüber mehr oder weniger Gewissheit bringt:
Einige Forscher machen darauf aufmerksam, Frau Obama sei am Unglückstag in Paris gewesen und habe unweit des Brandes von Notre Dame an einer Schiffskreuzfahrt teilgenommen. Das Schiff sei direkt an der brennenden Kirche vorbeigefahren. Wirklich interessant ist, dass sich auf den Filmaufnahmen der Brand von Notre Dame in ihrem Weinglas spiegelt. Sie trinkt gerade daraus. Somit gibt es starke Ähnlichkeiten zwischen dem Unglück, dem Trickfilm und den Geschehnissen rund um brennende Kirchen in Weingläsern.
Das Feuer von Notre Dame ist letztlich in eine Serie von Attentaten in Kirchen eingebettet (Attentat Christchurch 15.03.2019, Feuer Sulpice 17.03.2019, Sri Lanka, Ostersonntag 21.04.2019, betroffen 3 Kirchen und 4 Hotels). Die Mutmaßungen über Brandstiftung oder Brandbeschleunigung reißen nicht ab. Letztlich meldete sich ein Feuerwehrmann anhand des Video und Fotomaterials zu Wort, welches stark

quellenden gelben Rauch zeigt. Dabei sei die gelbe Farbe auf die Verwendung von Petrochemie zurückzuführen. Brennendes Holz habe diese Farbe nicht. Er sagte: „Es ist unmöglich, so ein großes Feuer in weniger als zwei Stunden ohne Brandbeschleuniger zu haben. Das Holz hat keinen gelben Rauch, die Petrochemie aber ja."
Wenn ein brennender Reichstag 1933 vom Ende der Demokratie zeugt – und die anschließende Machtergreifung erfüllt dieses Sinnbild – dann bezeugen brennende Kirchen vielleicht nicht auch das Ende, aber in jedem Fall den Niedergang des Christentums.
Ich weiß, sehr harter Stoff. Mir lag daran, die Seltsamkeiten rund um diesen Brand und dessen Verbindungen aufzuzeigen.
Aber man bemerkt schon, wie seltsam die Ereignisse miteinander „verbacken" sind.
Da kommt ein Kinofilm heraus, der ein sinkendes Kreuzfahrtschiff und die doppelte Mona Lisa zeigt, die wegen einer Katastrophe abgehängt und weggesperrt wird. Dann sinkt das Kreuzfahrtschiff in einem Fanal tatsächlich und zeigt sich völlig überladen mit Hinweisen und Zeichen zum Untergang Europas. Ein Magazin, das dafür bekannt ist, gerne mit Zukunftshinweisen zu spielen, verweist auf dem Titelblatt auf Leonardo da Vinci, der auch genau diese Mona Lisa malte. Schließlich brennt Notre Dame dann genau an dessen 567. Geburtstag.
Komische Parlamentsgebäude, brennende Kirchen, Filme mit Voraussagen, untergehende Kreuzfahrtschiffe mit Bedeutungscharakter. Was braucht man noch, um zu sehen, dass vor unseren Augen eine Mehr-Ebenen-Inszenierung stattfindet? Dass unser Alltag bedeutsam ist? Wie könnte man auch den letzten telehypnotisierten Gläubigen überzeugen, dass hier etwas ganz und gar nicht stimmt?
Vielleicht ganz klassisch mit ein paar himmlischen Zeichen oder wenn Voraussagen eintreffen würden?
Bitte sehr, bitte gleich.

Die Einheit Europas verglüht am Himmel – Sojus und Kometen

Es gibt noch weitere Indizien für ein Auseinanderfallen der europäischen Union. Haben wir es im Folgenden mit einem weiteren unbemerkten Ritual zu tun oder war alles bloß ein großer bedeutungsvoller „Zufall"

Schauen wir zum Himmel hoch. Wie werden Himmelserscheinungen im Massenbewusstsein der Menschen gewertet? Gestatten Sie mir einige einleitende Vorbemerkungen zum eigentlichen Ereignis am 24.12.2011.

Im Jahr 1910 bestand in der Weltöffentlichkeit eine echte Kometenhysterie. Für den April war der Durchgang des Halleyschen Kometen angekündigt und die Astronomen berechneten eifrig dessen voraussichtlich genauen Durchgang.

In Erwartung der kommenden Ereignisse wurden sie und die Bevölkerung jedoch bereits am 17. Januar von einem außergewöhnlich großen und unerwartetem Objekt am Himmel aufgeschreckt. Ein riesiger Lichtschweif zog gen Norden, so hell, dass er sogar bei Tage gut gesehen werden konnte. Er blieb scheinbar groß und dominierend am Himmel stehen und war in der Zeit von Mitte Januar bis Mitte Februar gut zu sehen. In der Hochphase seines Erscheinens waren die Nächte deutlich heller und bei Tage war er trotz Sonne und Helligkeit sehr gut zu sehen. Es war der große Januarkomet, C/1910 A1, Tageslichtkomet oder auch Johannesburger Komet genannt. Er kehrt im Abstand von 50.000 bis 60.000 Jahren periodisch wieder.

In der Öffentlichkeit wurde dessen Erscheinung trotz christlicher Mythologie nicht als verheißungsvolle Botschaft für die Wiederkehr des Messias gehalten, im Gegenteil. Die Menschen hatten Angst, es war ihnen mulmig, sie interpretierten diesen Lichtschweif dort oben am Firmament sehr negativ als Unheil bringend und Unglücksboten.

Ich kann mich noch sehr gut an die Erzählungen meiner 1898 geborenen Urgroßmutter erinnern. Diese schilderte uns, wie sie als Kind das Erscheinen von einem großen Kometen miterlebt hatte. Dieser sei groß gewesen, hätte hell am Himmel gestanden und sei auch am Tage sichtbar gewesen. Die Leute hatten Furcht, weil sie glaubten, er verkünde nun das Ende der Erde und prophezeie einen großen Krieg. Viele hätten sich aus Angst bekreuzigt, einige hätten ihr gesamtes Hab und Gut verkauft und danach einfach „durchgebracht". Nachts sei es hell gewesen, die Leute hätten viel gefeiert und getrunken und auf der Straße getanzt (Anm.: Nicht aus Freude und Glück, sondern als Sinnbild für den Zerfall der öffentlichen Ordnung, ähnlich dem ausufernden Geschehnissen in Kriegszeiten im Stile von „ist jetzt auch egal".). Insgesamt schilderte sie eine Ausnahmesituation, gestützt auf Angst und unheilvolle Ahnung. Sie war damals zwölf Jahre alt.

Zeitungen bezeugten diesen persönlichen Bericht meiner Urgroßmutter und beschrieben, der Komet löse in Russland, Afrika und Indien große Furcht aus. Auch dort sehe man darin das Anzeichen für einen großen Krieg oder das Weltenende.
Sprachintelligenz und Volksmund prägten denn auch den Spruch, der „Himmel möge uns nicht auf den Kopf fallen", was logisch als Quatsch und vollkommen sinnlos erscheint. Bildlich aber spiegelt sich darin sehr genau ein Ereignis wie der Chiemgau-Komet, der zwischen 3000 bis 2200 v. Chr. über Südbayern noch am Firmament explodierte und dann in zehntausenden Bruchteilen niederging.
Feuer und glühende Brocken regneten vom Himmel herab und verwüsteten das Leben auf der Erde. Ein solches Ereignis muss zweifellos stark prägende Inhalte im Massenbewusstsein hinterlassen haben. Hat sich in diesem Satz uralte Menschheitserfahrung kollektiv bewahrt?
Himmelserscheinungen wurden also quer durch die Jahrtausende als Warnung wahrgenommen. Dafür gäbe es jetzt noch mehr Beispiele, auf die ich hier verzichte.
Wir reisen durch die Zeit weit voraus ins Jahr 2011. Ausgerechnet am Heiligabend ist über Deutschland, der Schweiz, den Niederlanden und Frankreich ein außergewöhnlicher und rätselhafter Lichtschweif am Himmel zu beobachten. Ab 17:27 Uhr MEZ zieht dort offensichtlich ein Komet oder etwas Ähnliches einen riesig erscheinenden Schweif quer über den Himmel und natürlich drängt sich die Analogie zum christlichen Bethlehemstern geradezu auf. Ein Pilot, der gerade in Frankfurt am Main anlanden wollte, beschreibt die Erscheinung als etwas, das in die Erdumlaufbahn eintrat und dabei glühend zerbrach. Einige Augenzeugen hatten gelbe, orange und grüne Farben erkennen können, andere rote und blaue und weiße.
Allerdings sollte es sich nach Angaben der europäischen Weltraumagentur dabei um profanen Weltraumschrott gehandelt haben. Teile der Triebstufe der Sojus-Rakete seien beim Erdeintritt verglüht und in mehrere Teile zerfallen. Drei Tage zuvor war diese vom russischen Weltraumhafen Baikonur in Kasachstan gestartet und brachte drei Raumfahrer zur internationalen Raumstation ISS. Die Raketenstufe hatte die internationale Bezeichnung 2011-78B. Damit hatte der 24. 12. 2011 sein weihnachtliches Sternenereignis, sozusagen „die technische Version des Sterns von Bethlehem" und damit war dieses hochsymbolische Ereignis auch schon ins Vergessen geraten.
Vollkommen zu Unrecht. Denn was hier im weihnachtlichen Nachthimmel so spektakulär verglühte, sind auf der rein materiellen Ebene

vielleicht ein paar langweilige Teile der Sojus-Rakete, auf der Bedeutungsebene jedoch weit mehr.
Denn Sojus heißt, vom Russischen ins Deutsche übersetzt, soviel wie „Einheit" oder „Union". Über dem Deutschen Himmel zerfällt also gerade die Einheit oder Union in Ihre Bestandteile. Mehr noch, diese Einheit verglüht bis zur Unkenntlichkeit. So stark, dass nicht einmal deren Einzelteile in ihrer bisherigen Form zurückbleiben.

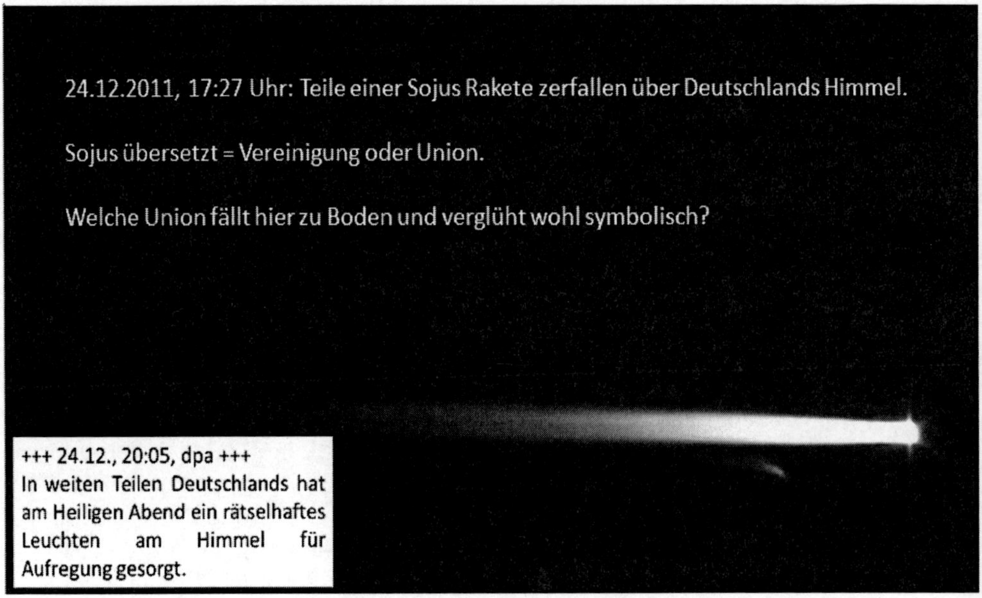

24.12.2011, 17:27 Uhr: Teile einer Sojus Rakete zerfallen über Deutschlands Himmel.

Sojus übersetzt = Vereinigung oder Union.

Welche Union fällt hier zu Boden und verglüht wohl symbolisch?

+++ 24.12., 20:05, dpa +++
In weiten Teilen Deutschlands hat am Heiligen Abend ein rätselhaftes Leuchten am Himmel für Aufregung gesorgt.

Und obwohl dieses Szenario vor nahezu jedermanns Auge am heimischen Himmel stattfindet, erkennt die Öffentlichkeit nicht den sich förmlich aufdrängenden Bedeutungsgehalt dieses Schauspiels:
Ist das nicht sinnbildlich für die krisengeschüttelte Europäische Union, ihre Einheit, die da gerade am Himmel zerbricht und verglüht? Man inszeniert am Himmel, was auf der Erde nachvollzogen wird: der Zerfall der Einheit.
Und es passt so perfekt zur Alltagsszenerie der Gazetten. Denn es knirscht im Gebälk der EU, seit Jahren schlittert sie zusammen mit der globalen Finanzwirtschaft am Rande des Abgrundes: Ihre Staaten sind überschuldet, längst werden Finanztransfers, Kredite und Bürgschaften in unvorstellbarer Höhe verschoben, die kaum ein Bürger mehr nachvollziehen kann. Die Staaten ziehen sich zurück in ihre Einzel-

staatlichkeit. Da passt es, wenn der einflussreiche Milliardär George Soros auf der US Luftwaffenbasis San Diego im Februar 2019 warnte, die Europäische Union könne wie die damalige Sowjetunion in ihre Einzelstaaten zerfallen. Ja, oder wie die symbolisch-sowjetischen Sojus-Raketenteile ein paar Jahre vorher.
Auch werden bereits wieder Vergleiche mit dem großen Krieg und dessen Vorlaufzeit einhundert Jahre zuvor gezogen. Auch im Jahr 1911 habe es Bankenkrisen und Börsenunruhen gegeben. Und wie zum Jahreswechsel 2011/2012 habe es bereits in Libyen Krieg gegeben. Auch im Jahr 2011 gab es rund um Tripolis, so wie einhundert Jahre zuvor eine Schlacht. All dies seien unheimliche Übereinstimmungen im Verlauf eines Krieges. Es verwundert wirklich sehr, dass niemand den Bedeutungsgehalt der verglühenden russischen Trägerrakete über Deutschlands Himmel thematisierte.

Auch der Zusammenhang mit der russischen Raumstation „MIR" ist hier erwähnenswert. Die Sojus Trägerraketen transportierten die Bauteile für die MIR in den Orbit. MIR bedeutet vom Russischen ins Deutsche übersetzt so viel wie „Frieden" oder „Welt". Am 23. 03. 2001 wurde die MIR nach einer Vielzahl von Pannen und Unfällen kontrolliert zum Absturz gebracht. Ihre Trümmer versanken im Pazifik. Sinnbildlich gedeutet wurde also der Frieden in der Welt zu Fall gebracht. Nicht einmal ein halbes Jahr später ereigneten sich die Terrorakte auf die World Trade Tower (Welthandelszentrum) in New York, seinerseits bereits wieder ein hochsymbolischer Akt, der nicht nur den Beginn zahlreicher Kriege und eine Zeitenwende markierte, sondern auch den Einsturz und die krasse Veränderung des Welthandels ankündigte. Fast auf den Tag genau zwei Jahre nach dem Absturz der MIR begann der unrechtmäßige Krieg der USA gegen den Irak am 20.03.2003.
Ich meine, deutet man diese Ereignisse symbolisch aus, so zeigt man uns doch ständig sehr klar und eindeutig, was man zu tun beabsichtigt. Heute, im Jahr 2019, existiert die Europäische Union noch immer, wenngleich mehrheitlich nur noch auf dem Papier, nicht in Herz und Hirn der Einwohner Europas. Zusätzlich wird sie über gezielte Massenemigration demographisch nachhaltig bis zur Unkenntlichkeit verändert. Grenzen werden wieder gezogen. Großbritannien ist (mindestens im Geiste) ausgetreten, andere Staaten diskutieren dies. Einige behaupten, wir seien bereits durch die Kriege in der Ukraine und in Syrien in einen Dritten Weltkrieg verwickelt. Die Zeit der riesigen ste-

henden Heere sei vorbei, weshalb der bereits auf vollen Touren laufende Weltkrieg nicht so sehr ins Bewusstsein der Menschen dränge, obwohl er längst begonnen habe, ja voll am Laufen sei. Der Hergang passt jedenfalls sehr gut zu den Vorhersagen des Hochgradfreimaurers Albert Pike, der die Voraussagen über drei große Kriege in einem Briefwechsel mit einem anderen Freimaurer und Politiker Giuseppe Mazzini im Detail niederschrieb. Interessant hierbei ist, dass es in dessen Schilderungen tatsächlich beim Dritten Weltkrieg so etwas wie ein langsames Hereinschlittern mit folgendem Auszehren bis zur restlosen Erschöpfung der Nationen gibt.

Schon im Jahr 1871 soll Albert Pike, allerdings ohne jegliche Zeitangabe, von der Vorbereitung dreier großer Kriege gewusst haben, die er sogar als „Weltkriege" bezeichnete.

- Der erste Weltkrieg soll dazu dienen, das zaristische Russland zu Fall zu bringen.
- Der zweite Weltkrieg wird auf nationalistischen Bestrebungen basieren, soll der Gründung des Staates Israel dienen und den Kommunismus stärken.
- Der dritte Weltkrieg wird durch Kontroversen zwischen muslimen Führern um dem politischen Zionismus seinen Anfang finden. Der Rest der Welt soll jedoch, bis zur restlosen Erschöpfung auf allen Ebenen, in diesen Konflikt hineingezogen werden.

Der Vollzähligkeit halber und weil es so eine schöne Serie ist, möchte ich noch kurz den 24.12. 2015 anführen, als die nächste Weihnachtsanomalie am Himmel sichtbar wurde. Diesmal war es der Komet „Catalina", der dann im Volksmund auch zum „Weihnachtskometen" umgetauft wurde. Dieser war mit freiem Auge sichtbar, im Fernglas als Nebel erkennbar, jedoch bei weitem nicht so spektakulär wie das Ereignis 2011.

Aber müssen denn Kometen und Meteoriten seit Urzeiten als Unheilsbringer gelten, sobald diese in den Erdorbit eintreten? Warum soll dies ein schlechtes Zeichen sein?

Man könnte es auch aus anderem Blickwinkel kosmisch und neutral betrachten. Dann nämlich entblößt sich plötzlich – weiter vorne im Buch ist es schon angedeutet – eine harmonische und sehr positive Seite dieses Phänomens. Machen wir also zum Abschluss dieses Kapitels und seiner eher unheilvollen Mutmaßungen und Schilderungen einen Abstecher in aufbauende Bilder.

Ein Kometeneinschlag kann dann ein positives und auch aufbauendes Ereignis sein, sobald man kosmische Maßstäbe anlegt. Im Folgenden geht es dabei noch einmal um die Theorie der Panspermie.

Die Theorie der Panspermie entfaltet eine kosmische Schönheit, sobald man die hermetischen Lehren des Hermes Trismegistos darauf vergleichend anwendet. Um was geht es?
Kometen treffen ständig auf Himmelskörper. Dies muss nicht zwingend ein gewaltsamer Akt sein. Im Gegenteil kann so ein Einschlag Leben transportieren und, sobald die Bedingungen auf dem getroffenen Planeten mit der Saat des Kometen übereinstimmen, Leben und Evolution anwerfen. So könnten die Keime des Lebens als kleine Zellen, geschützt von der Schale, durch das ganze Universum reisen und sich dort entfalten, wo in einem übereinstimmenden Prozess die Voraussetzungen für deren Möglichkeit zum Keimen mit den Bedingungen auf dem jeweiligen Planeten übereinstimmen. Also gar nichts anderes im Grunde wie ein Same, der in die Erde fällt. Das Umfeld, die Wärme, Nässe, Sonnenstundendauer, Bodenbeschaffenheit, Sauerstoffgehalt und einige Parameter mehr werden darüber entscheiden, ob der Samen gedeiht oder nicht. So weit, so schön. Da gibt es eine Menge Kritiker, die meinen, das ginge vielleicht gar nicht, weil das Leben im Kometen auf seiner Reise durch den Raum überleben muss und die Keime müssen dann noch unversehrt in die Biosphäre des anderen Planeten gelangen und so weiter.
Wirkliche Schönheit entblößt sich bei diesen Gedanken, sobald man die Erde oder einen anderen Planeten mit einer Eizelle vergleicht und die Kometen mit Spermien. Plötzlich liegt ein universeller Vorgang im Großen vor unseren Augen bloß, der seine Entsprechung im Kleinen hat.
Planet – Eizelle
Kometen – Spermien

Wir können uns unsere Mutter Erde als weibliche Eizelle vorstellen. Wie würde dann ein Schöpfungsakt stattfinden? Na, eben durch Spermien von außen. Die Spermien sind hier die Kometen mit den schockgefrorenen Lebensbausteinen, welche die Schöpfung in Gang setzen. Sie schlagen in die Erde, wie das Spermium durch die Hülle des Eis tritt und sich einnistet. Sie benutzen das Umfeld, den Boden, seine Nährstoffe, um zu wachsen, wie auch das Spermium es tut. Dann wachsen sie und bilden einen eigenständigen Organismus. In beiden Beispielen gleich.
Der Löwenzahn funktioniert grundsätzlich nach dem gleichen Prinzip.

Schauen wir im Sommer über eine Wiese, entsprechen die fliegenden Löwenzahnsamen den Spermien und pflanzen sich in den Mutterboden (die Eizelle).

Leben fliegt und erwächst neu. In diesem Vorgang spiegelt sich auch das ewige Voranschreiten von Ordnung und Chaos. Die Löwenzahnsamen wachsen in der Pflanze nach einem genauen Bauplan voran, werden so gut es geht vor den Unbilden der Natur geschützt, um dann günstige Bedingungen (Sonne, Nässe, Nährstoffe) zum Aufwachsen zu nutzen.

Dies entspricht einem Ordnungsaspekt, auch vergleichbar mit dem behütenden, weiblichen Prinzip.

Mit dem Wind beginnt nun das chaotische Prinzip in den Kreislauf eingebunden zu werden. Die Löwenzahnsamen gehen auf ihre eigene, individuelle „Heldenreise“ (Ausdruck ist hier bewusst gewählt, man kann darüber sinnieren, weshalb.)

Es ist eine abenteuerliche und gefährliche Reise, abhängig von so vielen ungewissen Variablen und ungewiss, ob die Samen sich zu einer höheren Ordnung transformieren werden (zum Beispiel zu einer Blume) oder ob sie sterben. Sie werden fortgeweht und hunderte Meter

weit durch die Luft getragen. Wo sie landen, ist ungewiss (chaotischer Aspekt). Mit diesem Streueffekt breitet sich Leben aus.
Oder wie der männlich-menschliche Samen sich in die weibliche Eizelle bohrt: sozusagen Panspermie im Körper.
Das gleiche Prinzip macht sich sichtbar.
Womit wir wieder bei Hermes Trismegistos wären. Eines seiner Gesetze ist das Prinzip der Analogien, was nichts anderes bedeutet als „Wie oben - so unten, wie unten – so oben. Wie innen - so außen, wie außen - so innen. Wie im großen – so im kleinen."
Weiter vorne wurde beschrieben, dass wir Menschen mehr und mehr natürliche Vorgänge durch Technik ersetzen.
Überträgt man diesen Gedanken auf den Kosmos und seine Eigenart, Leben über Meteoriten zu transportieren, fände dies seine technische Entsprechung in der Reise von Lebewesen zwischen den Sternen. Es klingt zunächst überraschend und fremdartig. Dann aber wären Ufos oder Raumschiffe (Hier als technische Flugobjekte von Intelligenzen genutzt gebraucht) die technische Entsprechung zu Meteoriten. Oder Ufos und Raumschiffe wären dann – wenn man so wollte – auch nur kleine Löwenzahnsamen.
Für alles, was es gibt, existiert auf einer anderen Ebene, in einem anderen Bezugsrahmen eine Entsprechung. Man kann im Großen das Kleine und im Kleinen das Große erkennen. Genau an diesem Punkt erleben wir die Schönheit des Gedankens: So, wie ein Komet einen Planeten mit Leben besamen kann, tut dies im Kleinen ein Spermium mit einer weiblichen Eizelle, tut es ein Löwenzahnsamen in der fruchtbaren Erde. Daraus können sich weitere Erkenntnisse ableiten:
Ein Planet hätte dann die Entsprechung weiblicher Energie und der Komet wäre männlich geprägt. Die Explosion eines Planeten als Ursache für das Entstehen der Meteoriten wäre eine Art kosmischer Orgasmus.
In der Biologie finden wir diese „Explosion" beim Schwärmen von Bienen. Das Bienenvolk pflanzt sich als Schwarm fort. Das Schwärmen zehntausender Bienen aus dem alten Stock heraus erinnert in seiner Kombination aus Freudentaumel, Jubel und Explosion unweigerlich an eine Art „biologische Ejakulation". In Minuten strömen zehntausende Bienen aus dem engen Flugloch und katapultieren sich in die Luft.
Was die Explosion eines Planeten zum Hervorbringen von einzelnen Materiestücken ist, gleicht im Vorgang exakt dem ganzen Bienenvolk, das in zehntausend Teile explodiert.

Spermien gleich, fliegen Meteoriten durch das All und befruchten das Ei, den jeweiligen Planeten (Panspermie). Bienen fliegen fort und suchen einen neuen Ort für das neue Volk.
Plötzlich offenbart sich altes Wissen, paart man diese Erkenntnis mit dem alten Sprachschatz nach „Mutter Erde“ oder Gaia als weiblicher Natur. Wer möchte angesichts dieser Harmonie noch daran zweifeln, dass Panspermie Leben sät?
Bis hierhin haben wir nun schon so viele bedeutungsschwere Ereignisse zusammengetragen, die vom Ende Europas, dem Zerfall der Staaten und der Gesellschaftsordnung zeugen.
Das Verrückte: Es passiert alltäglich vor aller Augen – geht aber in der Flut tausender anderer (Des-)Informationen vollständig unter. Außerdem gelten ja derlei Ausführungen wie hier im Buch auch weiterhin als „spinnert“.

Wertung:

Das christliche Deutschland wird zu Weihnachten mit einem „Stern zu Bethlehem“ ganz eigener Natur beschenkt. Es ist dies kein natürliches Ereignis, sondern der kontrollierte, gewollte und geplante Absturz der „Sojus“, der „Einheit“ oder „Union“. Damit ist die Bedeutung und ein möglicher Hintergrund beschrieben.

Die spirituelle Realität dieses Ereignisses ist wohl kaum zu übersehen. Und auch Himmelszeichen können durchaus „gemacht“ sein.

Da sich, wie in den vorigen Kapiteln bereits gezeigt, Mysterien und Seltsamkeiten rund um das Thema „Europäische Union“ häufen, liegt eine bewusste Manipulation wohl näher als eine „Laune der Matrix“ oder eine „symbolträchtige Manifestation“.

Hier inszenieren Hintergrundmächte eine gewünschte und geplante Zukunft vor aller Menschen Augen und nutzen Massenmedien für eine Verbreitung.

Fazit: Vorsatz

Atomexplosion im Schlangenkopf des Vatikans mit Jesus als Reptil

Was???
Wenn ich die Überschrift so lese, könnte das auch irgendein Filmtitel eines schlechten B-Movies aus den 70ern sein. Der Regisseur war auf einem kombinierten LSD-Speed-Trip, als ihm spontan obige Zeile einfiel.
Aber da oben ist nicht ein Wort übertrieben.
Beginnen wir von vorne.

Die christliche katholische Kirche hat derzeit 1,2 Milliarden Mitglieder und wird vom Papst geleitet. Dieser residiert im Vatikanstaat, dem kleinsten Staat der Welt mit einer Fläche von knapp einem halben Quadratkilometer und rund 1000 Einwohnern. Zum Territorium gehören der berühmte Petersplatz, die Museen, Paläste die vatikanischen Gärten und Teile der meist verschlossenen Audienzhalle.
Die Philosophie des katholischen Christentums – oder der innere geistige Gehaltdieser Religion – lässt sich sehr schwer in wenigen Worten zusammenfassen. So wurden über Jahrhunderte meterweise Bücher geschrieben, um Gehalt, Deutung und Bedeutung dieser Religion zu umreißen, diskutieren und auszudeuten.
Sie fußt auf der Bibel, einer Sammlung alter jüdischer und christlicher Texte. Man grenzt diese von den so genannten apokryphen Schriften ab, die aus dem biblischen Kanon bewusst ausgeklammert wurden.
Nach ihrem Selbstverständnis vertritt sie die bedingungslose Liebe Gottes zu den Menschen, wie auch ihre Ethik und Verhaltensregeln auf Liebe fußen sollen. Interessant ist hierbei das kleine Detail, wonach der Hauptsitz des Vatikans als Sitz der Kirche territorial ausgerechnet mitten in Italiens Hauptstadt Rom liegt, was italienisch gesprochen „Roma“ lautet. Dies wäre soweit nicht bedeutsam, würde die totale Verkehrung des Namens „Roma“ nicht gerade „Amor“ lauten. Amor ist der Gott der Liebe, Amor(e) ist italienisch die Liebe, was wäre dann ihr Gegenteil oder ihre Umkehrung? Hass oder Gleichgültigkeit?
Man kann also interpretieren, Rom symbolisiert im Sinne seiner Namensausdeutung das Gegenteil von Liebe, da es die rückwärts gelesene oder auch totale Verkehrung ihrer ist.
Roma – Amor – ein Gegensatzpaar mit dem Vatikanstaat inmitten.
Dies wäre soweit nur eine kleine Merkwürdigkeit am Rande. Springen wir zur Schlange. Die Schlange war in der Antike und den altorientali-

schen Religionen Jahrhunderte lang ein zwar umstrittenes und verschiedentlich dargestelltes Wesen, hatte jedoch göttlichen Status. Mit dem Siegeszug des Christentums wurde sie dämonisiert, war die Verkörperung der Sünde, wurde zum Werkzeug des Bösen, später zum Bösen selbst und verkörperte schließlich den Teufel, Satan, in Person. Umso befremdlicher mutet es an, wenn die Übersetzung des Vatikan wortwörtlich aus „vatis“ und „canus“ gebildet wird und „wahrsagende Schlange“ heißt.

Vatis = Wahrsager, can = Schlange
Vatican = Die wahrsagende Schlange

Nun könnte man derlei Übersetzungen angesichts des lateinischen „Canis = Hund“ als „bemüht“ oder sehr zielgerichtet oder eindimensional ansehen. Schließlich könnte demnach Vatican genau so gut auch „wahrsagender Hund“ bedeuten oder ganz noch etwas anderes. Das ist jedoch sehr unwahrscheinlich und den Beweis dafür liefert ausgerechnet der Vatikan selbst – und zwar mit seiner Audienzhalle.

Audienzhalle des Vatikan innen mit Blick auf Tribüne. Zeichnung nach Foto.

Die Audienzhalle des Vatikans liegt am Rande des Territoriums. Die Bühne befindet sich auf vatikanischem Territorium, die Fläche der Besucher ist italienisches Hoheitsgebiet in vatikanischem Besitz. Die Halle ist von außen geformt wie – ja – wie ein Schlangenkopf. Da es mir leider bis zur Drucklegung des Buches nicht möglich war, die Bildrechte zu erlangen, darf ich Sie selbst bitten, in Google Earth nachzuschlagen und zu staunen. Der Bau ist einem Schlangenkopf detailgetreu nachentworfen.

Aber auch innen wird diese Interpretation fortgesetzt. An den beiden Längsseiten sind bunte, elliptische Fenster eingelassen, die in Abstand und Form den genauen Eindruck vermitteln, im Inneren eines Schlangenkopfes zu sitzen, durch dessen Augen das Tageslicht fällt. Die Dachkonstruktion wirkt wie ein Schuppenpanzer und nach vorne hin liegt der Mittelpunkt der Bühne, genau zwischen zwei spitz nach unten weisenden und Giftzähne andeutenden Betondreiecken. Dort ist eine Skulptur angebracht, auf die noch näher einzugehen sein wird. Der vordere Teil entspricht damit dem Maul mitsamt Zähnen der Schlange, auf die die gesamte Bodenkonstruktion optisch und energetisch zuläuft. Man könnte auch sagen, der gesamte Raum verdichtet sich nach vorn hin und wird von den beiden aufmerksamen Schlangenaugen links und rechts bewacht. Man sitzt in der „Höhle der Schlange“.

Der energetische Fluss wird auf technischer Ebene durch die auf dem Dach angebrachten Solarmodule komplettiert. Wie ein Reptil es auch so gerne macht, aalt sich das Gebäude in der Sonne und tankt auf. Licht – Energie – fällt vom Himmel auf das Dach und wird dort absorbiert, aufgesogen. Die Energie im Raum fließt also von hinten nach vorne und von außen nach innen. Eine Bündelung fließt vorne am Stuhl des Papstes und der dort stehenden Skulptur zusammen.

Wieder einmal haben wir hier eine in Stein gemeißelte Absurdität, die doch so gar nicht sein dürfte. Die Schlange als Sinnbild Satans und des Bösen in der Wirklichkeit gewordenen Audienzhalle des Vatikans. Man könnte jedes andere Tier hier als Bauwerk abbilden und keines hätte die gleiche fatale Symbolwirkung wie ausgerechnet die Schlange. Deutet man nämlich die Schlange biblisch, so sitzt der Vatikan höchst selbst inmitten des Bösen, umgibt er sich durch seine Bauwerke mit dem Bösen, verkörpert selbst Satan und das Böse und zeigt es der ganzen Welt frei zugänglich. Ja – und schließlich lässt er sich auch mit „Schlange“ als weiteres Sinnbild für das teuflische oder Böse übersetzen, wie wir bereits sahen.

Hier an Zufall zu glauben ist Realitätsverweigerung.

An eine unglückliche Verwechslung oder Fehldeutung zu glauben, ebenfalls.

Um dem Ganzen noch eine weitere Krone aufzusetzen findet sich vorn auf der Bühne eine 20 Meter breite und sieben Meter hohe Skulptur, genannt „die Auferstehung", wobei die Wirkung auf den Betrachter dem Titel in keiner Weise gerecht wird. In der Mitte ist eine merkwürdige Figur zu sehen, die dem Erschaffer zufolge Jesus sein soll. Rings um ihn herum sind nach allen Seiten ausbrechend und explosionsartig riesige strahlenförmige Gebilde angebracht. Die gesamte Szenerie wirkt bedrohlich, befremdlich und disharmonisch und fügt sich mit derlei Gefühlen beim Betrachter nahtlos in die Hallenatmosphäre ein.
Der Künstler selbst sagte, er wollte mit der Skulptur die Auferstehung Jesus aus dem Krater einer Atomexplosion heraus darstellen.
Ja. Sie haben richtig gelesen und es ist kein Druckfehler.
Wörtlich sagte Pericle Fazzini, der Schöpfer des Kunstwerkes:

„Ich entschloss mich, die Auferstehung Christi in einem großen Olivenhain darzustellen, jenem friedlichen Ort seiner letzten Gebete. Christus steigt aus einem Krater auf, den eine Atombombe aufgerissen hat: eine grausame Explosion, ein Strudel der Gewalt und Energie."
Jetzt könnte man solche Gedankengänge für das Werk eines durchgedrehten Irren halten und dies wäre auch nicht weiter erwähnenswert. Schließlich haben solche Ausdeutungen schwerlich etwas mit einem Gott und einer Religion der Liebe zu tun, nicht wahr? Es wäre einfach nur Kunst, und Kunst darf das.
Allerdings wurde diese Skulptur aus unerfindlichen Gründen aus einer Menge von Vorschlägen von einem kirchlichen Auftraggeber auserwählt und finanziert. Das ist, wie in den vielen Beispielen hier im Buch, kein Zufall.
Hier sind Entscheidungsgremien zugange. Da wird diskutiert, abgewogen und genauestens, gerade im Hinblick auf Deutungen und Bedeutungen hin, analysiert.
Ja, und dann kommt einer daher und stellt Jesus im Krater einer Atombombenexplosion inmitten eines Schlangenkopfes dar.
Wenn *ich* hier so etwas erfinden würde, hätte man wohl jedes Verständnis, mich als verrückt zu bezeichnen.
Insofern bitte ich, den Überbringer der Nachricht nicht mit der Nachricht selbst zu verwechseln.
Und noch etwas.
Die Figur von Jesus bildet mit Körper und Beinen eine Elhaz / Agiz Rune. Oder so, wie Priester für gewöhnlich segnen. Also die Arme seitlich

am Körper nach oben erhoben, die Beine nah beieinander – der Körper formt ein „Y".

Insgesamt wirkt die Statue aus einiger Entfernung wie ein Mischwesen.

Man meint, eine Art Menschenkörper mit einem Reptilienschädel zu sehen. Ja. Im Ernst.

Der Kopf von Jesus ist aus der Nähe klar als menschliches Gesicht mit wehendem Haar zu erkennen. Geht man einige Meter nach hinten, verschwimmen die Feinheiten dieser Ausarbeitung und das wehende Haar bildet zusammen mit der Kopfform die Silhouette eines nach links blickenden Reptils. Die Haare verformen sich sogar zu Auge, Mund und einem weiteren erkennbaren nicht menschlichen Gesicht.

Man kann das natürlich als optische Täuschung und unglücklichen Zufall abtun.

Wie den ganzen Artikel hier, wenn man nur richtig will.

Wertung:

Vatikan kann man als „wahrsagende Schlange" übersetzen und die Audienzhalle sieht innen aus wie ein Schlangenkopf, während dieses Tier in der christlich-jüdischen Bibelgeschichte eine herausragende, wenngleich zweifelhafte Rolle spielt.

Architektur ist das Ergebnis eines sehr langen Gestaltungs- und Entscheidungsprozesses.

Wie könnte dieser zufällig sein? Mitnichten.

Für einen Synchronizitätseffekt sind die vielen Ausformungen und einzelnen Elemente in Ihrer Gesamtheit zu deutlich und offensichtlich. Wer sollte dies derart planen und bauen, ohne sich der Doppeldeutigkeit bewusst zu werden? Unmöglich.

Fazit: Vorsatz

Der *Economist* und die Anschläge von Paris – vorausgesagt und eingetroffen

Der *Economist* ist ein Magazin im Eigentum der Rothschild-Familie; die Erstausgabe erschien bereits 1843 und wird von einem englischen Verlag herausgegeben. Es hat eine Auflage von rund 1,6 Millionen Exemplaren, die hauptsächlich in Nordamerika, England und Europa verkauft werden. Es fungiert als globales Sprachrohr der politischen Elite und macht sich seit Jahren zum Jahresende einen Spaß daraus, das Frontcover mit malerischen Prophezeiungen für das kommende Jahr zu verzieren (Dies allein wäre ein eigenes Buch).

Auf dem Frontcover des *Economist* 2015 wird neben vielen Details über das ganze Bild hin die rechte Bildunterseite durch ein extrem auffälliges Ensemble von verschiedenen Elementen dominiert. Man sieht ein Mädchen mit langem blondem Haar, wahrscheinlich Alice im Wunderland, zwischen einem der Mona Lisa ähnelnden Bild und einem Ball stehen. Direkt vor dem Kind stecken zwei in den Boden eingeschlagene Pfeile. Der eine trägt die Zahlenkombination 11.5, der andere die 11.3. Bei Erscheinen des Covers war man sich in der Truther - Szene ziemlich sicher, dies weise wegen des kriegerischen Aspekts der Pfeile auf Anschläge am 11. Mai oder 11. März des kommenden Jahres 2015 hin. Da es ein in England herausgegebenes Magazin ist, könnte die Zahlenkombination auch für den 5. 11. oder 3. 11. stehen. So einfach war es jedoch nicht. An diesen Tagen geschah jedenfalls nichts dergleichen. Pedanten hielten dem entgegen, schließlich seien ja bei korrekter Ausformulierung des Datums auch 2 Punkte zu viel, die auf dem Cover nicht da waren (hinter der 3 und der 5). Man konnte dies als eine Art zynischen Scherz werten. Also anders herum: Auf den Pfeilen würden zwei Punkte fehlen.
Aber das war eben nicht so.
Die Darstellung entsprach exakt der Wahrheit!

Nun machen wir hier ein kleines Experiment, direkt beim Lesen.

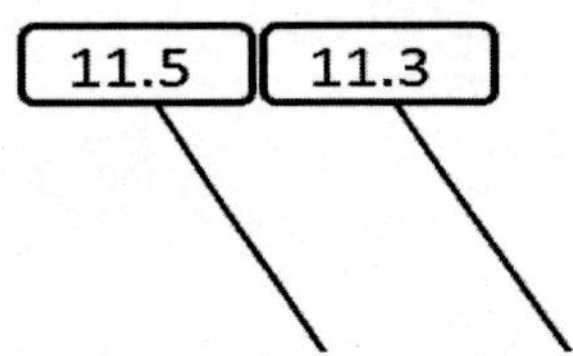

Bitte versuchen Sie hier und jetzt aus der exakten Menge an Zahlen und Zeichen oben auf den schematisch nachskizzierten Pfeilen ein oder mehrere korrekte Datumsangaben im korrekten Format TT.MM.JJ für das maßgebliche

Jahr 2015 zu konstruieren. Also jeweils zwei Zahlenplatzhalter für den Tag, den Monat und das Jahr, getrennt durch die Punkte, da wo sie hingehören.

Gemacht? Nehmen Sie sich ruhig einen extra Zettel und hören kurz mit dem Lesen auf.
Sie können die Zahlen so oft umstellen wie Sie wollen. Sie landen nur bei einem einzigen gültigen Datum.
Gehen wir das kurz an.
Wir brauchen eine 1 und eine 5 für das Jahr 15. Um dieses ging es schließlich. Die Überschrift des *Economist* Covers lautete ja prophetisch „Die Welt in 2015". Also ist eine 1 und eine 5 weg.
Bleiben dreimal die 1 und einmal die 3 für die Benennung von Tag und Monat. Wir können die 3 nicht in den Monat nehmen, einen 13. Monat gibt es nicht. Also müssen wir zweimal die 1 ins Datum nehmen, bleibt 11 für November.
Übrig sind eine 1 und eine 3. Dies könnte theoretisch eine „31" sein. Dies ist aber unmöglich. Wir haben uns bereits auf den November festlegen müssen. Und es gibt keinen 31 November. Dies wäre ein ungültiges Datum. Also müssen wir auf den 13. als Tag umstellen.
Das vollständige Datum lautet hiermit:

13 Punkt Nummer Eins **11** Punkt Nummer 2 **15**
Kurz: **13.11.15**.

Sie kennen dieses Datum mittlerweile. Genau an diesem Tag fanden schließlich die Anschläge von Paris statt. Und bitte, mir liegt fern, mit diesen Darstellungen die Opfer zu verhöhnen, ferner mangelt es mitnichten an Mitgefühl. Die Freiheit muss bleiben, sachlich auf solche Tatsachen (!) hinzuweisen, ohne gleich als Verschwörungstheoretiker in eine Schublade gesteckt zu werden (Was mit Sicherheit trotzdem passiert).
Man könnte als Skeptiker trotzdem versucht sein, an einen Zufall zu glauben. Auch wäre vorstellbar, dass die Anschläge tatsächlich zunächst an zwei Terminen, geplant waren. Am 3.11 und dem 5.11. Aus uns unbekannten Gründen konnte man dieses Datum nicht einhalten und wich auf den letztmöglichen „richtigen" Termin aus. Zugegeben: Nur eine These. Ihr widerspricht auch die Tatsache, dass die Pfeile dann in umgekehrter chronologischer Reihenfolge auf dem Frontbild platziert worden wären.

Nein. Auch hier bleibt ein „Die Pfeile stecken genau so richtig und weisen exakt aus, was sie sollen. Und zwar präzise."
Aber es geht weiter. Die Erzählung der „Alice im Wunderland" und die Fortsetzung „Alice hinter den Spiegeln" wird meist als ein Werk verstanden. In gewisser Weise spiegelt das kleine Mädchen Alice hier also das spätere reale Geschehen. Es steht in einer fiktionalen gemalten Umgebung und spiegelt uns Zukünftiges.
Das der Mona Lisa ähnliche Bild steht wo? Genau. Im Louvre zu Paris, dem späteren tatsächlichen Ort der Anschläge.
Hinter der kleinen Alice liegt ein Ball, während die Anschläge später live über ein Fußballspiel im Stadion von Paris übertragen wurden und unter anderem dort auch tatsächlich stattfanden.
Wir haben nun die Kombination der Elemente:

1. Ball = Fußball, Stadion
2. Bild = Paris
3. 11.5 und 11.3 = 13.11.15
4. eingeschlagene Pfeile = Gewalt, Anschlag (Einschlag zu Anschlag)

Ergibt exakt: Am 13.11.15 wird im Fußballstadion zu Paris ein Anschlag stattfinden.
Wir sind in diesem Buch grundsätzlich offen für den Aspekt, Synchronizitäten und Ballungen von übereinstimmenden Voraussagen ließen sich auf „Zufall" oder aber eine Eigenwilligkeit im „Programmcode" dieser Welt zurückverfolgen. Mit anderen Worten also das Gegenteil von Zufall und vielmehr das Wirken aus einer anderen Dimension heraus, die sich in unserer Wirklichkeit eben durch Serien, Synchronizitäten und dergleichen zeigt. Ganz im Sinne C.G. Jungs.
Dies hieße im konkreten Fall, der oder die Zeichner des *Economist* wäre beim Entwurf des Titelcovers mit seinem Hirn voll auf Empfang mit der Matrix oder dem Kollektivspeicher gegangen, ganz so, wie man es in Remote Viewing Sessions tut und hätte aus der rechten Hirnhälfte Dinge, die er nicht wirklich versteht, auf das Blatt gebracht. Deshalb möchte ich die Möglichkeit dieses Vorganges hier auch nicht grundsätzlich in Abrede stellen. Im Gegenteil: Wir machen das ständig bei seriellen, also gleichartigen Tätigkeiten. Wir fahren Auto und hängen mit dem Kopf in der Matrix, wir schneiden Kartoffeln und haben einen Zugang in die andere Welt und gerade kreative Köpfe wie Zeichner sind da sehr sensibel ...

Wie wahrscheinlich ist das wohl?
Genau. Extrem unwahrscheinlich

Nach dem Fertigstellen der Zeichnung wären das Gestalterteam und letztendlich die Entscheider der einhelligen Meinung gewesen „Wir lassen das mal eben drauf." Weshalb? Weil es so hübsch ist? Ist es nicht. Wohlgemerkt: Das ist ein Jahresheft, das Voraussagen für das kommende Jahr treffen wollte und dies auch tat!
Was bleibt dann wieder einmal übrig? Vorsatz. Bewusstes und Gewolltes Anbringen von kodierten Informationen! Keine Matrix, kein Zufall – menschlicher Geist, der mit Wissen und Wollen handelte.

Genau hier grätschen Skeptiker immer wieder hinein: Da sei nun übelste Verschwörungstheorie zu unterstellen, eingeweihte Kreise hätten immer wieder den unglaublichen emotional motivierten Zwang, ihre geplanten Taten öffentlich kodiert herauszugeben. Wofür sollte schließlich derart infantiles Gehabe gut sein? Die These sei deshalb schon aus sich heraus hirnrissig. Niemand kommuniziert hier geheim. Das findet alles nur in der übersteigerten Fantasie des Deutenden statt.
Dabei wird nicht nur die *Tatsache* ausgeblendet, dass es eben einfach so geschehen *ist* und dieses eben *keine* Theorie darstellt. Es gibt eine Menge nachweisbarer Voraussagen auf den Covern und hier in diesem Buch finden Sie nicht die einzigen Beispiele dafür. Es wäre tatsächlich ein eigenes Buch, das alles niederzuschreiben. Doch so wichtig erscheinen mir diese Zahlenspielereien der Elite für einen Inspirations- und Wissensprozess nicht. Bis zu einem gewissen Grad mag es aufschlussreich sein, diese verborgenen Botschaften zu erforschen. Letztlich sind es aber nur perverse Spiele. Ich stieß im Laufe der Zeit mit der Nase mitten auf diese Ereignisse, weil ich ursprünglich ja auf der Jagd nach Unregelmäßigkeiten in der Matrix (unserer Realitätsebene) in Form von Fehlcodierungen, Serien oder Gleichheiten war (siehe das Buch „Alltägliche Wunder"). Und auf diese Idee kam ich durch eine Menge an Remote Viewing-Sitzungen, die mich bemerken ließen, dass in unserer Realität etwas grundlegend nicht stimmt. Zumindest an dem Bild, das wir von ihr erlernt haben und als normal annehmen. Um also zu bemerken, dass Ereignisse hintergründig fingiert werden, öffnet sich unsere Wahrnehmung also für einen gewissen Bereich von Realität, aber längst nicht für weitere Stufen.

Kurz und klar: Es für möglich zu halten, dass einflussreiche Personen in einer Art perversem Sport unsere Realität inszenierten. Das ist eine Sache. Hintergründiger aber ist, zu erforschen, dass unsere Realität tatsächlich in einer Art Apfelmännchenprinzip, im Wechsel von Chaos und Ordnung, tatsächlich zu Serien und Wiederholungen neigt. Dass es eine Art Programmcode dieser von uns empfundenen Realität gibt. Diesem zentralen Satz hatte ich die letzten beiden Bücher gewidmet.

Die reinste und finale Form von Machtdemonstration ist, einen Terroranschlag zu inszenieren (ein deutscher Politiker einer kleinen Partei, Christoph Hörstel, spricht an dieser Stelle offen von „Terrormanagement") und ihn öffentlich codiert bekannt zu geben. Es hat etwas Verhöhnendes. Hierin mag zusätzliche Befriedigung liegen.
Forensiker haben immer wieder herausgefunden, dass (Serien-)Mörder dazu neigen, freiwillig Hinweise auf ihre Tat zu geben. Sie hinterlassen bewusst Zeichen. In der verschrobenen Wahrnehmung des Täters zeigt sich darin seine Größe, seine Sportlichkeit. Es hat etwas Prahlendes: „Seht her, ich kann es mir sogar leisten, euch auf Spuren zu schicken."
Ist der *Economist* damit kriminell?
Sind die *Bild-Zeitung*, der *Spiegel*, die *Welt,* F*rankfurter Rundschau*, die *Tagesschau* und einhundert andere Massenmedien kriminell, weil dort im Sinne der Herrschenden beeinflusst und berichtet wird?
Wer zeichnet dann für exakt welche Tat verantwortlich?

Vorsatz liegt nahe. Wer jedoch was ausübt, ob bewusst oder befohlen, und auch wer befiehlt, bleibt im Dunkeln. In pyramidalen Machtstrukturen ist darüber hinaus schwer zu sehen, wer nach dem „need to know-Prinzip" unwissend ist oder nur teilwissend eine Order weitergibt, und wer schließlich letztlich verantwortlich zeichnet, weil er exakt weiß, was er demnächst zu inszenieren gedenkt.
Der *Economist* ist bloß ein ausführendes Organ.
Mit welchem Grad an *Wissen* Zeichnungen und eintreffende Vorhersagen dort auf den Seiten landen, und *wer letztlich darum weiß,* bleibt im Dunkel.

Wertung:

Der Economist kokettiert seit Jahren auf seinen Titelseiten mit Voraussagen und Andeutungen, und die Aufreihung dieser Zeichnungen und Bedeutungen wäre ein eigenes Buch. Zudem publiziert er in direkter Nähe zu hocheinflussreichen Hintergrundkräften und ist DAS Blatt des globalen Establishments.
Warum sollte man hier plötzlich an Zufälle oder Synchronizitäten glauben, wenn das Wahrscheinlichste und Einfachste naheliegend ist?

Fazit: Vorsatz

ISIS spielt Fußball

Jetzt legen wir hier einmal die Kleinigkeiten nieder, die in der Hektik des Alltages keiner mehr beachtet und wenn, dann schnell verdrängt, weil ständig weitaus anscheinend bedeutsamere und größere Geschehnisse im Stakkato auf die Menschen eindringen.
Wobei diese Kleinigkeiten nicht weniger entlarvend sein werden ...
Kommen wir zu einem weiteren Kapitel der Merkwürdigkeiten. Ich möchte noch etwas näher auf den 13.11.2015 eingehen. Dies war der Tag des Terrors in Paris mit offiziell 130 Opfern.
Ich möchte jedoch keine breite Darstellung der Ereignisse dieses Abends vornehmen. Mein Ziel ist hier nicht, eine voll umfassende Analyse, Darstellung oder breite Hintergrundrecherchen zu den Geschehnissen abzuliefern. Dafür verweise ich auf zahlreiche andere Autoren und Forscher. Dies würde auch den Rahmen meiner Darstellungen sprengen. Eine Zusammenfassung erfolgt später in anderem Rahmen.
Hier soll auf einzelne Aspekte fokussiert werden, die den Regenbogen der mittlerweile in Vielzahl existierenden kritischen Fragen auch zu diesem Anschlag, ergänzen sollen.
Denn natürlich gab es auch in Paris offensichtliche Signaturen für die Durchführung von „false flag-Operationen" (terroristische Handlungen unter falscher Flagge, oftmals von Geheimdiensten initiiert), wie zum Beispiel gefundene Pässe der angeblichen Täter, fehlende Gerichtsverhandlungen, getötete und nicht mehr vernehmungsfähige Täter, Zeugen bzw. Ermittler, die Selbstmord begangen haben usw.).

Die Anschlagsserie begann mit zwei Explosionen um 21:17 und 21:20 Uhr nahe dem Stade de France während des Fussball-Freundschaftsspieles zwischen Frankreich und Deutschland. Nach offiziellen Darstellungen – und dies ist für die weiteren Ausführungen wichtig – soll es sich dabei um islamistisch motivierten Terror gehandelt haben. Als Hauptdrahtzieher hierfür wird der sogenannte IS (islamischer Staat oder auch ISIS) geführt. Die Schläge der Bombenexplosionen waren live über zugeschaltete Medienkanäle und Teams vor Ort in ganz Europa hörbar, was natürlich für dementsprechende Multiplikation der Wahrnehmung sorgte. Ich verfolgte die Geschehnisse am Bildschirm und kann berichten, wie ich intuitiv das massenwirksame Element dieses Umstandes wahrnahm. Wollte man maximale Aufmerksamkeit, so sollten Anschläge natürlich medial begleitet und vervielfältigt werden. Ein Fußballspiel ist hierfür der perfekte Programmpunkt. Diese vieltausendfache Multiplikation von Geschehenem mit technischer Unterstützung ist hierbei übrigens ein Schablonenelement, das an den 9/11-Anschlag erinnerte.

Ich schrieb es bereits in „Alltägliche Wunder“: Möchte man das kollektive Bewusstsein einer möglichst breiten Menschenmenge im Herzen treffen und es mit dem jeweils gewählten Mittel größtmöglich traumatisieren, ist es optimal, Medien live einzubinden, unabdingbar aber, über nachgelieferte Zusammenfassungen, Vor-Ort-Berichte, Augenzeugeninterviews und so weiter eine tiefe, nachhaltige Aufnahme in einem aufmerksamen Bewusstsein von Menschen zu bewirken. *Wer* hier die Aufmerksamkeit der Medien für seine grausamen Ziele benutzte, ISIS oder Geheimdienste, kann und soll an dieser Stelle nicht geklärt werden.
Am 17. 11. 2015, also nur vier Tage danach, wurde das Fußball Länderspiel Belgien gegen Spanien abgesagt. Ebenso das Spiel Frankreichs gegen England in London. Am gleichen Abend auch das Zusammentreffen der Niederlande mit Deutschland in Hannover unter Verweis auf eine „konkrete Gefahrenlage“ in der ganzen Stadt. Den Bewohnern wurde angeraten, zuhause zu bleiben. Laut Bundesinnenminister Thomas de Maizière war die Spielabsage "aus Gründen des Schutzes der Bevölkerung" erfolgt. An diesem Tag waren die Anschläge von Paris im kollektiven Bewusstsein natürlich noch äußerst präsent. Auch wenn weder in Brüssel, London oder Hannover ein Terroranschlag geschah, so fuhren die neuerlichen Noteingriffe dem Betrachter förmlich

unter die Haut. In drei Ländern dachten die Menschen einfach „es geht weiter". Doch nichts geschah.

Bis Ende 2016 wurde jedoch nicht offen gelegt, was damals zu den drastischen Maßnahmen führte. Ob die Eingriffe nun gerechtfertigt waren oder nicht, wird deshalb weiter im Dunkel bleiben. Es werden auch keinerlei Anstrengungen unternommen, dies aufzuklären. Schweigen auf ganzer Linie. Übrigens ein neuzeitliches Phänomen, dass ich immer öfter bedauernd feststellen muss: Es wird nichts mehr erklärt. Es wird nicht mehr sachlich informiert oder auf Fakten basierend belegt. Anstelle der wissenschaftlichen Begründung ist allzu oft nun Ideologie und Emotainment getreten. Das emotionale Einstimmen der Menschen auf Sachverhalte, das Verunglimpfen und Verhöhnen von Gegenmeinungen, alles wird geliefert, nur kein sachlicher oder faktenbasierter Dialog darüber. Statt dessen dominieren immer mehr pauschale Etikettierungen statt Differenzierung: „Rechts" und „links", „liberal", „faschistisch" oder „populistisch" sind nur einige Worte, die mehr als Waffe gebraucht werden und gewalttätig gegen Menschen eingesetzt werden. Der Sinn von Worten und Bezeichnungen als Kommunikation und Informationsvermittlung zu mehr Verständnis hin wird hier massiv konterkariert.

Auf was ich hier, etwas abseits der oft diskutierten Geschehnisse der Terrorakte eingehen möchte, ist ein kleiner Umstand, welcher rund eine Woche später eintrat. Es gab natürlich weitere Fußballspiele. Unter anderem erfolgten dann am 24. 11. 2015 die weiteren Begegnungen in der Champions League. Unter anderem Bayern München gegen Olympiakos Piräus in München. Ich verfolgte auch dieses Spiel live am Fernseher und hatte schon ein etwas mulmiges Gefühl, wie es in diesen Tagen überall bei großen Menschenansammlungen, erst recht bei Fußballspielen präsent war. In Gedanken versetzte ich mich auch in die Zuschauer vor Ort hinein. Man musste schon ein echter Fan sein, um jetzt dort live vor Ort zu sein. Schließlich wurde überall vor der bestehenden „Terrorgefahr" gewarnt.

Plötzlich sah ich etwas, dass mir die Kinnlade nach unten fallen ließ. Im Ernst. Ich konnte es nicht glauben, hielt es zuerst für eine subjektive Wahrnehmung, eine Sinnestäuschung nur von mir selbst, bis es wieder und wieder geschah. Der Effekt war nur eine geschätzte Zehntelsekunde flüchtig zu sehen. Und doch war er da. Wiederholt, dreist und klar vor aller Augen. Doch schien es niemand zu bemerken. Ich schaute das Spiel in einer so genannten „Sportsbar" – also einer jener

Kneipen, die horrende Geldsummen an private TV Sender bezahlen, um interessante öffentliche Ereignisse wie internationale Pokalspiele in ihren Räumlichkeiten aufzuführen. Da waren bestimmt zwanzig Augenpaare auf den Bildschirm gerichtet, aber niemand sagte irgendetwas. Es fiel keinem auf.
Immer wieder war auf der Bande im Hintergrund des eigentlichen Spieles deutlich das dieser Zeit in aller Munde geführte Reizwort „ISIS" bemerkbar. Die Farbkontrastierung zwischen blau und weiß hob es noch weiter hervor. Aber der Effekt selbst war sehr flüchtig, in gewisser Hinsicht subliminal, wie es Werbung auf der Bande sein soll.
Nun mag ein unkritischer Zeitgenosse einwenden, dies sei eben Zufall, wie er in diesen elektronischen Darstellungen passieren kann.
„ISIS" wird also während des Spiels unterbewusst immer wieder aufgenommen, während man in der Tagespresse diese Buchstaben ständig mit Terror, Krieg und Brutalität verbunden findet. Einige Tage zuvor explodierten schließlich gerade die Bomben rund um das Stade de France. Meine These ist, dies führt zu einem latent unruhigen, ängstlichen Gefühl.
Ich halte die Korrelation der Ereignisse für absolut nachfragenswert. Die Wirksamkeit subliminaler Botschaften ist erwiesen, was beispielsweise die Programmierung von Individuen angeht. Also mussten eine Menge Menschen mit einem „blöden Gefühl" in der Magengegend dort vor Ort sitzen, die zwar wissentlich das Fußballspiel verfolgten, aber tatsächlich und unterbewusst weit mehr aufnahmen. Nämlich die vorsätzlich subliminale Programmierung Ihres Unterbewusstseins.
Aus korrekt geschriebenen zwei Worten, nämlich „This is" (for the players) mit entsprechender Groß- und Kleinschreibung wird hier das als eine Abkürzung erscheinende „ISIS". Immer nur sehr kurz. Kaum wahrnehmbar. Ohne den sonstigen Buchstabenabstand oder Groß- und Kleinschreibung. Zu einem Wort ineinander gerückt. Hammer. Und schon wieder weg. Peng. Wachbewusstsein umgangen und im Unterbewusstsein eingenistet. Ungutes Gefühl. Mulmig. Da entstehen die Anklänge an den Terror in Paris eine Woche zuvor beim Fußballspiel wie von selbst. Die nächsten zwanzig Minuten waren gegessen. Die gesamte Kneipe hielt mich für einen Idioten, weil ich mit dem Fotoapparat lauernd vorm Fernseher stand und immer wieder Bilder schoss, bis ich „es" endlich hatte!
In der 69. Minute genau im richtigen Moment eingefangen: „ISIS" plus ein Dreieck. Subliminal kurz überblendet. Herrlich. Triumph!! Die blaue Werbebande überblendete elektronisch gesteuert immer derart

schnell, dass ich nie genau den Zeitpunkt erwischte, an dem das ISIS mit dem Dreieck genau sehbar war. Nur durch Serienaufnahmen gelang es.
Und genau hier war im Rohentwurf dieses Buches nun ein Foto der Spielsituation mit dem Werbebanner im Hintergrund und einer Vergrößerung mit Pfeil und Erklärung. 1 Stunde Arbeit, alles zu arrangieren.
Ansehnlich. Schön gemacht. Richtig zum Staunen. So etwas macht einen glücklich, wenn man mit Herzblut an so einem Projekt hier arbeitet.
Bis ich versuchte, die Abdruckrechte zu erhalten. Endlose Emails, Verweise auf Stellen, schließlich hatte ich den Copyrightinhaber und erbat über 5 (!) Emails und 4 Monate die Rechte zum Abdruck und die Kosten hierfür. Ich erhielt nicht einmal eine Antwort.
Der Verlag unterrichtet mich dann schließlich darüber, keinerlei rechtskonforme Aussicht auf Abdruck des Fotos zu haben. Auch das Zitatrecht greift hier leider nicht.
Das schöne aufgearbeitete Foto schlummert derweil bei mir auf der Festplatte und könnte von Interessenten eingesehen werden. Im Anhang gebe ich Ihnen eine youtube – Quelle, wo man den Effekt gerade so noch sehen kann. Jetzt, 2019, klappt das noch. Aber Kanäle und Filme sind flüchtig. Was heute läuft, ist morgen gesperrt. Besonders in Youtube ...

So blieb mir nur die Möglichkeit, das Foto am Bildschirm abzupausen. Es ist erbärmlich, es ist unprofessionell, es ist wie früher mit sechs oder sieben Jahren. Damals pauste ich Winnetou ab. Heute also subliminale Botschaften. Aber diese Zeichnung gibt einen wichtigen Eindruck des Ereignisses.
Das Dreieck steht als Symbol der Freimaurerei, aber auch des Feuers, der männlichen Kraft und in Ritualen auch für das Schwert und dessen kriegerische Symbolik. Ich ergehe mich nun nicht seitenlang in die Symbolik der Dreieckspyramide und ihrer vielfältigen Verwendung („Die Pyramide ist ein machtvolles Symbol der Illuminati und symbolisiert die Befehlsstruktur ihrer Organisation ..." usw. usf.). Natürlich gab es hierfür eine so genannte rationale Erklärung: „Jeder PSxController hat eine Dreieckstaste und da ist es nicht verwunderlich, wenn eben auch so ein Dreieck mal auf der Bande erscheint. Was regt sich der Spinner so darüber auf? Es gibt einen Sachzusammenhang. Und der ist nicht okkult."
Wer so argumentiert, hat missverstanden: Dinge sind, wie sie sind. Sie bringen zum Ausdruck. Wir betrachten diese Energien und ihren Ausdruck. Und für die Interpretationen hier ist es tatsächlich unerheblich, ob diese Bandeneinblendung „echter" Zufall war (Matrix) oder eine stille Zurschaustellung von Macht für Eingeweihte unter gleichzeitiger Verspottung aller Nichtwissenden.

ISIS musste nun wirklich nicht näher interpretiert werden, es war nach den Anschlägen von Paris in aller Munde.

Ich spreche hier wieder einmal von der Programmierung unserer Gefühle und Gedanken. Diese Bandenwerbung offenbart einen Weg, das kollektive Unterbewusstsein der Menschen zu unterlaufen und in gewünschter Weise zu formen. Da diese sehr schnell ablaufenden Bilder von uns Menschen nicht bewusst wahrgenommen werden, werden sie unreflektiert aufgenommen und zu in uns lebenden unbewussten Gefühlen transformiert, die wiederum Grundlage von Gedanken und Meinungen werden.
Konkret könnte eine solche Meinung lauten: „Terror ist immer und überall möglich" oder „ich fühle mich unsicher/unbehaglich".
Sie fußt auf einem dumpfen und unsicher-ängstlichem Gefühl im Stadion. Angst kommt energetisch von „Enge" und korrespondiert pass-

genau mit dem Rund des Stadions und dem Gefühl „hier nicht raus zu kommen, wenn etwas ist".
Das alles fußt auf dem Lesen der Buchstabenkombination „ISIS" an der Bande, welche *einkonditioniert* wurde, mit den Gedanken an Terrorismus.

So formen Manipulatoren dann unsere Entscheidungen und das, wovon wir dachten, es „entspringe aus unserem Wesenskern". Mitnichten. Die Basis wurde von dritter Seite vorsätzlich gelegt.
Interessantes Detail dabei: Ansonsten, also zum Beispiel auf Produktverpackungen, wird dieser Spruch ohne die eigenwillige Schreibweise verwendet. Dann sind die beiden „IS" getrennt und auch unterschiedlich groß geschrieben.
Der leichte Zynismus der Aussage ist bemerkenswert: „Das ist für die Spieler", leuchtet da auf, bevor es sich letztlich in den „ISIS" Slogan verändert. Wer sind die Spieler? Und ein Doppelsinn entsteht: „ISIS" ist für die Spieler ..." Eine Woche nach den unmittelbaren Detonationen in der Nähe der Fußballspieler ein sehr naheliegender Vergleich.
Für die Skeptiker unter den Lesern hier, die der Ansicht sind, das sei Zufall: Bitte stellen Sie sich doch einmal vor, der Satz würde zufällig etwas amerikafeindliches, etwas antizionistisches oder sonst einen Inhalt transportieren, der gegen die politische Korrektheit verstoßen würde. Einfach mal vorstellen.
Meinen Sie, dieser Satz würde

a.) ausgewählt
b.) ausgestrahlt werden und selbst wenn dies geschehen wäre, danach
c.) medial unbeachtet bleiben?

Oder gäbe es dann ein „Riesen-Geschrei" um einen „Skandal während eines Fußballspieles"? Um „verschwörungstheoretische Aussagen" während eines Fußballspiels?
Diese Details sind im Umkehrschluss deshalb wichtig, weil sie uns die bewusste und gewollte Manipulation verdeutlichen.
Das ist kein Zufall. Das ist gewollt.
In der folgenden Champions League Saison 2016/2017 war zum Beispiel beim Spiel Bayern gegen Arsenal London am 7. 3. 2017 wieder PS4 Werbung zu bestaunen. Auch hier leuchtete der Schriftzug „This is for the players" im Londoner Stadion. Aber die Überblendung, wie direkt nach den Anschlägen in Paris mit dem Dreieck und dem „ISIS"-

Kürzel blieb nun interessanterweise aus. Jemand hatte also mittlerweile Veränderungen vorgenommen.

Zum Abschluss habe ich noch ein neues Symbol gefunden, dass auf die Finanzierung des IS anspielt. Es simuliert, man würde die Buchstaben von „ISIS" horizontal zusammenschieben und spielt mit dem Doppelsinn des daraus entstehenden Dollarzeichens. Der Charme dieses Vorgangs liegt im daraus entstehenden Hintersinn der Finanzierung des IS.

Wertung:

Für eine Zehntelsekunde erscheint auf einer Bande die Buchstabenkombination einer terroristischen Vereinigung, die eine Woche zuvor nach offizieller Darstellung in einem Fußballstadion eine Bombe gezündet haben soll, zusammen mit einem Dreieck. Bewusst programmierte, untergründige Angst.

Wieder einmal massenmedial verzehntausendfacht, um den kollektiven Effekt zu maximieren. Ein kleines, hier offenbartes Meisterstück subliminaler Beeinflussung.

Fazit: Vorsatz

Missbrauchte Runen als Massenmanipulator

Zeichen und Symbole beherrschen die Welt, nicht Worte, noch Gesetze.
Konfuzius

Die Archetypen funktionieren als die gesuchte Brücke zwischen den Sinneswahrnehmungen und den Ideen.
Werner Heisenberg

Reden wir doch weiter über Rituale, Magie und Mystik. Wir können einerseits sagen, Runen und Symbole seien ein alter Hut und längst nicht mehr wichtig. Doch damit werden wir ihnen nicht gerecht. Symbole

sind Bedeutungsträger. Sie sind und wirken also zusammenführend. Zum Beispiel wird ein Objekt mit einem Attribut verknüpft und mittels Zeichen dargestellt. Im Gegensatz dazu finden wir das Trennende oder Entzweiende – griechisch „diabalein“, mit klarem Wortstamm zum Diabolischen. Darüber hinaus bilden Symbole Schnittstellen zwischen Ebenen. Symbole bilden Anknüpfpunkte zwischen der materiellen und der energetischen Ebene. Sie verbinden unsere Dimension mit einer weiteren, noch nicht in Form gewordenen. Das Symbol wirkt dabei wie ein Tor oder Durchgang, mit dem eine Fülle von Bedeutungen und energetischen Qualitäten in unsere Welt transportiert werden kann. Dabei verhalten sich diese Energien wie Gedanken – sie streben danach, wahr zu werden, Form zu sein.
Kennen Sie auch diesen althergebrachten Brauch, ein umgedrehtes Hufeisen über den Hauseingang zu hängen? Findet man hier und da ja immer wieder.
Das Hufeisen hängt dann wie ein „U“. Es ist nach oben offen. Das Glück fällt von oben hinein. Wohlstand und Fülle sammeln sich unten. Das Märchen vom Goldtaler symbolisiert diesen Vorgang ähnlich. Das Mädchen hält sein Kleid nach oben – das „U“ entsteht und der Reichtum, die Fülle wird, vom Himmel kommend, im Kleid gefangen. An der tiefsten Stelle sammelt sich der Segen von oben im Unten.
Im altnordischen Runenalphabet entspricht die Rune „Elhaz“ oder „Algiz“ diesem Vorgang. Elhaz, mit dem Lautwert „z“, ist zugleich die Lebensrune. Sie steht für die Stärkung der Lebenskraft, Wohlstand, Information und Weisheit. Sie verstärkt alles Positive und transformiert Negatives, wandelt es um. Außerdem verleiht das Zeichen Schutz und Verteidigung. Das Ypsilon darin wirkt dabei wie ein Trichter. Die Energie kommt von oben herein und wird dann transformiert und kanalisiert. Man kann sie wahlweise mit oder ohne Schutzkreis benutzen.
Runen waren die Schriftzeichen der Germanen. Der Begriff dient heute als Sammelbezeichnung für verschiedene Zeichensätze.

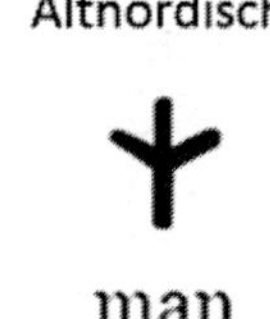

Der Elhaz/Algiz Rune entspricht im altnordischen Zeichensatz die „man-Rune“. Neben der Bedeutung des Menschen, zeigt sie, wie der die Arme gen Himmel reckende Mensch imstande ist, göttliche Energie zu sammeln. Sie beschreibt den Transformationsprozess, göttliche, sphärische Energien auf die Erde nieder zu bringen. Sie ist ebenfalls eine aufbauende und positive Rune.

An Unwissenheit kaum zu überbieten sehe ich allerorten Leute, die für eine Fotografie posieren und dabei unwissend ein „V“ in die Kamera halten. Die wenigsten wissen, mit was Sie da hantieren. Fragt man nach, ist das „irgendwie cool“ oder man macht halt was „lässiges“ für die Kamera. In Ritualen und Handlungen liegen Bedeutung und Kraft. Welche Kraft wird hier also beschworen?

Das V-Zeichen ist tatsächlich ein magisches Symbol. Nicht irgendein Spaß oder „coole Erfindung“ für bessere Fotografien. Im Zweiten Weltkrieg wurde das V-Zeichen als Gegengewicht zum Hakenkreuz für die britischen und amerikanischen Truppen durch den Satanisten Aleister Crowley eingeführt. Er verwies mehrfach darauf, dieses gehe auf ihn zurück, was schon der Bildteil seines Buches „Magick“ von 1913 beweise. Nach seinen Angaben basiere das Symbol auf den Göttern A-pophis (Gott der Finsternis und des Chaos) und Typhon (Hydra). Es sollte deren Macht und zerstörerische Kräfte in den Kampf für diejenigen bringen, die es beherrschten.

Es war weiterhin als magisch-mytisches Gegengewicht für die mächtige Sonnenenergie des Hakenkreuzes gedacht. Die Verwendung des Hakenkreuzes („Swastika, Sonnenrad“) wurde nach der Besetzung Deutschlands unter Strafe verboten, was bis heute anhält.

Das „V“ hatte also einen klar definierten Zweck: Es ist ein magisches Kampfsymbol gegen den Feind. In den 1940er Jahren waren das die Reichswehr und das Deutsche Reich.

Nicht nur die amerikanischen und britischen Soldaten gebrauchten diese Fingersymbolik („V“ wie victory, Sieg) häufig als Zeichen der Un-

terwerfung des Deutschen Reiches. Auch von Winston Churchill existieren einige Fotografien mit dieser Fingerhaltung. Er hat es während und nach dem Krieg ständig eingesetzt. Die Ähnlichkeit zum Teufelszeichen liegen dabei auf der Hand. Daumen, Ring- und kleiner Finger werden zum Kopf, während die übrigen beiden Finger das „V", das Geweih symbolisieren. Ebenfalls liegt die Nähe zum römischen „V", dem fünften Zahlenwert und dem Hexagramm auf der Hand. Das umgekehrte Hexagramm wird wiederum als Satanssymbol verwendet. Es ist nicht weiter verwunderlich, dass ein Satanist ein Satansymbol entwirft. Dass die amerikanischen und britischen Soldaten dabei zum Multiplikator eines Teufelszeichens wurden, stimmt bedenklich. Fuhren diese 1945 noch auf Panzern durch die Straßen und hielten die Finger zum Siege gegen das besiegte deutsche Heer gespreizt, so zeigen 70 Jahre später die Enkel der Verhöhnten das gleiche Symbol.
Es entbehrt nicht eines gewissen Zynismus, wenn die Enkel oder Urenkel der Menschen, gegen die dieses Zeichen faktisch gerichtet wurde, heute zu Handyfotos in „V"-Posen Grimassen ziehen. Diese auf Ahnungslosigkeit beruhende Fremdsteuerung offenbart eine typische Art schwarzen Humors, eine Schablone, die uns auch später noch bei aktuellen Betrachtungen zu Charlie Hebdo begegnen wird: die Vorführung des Unwissenden. Die Menschen werden zur Parodie ihrer eigenen Ahnungslosigkeit. Man führt sie mit Genuss und Doppeldeutigkeit aufs Eis, um sich daran zu laben, wie sie hilflos umherrutschen und in Fallen tappen. Für die Wirksamkeit des magischen Rituals ist es hingegen gleichgültig, ob der oder die Ausführende sich dessen Wirkung bewusst ist oder nicht. Könnte hier Vorsatz vorliegen? Ist es gewollt, die Verbindung zu Ahnen und Wurzeln wissentlich zu stören? Ist es überinterpretiert, wenn ich behaupte, die Geisteskräfte des Ausübenden werden gegen seine (Ur-)Großeltern, ihn selbst und dessen Identität gerichtet?
Jede einzelne Ausführung dieses Rituals ist eine weitere Kriegserklärung gegen die eigenen Ahnen und Wurzeln und vergrößert Zwiespalt und Hass zur eigenen Geschichte. Energetisch wird die Verbindung mit den Vorfahren nicht nur gekappt, sondern die eigenen Geisteskräfte genauso gegenläufig ins Feld geführt, wie vor rund 70 Jahren durch die Soldaten.
Auch heute sät es Zwietracht: nicht mehr zwischen „Kriegsparteien" (also Menschen), sondern zwischen den Generationen, in der Identität des Ausführenden und seinen inneren Bildern und Zugehörigkeiten.

Harter Tobak, oder? Aleister Crowley – ein Satanist – suchte und fand ein magisches Gegensymbol zum Kampf gegen das Deutsche Reich – das „V". Zudem beginnen das englische „victory", das französische „victoire" und das niederländische „Vrijheid" eben ganz bodenständig und praktischerweise mit einem „v", so dass dieses Symbol damals Sammelfunktion entfalten konnte. Die Kampagne nannte sich dann „V-for victory", also „V" für den Sieg (über Deutschland). Das „V" steht im Morsecode für (•••–), also dreimal kurz und einmal lang. In den BBC Radio-Sendungen wurde es dann später absichtlich verhöhnend durch Beethovens 5. Sinfonie („Ta Ta Ta Taaa") ersetzt. Schließlich war Beethoven Deutscher und die entsprechende Hymne sein „Schicksalsmotiv". All diese Prozesse stellen zusätzliche energetische Aufladungen dar. Aber kaum jemand wird heute noch daran denken, wenn er unwissend dieses Zeichen benutzt. Aleister Crowley soll behauptet haben, bei Churchill immer ein offenes Ohr zu finden. Nebenbei gesagt, ranken sich bis heute hartnäckige Gerüchte, Aleister Crowley und Churchill seien befreundet gewesen, ihre gemeinsame Logenzugehörigkeit gilt als gesichert.
Beeindruckend ist die Ähnlichkeit der beiden Gesichter auf verschiedenen historischen Aufnahmen.
Auffallend ist weiterhin die logisch-namentliche Symbiose zwischen einem Satanisten und einem Herrn dessen Namen auf ein Erkranken der Kirche verweist („church-ill"- direkt übersetzt: Kirche-krank).Der Vollständigkeit halber sei erwähnt, dass auch auf deutschen Bannern ein „V" für den Sieg gebraucht wurde. Allerdings mit anderem Hintergrund: Hier verwies man auf die römische Göttin Viktoria. als Siegeszeichen des Kaiserreiches im Dänischen Krieg, dem Deutschen Krieg 1866 gegen Österreich sowie dem Deutsch-Französischen Krieg 1870/1871.
Noch ältere germanische Deutungen verweisen auf das aufbauende Elhaz. Dessen ursprünglich positive Bedeutung wurde durch das stark ähnelnde „V" ebenfalls „im fremden Dienste" missbraucht und stärkte den „Sieg" im Dienste des „V". Sehr schlau. Auch, dass man mit dem V-Zeichen generell die „Zweiheit" betont und stärkt, also die Trennung und Ent-„Zwei"-ung der ursprünglich einen Kraft. Auf diesem Ur-Prinzip der Teilung bauen sämtliche negative Kräfte auf. Aus einer Einheit wird dann durch Teilung Zwist und Streit.

Wahrscheinlich ist, dass das „V" der Briten und Amerikaner also bewusst nicht nur gegen die Siegsymbolik des Hakenkreuzes, sondern auch gegen die Bedeutungsinhalte der Siegesgöttin Viktoria, sowie alter Runeninhalte „überschreibend“ in einem Akt der Verhöhnung eingesetzt wurden. „Viktoria“ wurde zu „victory“ mit neuem Bedeutungsinhalt und neuer Sinngebung umdefiniert und durch Massen von Menschen neu informiert. Erfolgreich: Heute denkt wohl kaum jemand an die römische Siegesgöttin Viktoria, wenn er das V-Zeichen sieht oder unwissend nachahmt.

Man sollte zumindest gewahr sein, ein satanisches Zeichen nachzuahmen, sobald man die Finger zu einem „Geweih“ formt.

Wer satanische Kunst vor aller Augen in der Öffentlichkeit aufgeführt betrachten möchte, kann sich im Internet die Videos zur Einweihung des Gotthard Tunnels oder dem Auftritt von Madonna beim Eurovision Song Contest 2019 ansehen. Beides ist an Symbolik und Inhaltsschwere kaum zu überbieten. Dass selbst unwissende Zuschauer dabei jedoch noch frenetisch applaudieren bleibt unverständlich. Auch ein völlig uninformierter Zeitgenosse muss doch die morbide Stimmung und niederfrequente Energie spüren – aber der Saal tobt und schreit.

Dieses „Überschreiben“ findet man heute in übertragener Form ständig im Internet. Dort tobt ein regelrechter Krieg der Worte. Geklickt wird, gelesen wird, aufgenommen wird, wer in den Suchmaschinen weit vorne steht. Hier wird in der Suchreihenfolge bestimmt, was gelesen, verstanden und multipliziert wird. Gedankenkräfte sind Geisteskräfte. Nicht vergessen. Diese formen in der Summe das Kollektiv.

Es ist also wichtig, brisante oder politische oder historische Stichworte in der gewünschten Trefferliste zu arrangieren, damit sie wie erwünscht interpretiert werden. Gibt man als konkretes Beispiel also in einer weltbekannten Suchmaschine „Pearl Harbor“ ein, weil man sich vielleicht alternativ informieren will, stößt man auf das meiner Meinung nach für politische oder historische Sachverhalte nur sehr bedingt brauchbare Wikipedia an erster Stelle, gefolgt von der Hollywood Spielfilm-Produktion mit gleichnamigen Titel. Damit sind dann bereits geschätzte 80% der Wahrnehmenden, sprich Klicker, „abgefrühstückt“. Mit anderen Worten: Diese nehmen die bequem angebotenen vorderen Rangplätze als Informationsgrundlage. Gehandelt wie vorgedacht. Überhaupt ist mir aufgefallen, dass mittlerweile auffallend oft irgendwelche Hollywood Filme Suchworte beantworten. Es ist eine Form kultureller Überschwemmung. Auch der Mann mit dem für deutsche Ohren unaussprechlichen Namen Zbigniew Brzezinski, *die* (neben Thomas Barnett) beratende und Einfluss nehmende Koryphäe für

Geostrategie und Außenpolitik hinter den letzten US- Präsidenten, brachte das in seinem Klassiker der spätneunziger Jahre „Die einzige Weltmacht“ (gemeint sind die USA) klar zum Ausdruck. (Nebenbei gesagt sollte das jeder mal gelesen haben.) Hier wurde brottrocken die geostrategische Grundlage für den gesamten osteuropäischen und vorderasiatischen Raum als militärstrategisches Hauptaktionsgebiet der Zukunft dargelegt, genannt das „eurasische Schachbrett“ mit dem Dreh- und Angelpunkt „Ukraine“ – wohlgemerkt: in den Spätneunzigern. Wie prophetisch.

Hier wird der meiner Meinung nach wahnhafte Gedanken beschrieben, wer den eurasischen Raum militärisch beherrscht, beherrscht auch die Welt. Aber das führt an dieser Stelle einfach zu weit. Derzeit rollen täglich Truppentransporte durch Deutschland zu genau diesem Zweck,

Es ging ursprünglich um die kulturelle Einflussnahme durch Filme bzw. deren Erscheinen im Krieg der Worte in den Suchranglisten des Internets. Dreiviertel aller Filme stammen aus US-amerikanischer Quelle, so schreibt Brzezinski und ist sich dieses Einflusses wie auch des anziehenden „american dream“ als einen „way of life“ in einer Mischung aus Hedonismus und Individualismus absolut bewusst. Es seien amerikanische kulturelle Einflussfaktoren, die in alle Welt getragen und dort vorwiegend von jungen Leuten kopiert würden. Und es sind amerikanische Hollywood Produktionen, die immer öfter auf politische oder historische Suchworte vorne in den Trefferranglisten erscheinen.

Achten Sie doch einmal bewusst selbst darauf, was auf Ihre Eingabe hin ganz vorn in den Treffern erscheint. Da dies natürlich kein Zufall ist, spiegeln sich darinnen auch Interessen. Ein Beispiel: Geben Sie in Google das Suchwort „Oppenheimer“ ein. Dem Leser mag hier der bekannte Atomphysiker einfallen, von dem es einige brisante Zitate gibt. Sie suchen also ein Zitat von ihm, wo er sich im Grunde schon vor langer Zeit über das Projekt „blue beam“ ausgelassen hat. Stattdessen werden Sie in den Ergebnissen mit inhaltsleerem Serienschrott eines Propagandisten mit dem gleichen Namen und dessen Zitaten aus einer Serie namens „criminal minds“ zugeschüttet. Auf diese Weise lässt sich der Zugang zu Inhalten eben auch massiv erschweren. Ich recherchiere viel. Sie glauben nicht, wie oft mir so etwas schon passiert ist. Man muss sich durch Berge von „Idiocracy-Müll“ wühlen, um – einer Stecknadel im Heuhaufen gleich, endlich einmal die gewünschte (meist öffentlich tendenziell unerwünschte, weil vielleicht politisch inkorrekte) Information zu finden.

Doch zurück zum „V".
Es mag wie eine späte Verhöhnung der eigenen Ahnen sein, wenn zwei, drei Generationen später die Menschen dieses Zeichen in ihren Alltag integriert haben und ständig multifunktionell gebrauchen. Überall sieht man den erhobenen Zeige- und Mittelfinger nach oben gestreckt. Auf Gruppenfotos und Selfies steht es für – ja, eigentlich, was man eben gerade mal da hinein interpretiert haben will – von „es geht mir gut", „alles cool", „wir sind gut drauf" bis „wir haben's geschafft". Im Grunde genommen ist es ein kommunikativer Platzhalter, der eigentlich sagt: „Verstehe einfach mal, was Du willst, Hauptsache es ist irgendwie positiv." Schlussverkauf einer Jahrtausende alten Schutzrune. Hier wurde erfolgreich überprogrammiert, wie das mit vielen Dingen in unserer Welt geschieht. Alte Bedeutungsinhalte wurden neu besetzt und nun ohne konkrete Bedeutung, ohne Wissen, inflationär weiter verwendet.
So zeigt man keinesfalls „Elhaz", die Rune, mit den Fingern in die Runde, sondern „victory" und findet es irgendwie „cool", während man magisch rituell ein Kampfsymbol des Zweiten Weltkriegs benutzt und ungewollt zum Multiplikator wird.
Aber vielleicht habe ich ja mit dieser Deutung auch Unrecht und die Kraft des ursprünglichen Elhaz kann gar nicht hundertprozentig überschrieben werden und schwingt auch heute noch immer mit.

Soweit einmal zum Schicksal des ursprünglich aufbauenden, lebensbejahenden, positiven „Elhaz". Was passiert, wenn dieses Symbol umgedreht wird?
All die beschriebenen positiven Wirkungen werden energetisch ins Gegenteil verkehrt, sobald man die Rune umdreht. Nun wirkt sie lebensentziehend, zerstörerisch, wandelt gute und positive Energien ins Negative. Sie zieht Energie und steht für Krieg, Streit, Zerstörung, Disharmonie, Zwietracht und Niederlage.
Das Glück fließt nach unten ab, es wird nicht gesammelt. Im Gegenteil: War etwas vorhanden, so wird es nun schwinden. War Einigkeit da, so wird es zum Streit kommen. War dort Frieden, so wird Kampf und Zwietracht forciert.
Manly P. Hall, ein amerikanischer Mystiker schrieb dazu:
"In der Symbolik bedeutet eine umgekehrte Figur immer eine pervertierte Macht. (...) Schwarze Magie ist keine grundlegende Technik, es ist der Missbrauch einer Kunst. Daher hat sie keine eigenen Symbole.

Man braucht lediglich die symbolischen Ziffern der Weißen Magie zu nehmen, und indem man sie vertauscht und umkehrt wirken sie entgegengesetzt."
Aus der Lebensrune wird in der Umkehrung die Todesrune.

Dann schauen wir doch einmal, wo dieses Symbol heute umgekehrt verwendet wird.

Ausgerechnet jenes umgedrehte Elhaz/Algiz Zeichen ist seltsamerweise gleichzeitig das Wahrzeichen der Friedensbewegung, was zutiefst widersprüchlich ist.
Die Umkehrung der Man-Rune, die yr–Rune, ist eine ebenfalls negative Rune und steht für Verwirrung und Verneinung, für Umsturz, Vernichtung und Fall.
Sinnbildlich stellt sie alles auf den Kopf und zeigt den irrenden und verwirrten Menschen, dessen Handeln negativen Ausgang findet.

Erkennen Sie den Widerspruch?

Da wollen sich also Menschen gegen den Krieg einsetzen und benutzen ausgerechnet ein Wahrzeichen von Krieg, Zerstörung und Zwist.
Dieses so genannte Friedenszeichen wurde 1958 vom britischen Künstler Gerald Holtom im Auftrag der britischen Kampagne zur nuklearen Abrüstung entworfen und beim ersten Ostermarsch eingesetzt. Es sollte nach offizieller Darstellung eine Kombination der beiden Zeichen N+D aus dem Winkeralphabet (November und Delta) symbolisieren, was ich persönlich als überinterpretiert empfinde. Schauen Sie doch einmal selbst, ob Sie aus diesen beiden Flaggenzeichen sinnvoll das Symbol kombinieren können. Für meinen Geschmack steht Delta nicht senkrecht, wie es sein müsste. Aber gut. Fahren wir fort.

Das „N“ stand hierbei für „nuclear“ und „D“ für „disarmament“. Zu Deutsch: „nukleare Abrüstung“. Was glauben Sie wohl, welche energetische Qualität durch ein Zeichen verstärkt wird, dessen Wirkung ins Gegenteil verkehrt wird und das ursprünglich für „nukleare Abrüstung“ stand?
Kurz: Was ist das Gegenteil, die Umkehr von nuklearer Abrüstung? Nukleare Aufrüstung.
Energetisch und magisch bestärkt wurde in millionenfacher Handlung durch Malen, Betrachten, Drucken und viele weitere Tätigkeiten, die Ausdruck von Geisteskraft, also Bewusstsein sind, die Codierung „nukleare Aufrüstung“. Das ausgerechnet von Menschen, die sich mit Leib und Seele für den Frieden einsetzen wollten. Das nenne ich mal Bewusstseinsmissbrauch. Hier wurde Geisteskraft gesammelt und fehlgeleitet.
Und das hat doch seit 1958 ziemlich gut geklappt mit der Aufrüstung, wenn wir mal ganz neutral draufschauen, oder?
Was glauben Sie weiterhin, welches geistige Feld Menschen mit Ihrer Bewusstseinskraft nähren, wenn sie „gegen den Krieg“ kämpfen?
Es gibt einen schönen chinesischen Spruch: „Die Energie folgt der Aufmerksamkeit.“ Wenn wir gegen etwas kämpfen, dann bestärken wir geistig genau das, wogegen wir kämpfen. Dem geistigen Feld ist egal, ob man in einer polaren Welt für oder gegen etwas ist. Hier zählt allein, seine Energie ins Feld zu geben. Dies ist ein alter Trick der Magier, den sie auch bei Kämpfen benutzen.
Wir können endlich einmal verstehen, dass Symbole, Runen, magische Handlungen REALITÄTEN sind und kein „Spinnerkram“. Alles dies sind Schnittstellenwerkzeuge zwischen geistiger und materieller Welt.
Letztlich wurde dann die umgekehrte Elhaz-Rune noch nach den Terroranschlägen von Paris gebraucht und zu dessen Wahrzeichen. Eine Variation des „Peace-Zeichens“ wurde dann zu einem skizzierten Eiffelturm. Es ist die Verschmelzung von umgedrehtem Elhaz mit dem sogenannten Peace-Zeichen. Nun wird es in Neuauflage eingesetzt als „Peace for Paris“. Angesichts der Gewalt der Angriffe habe sich das Symbol „Peace and Love” geradezu aufgedrängt, wurde erklärt. Es solle für Frieden und Solidarität stehen, außerdem sollten Paris und Frieden miteinander vereinigt zum Ausdruck gebracht werden.
Leider ist das Zeichen, genau wie auch das Peace Zeichen, in seiner energetischen Umkehr benutzt worden und so zu interpretieren. Die umgedrehte Elhaz-Rune verkehrt damit die Inhalte ins Gegenteil. Sie ist und bleibt kein aufbauendes, sondern zerstörendes Symbol. Egal,

was inhaltlich mit dieser Rune kombiniert wird, es wird dann eben auch dementsprechend rituell belegt. Soll also das umgedrehte Y hier den Eiffelturm symbolisieren, der wiederum das Wahrzeichen von Paris und ganz Frankreich ist, so definiert dies magisch den Wirkbereich der Rune.
Aus dem umgedrehten Frieden wird, wie vorhin bereits angemerkt, „Krieg“, aus der „Solidarität“ die Verkehrung ins Gegenteil „Ablehnung“ und „Isolation“.
Also nimmt es über das Bewusstsein der Menschen seine Arbeit auf und wirkt wie „Frankreich im Krieg“, „Paris im Krieg“, „Frankreich wird isoliert“, „Paris wird isoliert“.
Dieses Bild wurde millionenfach weiterkopiert und wieder gemalt. Es ist dieselbe Geschichte wie oben: Bewusstsein als missbrauchter Multiplikator. Dabei liegt mir am Herzen zu erwähnen, dass meiner Meinung nach der Künstler und Schöpfer aus reinen Motiven handelte, sprich, tatsächlich etwas Gutes tun wollte. Aber in der Welt der Archetypen ist das leider ziemlich egal.

Wertung:

Hier sind wir ganz tief im Sumpf. Dem bewussten Missbrauch von Symbolik im Kollektivbewusstsein der Menschen. Hier wird auf der unbewussten Ebene manipuliert.

Fazit: Vorsatz

Ausweispflicht mal anders – der internationale Attentäterausweis

Kommen wir nun zu den ganz heißen Eisen der neueren Geschichte. Die Rede ist von verschiedenen Terrorattentaten. Als wäre dieser Umstand nicht alleine bereits scheußlich genug, gibt es auch hier Auffälligkeiten zu vermelden.
Können Sie sich vorstellen, dass es extrem auffällige Gleichheiten zwischen den Anschlägen vom

11.09.2001 in New York,
dem 07.01.2015 in Paris („Charlie Hebdo“),

dem 13.11.2015 in Paris,
dem 14.07.2016 in Nizza und
dem 19.12.2016 in Berlin gibt?

Alle Täter dieser Anschläge hatten nach Auskunft der Polizeibehörden ihre persönlichen Ausweisdokumente mit zur Tat genommen. Was für eine Serie! Ist das zu glauben? Da plant jemand ein Attentat und nimmt idiotischerweise seine Identifikationsdokumente mit? Keiner der Täter überlebte, weshalb nähere Untersuchungen, unbequeme Gerichtsverhandlungen und Ermittlungen ausbleiben konnten. Die ganze lästige Fragerei, womöglich von Rechtsanwälten, die Vorlage von Beweisen, die Notwendigkeit von Dialogen, kurz – alles das wurde mit dem Tod der Täter unnötig.
Ein Kurzabriss. Der Reihe nach:
Bei den Anschlägen auf das World Trade Center, wo laut offizieller Theorie durch zwei Flugzeuge letztlich drei Türme einstürzten, fand man, obwohl das World Trade Center förmlich atomisiert wurde und zu Staub zerfiel, am Boden einen beinahe unbeschädigten Pass, der die Ermittler auf die Spur islamistischer Attentäter führte.

Die Bilanz: Die Attentäter tot. Keine Gerichtsverhandlung. Keine Diskussionen. Zweifel oder Fragen zur offiziellen Theorie unerwünscht.
Bei den Anschlägen in Paris auf die so genannte Satirezeitschrift „Charlie Hebdo“, filmte ein Zeuge vom Dach ein schwer bewaffnet vorgehendes Terrorduo. Die Täter wirken trainiert und professionell agierend, ähnlich einer Polizeispezialeinheit. Das verhinderte jedoch nicht die scheinbare Schusseligkeit, mal eben den Ausweis im Fluchtauto zu vergessen, der die Ermittler sofort auf die Spur der mutmaßlichen Täter brachte. Zwei Tage später wurden diese im Zuge der Verfolgung durch die Polizei erschossen. Keiner der Attentäter überlebte. Eine Welle von Sympathiekundgebungen entbrannte millionenfach. Der Slogan „Je suis charlie“ in weißer Schrift auf schwarzem Grund ging wie aus dem Boden gestampft um die Welt. Schon gehen zigtausende Menschen auf die Straße, demonstrieren und halten Plakate mit diesem Schriftzug hoch. Der Anschlag auf das Satiremagazin wird medienübergreifend sofort als „Anschlag auf die Meinungs- und Pressefreiheit“ abstrahiert.
Auch hier: Die Attentäter tot. Keine Gerichtsverhandlung. Keine Diskussionen. Zweifel oder Fragen zur offiziellen Theorie unerwünscht.

Millionen Zuschauer werden – ähnlich den Anschlägen auf das World Trade Center – via TV quasi zum Zeuge eines weiteren Anschlages in Paris. Am 13. November hallen während eines live übertragenen Fußballspieles zwischen Deutschland und Frankreich mehrere Explosionen durch das Stadion. Diese Schläge bilden den Auftakt zu mehreren Terrorakten durch mehrere Gruppen innerhalb von Paris. In der Innenstadt und dem „Bataclan"-Theater laufen Personen aus automatischen Waffen feuernd umher. Auf der Straße findet man inmitten der Leichen einen syrischen Pass, der laut den Ermittlungsbehörden zu den Attentätern führt, die in mehreren „Zellen" agierten. 130 Menschen sterben, darunter auch alle Attentäter. Teilweise durch ihre eigenen Sprengstoffgürtel, teilweise werden sie von der Polizei erschossen. Der Ausnahmezustand wird über Frankreich verhängt. Möglich sind nun unter anderem Wohnungsdurchsuchungen ohne richterlichen Beschluss, Demonstrationsverbote und Ausgangssperren. Mit anderen Worten: Es regiert sich wesentlich „einfacher" und stringenter, allerdings auch wesentlich undemokratischer. Es ist ein Zeichen des vollzogenen Paradigmenwechsels: Ausnahmezustände, wo einst demokratische Strukturen standen. Der Flugzeugträger „Charles de Gaulle" wird ins Mittelmeer entsandt.
Das Ende bleibt gleich: Die Attentäter tot. Keine Gerichtsverhandlung. Keine Diskussionen. Zweifel oder Fragen zur offiziellen Theorie unerwünscht.

In Nizza raste am 14.07.2016 ein LKW entlang der Strandpromenade durch ein Straßenfest. 86 Menschen wurden getötet, der Attentäter in seinem LKW durch die Polizei erschossen. Er konnte durch seinen Führerschein und die Kreditkarte identifiziert werden, die er mit sich im Fahrerhaus führte. Der Ausnahmezustand über Frankreich wird verlängert. Präsident François Hollande wertet das Geschehen ähnlich dem Sprachgebrauch am 11. 9. 2001 in New York als „Angriff" auf sein Land.
Nicolas Sarkozy bezeichnet den Kampf gegen den Terrorismus als „totalen Krieg".
Der Attentäter tot. Keine Gerichtsverhandlung. Keine Diskussionen. Zweifel oder Fragen zur offiziellen Theorie unerwünscht.
Es mutet an wie eine Nachahmungstat: Ähnlich wie in Nizza rast auch in Berlin ein LKW in eine Menschenmenge. Dieses Mal ist ein Adventsmarkt nahe der Gedächtniskirche Schauplatz des Terrors. Die deutsche Medienöffentlichkeit und Politiker bemühen sich lange Zeit,

das Offensichtliche nicht auszusprechen und deklarieren das Geschehen als „Unfall". Ein pakistanischer Flüchtling, durch einen aufmerksamen Passanten über zwei Kilometer verfolgt, wird schließlich dann durch die Polizei als Verdächtiger festgenommen und wieder freigelassen. Später wird der LKW untersucht und man findet – die Ausweispapiere des Täters.
Eine führende Tageszeitung sieht sich mittlerweile bemüßigt, dieses Verhalten zu erklären. Man mutmaßt, die Attentäter wollten eine Visitenkarte zurücklassen.
Dass dies freilich extrem unlogisch ist, beweist der Fakt, dass das Berliner Attentat nicht als Selbstmordattentat geplant war. Der Täter war demnach flüchtig und wieder einmal war das Drehbuch gnadenlos: In Mailand wird er erschossen. Mit dem Tod des Täters erübrigen sich auch wieder eine Menge Fragen und Antworten.

Wie immer: Der Attentäter tot. Keine Gerichtsverhandlung. Keine Diskussionen. Zweifel oder Fragen zur offiziellen Theorie unerwünscht.

Die Deutungshoheit für diese Palette der Anschläge liegt hierbei ganz eindeutig bei den Mainstreammedien. In die Tiefe gehende Fragen sind hierbei absolut unerwünscht. Alle Zeitungen berichten wie vom Reißbrett das Gleiche. Zu beobachten ist ebenfalls die völlig unkritische Wiedergabe aller Medien rund um die hier aufgezählten Geschehnisse. Nirgendwo wurde in die Breite recherchiert, wurden unbequeme Fragen gestellt. Im Gegenteil: Wer aus der Reihe tanzt und Fragen stellt, wird oftmals diffamiert, gilt als „rechtsradikal" oder „Verschwörungstheoretiker".
Neuerdings ist es also Mode, seine Pässe beim Gewaltdelikt mitzuführen und Täter werden sofort oder einige Tage später direkt erschossen. Damit entfallen für die Öffentlichkeit alle Chancen, genau und korrekt über das tatsächliche Geschehen informiert zu werden. Beobachter mutmaßen angesichts dieser und weiterer Fakten, es handele sich um staatlich geführte Terrorakte, also Terror, der im Hintergrund von den Staaten oder Abteilungen ihrer Organe selbst geplant wird, ähnlich dem Bombenattentat 1980 in Bologna. Hierbei handelte es sich um einen Bombenanschlag auf den Bahnhof von Bologna, für den die linke „Rote Brigade" verantwortlich gemacht wurde. Als Motiv hierfür darf man sich die Zeit des Kalten Krieges vor Augen führen. Italien neigte sich politisch immer mehr nach „links", was angesichts des damaligen Warschauer Paktes in Konfrontation mit der Nato unerwünscht war.

Der Anschlag bewirkte durch eine Welle der Empörung einen öffentlichen Rechtsruck. Die Gefahr war gebannt. Jahre später kam ans Licht, dass der italienische Geheimdienst selbst in Verbindung mit der Nato-Geheimarmee Gladio für den Anschlag verantwortlich war. Die Konsequenzen dieser Fakten werden in der wahrnehmenden Öffentlichkeit weiter beharrlich ignoriert. Auch die Nähe der Täter zu den Geheimdiensten, Die Behörden waren bei der Mehrzahl der hier geschilderten Fälle umfassend informiert; sie hatten die Männer abgehört und überwacht.

Auch für das Bologna-Bombenattentat existiert ein merkwürdiger Fall von Voraussage: Der italienische Sänger Antonello Venditti veröffentlichte 1978 – also vier Jahre vorher – sein Lied „Bomba o non bomba“, in dem eine Bombenexplosion in Bologna beschrieben wird. „In Bologna explodierte die erste Bombe, zwischen einer Party und einer Vorstadt-Piadina.“ Erscheint die Wortwendung „zwischen einer Party und einer Vorstadt-Piadina“ zunächst eindeutig, entpuppt sie sich bei näherer Untersuchung als undeutbar verklausuliert, verweist aber scheinbar nicht auf den exakten Ort, den Bahnhof von Bologna.

Der kryptische Text scheint aus dem Munde von Terroristen geschrieben, die Taten, Umstände und Zusammenhänge rückblickend beschreiben. Auf Youtube kann man das Lied hören.

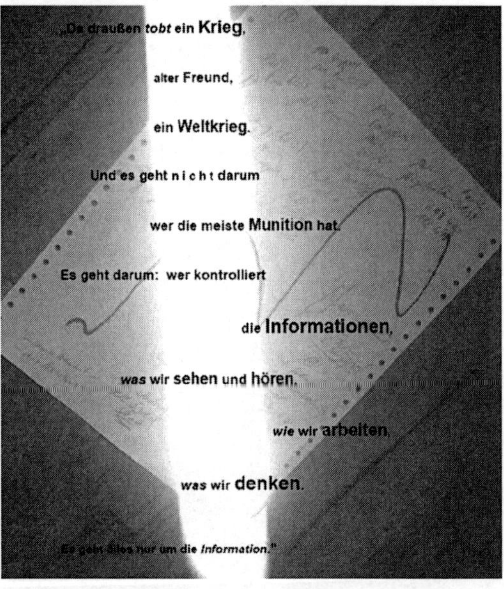

Illustration: Verdeckte Ziele“ 2003,
Text aus: Sneakers, die Lautlosen, 1992

Warum ist der Umstand so wichtig, dass ein Täter seinen Pass mitnimmt?

Nun, aus der Sichtweise des Täters ist es extrem unlogisch, das zu tun. Aus Sicht der Polizei und der Staatsorgane ist es extrem hilfreich und nützlich. Umfangreiche Ermittlungsarbeiten werden dadurch unnötig. Im Gegenteil hat man sofort eine derart heiße Spur, dass die

Lunte sozusagen noch raucht. Dies erspart eine Menge an Begründungen über zum Beispiel logisch nachvollziehbare und darzulegende Polizeiarbeit.
Im Umfeld all dieser Attentate kam es zu Gesetzesverschärfungen. Die Bürger – und Freiheitsrechte werden beschnitten, in Frankreich sogar der Ausnahmezustand verhängt. Die Anschläge dienen als Begründungsszenario für einen „Krieg", in den die „westliche Wertegemeinschaft" verwickelt wird. Ganz ähnlich wie beim 9. 11. wird damit also gerechtfertigt, andere Staaten zu bombardieren, Militäreinsätze zu planen und durchzuführen, Waffen zu exportieren. Der Zynismus erscheint grenzenlos.
Der Umstand, die Täter zu erschießen, erspart die Arbeit vor Gericht. Mancher mag dies als „gut" wähnen, schließlich würde dadurch Geld und Zeit gespart. Damit ist er auf dem Holzweg. Das Einzige, woran gespart wird, ist die reale Aufklärung und Aufarbeitung des Geschehenen. Tote Täter reden nicht.
Ich meine, das ist schon ein ganz herber Tobak, den man der Öffentlichkeit da zumutet. Ein Bekannter von mir sagt bei sowas: "Das stinkt zum Himmel!"
Fazit: Wie wir in „Verdeckte Ziele" schon feststellten, haben wir es mit einer massiv manipulierten Öffentlichkeit, einem massiv manipulierten (Kollektiv-)bewusstsein zu tun. Die Matrix dessen, was als „wahr" deklariert wird, der zulässige Rahmen über die Hoheit der Deutung aller Geschehnisse wird gegen Null hin eingeschränkt. Die Vielzahl quantitativ vorhandener Medien gibt einheitlich nur einen Sachverhalt wider. Keine Kontroverse im Mainstream. Erschreckend.
Damals schrieben wir als ein Ergebnis unserer Sessions (es war eine Auflistung; sie drehte sich um die Manipulation der Menschen.):
„die Menschen (sollen) sich dieser Manipulation nicht bewusst sein bzw. es immer weniger werden. Sie handeln wie Werkzeuge und erinnern an Maschinenmenschen. Paradoxerweise wird die Vorstellung, manipuliert zu werden, als realitätsfern angesehen, während die Einflussnahme ständig zugenommen hat und nun voll funktionsfähig ist."
Diese Zeilen erinnern mich heute fatal an das, was ich rundum beobachte. Eine weitgehend gleichgeschaltete Öffentlichkeit, Mainstream genannt, Herr der Deutung und eine wachsende Anzahl sich alternativ Informierender Abtrünniger oder auch „Verschwörungstheoretiker" genannt.
Im gleichen Maße, wie die Sichtweisen eingeschränkt werden, nimmt die Gewalt gegen Andersdenkende zu. Persönliche Diffamierungen und

Anfeindungen sind die Regel, Fakten, auch konträre, werden nicht mehr diskutiert. Dabei handelt es sich ebenfalls um eine dokumentierte, bereits in den späten 60er Jahren von US-amerikanischen Behörden herausgegebene Leitlinie, wie mit Andersdenkenden zu verfahren ist. Sachgespräche sind zu vermeiden, hingegen sind die Leute selbst als nicht seriös bloßzustellen.
Dabei wird auch verbal aufgerüstet. Die Kampfbegriffe werden härter und schneller gebraucht, die Kluft zwischen den Menschen bewusst geschürt. Wer andere Sichtweisen vertritt, wie auch in diesem Buch hier, sitzt „fake news“ auf. Damit meint man nicht etwa die bewussten Fehlinformationen, die zum Irak-Krieg führten (Brutkastenlüge, „Massenvernichtungswaffen“). Das Versprechen, keine PKW Maut zu erheben. Oder vor der Euro-Einführung festzustellen, Deutschland müsse anderer Länder Schulden nicht bezahlen und vieles, vieles mehr, sondern man diffamiert damit alternative Nachrichtenquellen, die in der Medienlandschaft wieder Breite herstellen wollen.
Fake news sollten doch vernünftigerweise zum Beispiel sein, wer beim „Dschungelcamp“ mitmacht, sich die Brüste verändern lässt, welcher Promi sich von wem scheiden lässt oder sich a.) in kurzer Hose, b.) am Strand c.) überhaupt nicht zeigt. Hier könnte ich tonnenweise noch blödere Beispiele anführen, die von vielen Menschen konsumiert werden. Das waren „entertainment fake news“. Ich schreibe jetzt nicht weiter, welche Fernsehsendungen als wahre „Politik-fake-news“ deklariert werden müssten, denn leider hat sich auch die Exekutive verändert: Schnell einmal ist ein kleiner Verlag dichtgemacht, der sowas veröffentlicht, oder man hat einen Prozess am Bein.

Faktenbasierende Sachdiskussionen finden einfach nicht mehr statt. Stattdessen werden Vokabeln als Waffe benutzt. Es gibt keine Sendung im Mainstream, die zulassen würde, die Geschehnisse des 11. September kritisch zu beäugen. Wo aber Kritik und Fakten unterdrückt werden, drückt der Schuh!

Soweit der Ausflug in den Kampf um die öffentliche Meinung, und dieser wird immer härter geführt. Dabei stellen auch die Terrorakte neben dem tatsächlichen Geschehen eben einen Angriff auf den Geist dar. Auf den Punkt bringt es folgendes Zitat (ebenfalls aus Verdeckte Ziele):

"Da draußen tobt ein Krieg, alter Freund! Ein Weltkrieg! Und es geht nicht darum, wer die meiste Munition hat ... Es geht darum: Wer kontrol-

liert die Informationen? Was wir sehen und hören ... Wie wir arbeiten ... Was wir denken ... Es geht alles nur um die Informationen!"

Wir können deshalb versuchen, diese Terrorakte neben all dem greifbaren, schrecklichen Leid auch als energetische Sachverhalte zu sehen. Wir blicken also durch die Geschehnisse hindurch und sehen, was auf kollektiver Ebene mit den Menschen dadurch geschieht.
Dabei haben diese Anschläge durchweg ein Ziel: Das menschliche Kollektiv in Angst und Schrecken zu versetzen. Panik zu verbreiten. Angst zu erzeugen. Wir reden bei all dem von Energien, die durch diese Aktionen freigesetzt werden.

Bedient man sich bei diesen Aktionen medialer Vervielfältiger, wie im Falle des Paris-Attentats während einer TV-live Übertragung, multipliziert man schlagartig die Zahl der dies aufnehmenden Menschen, vervielfältigt man die Wirkung des Einschlages im Bewusstsein.
Dies führt zu regelrechten Schockwellen im Kollektivbewusstsein der Menschen, ähnlich 11. 9. 2001. Es wird ein *kollektives Trauma* ausgebildet. Folgt man den Darstellungen von z.B. Gustav le Bon, der bereits 1911 in seinem Klassiker „Psychologie der Massen" die Eigenschaften der „Massenseele" (ein anderes Wort für das Kollektivbewusstsein) beschrieben hat, so können wir feststellen, dass deren Intelligenz mit der Vielzahl der beteiligten Individuen und mittels Schocks drastisch abnimmt, bis hin zu einer amorphen dumpfen Masse.
Gepaart mit einem Mangel an Freizeit, Geld und künstlich erzeugten Wünschen durch Werbung oder Geltungsdrang, unterstützt durch Handystrahlung, ungesundes Essen und vieles mehr, wird aus einem göttlichen, freien, schöpferischen und mächtigem Wesen ein kleiner ängstlicher Diener und TV Glotzer, der bereitwillig fremde Meinungen als „Wahrheit" akzeptiert.

Wie sagte kürzlich jemand zu mir: „Aber der *Spiegel* ist doch neutral."
Heilige Einfalt. Ich weiß dann gar nicht mehr, was ich sagen soll.
Vielleicht: „Wenn, dann sagt auch die *Tagesschau* die Wahrheit. Und früher die *aktuelle Kamera*."
...
„Und, ja – Du bist frei. Natürlich."

Wertung:

Zu viele tote Attentäter mit „Ausweispflicht" ohne Gerichtsverhandlung. Zu eindeutige Staatsmaßnahmen als Folge dieser Attentate in Form von freiheitseinschränkenden Gesetzen, Kriegseintritten, Notstandsgesetzgebung.
Das völlige Fehlen einer Fragen stellenden, kritischen Medienlandschaft.

Fazit: Vorsatz

Als „Trottel" verhöhnt und in die Irre geführt – Charlie Hebdo

Nach den Anschlägen auf das französische Satiremagazin „Charlie Hebdo" erklärten sich binnen Stunden weltweit hunderttausende Menschen solidarisch. Dabei hielten sie vorgedruckte schwarze Plakate mit weißer Schrift in die Höhe. Darauf stand:
„Je suis Charlie."
Fiel es jemandem auf? Mal so ganz grammatisch. Da fehlte ja eigentlich die Präposition. Zum Beispiel „für" oder „mit". „Ich bin für Charlie Hebdo!", wäre ja eigentlich logischer gewesen, um seine Solidarität zu bekunden. So aber wurde die erste Person Singular plus Hilfsverb einfach und überganslos mit dem Namen Charlie verbunden. So, als wollte man tatsächlich die Person direkt an das/der/die „Charlie" (für was auch immer es stehen mag) koppeln.
Das soll jetzt kein „Klugscheisser-Einwand" sein. Ich schreibe das nicht, um primär zu demonstrieren, dass der Satz falsch ist, sondern, um darauf hinzuweisen, dass es wahrscheinlicher und richtiger gewesen wäre, die korrekte Form zu verwenden. Wenn das unterblieb, so war dies ein bewusster und gewollter Akt und kein Zufall. Und genau das wird später, wenn wir uns um die Übersetzung und Deutung dieses Satzes kümmern, sehr wichtig!
Ein Überfall auf eine kleine Pariser Satirezeitung wurde als „Anschlag auf die Freiheit der gesamten Welt" stilisiert. Das Schild sollte sinngemäß bedeuten: "Ich bin mit gemeint, wenn das Recht auf freie Meinungsäußerung angegriffen wird." Also das politische und soziale Engagement, für Freiheitsrechte einzutreten, wurde angesprochen.

Aber war das denn die ganze Wahrheit oder steckte mehr dahinter? Mich, als jemand, der immer ein Interesse am Bewusstseinskollektiv der Menschen hat, wunderte, so tragisch das Geschehen vor Ort gewesen sein mochte, *wie* schnell Menschen hier aktiviert wurden, *wie* viele Menschen bereit waren, auf die Straße zu gehen, *wie* viele plötzlich demonstrierten. Und alle gleich. Mit diesen professionell gefertigten schwarzen Bildchen und Plakaten. Steckten dann etwa auch professionell organisierende Kräfte dahinter?
Dabei wurde und wird ja immer wieder betont, die Menschen haben sich *spontan* zusammengeschlossen ... seltsam, dass derlei spontane, professionelle Demonstrationen immer bei Themen auftreten, die den Regierenden in ihre Agenda blasen: der Fall Greta Thunberg und die dadurch in allen Facetten bis zur Lächerlichkeit breitgetretene Klimadiskussion mögen ein weiterer Fall, dieses plötzlich aufflammenden sozialen Engagements in einer ansonsten politisch letalen Gesellschaft sein. Streiks und Demonstrationen sind doch mittlerweile etwas für „Querdenker, Querulanten und asoziale Elemente" (Ironie aus), außer da natürlich, wo Protest politisch durch den Mainstream erwünscht ist und thematisch ins Parteiprogramm passt. Da sollte man dann natürlich „Mut" und Engagement beweisen. Also werter Leser, lassen Sie uns doch einmal für eine NATO-Erweiterung demonstrieren, für ein geeintes Europa, für weiterhin offene Grenzen und Migration, äh – Facharbeiterzustrom, gegen die Diskriminierung von Minderheiten, für 4000 gefühlte Geschlechter und die Genderpolitik, für autofreie Städte, das Klima, gegen Feinstaub, für reine Luft durch Fahrverbote und den Zwang, Zug oder Bus zu nutzen, für eine restriktivere Autopolitik und eine strengere Prüfung, wer überhaupt noch individuell und autonom fahren darf. Also innerhalb der Umzäunung zulässiger Meinungen. Da können wir Sozialcourage zeigen und all unseren „Mut" zusammennehmen! So lange wir nicht *wirklich* Kritik gegen das System üben, jedenfalls. Das wirklich Großartige daran kommt aber erst jetzt: Wir werden dabei keinerlei Probleme mit Gerichten und Polizei bekommen. Man wird uns als aufgeklärt, heldenhaft, sozial engagiert und echte Demokraten beschreiben. Und wir werden dabei noch gefördert und erhalten eine Bühne im öffentlichen Raum. Genau wie es beim Youtuber „Rezo" zu verfolgen war, der sich zur Europawahl scheinbar sehr sozialengagiert und kritisch äußerte. Dabei stand hinter ihm „tube 1". Diese produzieren Social-Influencer-Kampagnen. Mit kurzen Worten: Hier hatte kein mutiger junger Mensch engagiert 250 Quellen

gesammelt und präsentiert, sondern diente lediglich als Aushängeschild für eine politische Zielgruppe, um Wahlstimmen für Grüne und Linke zu sammeln, wurde aber als mutiger Querdenker „gehypet".

Ja, es ist verlogen. Nein, ich möchte keinesfalls Minderheiten unterdrücken. Ja, Menschen werden benutzt und viele Begriffe dort oben sind bis zur Unkenntlichkeit ausgehöhlt. Und „ja", wir dürfen dort noch unserem noch immer niedergeschriebenen Recht auf Versammlungsfreiheit am allerbesten nachkommen, wo es in die politischen Grundsatzprogramme passt. Bei den konträren Themen, den Meinungen, die nicht mehr positiv in den Leitmedien Spiegel, Tagesschau etc. dargestellt werden, laufen Sie Gefahr als Rechtsextremer gebrandmarkt oder von der Polizei mit einem Wasserwerfer geduscht zu werden. Die französischen Zustände der Gelbwestendemonstrationen mit Toten und Verletzten mögen ein Fanal sein, dort ist die Unterdrückung mittlerweile offenkundig, latent sind diese hier längst auch vorhanden. Der gesellschaftliche Zustand des untergehenden Europas wird mit „Bequemlichkeitsverblödung" zusammengefasst.

Blicken wir zurück auf unser Hauptmotiv, eine dieser politisch erwünschten Demonstrationen – „Je suis Charlie".
Nun, viele Worte oder Sätze haben mehrere Bedeutungen. Im Falle des „Je suis Charlie" ist ein Blick ins Wörterbuch sehr aufschlussreich.
Im Englischen hat der Wortpassus des „Charlie-seins" die Bedeutung ein *Idiot oder Narr* zu sein. Dort gilt es als Schimpfwort, für Menschen, die nicht in der Lage sind, eine Situation korrekt einzuschätzen. „To feel like a proper charlie" bedeutet zum Beispiel, „sich total dämlich/bescheuert vorkommen" und „to make a proper charlie himself" heißt übersetzt: „sich unsterblich blamieren."
Und bitte, ich möchte hiermit niemanden beleidigen, der sich gutdenkend solidarisch erklärte, aber ich möchte aufklären und andere Sichtweisen darstellen. Auch wenn das manchmal unbequem ist.

charlie	**Dummkopf** *m pej*
charlie	**Blödmann** *m fam*
he looks a proper ***charlie*** *in that hat*	**er sieht mit diesem Hut wie ein echter Idiot aus** *pej fam*

Wir haben es hier mit dem Meisterstück eines schwarz-magischen Rituals zu tun.
Die Wortfolge „Ich bin" gilt energetisch als ungemein mächtig. Zehn- wenn nicht hunderttausende Menschen wurden dazu animiert sich mit einem Schild auf die Straße zu stellen, das in der gesamten englischsprachigen Welt jedem ins Auge fallen musste:
„Ich blamiere mich gerade unsterblich, denn ich bin ein kompletter Idiot, schätze die Situation nicht richtig ein und werde gerade im Moment völlig verarscht, weil mich andere vor ihren Karren spannen und mich ohne mein Wissen benutzen um eine Situation vollkommen verkehrt in Szene zu setzen."

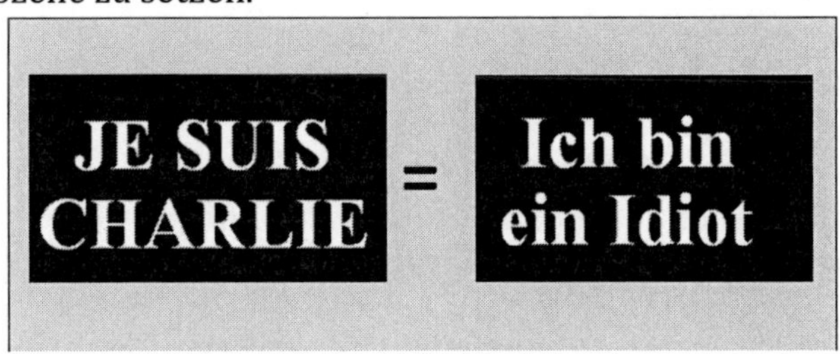

Das ist bitter. Das ist gemein und das ist passiert.
Ok. Das war die lange Version.
Die Menschen standen mit einem Schild da, was bedeutet:
„Ich bin ein Idiot."
Meinen Sie diese Inszenierung ist ein Zufall? Ehrlich?
Dann wäre das aber eine ziemlich missglückte Medienkampagne gewesen, oder etwa nicht? Oder *sollte genau das* da stehen und auch bedeuten?

Gut, diese Sache mit der Übersetzung ist ein echtes Indiz für eine unbemerkte Manipulation der Leute. Was gäbe es aber noch zu sagen, um diese Darstellung zu untermauern?
Ok. Stellen wir uns doch einmal vor, Sie sind Politiker. Und sie sehen, die Menschen wären nun echt empört und tatsächlich zu zehntausen-

den mit diesem Schild auf der Straße. Das sind Wähler. Was würden Sie natürlich machen? Richtig: sich mit den Protestierenden solidarisch erklären. Sie würden vorgeben, einer von denen zu sein.
Und *natürlich* würden Sie sich dann so ein Schild holen und sich zu den Demonstranten stellen! Na klar! Ich und ihr gleich wir, sozusagen.
Und was passierte wirklich?
Frau Merkel und andere europäische Politiker ließen sich tatsächlich als Spitze der Bewegung ablichten.

Aber
- erstens hielt kein einziger Politiker dieses Schild nach oben (So als wüssten sie sehr genau um diese Doppeldeutigkeit.) und
- zweitens wurde nur untergeschoben, diese Bilder seien an der Spitze der Demonstration aufgenommen worden. Wurden sie aber nicht.

Zu Idioten gemacht wurden damit neben den Schilderhaltern auch die vielen Fernsehzuschauer, denen in den Nachrichten diese Bilder als echt präsentiert wurden. Frau Merkel, Herr Hollande und weitere EU Spitzenpolitiker, die scheinbar offensichtlich an der Spitze der Charlie Hebdo Massendemonstration liefen. Sie wurden hier als Führer der Massen, Spitze einer Demonstrationsbewegung, Kopf einer Volksbewegung inszeniert. Sie gaben Zugehörigkeit und Solidarität vor.
In Wahrheit wurden die Aufnahmen nämlich in einer Seitenstraße mit Komparsen unter Abschottung der Öffentlichkeit getätigt. Die Politiker waren durch Polizisten vom Volk getrennt und wurden separat abgesichert.
Das kleine elitäre Grüppchen der Politschauspieler in der Rolle von Demonstrationsanführern wurde durch Medienvertreter perspektivisch so in Szene gesetzt, dass die Spitze einer großen Streikbewegung vorgetäuscht wurde.
Die wirkliche Demo war hingegen woanders.
Die realen Bilder sprachen Bände: Rechts die echten Menschenmassen, links eine kleine abgeschirmte Schar Politiker in der Rolle Streikender mit Presseleuten, die vorgab, an der Spitze der Masse, sozusagen als Schwertspitze der Bewegung mitzumarschieren. Die Kluft, die Lüge hätte nicht krasser sein können.
Und nicht einer hielt das berühmte schwarze „Charlie-Schild“ nach oben. Aus gutem Grund? Wussten sie um die offensichtliche Zweideutigkeit des Textes darauf? Sollten das „die Idioten“ tun? Sie selbst jedenfalls nicht.

Schließlich wurden die Bilder veröffentlicht und unter anderem in der „Tagesschau" gezeigt – und dann im Ausland noch einmal verfälscht. Politikerinnen wurden herausretuschiert und durch andere ersetzt. Ganz so wie man es eben nach nationaler Geschmacksfarbe braucht und möchte.
Unser Politiker konnten hier Größe zeigen und sich an die Spitze der Demonstrierenden und des Volkes stellen. Sinnbildlich wurden Frau Merkel und Herr Macron hier Demonstrationsführer und „Erste unter Gleichen", führten das Volk und den Protest für Menschlichkeit und westliche Wertefreiheit an, was sogleich auch medial festgehalten wurde. Dumm, dass diese Aufnahmen gestellt waren und in einer Seitengasse mit wenigen Demonstranten inszeniert wurden. Ja, dumm ... und peinlich, denn das hatte schon wieder einen Beigeschmack von „fake news". Wie zerblasen war der Ethos von vor dem und für das Volk stehenden politischen Führungsfiguren. Entwichen der Hauch des Heldentums. Stattdessen Hohn und Spott.
Ausgerechnet ein amerikanisches Blatt, die New York Times, titelte hingegen auf der Titelseite „Ich bin *nicht* Charlie Hebdo" und der amerikanische Präsident Barack Obama, der ausdrücklich nicht an diesem Demo-Treffen teilnahm, sagte wortwörtlich das Gleiche: „Ich bin nicht Charlie." Was soviel heißt: „Ich bin doch nicht bekloppt!"
Damit standen weder Herr Obama noch unsere Politiker allein da. In Frankreich selbst entstand eine Gegenbewegung. Sie druckte auf das Schild anstatt des altbekannten Slogans: „Je ne suis pas manipulable." Übersetzt: Ich bin nicht manipulierbar. Aber diese Ereignisse wurden in den deutschen Qualitätsmedien ausgeblendet.

Nun betrachten wir noch einmal die magische Seite dieses Rituals: Hunderttausende Leute halten ein Schild in die Höhe, auf dem „Ich bin ein Idiot" steht. Der Anschlag auf Charlie Hebdo wurde als Anschlag auf die Freiheit stilisiert. In der Tat wurde an diesem Tag die Freiheit all der *Demonstrierenden* angegriffen. Indem Anschläge wie dieser benutzt wurden, die Bürgerrechte zu beschneiden, schärfere Gesetze zu erlassen und – wie geschehen – mit Schützenpanzern durch die Straßen zu fahren – und von den Demonstrierenden noch beklatscht zu werden. Erkennen Sie die tiefe Ironie dieser Vorgänge? Militär wird in den Straßen beklatscht, von Leuten, die für die Meinungsfreiheit demonstrieren, während Kriegsrecht verhängt ist?!
Betrachten wir die Szenerie noch einmal wie ein Bild.

Es ist eine Form, die Wahrheit zu sagen, ohne dass dies von der Masse erkannt wird.
Hier sagen all die zehntausend Schilderhalter tatsächlich die Wahrheit. Sie sind tatsächlich desinformiert, aufs Ärgste in die Irre geführt und für dumm verkauft worden. Es ist ein Meisterstück der Massenbeeinflussung. Sie werden benutzt und dabei verhöhnen sich die Demonstrierenden durch die Zweideutigkeit des Textes ungewollt noch selbst. Das ist menschenverachtend. Ein ganz großes Theaterstück wurde hier vor aller Augen zelebriert und nur von Wenigen bemerkt.
Es ist unbequem, aber eine Ausdeutung der Ereignisse, gestützt auf die genaue Übersetzung dessen, was auf dem Schild stand und gestützt auf das Verhalten der Politiker.

NICHT EINER von ihnen hielt so ein Schild hoch.

Auch mir taten die ums Leben gekommenen Menschen leid. Warum jedoch unsere Freiheit durch das Bestehen einer kleinen Zeitung, die geschmacklose Zoten in die Welt geworfen hatte, gefährdet sein sollte, konnte ich nicht nachvollziehen. Auch „Witze" oder die Freiheit von Kunst konnte ich in dem Blatt nicht entdecken. Mit dieser Meinung stehe ich nicht ganz alleine da. In der New York Times konnte man als Kommentar lesen:
„Die Journalisten von Charlie Hebdo werden zu Recht als Märtyrer für die Freiheit der Meinungsäußerung gefeiert, aber seien wir ehrlich: Wenn sie in den letzten zwei Jahrzehnten ihre satirische Zeitung auf einem amerikanischen Universitätscampus hätten veröffentlichen wollen, hätte es nur ein paar Sekunden gedauert. Studenten- und Dozentengruppen hätten sie der Hassrede beschuldigt. Die Regierung hätte die Finanzierung gekürzt und sie stillgelegt."

Der Zeitung Charlie Hebdo brachte das alles letztlich etwas: Profit. Ich sah sie kürzlich sogar in meiner heimatlichen Kleinstadt erstmalig im Ständer. Wen wundert es, wenn angesichts dieser und vieler weiterer Vorfälle das Wort Lügenpresse einen so populären Siegeszug antreten konnte?
Und: Wer genau ist eigentlich die Quelle von so genannten „Fake-News"?
Es ist eine besonders perfide Art der Verhöhnung, wenn man die Menschen für eine Mischung aus Geschichtsverfälschung, Falschdarstellung, Kriegshetze und Indoktrinierung auch noch sogenannte Gebühren bezahlen lässt. Man verpflichtet sie zur Zahlung, um sie zu manipulieren.

Das muss erstmal einer hinbekommen. Es überrascht angesichts des Ausmaßes dieses Zustandes auch nicht, dass man nicht einmal ein TV-Gerät besitzen muss, um als zahlungspflichtig gewertet zu werden.
Aber mal ehrlich: Musste man das denn sehen?
Oder ist man doch nur gewollt verblödet worden?

Wertung:

Hunderte Menschen, die plötzlich und sehr schnell diese professionell gedruckten „Je suis Charlie" Plakate entgegennahmen und in die Luft streckten.
Ein wahrlich gelungenes Narrenspektakel unserer Hintergrundkräfte. Wer einen Sinn für Satire und Zynismus hat, kommt wohl nicht umhin, die perfekte Durchführung auch zu bewundern.
Was geht eigentlich noch alles mit uns Menschen?

Fazit: Vorsatz

Licht ist, Dunkelheit entsteht

Das Gute kann ohne das Böse existieren, aber das Böse nicht ohne das Gute.
Thomas von Aquin

Wie könnte – erstens – Thomas von Aquin das obige Zitat gemeint haben und was bildet – zweitens – den Hintergrund der letzten Geschichten?

Die Beispiele auf den Vorseiten legen den Schluss nahe, es mit einer Art verborgener Weltgeschichte zu tun zu haben. Angenommen, dies würde der Wahrheit entsprechen, so ist klar, dass ein relativ kleiner Kreis weitgehend Unbekannter für die Vorbereitung, Durchführung und Verbreitung solcher Inszenierungen verantwortlich ist.
Was wäre die Alternative zu diesem Gedanken? All diese Geschichten und Darstellungen sind bloßer Zufall. Oder so etwas wie der hier im Buch bereits angesprochene Programmcode.
Nun bestätigt das Prinzip der Parsimonie (auch „Ockhams Rasiermesser" genannt) den Schluss, wonach – kurz gefasst – von mehreren Er-

klärungen die einfachste und diejenige mit den logischsten Beziehungen vorzuziehen ist. Dann hätten wir es mit vorsätzlichen Inszenierungen zu tun. Was genau wäre hierbei „einfach"? Lassen wir uns auf Vorsatz ein und denken ein wenig weiter.

Stimmen diese Geschichten, haben diese „einen riesigen Rattenschwanz", wie man umgangssprachlich so schön sagt. Dann wären diese Geschehnisse nur die sichtbare Eisbergspitze.
Denn dann haben wir es mit einem Planeten zu tun, der in Gut und Böse aufgeteilt ist. Dann zeigt sich hier der Fußabdruck von etwas abgrundtief Bösem hinter den Kulissen.
Im Sanskrit – ich sprach es bereits kurz an – sind wir im Zeitalter des Kali Yuga. Es ist eines von vier Zeitaltern und bildet einen Zyklus. Nach hinduistischer Lehre wird es mit dem Erscheinen eines neuen Heilsbringers beendet. Wann dieses endet und was danach kommt, ist umstritten. Sicher ist die Herrschaft des Bösen über die Erde in dieser E-poche des Verderbens und Niederganges.
Schaut man sich den Zustand unserer Erde an, dann erscheint dies absolut nachvollziehbar. Vielleicht ist es ja kein Zeitalter, aber die Dominanz des Bösen erscheint aufgrund der zu beobachtenden Handlungen und Geschehnisse eindeutig nachweisbar. Ich schrieb besonders im „verborgenen Plan" lange darüber. Seien es nun die Zerstörung der Umwelt, Kriege, Leid und vieles mehr.
Angesichts dieser Ereignisse habe ich mich gefragt, ob dieser Planet vielleicht genau das tut, was er soll?

Also, ist die Erde vielleicht ein Erfahrungsfeld, wo ein Bilderbogen bestimmter Lehren über Jahrtausende hinweg vermittelt wird?
So lange man unsere Menschengeschichte einsehen kann, ist sie geprägt durch Unterdrückung, Grauen und Kriege, von einigen kleinen Zwischenepochen einmal abgesehen. Wobei über die letzten einhundert Jahre eine klare Eskalation und Zuspitzung der Ereignisse festzustellen ist. In jedem Problembereich. Nicht nur die Kriege zeugen hiervon, mit dabei sind auch die Ausbeutung der Erde, Umweltprobleme, aussterbende Tier- und Pflanzenarten und vieles mehr. Wir haben definitiv so viele große Probleme wie niemals zuvor.
Genau dies ist doch ein Zeugnis oder Hinweis darauf, dass diese Erde tatsächlich in der Verwaltung von bösen Kräften steht. Ich meine das nicht symbolisch und metaphysisch, sondern ganz handfest. Wenn Sie hieran Zweifel hegen, dann empfehle ich genau jetzt – dieses eine ein-

zige Mal – „Tagesschau“ zu gucken. Streit, Zwist, Krieg, Rechthaberei und Gewalt in jeder Form dominieren die dort transportierten Geschichten über die Welt. Alles ist in Lager aufgespalten. Überall herrscht Zwietracht. Und hierin liegt ein weiterer Beweis einer bestimmten Energie: der Teilung, des Zwistes.
Dies ist kein naturgegebener Zustand. Altes Menschheitswissen kündet genau von dieser Qualität der Energie. Der Meister des Zwistes und der Spaltung ist die teuflische Energie. Das Teuflische ist der Diabolismus. Die Kunst des Diabolismus besteht im Verbreiten des Zwistes und der Trennung. Schon der Name weist auf das Zerstreuende, Zerstörende und Unordnung und Chaos bringende hin.

Die Trennung des Menschen von Gott oder dem Großen Ganzen.
Die Trennung der Menschen von der Natur
Die Trennung des Menschen von seiner Natur.
Die Trennung der Menschen untereinander.

Könnte nicht genau das den Zustand unserer Welt charakterisieren? Metaphorisch wird das Teuflische immer als „das vom Licht abgewandte Prinzip“ beschrieben.
„Ich bin ein Teil von jener Kraft, die stets das Böse will und Gutes schafft.“, lässt Goethe seinen Mephisto sagen. Brauchen wir das Böse, um das Gute in uns hervor zu bringen?
Gehört er also „in den Club“ des „Alles was ist“?
Oft wird dies bejaht. Wie eben auch bei Goethe. Ich sage, das muss nicht so sein! Böses bedingt nicht zwanghaft Gutes und umgekehrt. Dies wird in der Esoterik oft und gerne so dargestellt. Einatmen bedingt Ausatmen, Yin und Yang bedingen sich und so weiter.
Man könnte den Frühling als aufbauende und den Herbst als zerstörende Kraft begreifen. Beide befinden sich im Zyklus von vier Jahreszeiten und erschaffen ständig wieder Leben, wie sie es zerstören und sich bedingen. Zumindest in unseren Breitengraden und der dazugehörigen Fauna.

Ein Kriegsteilnehmer, der in den letzten Tagen aus dem Osten mit dem Schiff floh, erzählte einmal eine Geschichte, die ihn niemals wieder losließ. In den eisigen Gewässern der Ostsee wurde am 31. Januar 1945 das Flüchtlingsschiff Wilhelm Gustloff mit tausenden Passagieren an Bord versenkt. Sie erreichten die Katastrophenstelle und überall trie-

ben Trümmer und Tote. Männer, Frauen und Kinder. Bleich und erfroren im Wasser.
Er beobachtete das Drama tausendfachen Todes von der Reling eines zur Rettung herbeigefahrenen Schiffes aus.
Was ihn nie losließ, war der schlichte Fakt, dass er als Arzt gerade zum Luftschnappen nach draußen gegangen war, nachdem er eine Frau entbunden hatte. Er sagte, er habe nie begriffen, wie einerseits tausendfach Leben vernichtet wird, während es andererseits gleichzeitig, wieder neu gezeugt, das Licht der Welt erblickt. Er wurde mit brutalen Gegensätzen konfrontiert, die er emotional nicht mehr vereinbaren konnte. Zwischen der Geburt und dem tausendfachen Tod um ihn herum klaffte eine riesige Lücke – und darinnen entbehrte es jeden Sinnes.
Es ist wohl absolut logisch, dass für die Geburt des einen Säuglings der Tod der Menschen auf dem Wasser nicht notwendig war.

Es existiert also auch eine klare Trennung und Abgrenzung der Prinzipien, nicht immer und zwanghaft eine Ergänzung von Gegensätzen.
Sie benötigen keine Hitze, um Kälte zu erfühlen. Keinen Hass, um Liebe zu geben und zu empfangen, keinen Krieg, um Frieden zu genießen. Insbesondere ist das Eine nicht vom Anderen abhängig.
Armin Risi hat es in seinen Büchern gut auf den Punkt gebracht: Licht wirft keinen Schatten.
Übertragen: Die Dunkelmächte – das Böse – besitzen keine eigene Identität, sondern haben diese sich lediglich vom Licht – von der Quelle – abgespalten.
Nicht das Licht wirft im Beispiel also Schatten, sondern immer ein Objekt. Licht ist lichtvoll. Licht erhellt. Wo Licht ist, kann Dunkles im Gegenteil nicht bestehen.
Wir verbinden automatisch das Böse mit dem Dunklen. Unerhellt sind die unbewussten Emotionen in uns. Hier vertritt das Bewusstsein die Stelle des Lichtes. Überall, wo Bewusstsein hineinleuchtet, kann Unbewusstheit nicht länger über uns dominieren und Leid erzeugen.
Automatisch reden wir ebenfalls von Dunkelmächten. Diese verkörpern das Böse. Dunkle Machenschaften nennen wir es, wenn Menschen Böses tun. Aber das Dunkle hat zwar eine eigene Identität durch die Abkehr vom Licht aufgebaut, aber keine gleichberechtigte Stellung als Prinzip gegenüber dem Licht. Es ist nämlich durch das Licht *bedingt*.

Ich habe bereits über bedingte Erscheinungen gesprochen. Es sind aus Ursachen zusammen gesetzte Phänomene ohne eigentlichen Bestand. Dunkelheit oder Schatten definieren sich durch die Abkehr oder Abwesenheit vom Licht. Sie sind weder eine Eigenschaft von Licht, noch sind sie ein eigenes Prinzip. Sie sind nur definiert über besondere Zustände von zum Beispiel *Materie, die im Licht ist.*
Begreift man das Licht als Quelle, so ist dies hingegen einfach.
Es ist also mitnichten der Fall, dass Schatten Licht bedingt oder Böses Gutes.
Im Gegenteil, Gutes steht für sich selbst und das Böse hat sich davon abgespalten. Es ist keine gleichberechtigte Qualität zum Licht.

Was bedeuten diese Interpretationen für unsere Erde?
Überträgt man diese Interpretation auf unseren Planeten und dessen Zustände, ist klar, dass hier Dunkelmächte das Sagen haben. Diese würden aber keinen schöpferischen oder gottgewollten Zweck durch ihre Taten verfolgen. Insbesondere würden diese nicht das Gute in uns durch böse Taten hervorbringen und dies vielleicht noch im Auftrag des höchsten Prinzips. Sie würden nicht das Böse manifestieren um das Gute zu ernten. Nein. Das wäre auch nie ihr Zweck.
Sie würden diesen Planeten knechten, weil sie es können. Punkt. Sie haben nur einen Weg gefunden, sich vom Licht abzuwenden oder sinnbildlich „einen Schatten auf den Planeten zu werfen". Sie haben eine Hoheitszone erschaffen.

Gäbe es denn noch weitere Hinweise, dass hier lichtabgewandte Kräfte das Sagen haben?

Sicherlich kennen Sie „Vampire" oder „Energiefresser". So nennen wir gemeinhin Menschen, die an uns „saugen", die also nach unserer Lebensenergie streben. Dafür haben sie zum Teil tolle Strategien entwickelt, sie benutzen Mitleid oder Wut. Hier spielt so ziemlich jede psychologische Schablone mit hinein, die man sich vorstellen kann, oder wie Menschen eben miteinander interagieren und einer setzt den anderen ins Energieminus.
Es sind Menschen, die darauf angewiesen sind, Energie von anderen Menschen zu holen, da sie ihren eigenen Bezug zur Quelle verloren haben. Erkennen Sie die Analogie zu den obigen Ausführungen?
Ein dem Licht zugewandter Mensch kann sich durch Anbetung oder Meditation immer wieder mit seinem tiefen Inneren oder einem „ge-

fühlten heiligen Äußeren“ verbinden und Energie erhalten. Wende ich mich vom Licht ab, verneine ich dies, bleibt mir dieser „Zapfpunkt“ versagt. Dann sind da aber noch die anderen Menschen oder der Planet – dann muss ich da Energie holen.

Gibt es hierfür Beweise oder Analogien, dass dies auf unserem Planeten geschieht?
Ich habe es weiter vorne im Buch bereits angedeutet und widme dem nun ein weiteres Kapitel.

Transformation: Gold->Geld->Energie->Bewusstsein

Taler, Taler, Du musst wandern
Von der einen Hand zur andern
Heute hier, morgen da,
am Ende in Amerika.
Reim meiner Kindheit von meiner lieben Uroma, geb. 1898

Mich als Remote Viewer hat immer schon der Fluss von Energien interessiert. Nachdem wir einige Zeit mit dem Protokoll gearbeitet hatten, ist uns schnell aufgefallen, wie sehr alles durch den hintergründigen Fluss von Energie definiert ist. Gerade Geld ist hierbei ein sehr interessanter Untersuchungsgegenstand ...

„In dieser Welt geht es immer nur um Geld“, höre ich Menschen oft sagen. Oder: „Alle wollen nur unser Bestes – das Geld.“
Allermeist antworte ich nichts darauf. Stimmt das denn? Geht es nur um Geld? Und wollen alle nur unser Geld?
Bei oberflächlicher Betrachtung könnte man tatsächlich dieser Meinung sein. Schließlich leben wir in einer Welt, in der ohne Geld nichts geht. Wir sind scheinbar abhängig von Geld, um Waren und Dienstleistungen zu kaufen. Miete oder Grundsteuer für ein Dach über dem Kopf, denn Eigentum ist auch nur Miete auf Lebenszeit, Gas für Wärme, Strom für Helligkeit, Wasser für die Körperreinigung; zum Trinken und so weiter. Überall geben wir Geld in irgendeiner Form und tauschen es gegen etwas anderes. Manchmal wollen wir ein Produkt explizit, oft brauchen wir es einfach, wie eben Wasser. Da wir also an alle diese Dinge offensichtlich nur über Geld gelangen, ist unser neues Problem also, wie wir stattdessen an Geld herankommen können. Das

wäre auch gar nicht weiter schlimm, wenn wir, wie Banken, Geld einfach aus dem Nichts heraus erschaffen dürften. Das wird bei Menschen aber als Straftat gewertet. Doof.
Und so hetzt die ganze Welt umher, schreibt Rechnungen, kauft und verkauft und ein Jeder nimmt es vom anderen. Die Schlagzahl der Transaktionen nimmt ständig zu und alle sind beschäftigt. Wobei mich dieses Wörtchen „beschäftigt" (werden) daran erinnert, unbedingt später noch etwas dazu erzählen zu wollen. Oft wird der obige Satz auch benutzt, um die Schlechtigkeit der Welt mit Betrugsgeschichten zu schildern. Schnell gelangt man dann zu der Überzeugung, „ein Mensch sei des anderen Wolf", wie wir das ja auch in der Schule gelehrt bekommen. Neudeutsch heißt das dann Ellenbogen- und Leistungsgesellschaft, bedeutet: Alle machen was gegeneinander, um an Geld zu kommen. Man könnte auch sagen: Die Menschen werden durch Geld in Zwietracht getrieben. Geld ist nicht per se böse oder schlecht, nur, was es mit uns oder aus uns macht.

Dabei ist Geld nichts Naturgegebenes. Geld wird gemacht. Gedruckt. Oder auch virtuell produziert. (Schon daran kann man eindeutig erkennen, dass es den Herrschenden niemals um Geld geht. Sie könnten es sich grenzenlos erschaffen.) Es besitzt keinen inneren Wert, wie zB. Silber. Früher war dieser Zusammenhang sonnenklar, deshalb hat man Geld aus wertvollen Metallen geprägt, um dem Geld Wert zu *verleihen*. Ein Mächtiger konnte viel Geld produzieren, wenn er viel Gold oder Silber hatte. Das war noch ein direkter Zusammenhang, weshalb die Währung *wegen des Goldwertes akzeptiert und abgesichert* war. Nebenbei doch *der* Grund, weshalb spanische Eroberer das Gold aus Mittel- und Südamerika tonnenweise herausgeschafft haben. Es ist ein Machtmittel. Heute, in unseren „modernen" Währungssystemen sei das Einhalten eines „inneren Wertes" des Geldes nicht mehr notwendig. Ich möchte nicht zu viel über Währung und Geld schreiben, dafür gibt es detaillierte und gute Bücher zum Beispiel von Bernd Senf. Soviel: In einem zinsbasierten Geldsystem ist Geld gleich Schuld. Wir haben ein *schuldbasiertes* Geldsystem. Wenn wir hier lediglich bemerken, dass an Geld grundlegend etwas faul ist, dass wir hier irgendwo in die Irre geführt werden, sollte diese Erkenntnis hier genügen. Wenn wir zum Beispiel einen Großteil unserer Zeit darauf verwenden, um an etwas zu gelangen, das es naturgemäß gar nicht gibt, ist das doch erst einmal paradox und wir sollten offen bleiben, uns diesen Spannungs-

zustand erst einmal bewusst zu machen und nicht vorschnell irgendwie zu antworten.
Denn wir kommen der Sache wie Detektive immer mehr auf die Spur.

Wir gehen zum Beispiel für Geld arbeiten. *Dadurch kostet Geld uns in Wahrheit Energie.* In jeder Form. Entweder durch körperliche oder geistige Arbeit und unsere Lebenszeit, wenn wir 42 oder mehr Stunden in der Woche arbeiten gehen. Wir tauschen also unsere Körper-, Gedanken- und Seinszustände gegen Geld. Wie ich das meine? Wenn ein Mensch in einem großen Versicherungsbüro arbeitet und am Tag 8-9 Stunden Fälle in Akten bearbeitet, so muss er diese nach den geltenden Richtlinien „bedenken". Er muss abwägen, qualitativ und quantitative Entscheidungen treffen, den Computer betippen und Datensätze anlegen und so weiter. Sein Gehirn, sein Erleben und sein ganzes Sein werden darüber informiert. Dann *ist* sein Tag als Teil seines Lebens das Sammelsurium dieser Gedanken. Wenn er abends müde nach Hause kommt, ist offensichtlich, dass er *seine Energie, seine Vitalkraft* dort zurückgelassen hat. Geistig war er den ganzen Tag inmitten von Fallbeurteilungen, Word-Dokumenten, Sätzen und Bedeutungen; er konstruierte in seinem Hirn abstrakte Bilder und Abfolgen. Kurz: Geistig *lebte* er dort. Doof, dass unser Gehirn nicht zwischen virtueller und Objektwelt unterscheidet. Wie wir das weiter vorne schon mit dem Erleben von Kinofilmen beschrieben haben. Alles, was ankommt, wird gleichermaßen für wahr gehalten. Man kann also sagen, der Kerl war geistig voll „eingeknastet".

Dazu gibt es noch viele weitere Beispiele. Bäcker zu sein, heißt, entgegen dem natürlichen Biorhythmus nachts zu arbeiten und am heißen Ofen zu stehen.
Kindergärtner(in), Erzieher(in) wäre mein Albtraumjob. Ständig gibt es allerorten Geplärre, man muss ständig situativ reagieren. Jede Minute entsteht eine neue Situation, dann wieder Geschrei, Konflikte, andauernd Spiele, man muss sich mit Eltern auseinandersetzen ... eine endlose Liste des Terrors.
Oder nehmen wir einen Polizisten: Nachtschichten, körperliche und mentale Anforderungen, ständig mit Bösem und Schlechtem konfrontiert, was in das Lebens – und Weltbild dieses Menschen eingeht und duale Gut-Böse, Richtig-Falsch-Raster ausprägt (ich kenne viele Polizisten persönlich). Prägend ist die Einsicht, nicht für die Gesellschaft oder „das Gute" zu arbeiten, sondern für das System, sich immer wie-

der erniedrigen, bespucken lassen, ohne sich wehren zu können, Konfrontation mit Gewalt, Entsetzlichem, Dreck im Dienst auf der einen Seite und der Familie auf der anderen aushalten zu müssen, während diese Welten nicht mehr vereinbart werden können und vieles mehr.

Wenn wir also unsere Lebenszeit und Energie geben, um an Geld zu gelangen und andere Geld einfach aus dem Nichts drucken und erschaffen, dann ist das, energetisch betrachtet, eine ziemliche Einbahnstraße!

Auch wenn es große Kontroversen auslöst, möchte ich hierbei kurz die Vogelperspektive einnehmen und vom einzelnen Menschen auf ein gesamtes Wirtschaftssystem hinschwenken. Hierbei interessiert besonders das Thema „Exportüberschuss". Ein Exportüberschuss einer Volkswirtschaft ist – so betrachtet – ein Ausräubern an Leistungskraft, Rohstoffen und Produktivkraft. Denn die nationale Volkswirtschaft erhält dafür nur Bilanzzahlen, die nie mehr eingefordert werden.
Und sollte man dies wider Erwarten doch tun, können überstaatliche Organisationen wie die EU oder Gremien mehrerer Banken zu Bürgschaften von Krediten in Milliardenhöhe an andere Volkswirtschaften „verdonnern" (z.B. Bankenkrise ab 2008 in Griechenland) oder über weitere Finanzinstrumente beliebig auf- und verrechnen. In einem Zentralbankensystem ist der Staat weitgehend entmachtet.
Damit blutet ein Land hinsichtlich seiner Leistungs- und Produktivkraft aus und steht administrativ betrachtet noch als Gewinner oder „Exportweltmeister" da.

Deutschland hat 2019 einen Handelsbilanzüberschuss von rund 200 Milliarden Euro. Das bedeutet innerhalb einer Zone (Deutschland) und eines Zeitraumes wurde mehr „verkauft" (Ausfuhren) als eingekauft (Einfuhren). Entscheidend aber ist: Was nutzt dieser „Gewinn", wenn er nicht bei den Menschen ankommt? Wenn es mehr Arbeitslose und verarmende Rentner gibt? Ich stelle mir gerade vor, wie reich die Infrastruktur eines Landes sein müsste (Straßenzustand, Autobahnen, Stadtstruktur etc.), wenn 200 Milliarden Euro (!!!)) in das Land und zu den Menschen zurückkehren würden, die es erwirtschaftet haben.
Doch dies geschieht nicht.
Es kommt nie an!
Also wird es abgeschöpft.

„Die entscheidende Frage ist doch: Warum gibt es in einem Land, in dem wir im letzten Jahr über 36 Milliarden Euro Überschuss erwirtschaftet haben überhaupt eine Armenspeisung?"
Christoph Sieber

Reale Werte verlassen das Land und werden gegen Buchwerte aufgerechnet, die niemals real werden ... ein riesiges Abziehen von Energie geschieht hier offenkundig vor aller Augen.
Subventionen als politisch strukturierendes Mittel *spenden Energie* nur in *gewünschte* Bereiche. Diese wären naturgemäß nicht derart stark, wie sie durch den künstlichen Eingriff sind. Subventionen sind ein riesiger Umverteilungsschlüssel und führen bei falschem politischen Handeln zu Verzerrungen in Volkswirtschaften, wie man es beispielsweise im Sektor Energiewirtschaft, speziell bei der Atomkraft, aber auch in der Landwirtschaft bei Milch, Fleisch (Massentierhaltung, Leid etc.) und der Bierindustrie erkennen kann. (Was ausdrücklich nicht heißt, dass die Produzenten deshalb besser wirtschaften können oder bezahlt werden! Im Gegenteil. Sie sind jenseits von Angebot und Nachfrage einfach nur abhängiger gegenüber dem Subventionsgeber.) Subventionen verfolgen *sekundäre* Ziele. Etwas soll damit erreicht werden. Denken Sie selbst weiter. Es geht um Bewusstsein.
In diesem Zusammenhang ist eine weitere Umverteilung von Geld sehr interessant zu untersuchen: Steuern. Die Deutschen sind nicht nur „Exportweltmeister", sondern zahlen weltweit die zweithöchsten Steuern (Quelle: Deutsche Wirtschaftsnachrichten 2019). Dieses Land blutet nach allen Richtungen hin aus.

Erkennen Sie die Richtung des Geldflusses? Fort von den Menschen, hin zu staatlichen und privaten Organisationen und danach „versiegt" es im Nirgendwo.

Dies sind alles nur Spielarten von Geld. Mal privat betrachtet, mal in größeren Wirtschaftskreisläufen. Sie können hier selbst auf eine Tour voller Entdeckungen gehen ... Geld ist damit nichts anderes, als ein Verfahren, *Energie* sauber und einfach vom einen auf den anderen zu übertragen. Geld ist ein Platzhalter für Energie. Für Bewusstseinsenergie. Das Werkzeug, mit dem man humane Bewusstseinsenergie absaugt, einfängt und sammelt. Bei der Wind- und Solarenergie ist es nicht anders. Dezentrale Versorgung wird geblockt zugunsten riesiger

Windparks, die man dann an die allgemeinen Netze mühsam und teuer anschließen und die Energie über weite Strecken transportieren muss. Früher, haben wir gerade gesagt, bestanden Münzen aus wertvollen Stoffen. Silber oder Gold zum Beispiel.
Gold steht in der Alchemie als Platzhalter für unser Bewusstsein. Erkennen Sie den inneren Sinnzusammenhang dessen?

Gold – Geld – Energie – Bewusstsein.

Auf physikalischer Ebene entspräche dem Geld die freie Energie. Die Forschung an freier Energie und die Umsetzungen daraus werden durch Patente, aber auch zuweilen ganz handfest blockiert. Stattdessen fördern wenige Konzerne fossile Brennstoffe, (hauptsächlich Öl) um Bewegung und Dynamik sicher zu stellen. Vorkommen und Förderrechte sind auf wenige konzentriert. Daraus entstehen globale Geldumverteilungen.
Einseitige Geldströme. Wenige akkumulieren das Geld von vielen.

Auf körperlicher Ebene entspricht das Blut der Lebensenergie. Blut ist unser Vitalsaft. Daher kennt die Volksweisheit seit Jahrhunderten die Sagen der Vampire. Es waren Lebensformen, die das Blut, sinnbildlich also das Leben, aus den Menschen saugten. Überspringe ich den Platzhalter Blut hierbei, dann gelangen wir zum modernen Begriff der „Energievampire".
Energievampirismus wird es dann genannt, wenn eine Lebensform sich zu Gunsten einer anderen Lebensform auf deren Kosten an Lebenskraft bereichert. Und der Fluss des Geldes zeigt auf materieller Ebene spiegelbildlich zur geistigen Ebene genau diesen Prozess auf!

Da wir ja im Informationszeitalter leben, möchte ich also vorschlagen, den Begriff auch konsequent anzuwenden und auszuweiten. Es geht nicht um Geld. Ging es nie. Es geht ganz aktuell und dringlich um die *eigentliche Information des Geldes*. Den sozusagen „neuen inneren Wert". Und der heißt Bewusstsein.

„In dieser Welt geht alles nur um Bewusstsein."

Und genau an dieser Stelle möchte ich Sie an den Film Matrix erinnern. Haben Sie die Szenerie vor Augen, in der Menschen träumend in Becken liegen, an Schläuche angeschlossen, während ihnen die Bewusstseinsenergie entzogen wird und sich etwas von ihnen nährt, ohne dass sie es bemerken? Im Schlaf meinen sie zu leben, jedenfalls erleben sie träumend, während die Wirklichkeit sehr trostlos ist: ein Becken einer Badewanne ähnlich, wo Menschen zu Millionen gehalten werden, um deren Energie abzuzapfen.

In einem Schuldgeldsystem vertritt Geld also auch auf der symbolischen Bewusstseinsebene kein freies, starkes und unabhängiges Bewusstsein, sondern im Gegenteil ein versklavtes, abhängiges und geschwächtes Bewusstsein. Auch auf der energetischen Ebene steht Geld hier für die Schuld, während uns erfolgreich eingeredet wird, Geld stünde für Reichtum.
Wenn Sie viel davon haben, mag das ein gutes Gefühl sein. Aber jeder Euro muss durch die Schuld eines Dritten gedeckt sein. Unser Geld ist die Schuld eines anderen. Das ist keine graue Theorie, sondern traurige Wirklichkeit und die Zustände auf diesem Planeten bezeugen es.

Aber zurück zur Beschäftigung.
Sie werden beschäftigt, weil es um ihr Bewusstsein geht. Apropos „beschäftigt werden". Im öffentlichen Dienst gab es früher einmal drei Berufsgruppen: Beamte, Angestellte und Arbeiter. Dann wurden Angestellte und Arbeiter zusammengefasst zu „Beschäftigten". Menschen mit einem feinen Gespür für Worte und deren Bedeutung fällt der Missklang, die Geringschätzung und der Zynismus in dieser Bezeichnung sofort auf.

Die Menschen werden beschäftigt.

Ein *Kind* wird beschäftigt, damit es „Ruhe hält".
„Lass die Kinder im Sandkasten zusammen spielen, dann sind sie beschäftigt" (und wir können ein Schwätzchen halten). Ohne dies hier zu werten, soll einfach unser Handeln und Sprachgebrauch aufgezeigt werden. Die Eltern halten die Kinder beschäftigt, *damit* sie (miteinender) reden können.
Ich schreibe vom Beschäftigen, weil der Begriff oder das beschäftigt *Halten* auf eine weitere, verborgene Dimension hinweist: der Eine wird in Aktion gehalten, damit der Andere derzeit tun kann, was er eigentlich will. Hier geht es jetzt nicht um die unzweifellos vorhandenen sinnvollen Berufe oder Menschen, die sich in ihrem Beruf erfolgreich

selbst entfalten. Ich schreibe über einen speziellen Zusammenhang zwischen Geld, Bewusstsein und nun Worten.
Dritte können agieren und walten, denn die Menschen sind ja beschäftigt und stören diese dabei nicht.
Soll man doch froh sein, „dass man Arbeit hat", womit ja gemeint ist, froh zu sein, mit etwas in Geldform entlohnt zu werden. Denn Arbeit bekommt man immer, wenn man möchte. Überall. Ob man aufräumt, Kinder erzieht, den Gehweg kehrt, die Umwelt „ent-dreckt" oder das Dach repariert. Arbeit ist überall. Die Frage ist, ob diese von einem Dritten in Geld entlohnt wird. Was jahrzehntelang als sozusagen gleichberechtigter Handel dargestellt wurde (Geld gegen Arbeit), erfährt nun aber eine Degradierung hin zur „Beschäftigung". Der Beschäftigte soll „mal froh sein, in Lohn und Brot zu stehen". Die Wertschätzung des Energietransfers Arbeit gegen Geld wird hier weiter verrückt. Es ist der konsequente nächste Schritt, nachdem man Bewusstsein oder Energie gegen Arbeit tauschte, nimmt man nun die Wertschätzung. Folgerichtig nennt man den Lebenserwerb heute auch nicht mehr Arbeit oder sogar Beruf, sondern „Job". Nicht, weil man meinen könnte, dies sei englisch und damit moderner oder griffiger im Sprachgebrauch, sondern weil auch hier die Qualität aus dem Vorgang genommen werden soll.

Wozu aber sollte man Wertschätzung nehmen?
Um – wie immer - das Bewusstsein zu verändern. Es klein zu machen. Menschen begreifen sich dann nicht mehr als ein wertvoller Teil eines Organismus, sondern degradieren sich selbst zu einer Art Almosenempfänger. Ja, dann sind sie wirklich froh, überhaupt noch da sein zu dürfen und Geld zu erhalten; ja, dann werden sie „Lohnsklaven", wie es mittlerweile immer häufiger genannt wird.

Früher einmal sprach man von Beruf, weil es um die Berufung des Einzelnen ging. Eine Berufung ist so eine Art Echo: Das, was wir hören, was das Leben von uns will. Eine Berufung ist etwas Schicksalhaftes. Sie stellt einen notwendigen Zusammenhang zwischen dem Menschen und seinem Platz in der Welt dar. Sie ergibt Sinn. Individuelle Talente, das Sein, werden ausgelebt und ausgedrückt. Die Berufung gehört zum Leben, ist notwendig, um Selbstentfaltung zu erfahren, während man aus sich heraus handelt. Über die dem Menschen entsprechende Tätigkeit wird gleichermaßen etwas in die Welt gegeben, wie es von ihm auch wahrgenommen wird. Auch hier finden wir lauter spiegelbildliche Prozesse wieder. Sie führen uns in unser Inneres, unseren „Ruf". Der Ruf ist, was wir in der Stille hören. Was durch uns gelebt werden möchte. Was durch uns in der Welt ausgedrückt sein will.

All das ist heute nicht gewollt. Deshalb geht es um Jobs und Beschäftigte. Worte haben Macht und Energie, sie haben Tradition und Wurzeln. All dies gilt es zu brechen. Wir bekommen es tagtäglich klar und unmissverständlich gesagt und gezeigt. Ein Jobcenter ist eben etwas, wo es nicht und niemals darum ging, den Menschen im Gleichklang mit Gewolltem zu vereinen, sondern wo die Geringschätzung dominiert, einen Menschen irgend wohin in eine amorphe austauschbare Masse zu integrieren, Hauptsache er verschwindet aus der Statistik. Dem leistet die Gender-Debatte Vorschub. Was sich als „Individualität" tarnt, was als Selbstbefreiung und –verwirklichung daherspaziert kommt, wird den Menschen in nicht gekannte Konflikte stürzen. Er verliert einen weiteren Halt, eine weitere Wurzel: die klare Zuordnung zu einem Geschlecht (Zumindest bei 99% aller Menschen). Stattdessen wird er zu einem beliebig definierbaren „männlich-weiblichen-Mischwesen". So absurd dies ist, so gefährlich ist es auch für das Selbstverständnis und den eigenen Bezug zum Ich. Es ist eben nicht die Befreiung aus einem Geschlecht heraus zum Menschen hin, sondern im Gegenteil die Verstrickung des Ich in endlose Geschlechtsdefinitionen. Entwurzelung im Außen geschieht durch Aufhebung von Traditionen, Wanderungsbewegungen in fremde Länder, Jobs und so weiter. Die Entwurzelung und Entfremdung des Menschen von sich selbst im Inneren entsteht durch die Genderisierung. Der Mensch als austauschbare (Misch-)masse. Streit, Zwist und Chaos nehmen zu. Sie ist ein weiteres Werkzeug des *social engineering*.
Hier im Hessischen gibt es eine Redensart, wenn ein Mensch verwirrt und desorientiert ist:
„Der weiß nicht mehr, ob er Männlein oder Weiblein ist."
Exakt so kommt bei mir die Genderdebatte an: Biologische Geschlechter mögen Jahrtausende das Natürlichste der Welt gewesen sein. Nun gibt, es soziale und gesellschaftliche Geschlechter. Die Ordnung wird auf den Kopf gestellt; Offensichtliches wird in sein Gegenteil verkehrt. Aus Ordnung wird Diskussion über die Vielzahl der Unordnung. Denn eigentlich sind wir innen ja alle sowieso schon Mischwesen. Mal mehr Mann und mal mehr Frau. Je nachdem, wie man sich fühlen mag. In der Natur ist das eine Überlebenskomponente: Außer Gebären und Stillen kann jedes Individuum jede Position einnehmen, wozu natürlich ge-

hört, dass beispielsweise ein allein erziehender Vater sich in die Mutterrolle hineindenken kann.
Solche Rollenverschiebungen werden durch den Alltag begründet und geregelt. Wenn wir die Diskussion darüber aber zu weit treiben, bis wir über ideologische Konzepte, Muster, Definitionen und eine rationale Totalverkopfung ganz im Sinne des Sprichwortes nicht mehr wissen, wer und was wir tatsächlich sind, setzt eine sozial ungünstige Totalverwirrung ein. Dieser Irrsinn galoppiert aber dieser Tage und wird als normal oder als Forschungsergebnis ausgegeben.
Gender ist ein geschickter Bau- und Meilenstein der Neue-Welt-Ordnung-Politik hin zur Idiokratie.
Böses kann immer nur über Verführung und unsere Gedanken in uns Raum greifen. Es bietet an, zeigt Möglichkeiten. Was wir davon annehmen, ist unsere Sache. Wir sind dann der energetische Vervielfältiger und verhelfen unbewusst, die Themen letztlich tatsächlich als Tatsachen in die Welt zu tragen. Beliebt ist zum Beispiel auch der Gedanke, uns einzupflanzen, wir Menschen seien „Schädlinge" auf der Erde.
Während in unseren Gesetzen steht und man in Schulen und Universitäten unterrichtet, dass der Mensch ein würdevolles Wesen sei, wird gleichzeitig vor den Toren der Elfenbeintürme diese Würde mit Füßen getreten. Der Mensch wird „klein gemacht", entwürdigt. Die Spannung zwischen Schulwissen und täglicher Realität drückt sich in kognitiver Dissonanz aus und wird tagtäglich von uns allen erfolgreich überbrückt oder unterdrückt. Orwell nannte dies die Fähigkeit des „Doppeldenks" oder Zwiedenkens in Menschen zu installieren. Man könnte dann erfolgreich von der Richtigkeit eines Verfassungsgrundsatzes der Menschenwürde überzeugt sein, obwohl dieselbe ständig missachtet wird. Das heißt, zwei sich widersprechende Überzeugungen werden von einer Person erfolgreich vereint und vertreten.
Nicht zu unterschätzen ist hierbei die theoretische Erklärung für diese Dissonanzen. Wenn Realität und Anspruch auseinanderklaffen, muss es eben erklärt werden. Diese Erklärung ist auch nur wieder ein weiteres Narrativ, eine weitere Geschichte. Man kann dann zum Beispiel Rechtsschranken definieren und sagen, die Würde sei nicht eingeschränkt, wenn ein Hartz IV – Bezieher die Grundversorgung unter bestimmten Bedingungen gekürzt bekommt und so weiter. Das heißt: Der Grundsatz der unverletzlichen Menschenwürde kann durch Definitionen de facto vollkommen ausgehebelt werden und trotzdem als mit der Menschenwürde vereinbar erklärt werden (siehe auch -> Versammlungsfreiheit).

Ich möchte hier zunächst schließen, obwohl ich mir bewusst bin, ein weites Feld betreten zu haben, das Raum für Bücher ließe.
Wichtig bleibt als Ergebnis fest zu halten:

In dieser Welt geht alles nur um Bewusstsein.
Andauernd nur um Bewusstsein.
Und dieses Bewusstsein wird quantitativ über Geld und die dargestellten Mechanismen abgeschöpft und läuft von der Masse der Menschen zu einigen Wenigen.
Dem Planeten geht es genauso. Er wird ausgebeutet, wo immer es nur geht. Seine Ressourcen stehen ebenfalls als Platzhalter für Bewusstsein. Es wird geplündert, geschürft und abgebaut, wo es nur geht. Hier sehen wir den exakt gleichen Vorgang des Energietransfers.

Es sind Dunkelkräfte, die extern Energie in Form von Bewusstsein, Gold, Silber, Öl, Kohle, seltenen Erden und so weiter plündern, um den Bedarf an Energie zu sättigen, da sie sich von der Quelle abgewandt haben. Während das Blut von Lebewesen unter anderem deren Lebensenergie symbolisiert, sind es beim Planeten Erde die Bodenschätze. Dem Licht abgewandte Wesenheiten müssen plündern und fremde Energien absaugen, um sich am Leben zu erhalten. Sie blockieren den Kontakt mit der Quelle.
Diese Plünderungen als Handlungsschablone sind neben dem Raub der Vitalenergien der Lebewesen ein weiteres Indiz dafür, dass dieser Planet derzeit unter deren Hoheitsgebiet fällt.
Weiterhin ist wichtig, die Menschen von Ihrer eigenen Kraft getrennt zu halten und ihre Bewusstwerdung unter allen Umständen zu verhindern. Darum gibt es das ganze Theater von Knechtung, Zeit- und Geldverknappung, Überwachung, Propaganda, Machtgeklüngel, Lügen, Desinformation, Ideologien, Gift in Nahrungsmitteln, Chemtrails und vielem mehr. All das ist nötig, um das Bewusstsein ständig gedeckelt zu halten – weil es mächtig ist. Der Umfang und die Intensität der Negativmaßnahmen geben einen direkten Rückschluss auf die wiedererwachte Stärke unseres menschlichen Bewusstseins.
Es wird wohl keinen Retter geben. Kein „Q-Anon", kein Gesalbter, keine Tribunale, keine Partei, kein einzelner Politiker, wahrscheinlich wird niemand Sie und uns retten oder die Zustände auf diesem Planeten ändern. Egal, was auch immer Sie in der (alternativen) Presse lesen mögen. Nur Sie und ich allein werden – jeder für sich - das Bewusstsein verändern.

Und das geschieht gerade. Es ist unaufhaltsam.

Was bedeutet das für diese Erde und uns?
Wird die Unterdrückung immer anhalten?
Wie sieht die Lage taktisch aus?

Die taktische Lage im Feldherrenzelt

Es wird niemals so viel gelogen wie vor der Wahl, während des Krieges und nach der Jagd.
Otto von Bismarck

Ich behaupte, dass die Welt in einem ständigen Kriegszustand gehalten wird.
Seit dem Ende des Zweiten Weltkrieges schwanken die Schätzungen der Tage ohne Krieg zwischen Null und sechsundzwanzig. Hat also Herr Bismarck Recht, dann wird sehr viel gelogen in den letzten Jahrzehnten. Wenn jemand lügt, hat er immer ein subjektives Interesse. Wenn jemand ein Interesse an einer Lüge hat, muss er immer dafür sorgen, möglichst viele oder gar alle erfolgreich zu belügen, weil dies für den Erhalt seiner Stellung notwendig ist.
Wie könnte man dies nun anstellen?

Alles was in den letzten Kapiteln geschildert wurde, dient nur dem einen Zweck: das Bewusstsein der Menschen klein zu halten. Und jetzt schauen Sie einmal, welche mächtigen Mittel davon unaufhörlich an allen Ecken und Enden ständig auf uns einprasseln müssen, damit dieser Zustand anhält!
Einerseits, wie geschildert, durch ein Banken-Geld-System, andererseits durch Medien. So betrachtet, besorgt das Geld den materiellen, Massenmedien den ideellen oder gedanklichen Teil, obwohl letztlich alles rein energetisch ist. Wir werden nicht informiert, wir bekommen gesagt, was wir denken sollen und wo genau die Grenzen des Erlaubten verlaufen.
Das nachfolgende Gedankenspiel soll die taktische Lage auf der Erde versinnbildlichen.
Stellen Sie sich bitte folgendes vor.
Sie wären Arzt und hätten einen Patienten. Sie halten ihn in einem künstlichen Koma. Und der dürfte nicht wach werden. Ach, ja, und Sie

wären böse in diesem Beispiel. Sie hätten die Macht, sie hätten die Mittel und niemand würde es bemerken: Sie könnten ihn dauernd in diesem Zustand halten. Durch die Schläuche leiten Sie das Narkotikum in ihn und er schläft weiter. Was zunächst ganz gut aussah, wird aber immer problematischer.
Sie werden müde, das Gas geht zur Neige, sogar der Strom wäre endlich. Das bedeutet, ab einem gewissen Zeitpunkt müssen Sie, als Manipulator dieses ganzen Zustandes, sich eingestehen, dass Sie verlieren werden. Sie können den Zustand noch hinauszögern, können tricksen und vielleicht noch einmal eine Stunde schinden – aber Sie wissen, Sie werden verlieren.
Genau so geht es den Manipulatoren in dieser Welt auch.
Sie müssen mit ständiger Energiezufuhr einen künstlichen Zustand, eine künstliche Welt am Leben erhalten, während der natürliche Zustand ohne jeden Energiebedarf ständig wieder durchbrechen möchte ...
Der Narkosearzt hat scheinbar die komplette Macht über den wehrlos daliegenden Patienten. Die Lage erscheint aussichtlos.
Der eine daliegende Mensch mag für alle stehen und die Gesamtanzahl menschlicher Bewusstseinsenergie symbolisieren. Denn was dem einen geschieht, betrifft auch die Masse, wenn man uns Menschen als ein Bewusstsein mit vielen individuellen Ausprägungen begreift.
Der Arzt hat den Vorteil und die Kontrolle über den Zustand. Er wird solange vom (Krankenkassen-)System genährt, wie er diese Schwebe aufrechterhält. So lange er den Patienten kontrolliert in einem Zustand seines Beliebens hält, wird er vom System mit Geldzahlungen durch Krankenkassenzuwendungen genährt. Was er also dem Patienten an Lebensenergie entzieht, indem er ihn fern eines vitalen Zustandes, gedämpft und unterdrückt beherrscht, erhält er in Form von Geldenergie für seinen eigenen Lebenserhalt zurück. Auch hier sehen wir wieder die Analogie von Geld und Bewusstsein. Man könnte sagen, beide sind voneinander abhängig. Der Patient, damit er am Leben bleibt. Er ist vom Tun des Arztes abhängig. Der Arzt aber benötigt den Patienten als Energielieferanten. Er mag noch so übermächtig sein. Er bleibt angewiesen auf die Lebensenergie des Patienten. Es ist eine klassische Schmarotzer-Wirt-Beziehung. Zumindest erhält er ihn solange im Dämmerzustand, wie er keinen besseren Wirt findet.

Aber die Zeit spielt gegen den Manipulator. Er muss ständig Energie ins System hineingeben (Strom, Achtsamkeit, Gas), um einen Zustand künstlich zu erhalten, während sich der natürliche Zustand (Erwa-

chen) automatisch und ohne äußere Energiezufuhr einstellt, sobald niemand mehr manipuliert. Erkennen Sie den kleinen und feinen taktischen Unterschied?
Der eine hat ewig Rückenwind, der andere strampelt ständig dagegen an ...
Somit gehen ihm irgendwann zwangsläufig die Energien aus. Er weiß, er wird verlieren, während der Manipulierte noch unbewusst unter fremder Kontrolle liegt.
Dieses Bild ist ein Vergleich zum Bewusstseins- und Manipulationszustand in unserer Welt. Das Narkosegas symbolisiert hierbei die übermächtigen Werkzeuge, aber auch die nachlassende Energie des Manipulierenden.
Es wird enden.
Denn irgendwann lässt die Narkose nach.
Dann wacht der Mensch auf und ist wieder bei Bewusstsein.

Schlechtes geht, Gutes kommt. Goldene Zeiten beginnen.
Der Kreislauf beginnt von vorne.
Es spielt.

Leser mit einem Sinn für Bösartigkeit – oder sagen wir besser – Realisten, mögen einwenden, dass das Beispiel hinkt. Schließlich gäbe es noch eine weitere logische Lösungsvariante im Sinnbild von Arzt und Komapatienten.
Und wie das oft bei so logischen Lösungen ist, spiegelt die sich auch tagtäglich in unserem Alltag tatsächlich wieder.
Was passiert täglich hinter den Kulissen des normalen Alltags in Pflegeheimen und Krankenhäusern?
Eigentlich die genau geschilderte Situation: Alte die in Betten dahinvegetieren, weil man sie als perfekte Geldbringer entdeckt hat. Pflegefälle. Arbeitsplatzsicherer. Alte dahinvegetierende Goldesel, die man so lange in einem Dämmerzustand zwischen Leben und Tod hält, weil es Geld bringt. Man hat die Alten längst als Energielieferanten fürs System entdeckt. Nur erleben wir dort kein finales Aufblühen oder Erwachen, dort steht am Ende in trivialer Brutalität einfach der Tod. Wie eine Gnade mag es sein, endlich gehen zu dürfen, nachdem man bis zum Ende betriebswirtschaftlich durchgemolken wurde.[11]

---

[11] Konsequent zu Ende gedacht wird diese Idee in dem Film „Soylent Green" (Jahr 2022 – die überleben wollen) von Richard Fleischer nach einem Ro-

In einem einfachen Satz: Es stirbt der Patient, bevor dem Arzt im Beispiel das Gas ausgeht.
Das ist der Wettlauf.
Dort zieht der Arzt so lange Energie, bis der Wirt stirbt.
Und genau dies kann auch hier, für die ganze Menschheit gedacht, geschehen.

Es mag Menschen geben, vielleicht sind diese schlecht oder gar nicht versichert, da stellt man die Maschinen ganz schnell ab. Privatpatienten melkt man durch. Da laufen die Maschinen sehr lange. Nicht, weil man den Menschen retten will, sondern weil der Arzt über die Maschinen Geld verdient.
So ist das auch mit den Gesellschaften. Es mag ganze Gesellschaften geben, die man schnell einmal an die Wand fahren kann. Arme Gesellschaften und Drittweltländer. Und dann gibt es Länder, wo es sich über sehr lange Zeit lohnt, den „Patienten" im Koma zu belassen. Deutschland ist so ein Fall. Aber auch die meisten anderen europäischen Staaten sind den Internetgiganten ausgeliefert, die den Kommunikationsmarkt (Bewusstseinsmarkt) bestimmen, aber keine Steuern zahlen und Gesetze umgehen können.
Sinnbildlich weitere Gesellschaften, die „gegen die Wand gefahren werden". Es gab schon so viele untergegangene Zivilisationen im Lauf der Menschheitsgeschichte.
Und hier sehen wir einen neuen Wettlauf: Entweder das Gas geht aus, der Arzt wird müde oder aber der Patient stirbt vorher.

Wer weiß, vielleicht geschieht ja wieder einmal ein Wunder.

---

man von Harry Harrison: Am Schluss ruft der Held des Filmes „Soylent Grün ist Menschenfleisch!", um allen mitzuteilen, dass die neuen Grundnahrungsmittel-Kekse aus der Substanz der Verstorbenen gemacht wurden.

Das lebendige interagierende Universum – Burkard Heim

„Wir sind zugleich Zuschauer und Schauspieler im großen Drama des Seins.“
Niels Bohr

War das alles jetzt Phantasie?
Serien, Zufälle, Merkwürdigkeiten.
Wurden in diesem Buch Möglichkeiten beschrieben, die mit der Realität nichts zu tun haben müssen? Ersponnen in des Autoren Hirn?
Hier war von Programmierungen die Rede, Serien, nonkausalen Wirkmustern, vernetzten Geschehnissen und davon, dass unser Denken einen direkten und lebendigen Einfluss in diesem Universum hat. Oft wurde aber auch eine ganz handfeste Täterschaft vermutet.
Menschen, die Ereignisse bewusst herbeiführen, um Muster zu „bedienen“. Das ist nichts Neues, auch wenn Ihnen das merkwürdig vorkommt (was es ja ist).
Für (Endzeit-)Sekten wurden derlei Nachweise bereits erbracht (Und denken Sie nun bitte nicht, ich würde bei diesen Sekten von kleinen unbedeutsamen Splittergruppen reden, wie Sie die im Fernsehen vorgeführt bekommen. Hier geht es um hoch einflussreiche, megareiche Kreise, die bestens mit Politik und Kapital verzahnt sind.) Wie kann man also angesichts dieses Wissens weiter von „universellen Gesetzen“ und einem Wirken quer durch Dimensionen reden, wenn wir es mit knallhartem Vorsatz zu tun hätten?
Die Antwort ist extrem unbequem und fordernd: Weil es nichts außerhalb der Naturgesetze gibt. Selbst wir Menschen können niemals außerhalb der Gesetze handeln. („Nein, es ist dann eben nicht egal was sie tun.“) Unser Tun ist eingebettet in diese Welt und in die vielfältigen Energien dahinter. Und über unser Wirken drücken sich diese aus.
Wenn nun eine Kirche angezündet wird, dann mag man den Täter verurteilen und inhaftieren. Im kausalen Weltbild ist dies auch angebracht und richtig. Energetisch spiegelt sich in diesem Menschen der Wahnsinn unserer Zeit wider, der Kampf der Ideologien und Religionen, die Intoleranz und vieles mehr. Durch ihn, seine Hintermänner oder Planer, religiös Verblendete oder bewusst Angst und Terror Schürende, wird ausgedrückt, was an Kampf in anderen mentalen oder energetischen Ebenen stattfindet. Vergessen Sie mal bitte den so oft beschworenen freien Willen. Wir Menschen haben keinen. Gibt es nicht. Wir handeln immer nur innerhalb unseres Wahrnehmungssys-

tems und – noch viel wichtiger – innerhalb natürlicher – oft interdimensionaler – Gesetze. Wir können niemals außerhalb der Natur sein. Waren wir auch nie.

Einstein war ebenfalls überzeugt, der freie Wille sei eine Illusion.

„An Freiheit des Menschen im philosophischen Sinne glaube ich keineswegs. Jeder handelt nicht nur unter äußerem Zwang, sondern auch gemäß innerer Notwendigkeit."

Oder Arthur Schopenhauer:
„Der Mensch kann zwar tun was er will, aber er kann nicht wollen was er will!"

„Handlungen geschehen, aber es gibt keinen Handelnden"
Siddharta Gautama Buddha

Selbst wenn nun etwas in Ihnen rebelliert, möchte ich Sie dazu auffordern, es einfach einmal für die weiteren Betrachtungen als gegeben hinzunehmen. Ich fordere Sie nicht auf, das zu glauben, nur, es für die nächsten Seiten als Möglichkeit oder Wahrscheinlichkeit im Hinterkopf zu behalten.
Wir wären nichts weiter als eines von vielen Zahnrädern in diesem Universum. Und ein hochmodernes und revolutionäres Weltbild schauen wir uns gleich genau an.
„Schön und gut", mögen Sie nun denken. Durch Remote Viewing haben wir bemerkt, dass etwas an dieser 3D Matrix aus Raum und Zeit nicht stimmt. Da muss also mehr sein. Das veranlasste zur Suche. Was haben wir an Neuigkeiten dadurch erfahren?
Beginnen wir also in unserer Realität hier, in der Sie das Buch lesen. Stören Sie sich bitte nicht an den Buchstaben in Klammern.
Wir leben in einer innerlichen Ego-Kulisse, bestehend aus Schichten, die wir fälschlicherweise für uns selbst halten. Das haben wir in diesem Buch untersucht. (A)

Um uns herum existiert eine Welt und ist in Wahrheit eine Kulisse. Hier und in den letzten beiden Büchern „Alltägliche Wunder" und „Der verborgene Plan" wurde beschrieben, wie unsere materielle Welt so etwas wie eine verdichtete materielle Form bewirkender energetischer Dimensionen darstellt. (A)

Dahinter gibt es Dimensionen, die auf diese von mir durch meine Sinne so empfundene Realität einwirken. Diese materielle Welt ist dabei nur eine Erscheinungsform. Die Welt dahinter aber organisiert, lenkt und beeinflusst unsere materielle Welt. Diese Ebenen organisieren nicht nur hin zu kausalem Wirkcharakter, sondern auch zu seriellen, auf Resonanz basierenden oder Sinnzusammenhänge konstruierenden. (T/O)

Dahinter – oder „darüber" – liegen immer lichtere Welten, in der Gedanken und Ideen entstehen, geordnet und organisiert werden. (T/O)

Als Ursprung gibt es so etwas wie eine Ur-Ebene in der originär Information auf Basis von Bewusstsein existiert. (I/S)

Im verborgenen Plan habe ich eine solche Gliederung bereits – gröber – abgedruckt.

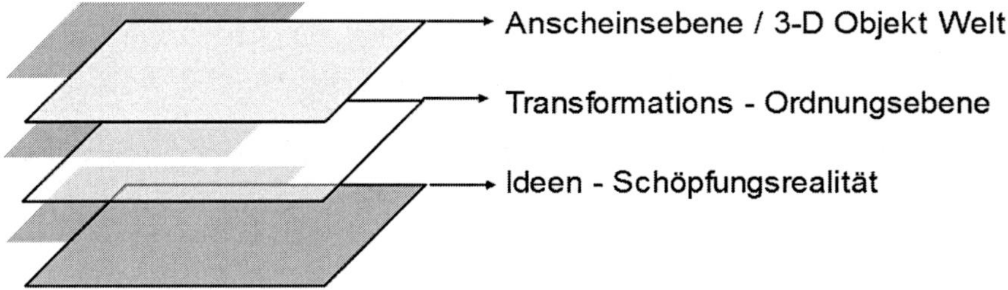

(A) = Anscheinsebene, unsere „Realität", der 3D Raum um uns herum.
(T/O) = Transformations – Ordnungsebene
(I/S) = Ideen- / Schöpfungsebene (-realität)

Gibt es nun für die Darstellungen in diesem Buch auch so etwas wie „harte Fakten" aus der Physik?
Dem deutschen Physiker Burkhard Heim wird die Ehre zuteil, ein komplettes mathematisch berechenbares Weltbild mit der Einwebung von Leben inmitten eines ganzheitlich betrachteten Universums entworfen zu haben.

Bei der Zusammenfassung von Heims Gedanken ist mir klar geworden, wie weit unsere Gesellschaft mit ihrer Wissenschaft derzeit noch entfernt ist, diese Bahn brechenden Erkenntnisse in ihr Weltbild zu integrieren.
Wir leben hier noch immer nach einem mechanisch-materiell verzerrten Weltbild, in dem ein mehrheitlich materiell-totes Weltall propagiert wird. Gut und gerne einhundert Jahre mögen ins Land ziehen, bis hier vielleicht ein Umdenken geschehen kann ...
Aber schauen wir uns in einem ultrakurzen Abriss die Entwicklung der Physik näher an. Was ging Heims Gedanken voraus, bildete gleichermaßen Grundlage wie auch Problemfeld?
Die klassische Physik in Form der Newton'schen Physik und der Maxwellschen Elektrodynamik formulierte ein rein mechanistisches Bild der Wirklichkeit (Räume x1-x4).
Mit Einstein wurde die Zeit zu einem weiteren konstanten Faktor neben Höhe, Breite und Länge, was zum Zusammenhang von Gravitation und Krümmung (allgemeine Relativitätstheorie), der Raumzeit und den diversen Effekten von Zeit und Materie führte. Damit war das mechanistische Weltbild am Ende.
Die nächste physikalische Revolution wurde ebenfalls durch Einstein ausgelöst und beschreibt den Beobachter als in die Wirklichkeit integriertes Element. Dies führte durch mathematische Symmetriebetrachtungen zur Quantentheorie (Weizsäcker). Diese untersucht die von kleinsten energetischen und dynamischen Prozessen geprägte Wirklichkeit von Atomen und Elementarteilchen. Diese werden im Verlauf der Formulierungen der Thesen immer weniger substantiell und scheinen nur noch aus Energie zu bestehen. Letztlich existiert beinahe unendlich viel Energie und kaum noch Materie.

Die aktuelle Physik steht nun vor der Aufgabe, die räumlichen Aspekte der großen kosmischen Distanzen der allgemeinen Relativitätstheorie mit den kleinen energetischen Betrachtungen der Quantentheorie zu verbinden. Die elementaren Bausteine der Materie werden im Standardmodell der Teilchenphysik abgebildet. Es ist bisher nicht gelungen, diese Teildisziplinen zu einer einheitlichen Theorie zu verbinden.
Es gibt hierfür bislang auch noch keine Erfolg versprechenden Lösungen.

Und genau an diesem Grundproblem setzt Heims Theorie an und weist nach, dass dieses nicht gelöst werden kann, solange das Leben nicht

als unzerlegbarer Bestandteil in dieses Weltbild mit eingefügt wird. In die Berechnungen vom Universum darf also nicht nur Objektisches plus Zeit mit einem Spritzer Bewusstsein Niederschlag finden, sondern muss in einer Art logischer Erweiterung auch das Leben an sich mit eingefügt werden. Was wie Phantasie klingt, ist mathematisch berechenbar und führte zu einer einheitlichen Feldtheorie.
Leben dürfe nicht als Produkt materieller Prozesse angesehen werden. Dies würde eine mathematisch vollständige Beschreibung der Wirklichkeit verhindern. Materie sei immer von geistigen Aspekten begleitet und Leben sei der Aspekt welcher Materie mit den geistigen Ebenen verbinde. Somit läge der Lebensprozess selbst, der Physik zugrunde. Die Materie sei nur der Ausdruck eines höherdimensionalen Geschehens, dessen Ursprung Bewusstsein und Leben bilden. Damit ist das Heimsche Weltbild anderen Theorien überlegen: Es schließt biologische und psychologische Phänomene, den Willen und das das Bewusstsein mit in die Betrachtungen ein.
Diese Beschreibungen können nur in einem 6-dimensionalen Raum gelingen, wobei die beiden zusätzlichen Dimensionen imaginär sind. Auch der Mensch ist in diese sechs Dimensionen eingebettet, da mentale Aspekte mit zu unserer Erlebniswelt gehören und materielle Erscheinungen beeinflussen. Wenn wir zum Beispiel ein Haus planen. Die fünfte Ebene hat organisierende Wirkung, die sechste Ebene steuert die Zeitorganisation.

Mit diesen Betrachtungen war es ihm möglich, nicht nur die Eigenschaften der Elementarteilchen mathematisch zu beschreiben, sondern auch die kosmologischen Strukturen. Heims Theorie ist hinsichtlich ihrer physikalischen Aussagen exakt und hat umfangreiche technische Anwendungsmöglichkeiten. Die 12-Dimensionalität bietet Raum für so genannte paranormale Phänomene wie Telepathie, Remote Viewing, ein Jenseits, spontane Materialisationen und vieles bislang Unglaubliche mehr, da parallele Welten und Räume mathematisch logisch und zwingend bestehen. Grundlage hierfür bildet die Existenz so genannter höherdimensionaler Räume, die ebenfalls logisch und mathematisch abgebildet und beschrieben werden können.
Die Entfernungen zu parallelen Welten sind hierbei praktisch gleich Null. Reisen aus diesen Dimensionen manifestieren sich aus einem parallelen Raum zu unserem direkt hier hinein, ohne Entfernungen zurücklegen zu müssen. Gleiches gilt nicht nur für ein Jenseits, sondern auch für die Verwurzelung der Lebewesen mit diesen Parallelwelten-

raum (auch zu Lebzeiten – Bewusstsein existiert mehrdimensional). In einer Art zwingender Dualität wird deutlich, dass unsere Wirklichkeit nicht ohne diese Parallelwelten existieren kann.

Heims System schafft einen Übergang vom Makrokosmos zum Mikrokosmos. Leben existiert in allen Erscheinungsformen und Dimensionen, weil es grundlegend mit dem Universum und seinen Erscheinungsweisen verzahnt ist. Universale Entwicklung und Lebensentwicklung sind direkt miteinander verbunden.
Ihm ist es nicht nur gelungen, eine Erklärung des menschlichen Geistes aus einer erweiterten Quantentheorie zu entwerfen, sondern dies auch noch mathematisch beweis- und berechenbar in einen 12 dimensionalen Raum einzubetten.

Die Räume seiner Theorie sind danach in einer groben 3-Teilung organisiert.

1. Die Räume X_1 bis X_4 entsprechen der materiellen Realität.
   X_1 = Länge
   X_2 = Breite
   X_3 = Höhe
   X_4 = Zeit

Diese vier Komponenten ergeben das, was wir landläufig Realität nennen.

2. Die Räume X_5 bis X_8 entsprechen dem Ordnungs – oder Informationsraum. Hier wird strukturiert und Ideen weiter verarbeitet bzw. nach Schemata auf Ziele hin verwirklicht. Diese werden auch „S" und „I- Räume" genannt (Strukturräume und Informationsräume). X_5+ X_6 sind hierbei der „S-Raum" und X_7 und X_8 der „I-Raum".

3. Die Räume X_9 – X_{12} entsprechen dem Ursprung oder dem Weltengeist. Dies ist der Hintergrundraum. Es ist die Schöpfungsebene, das ursprüngliche Bewusstsein. Hier entsteht die Information durch den Willen oder die Absicht, etwas zu erschaffen.
Burkhard Heim nannte die Räume X_9 – X_{12} scherzhaft „GAB" – „Gott allein bekannt". Dies ist der Hintergrundraum oder auch „G-Raum".

Damit ergeben sich grob also als Unterteilung:

1. 3 D Raum mit Zeit ($X_1 - X_4$) x
2. Strukturbereich ($X_5 + X_6$) x, S
3. Informationsbereich und ($X_7 + X_8$) x, I
4. Hintergrundraum, „GAB-Bereich“ ($X_9 - X_{12}$) x, G

Er entwirft ein Universum ohne Urknall. Bei ihm gibt es nach einer Ewigkeit im leeren Raum einen intelligent gesteuerten Initialprozess auf Basis eines schöpferischen Hintergrundes. Es beherbergt nicht nur „tote“ Objekte, sondern ist im Gegenteil ein Geist und Materie einbindender, ganzheitlicher Entwurf mit Zusammenhängen und Einwirkungen zwischen diesen beiden. Die Materie wird dabei von den energetischen Dimensionen gelenkt. Auch Remote Viewer fanden in ihren Sessions ein „Pro-Universum“ vorher.
Das Universum ist für ihn ein physikalischer, biologischer und psychischer Prozess, ganz spiegelbildlich zu Ihnen, die/der dieses Buch gerade liest. Dort nennt man dieses Trinität Körper, Seele und Geist.

„Das, was wir als Materie bezeichnen, unterliegt einem Wirkprozess, der von den geistigen Dimensionen gesteuert wird. Von der Entstehung bis zur Steuerung der materiellen Welt entspringt alles den geistigen Dimensionen.“

Universelle Ideen müssen durch ordnungsbildende, strukturierende, programmatische Ebenen definiert werden, bevor diese sich als physikalische Prozesse in unserer Welt zeigen können.
In physikalischer Sprache formuliert er nichts anderes, als ich hier dargelegt habe. Etwas Geistiges bedingt uns und unsere Welt originär. Es ist sozusagen der Vorabend der Schöpfung.
Durch Programm – oder Ordnungsebenen wird danach unsere Realität hier entwickelt. Dies können Naturgesetze sein, mathematische und physikalische Regeln, aber auch der Bauplan eines Igels, das Revierverhalten eines Tigers oder die Psyche eines Affen. Bewusstsein individualisiert sich nach bestimmten Regeln in organisierten Formen – Schmetterling, Mensch etc. Dabei kann Leben in jeder Dimension bestehen und ist nicht an Materie gebunden, sondern originärer Bestandteil des gesamten mehrdimensionalen Universums. Dabei herrschen die lichten Dimensionen über die materiellen Unterdimensionen.

Dies alles ergibt eine Art riesiges, holografisches, quer durch die Dimensionen unendlich miteinander verwobenes Spiegelkabinett. Und wir Menschen sind davon vielleicht so etwas wie ein kleinstes Atom einer Hirnzelle (Das ist noch viel zu groß, aber ich wollte ein noch „greifbares Bild" formulieren.)
Schließlich kommen wir in den materiellen Erscheinungsbereichen unserer physischen 3D Welt an, die alles energetische der darüber liegenden Dimensionen ausdrückt und zeigt.
Das heißt, dass wir hier auf dieser Erde ständig und nichts anderes tun, als die energetischen Dynamiken anderer Welten und Dimensionen auszudrücken.
Erkennen Sie den Sprengstoff?
Die Konflikte und Kriege hier sind die Konflikte und Kriege anderer Dimensionen, die hier ausgefochten werden.

„Die Kriege der Götter sind die Kriege der Menschen."
„Wie im Himmel, so auf Erden."

Es geht hier im Grund also nur um Bewusstsein. Natürlich hat dann diese Welt mit ihren Erscheinungsformen keine eigenständige Berechtigung. Wie sollte sie auch. Welchen echten Wert sollte zum Beispiel Fiat – Geld haben? Natürlich keinen.
Bei Geld ist dies vielleicht offensichtlich, betrifft jedoch zum Beispiel auch Autos, Luxusvillen oder Rennboote – einfach jede Art der Materie, die nicht aus sich heraus Sinn entfalten kann, sondern immer nur bedingt ist.
Natürlich hat dies alles keinen echten Wert.
Es ist nur energetischer Ausdruck von Ideen und Plänen höherer Dimensionen.
Beinahe wird man an ein Spielbrett erinnert. Unsere Erde als ein großes kosmisches Spielfeld ...

Vereinfachte Interpretation und Vergleich von Heims Kosmos mit Mensch etc. - höhere Räume bewirken darunter liegende; Organisation von oben nach unten

Heims Dimension	Universum		Universum Kategorie	Mensch	Bsp.: Hausbau	Bedeutung
x12, G4	Bewusstsein, Gott, Urquelle					Nicht
x11, G3	Ursprung		Seinsraum	Intuition	Wunsch	materieller
x10, G2	Vision			Idee	Idee	Hyperraum
x9, G1	Wille			Eingabe	Traum	
x8; I2	Ideenraum, Information				Pläne	
x7, I1	Ordnung, universelle Datenbank		Strukturierungsraum	Bauplan	Entwürfe	
x6, S2	Programmierung, Gewichtung			menschl.	Diskussionen	
x5, S1	Kodierung, Strukturierung			Psyche		
x4	Zeit / Zeitorganisation →	→	→	→	→	→
x3	Höhe	"Die Matrix"	Erlebnisraum		materielles	6-dimensionale
x2	Breite	"Alle		Körper	Haus	physikalische
x1	Länge	Objekte"				Welt

Es sieht aus, als tobte ein Kampf auf der Erde, in dem die einzige Währung Bewusstsein heißt. Und der Kampf geht darum, wie dieses Bewusstsein transformiert wird.
Somit ist unser Geschehen hier zwangsläufig in universelles Geschehen eingebettet.
Wenn alles aus der Quelle heraus bewirkt wird, dann auch unsere Ideen, Intentionen und unsere Gedanken. Träume und Visionen sind Kontakte in andere Ebenen hinein. Wie Remote Viewing.
Aber es sind nicht wir, die aktiv entdecken, sondern wir, die auf Empfang stehen. Aktiv „sendend" oder „denkend" ist die Quelle. Was wir von ihr aufnehmen oder besser – wahrnehmen („für-wahr-nehmen") hängt von unserer Resonanzfähigkeit ab. Sie sendet, sie ist, alles.

Das Zitat:
„Alles Wissen ist nur Wiederentdeckung" erscheint nun in einem ganz neuen Licht.

Wissen wird nicht durch uns Menschen „entworfen", „erdacht" oder „erforscht", sondern es war, ist und bleibt immer da und wird von uns nur immer wieder „neu" entdeckt.
Natürlich können wir ebenfalls in Kontakt mit körperlosen positiven oder negativen Wesen astraler Reiche stehen. Diese werden uns ihr Weltbild vermitteln. Auch davon gibt es unzählige. Es ist ein riesiges, buntes Treiben.
Schnell sind wir hier bei zyklischen Gedankengängen, einem Universum und seinen Wirkprinzipien, das ganz dual auf Aufbau – und Zerstörung, Ein – und Ausatmen und dem Werden und Vergehen errichtet ist.
Und wir sind diejenigen, die das gerade – hier und jetzt – in der dichtesten Form dieses Universums – der Materie – erleben.
Und nun ein weiterer – letzter – Schlenker. Ich bereite Sie über ein paar Absätze auf ihn vor.
Wir haben durch Burkhard Heim den Beweis eines mehrdimensionalen, lebenden, mit Bewusstsein angefüllten Universums mit Leben auf allen Ebenen.
Wir wissen, obere, lichtere Dimensionen steuern und bewirken die unteren.
Für Materie ist das soweit logisch und mittlerweile auch beweisbar (Stichwort: „Materie ist gefrorenes Licht"). Für die genauen Ausführungen dazu, inwiefern Materie nur gebündelte und gerichtete Energie

ist, verweise ich auf Vorbücher und eine Menge Publikationen. Wir wissen heute, was wir aufgrund unserer Sinne als Materie wahrnehmen, wird durch Dimensionen hindurch zusammengesetzt. Ganz in Heims Sinne. Von der Idee, über den Plan, ersten Entwürfen, bis zu den Durchführungs - und Ordnungsebenen, bis schließlich und endlich Materie in unserer Dimension „herauskommt". Es sind dies sehr stark zusammenfassende Gedanken, die über meine letzten Bücher einen roten Faden gebildet haben.

„Materie wird aus Gedanken gemacht!"

In diesem Buch und dem letzten („Alltägliche Wunder") haben wir diesen Gedanken erweitert und auf nicht-materielle Elemente unserer Dimension übertragen.
Da waren eben die Auffälligkeiten von Synchronizitäten, sogenannten merkwürdigen Zufällen, Serien gleichen Geschehens und vieles mehr. Auch diese nicht-materiellen Ereignisse sind in ihrem Entstehen natürlich - wie alles - in anderen Dimensionsebenen zu verorten. Und diese Ordnungsebenen haben eben auch auf gegenseitiger Anziehung beruhende Gesetzmäßigkeiten, die hier unten in der 3D Welt ausgedrückt werden. Logisch.
Tiere sind ein energetischer Ausdruck. Sie verkörpern Prinzipien. Das heißt, sie haben einen energetischen Gehalt, einen über den Symbolismus hinausgehenden Bauplan, der in anderen Ebenen verortet ist. Sie mögen als Idee entsprungen sein, wurden in Ordnungsebenen konkretisiert und drücken sich nun als belebte und beseelte Materie in der 3D Welt aus.

Und wir Menschen? Genau das Gleiche. Weder unser Ursprung, noch unser Ende ist in dieser Dimension zu verorten, da auch wir - nur sehr viel individueller als Tiere - Prinzipien ausdrücken. In uns vereinen sich auf vielfältige Weise verschiedenste energetische Qualitäten und werden durch uns gelebt. Unser Zuhause kann somit logischerweise eben so wenig hier in der Materiewelt sein, wie es bei Materie, Ereignissen oder Tieren der Fall ist und hier beschrieben wurde. Wir empfinden uns zwar als dreidimensionale Wesen, eingebettet in der Zeit, sind aber keineswegs darauf beschränkt. Wir sind in Wahrheit vieldimensionale geistige Wesen mit einem Ursprung in „höheren" Ebenen. Wollte man Burkhard Heims Dimensionsmodell hier vergleichend mit

einbringen, wäre unser Ursprung der „GAB-Bereich", also die Dimensionen X_9- X_{12}.
Und hier trifft sich der erste und der zweite Teil des Buches und verschmilzt. Egal, ob wir tief in unsere Inneren Gedankenlandschaften und dahinter schauen oder im Außen nach Ursachen und Zusammenhängen suchen: Wir gelangen auf dieser Suche immer in feinstoffliche, nicht mehr sinnenbehaftete subtilere Bereiche. Wir gelangen in lichtere uns bewirkende und verursachende Dimensionen.
Wir Menschen haben unseren Ursprung, unsere Heimat, das, was uns bewirkt, wie alles Existierende auch, in einer anderen Dimension.
Und die Grundlage für diese Behauptung finden Sie in der Tabelle weiter vorne.
Weil dort schlicht alles einen geistigen Urgrund hat und sich nur materiell ausdrückt. Materielles ist Anschein von Bewirkendem, Geistigem.
Dann ist ganz klar: wir begrenzen uns nicht auf das, was wir hier von uns kennen, weder körperlich, noch geistig, sondern wir sind nur ein kleiner Ausdruck von etwas viel Größerem.

Wie Yogananda es ausdrückte:
„Wir sind eine Welle auf dem Ozean des Bewusstseins."

Eine Welle entsteht durch äußere Bedingungen wie zum Beispiel Wind. Keine mag der anderen gleichen, sie ist sozusagen individuell, hat eine eigene Form, ihre Gischt mag sprühend sein oder nur ein kleines schmales Band, sie mag sich zu enormer und gewaltiger Größe aufrichten oder auch nur zaghaft so dahinplätschern.
Egal wie sie ist: Irgendwann einmal fällt sie wieder in sich zusammen und wird, woraus sie immer bestand. Dem Ozean selbst. Nie war sie etwas anderes. Nie war sie getrennt. Immer bestand sie daraus, war sie Teil davon. Sie drückt einen Teil der Eigenschaften des gesamten Ozeans aus.
Wir alle entspringen einer Idee. Sind im Kern Intuition, Wille und Gedanke. Individuelle Information auf Bewusstseinsbasis und gleichzeitig das Ganze selbst – auch wenn wir das derzeit vergessen haben.
Wir sind geistige Wesen. Das ist unser Urstoff. Und wir können nicht verloren gehen. Weder räumlich noch zeitlich. Wir sind. Ein multidimensionales Wesen. Wie wir handeln, was wir denken und entschließen, wirkt durch Dimensionen hindurch und in mehreren Welten zugleich und manifestiert sich zurück hier auf der Erde. Und wir leben mit diesen Rückwürfen.

Was wir denken zu sein, ist Echo eines vernetzten multidimensionalen Systems. Wir leben inmitten unserer eigenen Kulisse.

Mit mir und Ihnen – hier und jetzt gerade – mittendrin in diesem Abenteuer Leben. Wir beweinen und belachen es, betrachten und beurteilen es, manchmal genießen wir, oft tun wir unsere Pflicht oder einfach, was wir gewöhnt sind.
Manchmal vergessen wir uns, suchen nach dem Sinn oder wollen einfach irgendwie durchkommen. Wir fassen Ziele ins Auge, wollen uns verändern, erstreben, sehnen, wollen, denken, grübeln.
Letztlich glaube ich, Hingabe und Vertrauen sind Schlüssel. Damit können die Helden – Sie – besser sammeln.

Das ist das Spiel, und hier das

Ende.

(...und der neue Anfang...)

Nachwort

Als Kind begleitete mich stets das nagende Gefühl, etwas würde hier mit dieser Welt nicht stimmen. Sie schien wie eine Theaterbühne oder rein vordergründig. Körperlich war alles unzweifelhaft vorhanden und existent. Natürlich! Anfassbare, harte Objekte rundum. Ja, alles das war real. Und doch, es schien nur die halbe Wahrheit zu sein.

Remote Viewing erschloss mir den Zugang zu anderen Räumen. Unfassbares bedingt auch, scheinbar Normales in Frage zu stellen. Fortan begann das Hinterfragen unseres „normalen" Weltbildes und ich entdeckte neue, manchmal unglaubliche, Zusammenhänge: Synchronizitäten, Zeitsprünge, Voraussagen, Serien, seltsam symbolhafte Ereignisse und das wohl Wichtigste von allem: Dass diese Welt durch lichtere, energetische Räume „darüber" oder „daneben" gesteuert und bedingt wird. Dies steht in Anführungsstrichen, da dimensionale Aspekte außerhalb des Raum-Zeit-Gefüges unbedeutend sind.

Und jetzt, nach einer fünfzigjährigen Reise, erkenne ich: Was ich im Außen (unter-)suchte und fand, spiegelt sich in meinem Inneren. Außen war, oberflächlich gesehen, Materie und „Realität". Dahinter Energien, subtile Einflüsse, tiefer vernetzte Gesetze und Bedingungen, tiefer Ideen und Archetypen, tiefer dann schließlich verborgene, reine Ursache.

Und innen? In mir selbst Gedanken. Bunte, viele Gedanken und sinnenverhaftete Wahrnehmung, tiefer angelegt der Verstand, Gefühle, Meinungen und Urteile, tiefe Konditionierungen und meine verschiedenen Identifikationen mit dem angenommenen „Ich": persönlicher Geschichte, Vorlieben und Abneigungen, erklärende Konstruktionen – Geschichten, die man sich tagtäglich über sich selbst erzählt, um ein „Ich" zu konstruieren und zu bestätigen. Das ist tatsächlich verrückt, wenngleich überall Normalität.

Und tiefer dann schließlich das einfache, urteilslose wahrnehmende Etwas. Still, langmütig, duldsam, neutral, weit.

Und der Aberwitz dabei: Es ist wie eine alltägliche Remote Viewing Session. Sein inmitten der Materie. Sein inmitten von Wahrnehmung und Gedanken.

Jahrelang sah ich den Wald vor Bäumen nicht.

Der Prozess fallender Kulissen hält an. Die Außenwelt bröckelt, während ich mich darinnen bewege; die Innenwelt bröckelt, während ich darinnen lebe. Ein seltsames, gutes und richtiges Gefühl. Ich glaube, so geht das vielen Menschen derzeit. Es ist unaufhaltsam.

Deshalb musste dieses Buch „Kulissenriss“ heißen.
Da helfen auch keine symbolischen Pflaster mehr wie auf der Hinterseite des Buches.
Bewusstsein sucht sich seinen Weg! Innen wie außen.

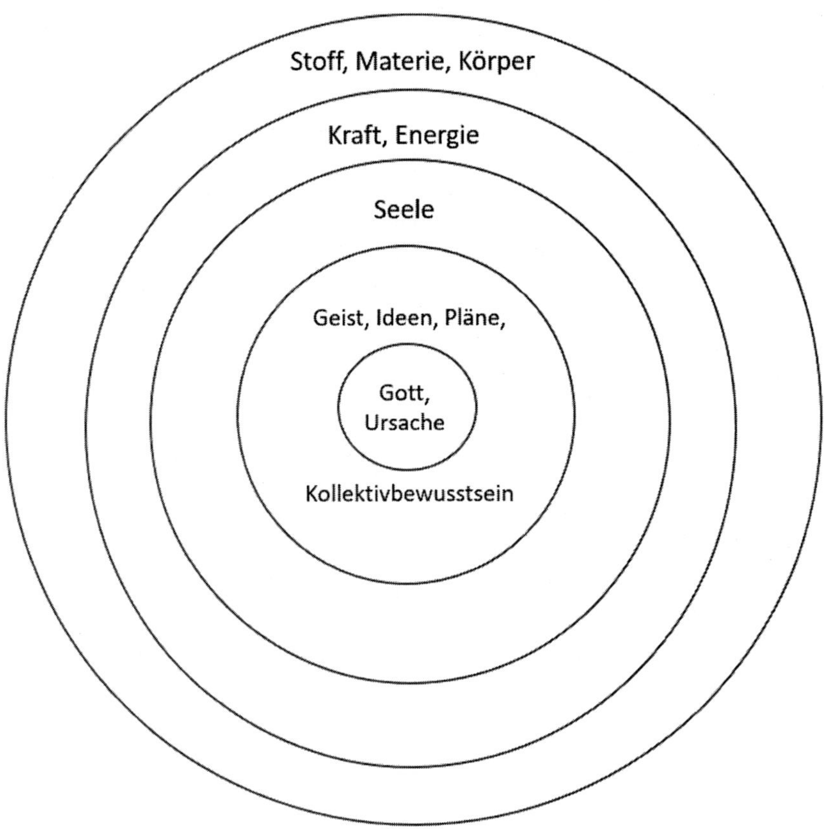

Wie eine Blume, die selbst im Mauerwerk zum
Erblühen kommt...
...sucht sich Bewusstsein einen Weg.

Anhang: Zentrales oder kollektives Bewusstsein – Bodenbrüter und Apfelglotzer

Das Universum ist der Spielplatz der Energie.
Jerome Anders

Um den Lese- und dramaturgischen Fluss weiter vorne rund um die Themen Reinkarnation und Bewusstsein nicht zu unterbrechen, habe ich mich entschlossen, die hier abgedruckten Seiten in den Appendix zu geben. Diese Inhalte erschien mir interessant und wichtig und korrespondieren mit den im Buch abgehandelten Hauptthemen der Kulissen. Unter anderem ergänzen die folgenden Seiten die im ersten Teil angeschnittenen Beschreibungen und Fragen:

Zum Beispiel:
„Woher kommt unser Verhalten?"
„Durch was ist unser „Ich" beeinflusst?
Welche Rolle spielen Gene dabei?"
Wie passt Reinkarnation in die Spirale von Gedanken, Handlungen, Schicksal und freiem Willen? Und wie kann dies mit Remote Viewing und einem kollektiven Bewusstsein zusammenhängen?
Kurz: Durch was wird unser Ich beeinflusst?

Die nachfolgenden Texte sollen und können – wie das ganze Buch – nichts abschließend erklären. Ich setze darauf, zu inspirieren und Ihre eigenen Gedanken anzuregen.

Meine Tochter war vor einiger Zeit mit einem Jäger im Wald. Beim Futterplatz angekommen, fiel ihr ein Reh auf, welches sich in der Nähe des wohlbekannten Jagdautos in der Nähe des Jägers offen zeigte. Es stand frei auf dem Weg und offenbarte sich in ganzer Gestalt. Wer Rehe kennt, weiß, dass diese scheu sind. Es ist einer ihrer Grundcharakterzüge. Was aber war mit diesem Tier los? Es hatte zum Beispiel keine Tollwut (von tollwütigen Tieren ist derlei irrationales Verhalten ja hinlänglich bekannt). Meine Tochter fragte den Jäger. Der wunderte sich nicht. Ihm war dieses Verhalten bekannt.
„Das ist ganz normal. Dieses Reh hat hier in der Nähe sein Junges und möchte uns von diesem ablenken."

Ich werde beim nächsten Beispiel die Frage stellen, woher die Tiere ihr Verhalten und ihr Wissen beziehen.
Jetzt möchte ich auf einen anderen Aspekt eingehen. An dieser kleinen Geschichte wird offenbar, dass Natur nicht rational ist. Rational würde ein nicht-tollwütiges Reh vielleicht mit Flucht reagieren (wie immer), um sein Leben zu schützen und sich zu retten. Gerade ein so scheues Tier wie ein Reh. Zweifelsohne wäre dies vernünftig, um nicht in Gefahr zu geraten. Der Mutterinstinkt aber verlangt dem Tier dieses Verhalten ab. Was für unermessliche Angst muss eine Rehkuh haben, sich gegen jeden Instinkt offen einem Jäger zu zeigen! Der Grund hierfür ist in seinem Urtrieb zur Sicherung der Aufzucht des Nachwuchses zu suchen – auch wenn es den eigenen Tod bedeuten würde. Dies ist vom Standpunkt des Individuums keinesfalls rational. Von der Sicherung der Art her betrachtet jedoch schon. Man könnte hier also argumentieren, das Reh wird sozusagen „gedanklich benutzt". Durch das Reh manifestiert sich jener Heldenmut, der für eine Bestandssicherung, für eine Arterhaltung, gebraucht wird. Damit handelt Natur jedoch nicht individuell rational.
Könnte man diese Handlungsschablone auch auf uns Menschen übertragen?
Handeln auch wir nicht immer individuell vernünftig?
Und falls doch: Was wäre dann vernünftig und was nicht?
Oder offenbart sich durch uns eben auch der Wille der Natur und wird im Nachhinein als individuell empfunden und interpretiert?

Vor einiger Zeit fuhr ich mit dem Auto einen Feldweg entlang. Links und rechts stand der Weizen schwer vor der Ernte. Plötzlich, ich war gerade abgebogen, flatterte wenige Meter vor meiner Kühlerhaube ein Vogel auf. Ich hatte ein wenig ein schlechtes Gewissen, den Vogel in seinem Frieden zu stören. Aber leider musste ich mit ansehen, wie der kleine Kerl nicht etwa nach links oder rechts in den hohen Weizen geflüchtet wäre, sondern geradeaus flog und ungefähr 20 Meter vor mir mitten auf dem Feldweg wieder landete. Ich wunderte mich über so viel Tölpelhaftigkeit. Ich musste genau dort wieder entlang fahren. Er saß wieder mitten auf dem Weg. Was tun?
Ich fuhr also weiter langsam auf ihn zu. Er wartete seelenruhig, bis ich wieder bis auf zwei bis drei Meter heran war, dann flatterte er erneut auf. Sie ahnen es. Auch dieses Mal tauchte er nicht im schützenden Weizen unter, sondern flog tatsächlich wieder geradeaus fort, nur um

sich in Sichtweite niederzulassen. "Der Vogel ist idiotisch!", dachte ich mir. "Muss es wohl auch geben!"
Das ging so geschätzte zwanzig Mal. Ja richtig gelesen. Er tat es immer wieder. Ich schüttelte den Kopf; ich konnte es nicht fassen.
Die Geschichte war in meinem Kopf als "der idiotische Vogel" abgelegt. Macht sich selbst gegenüber seinem Feind zum Treibjagdopfer anstatt zwei Meter nach links oder rechts abzutauchen.
Ich erzählte die Episode einem Freund.
"... ja, so ein bekloppter Vogel, stell' Dir vor."
"Er ist nie so weit weggeflogen und landete immer in Sichtweite?"
"Ja! Geradewegs!"
"Genau. Er flog immer gerade. Kann es sein, dass er vielleicht sogar unbeholfen wirkte!"
Ich bekam ein schlechtes Gewissen. Hatte ich etwa einen Jungvogel gejagt, der nicht richtig fliegen konnte?
"Ja, jetzt wo Du es sagst. Es war eine Mischung aus fliegen und flattern. Ja!"
Er schaute mich an und schüttelte den Kopf. Dann antwortete er, langsam und grinsend:
"Du bist der Überlistete. Der Vogel war höchstwahrscheinlich ein Bodenbrüter. Du mit Deinem Auto warst eine Bedrohung für ihn und noch mehr für das Nest. Mit dieser Taktik mimte er einen hilflosen Vogel. Er blieb extra immer in Sichtweite, suchte ganz kalkuliert keine Tarnung. Er wollte gesehen werden. Du solltest ihm folgen."
Ich verstand noch immer nicht.
"Warum?"
Er lachte. "Der Vogel ist wirklich schlauer als Du. Bis jetzt sogar. Er hat dich mit diesem Trick von seinem Nest weggelockt. Das ist seine Taktik bei Nestfeinden."
Jetzt war ich baff.

Woher kannte der kleine Kerl ein derart cleveres Verhalten? Wie können Tiere so intelligent sein, so vieles wissen?

1. Dieser Vogel spielt durch Flattern die hilflose und einfache Beute vor und zieht die Aufmerksamkeit auf sich. Woher weiß er das? „Ich muss mich *so und so* bewegen, dann wirke ich in den Augen eines Jägers wie ein leicht zu reißendes Opfer."

2. Um den vermeintlichen Aggressor vom Nest fort zu locken, täuscht er ihn hinterlistig, indem er kurze Flüge vollzieht und immer sichtbar bleibt.
3. Er wiederholt dieses Manöver so oft, bis der Aggressor minimal 50 Meter vom Nest entfernt ist.

Dies ist natürlich kein Zufall, sondern kalkuliertes und geplantes Verhalten, ähnlich eines Nest-Verteidigungs-Schlachtplans. Da es aber keine Eigenschaft dieses einen speziellen Vogels ist, sondern seiner Art, handelt es sich um Wissen, welches nicht exklusiv und individuell ihm zur Verfügung steht, sondern allen Tieren seiner Art. Auch hier haben wir es mit einem nicht-physischen Merkmal, einer Information (Taktik oder Plan eines Verteidigungskampfes) zu tun, die sich irgendwie von den Ahnen auf die Nachkommen übertragen muss.

Bevor ich zu weiteren Erklärungen komme, möchte ich weitere Beispiele anfügen.

Ein Freund erzählte mir einmal folgende Geschichte: Er lässt seinen Hund immer frei im verschlossenen Garten laufen. Vorbeigehende Schulkinder machen sich jedoch über ihn lustig und das geht so: Er hüpft bellend am Zaun entlang. Schön auf der Höhe der laufenden Kinder. Dann nimmt eines der Kinder einen Apfel und legt ihm den durch den Zaun vor die Schnauze. Wie zu einer Salzsäule gegossen steht der Hund daraufhin da, den Apfel zwischen den Beinen, der Blick fixiert, und rührt sich unter dem Gelächter der Kinder nicht mehr.

Der zum Denkmal erstarrte Hund lässt sich dann auch durch kleine Provokationen oder Rufe nicht mehr aus seiner Haltung bringen. Er steht einfach nur noch da, was natürlich extrem lustig ist, zumal die Kinder es am nächsten Tag mit Ansagen wiederholen können. Man stelle sich das vor. Erst macht der Hund eine Riesenwelle mit Gebell und Getrab, um dann einfach rumzustehen und einen Apfel zu fixieren. Neudeutsch würde man das vielleicht eine "schlechte Performance" nennen, die er da als Wachhund hinlegt.
Ich fand das extrem lustig. Jedenfalls so lange, wie ich fragte, woher er dieses Verhalten habe.
"Na, das ist ein Jagdhund. Da ist das normal!"
"Aha, wieso?"

"Na, weil Jagdhunde genau dieses Verhalten beigebracht bekommen. Es ist das Stellen der Beute. Wenn ein Jäger nun zum Beispiel ein Huhn oder Vogel aus der Luft schießt, dann rennen die Hunde zur Beute. Sie stellen sich vor das angeschossene oder erschossene Tier und fixieren es. Das zeigt dem Jäger an: "Hier ist Deine Beute!" und man kann sie leichter finden. Der Hund hilft beim Auffinden. Außerdem kontrolliert er mit seiner ausschließlichen Konzentration auf das Tier, ob es sich noch bewegt. Sollte es dies tun, könnte es flüchten, was unerwünscht wäre. Dann nimmt er es am Hals und schüttelt es einmal hin und her, um das Genick zu brechen. Er lässt es dann sofort wieder los, um den Körper nicht unbrauchbar zu machen."

Jaja, so ein Vokabular haben die Waidgesellen. Mir war schon ein bisschen komisch aufgrund dieser doch sehr rüden Schilderung. Auch wieder eine ganz eigene Welt, diese Jägerei. Nichts für sensible Gemüter, vielleicht. Trotzdem interessierte mich das weiterhin.
"Also habt ihr ihn zum Jagdhund ausgebildet? Der Kerl ist ein richtiger Jagdhund?"
"Nein, der hat keine Ausbildung. Das ist von der Rasse her ein Jagdhund!"
"Wie? Der hat das nie gelernt?"
"Nein. Aber seine Eltern hatten so eine Ausbildung und vor ihm eine lange Reihe. Der hat sogar einen Stammbaum."

Jetzt war ich baff. Baff, weil Menschen manchmal offensichtliche Wunder so gelassen aussprechen.
Woher bitte weiß der Hund, wie er sich zu verhalten hat, wenn es ihn keiner gelehrt hat? Steckt ihm das in den Genen? Hat er, wie es der Volksmund so schön zu sagen pflegt, sein Wissen zusammen "mit der Muttermilch aufgesogen"?

Wie kann das gehen?

Nach traditioneller schulwissenschaftlicher Vererbungslehre können nur bestimmte Merkmale an die Nachkommen weitergeben werden. Das wären klassisch:

1. Physische Merkmale (Körperbau, Fellfarbe etc.)
2. Psychische Merkmale (Gemüt, Neugier, Sensibilität)

Beides ist im obigen Beispiel offensichtlich nicht der Fall.
Auf keinen Fall können nach schulwissenschaftlicher Vererbungslehre erlerntes Wissen und Erfahrungen vererbt werden. Dieses Dogma wird in neuerer Zeit jedoch immer öfter widerlegt.
Wurde dem Hund also doch das von den Eltern und/oder Großeltern einst erlernte komplexe Jagdverhalten genetisch vererbt und ist nun ein Bestandteil seiner DNA oder wie kommt er zu seinem Verhalten? Worauf greift das Tier zu, während es tut, was es tut? Warum handelt es so?
Der nächste und von der schulwissenschaftlichen Seite her am ehesten akzeptierte Schritt wäre also, anzunehmen, dieses Spezialwissen wurde – vereinfacht gesagt – irgendwie doch als Teil der DNA seiner Vorfahren an ihn weitervererbt.
Genau betrachtet, wurde die DNA-Sequenz nicht verändert, wohl aber wurden Informationen, welche Gene wann und wo angeschaltet oder abgeschaltet werden sollen, durch chemische Prozesse hinzugefügt. Ein solch erfolgreich durchgeführter Prozess fällt in den Bereich der Epigenetik (Epigenetik = Genetik von "Abstammung" oder "Ursprung" und Epigenese = Entwicklung eines Lebewesens). Der Hund vererbt zwar die gleiche DNA an seine Nachkommen, nicht jedoch Informationen darüber, welche Bausteine an- und ausgeschaltet werden. Hier verändern verschiedene chemische Prozesse die Aktivität der Gene.
Es scheint eben Formen der Vererbung zu geben, die nicht über die obigen klassischen Prozesse stimuliert werden, sondern wo Umweltreize direkt vererbt werden können. Es liegt nahe, dass diese epigenetische Vererbung bei unserem Hund vorliegt, dessen Vorfahren ein im Grunde für sie nutzloses Wissen erlernen mussten. Dieser Umweltreiz (Lernen) hat sich informatorisch in deren Vererbungsinformationen eingeschrieben.
Tatsächlich finden wir mittlerweile eine Menge aktuelle Forschungen, die darauf hinweisen, dass die Informationen und Reize einer Generation weitervererbt werden können.
Wobei die Frage erlaubt sein muss, was denn jetzt genau die „Information“ ist, die ja die Macht innehatte, „Schalter umzulegen“ und chemische Prozesse anzustoßen.
Bemerken Sie, wie wir hier schon jenseits der Messerschneide der Materie sind. Wir sind bereits tief bei „Energien“ und Informationen ...

Ein kleiner Brückenschlag: In Zeiten analogen Musikgenusses via Kassette wurden Klänge sozusagen live auf ein Magnetband „gestreamt“

(wir hätten das damals in den 80ern des letzten Jahrhunderts niemals so genannt, wir „nahmen auf"). Was nahmen wir auf? Live übertragene Klänge vom Radio auf das Band. Diese wurden dort gespeichert, indem die materiellen Bestandteile der Oberfläche des Kassettenbandes durch die Töne neu geordnet wurden. Das Musikstück war die Information, die Neuordnung der magnetischen Teile auf dem Band der materielle Abdruck, die Kopie oder Blaupause dessen. Erkennen Sie die Nähe des Vorgangs zu unseren Informationsinhalten im Gehirn?
Ich möchte an dieser Stelle betonen, dass dies nur ein Zwischenschritt in einer Argumentationskette ist. Geben wir uns bis hierhin mit dieser Denkweise zufrieden. Sie heißt: Ererbte Informationen auf der DNA steuern Verhalten, Wissen, Erinnerung, Bewusstsein. Es sind sozusagen Urinformation (Lies bitte: Ur-Information).
Schließlich glotzte unser Hund eben den Apfel an, wir brauchen eine Erklärung dafür und die vorgestellte ist immerhin die der Schulwissenschaft am nächsten liegende. Im weiteren Verlauf werde ich eine auf der Hand liegende Erklärung vorstellen. Dies sei schon einmal gesagt, es handelt sich um morphische Felder, um Gedächtnisfelder.

Dazu noch ein kleines Beispiel mit Mäusen.
Eine Forschungsgruppe am Institut für Hirnforschung der Universität Zürich untersucht die molekularen Prozesse der nicht-genetischen Vererbung von Verhaltensveränderungen nach extremen Stresserfahrungen. Hierzu zählen zum Beispiel traumatische Erlebnisse, die Verhaltensauffälligkeiten auslösen und von Generation zu Generation weitergegeben werden. Insbesondere werden hierbei die molekularen Prozesse der nicht-genetischen Vererbung von Verhaltensveränderungen nach extremen Stresserfahrungen untersucht. Hierbei wurden RNA und Micro-RNA untersucht, sowie – vereinfacht ausgedrückt – deren Aktivität und Wirken in Zellen beobachtet.
Zwei Untersuchungsgruppen wurden gebildet. Gestresste Mäuse und ungestresste Mäuse. Daraufhin wurden die Micro-RNA beider Gruppen verglichen. Dabei wurde entdeckt, dass der Stress zu Veränderungen der Zellprozesse bei den gestressten Tieren führte. Diese bildeten ein Ungleichgewicht der Micro-RNA aus, was im Blut, dem Gehirn und den Spermien nachweisbar war. Dabei wurden im Vergleich zu den ungestressten Mäusen in manchen Bereichen mehr, in anderen weniger Micro-RNA gemessen.
Auch das Verhalten der Mäuse änderte sich durch den Stress. Ihre Scheu nahm ab, sie liefen durch helles Licht und offene Räume.

Die Nachkommen dieser Tiere zeigten die gleichen Verhaltensauffälligkeiten, obwohl sie keinem Stress ausgesetzt wurden.
Erlerntes Verhalten hatte sich vererbt ... stellen Sie sich das doch nur einmal bei sich selbst vor ... was Ihre Vorfahren erfuhren, erlernten, erlebten, ist in Ihnen abgespeichert. Hierfür gibt es eine Menge Beispiele über kollektive Traumata, Familienthemen, die in jeder Generation immer wieder aufpoppen und bearbeitet sein wollen und vieles mehr.
Um das Kapitel nun in sich zu schließen kann man also sagen: Der Hund verhält sich wie ein Hund, weil er die größte Resonanz zum Bewusstseinsfeld Hund hat. Ein Hund, der vor einem Apfel Jagdverhalten auslebt steht in Resonanz mit erlernten Gedächtnisfeldern seiner getrimmten Vorfahren. Sein „Sein" steht in resonanter Beziehung zu den Jagdhundevorfahren, nicht zu Straßenhunden, Bergwachthunden, Herdenschutzhunden oder Hirtenhunden ...
Ein Bodenbrüter, der Feinde von Nest weglockt, greift auf uraltes Wissen seiner Vorvorfahren zurück.
Jedes Tier, jede Erscheinungsform in der Natur hat zu seiner Art die größte Nähe, die höchste Deckungsgleichheit. Unabhängig von unseren raumzeitlichen Definitionen bezieht es sein Wissen direkt aus übergeordneten Räumen. Sheldrake hätte wohl gesagt „aus morphischen Feldern".
Alles sieht so aus, weil es dahinter nicht materielle Felder gibt, die Aussehen, Wachstum, Verfall, Verhalten steuern. Damit haben alle Erscheinungsformen natürlich auch eine Bedeutung und Symbolfunktion. Nichts ist bedeutungslos, wie uns das im Gegenteil unsere naturwissenschaftliche Sichtweise nahelegen will.
Resonanz und Information sind hier die Schlüsselelemente. Wir sollen ja angeblich im Informationszeitalter leben. Leider wird dieser Begriff immer materiell-wissenschaftlich verwandt. Also in der Art, wie wir Medien konsumieren (könnten), dem Grad unserer (theoretisch noch möglichen) Informiertheit über die Welt. Man beschreibt damit weiterhin, wie Menschen immer mehr Technik nutzen, zum Beispiel mobile Telefone und Computer und die Daten digital ablegen und dergleichen.
Profan.
Dabei entgeht uns, wie inkonsequent, wie einseitig wir diesen Begriff benutzen.
Ich wünschte mir, wir würden wirklich in ein Informationszeitalter übergehen.

Damit meine ich nicht, dass die Menschen nun mehr Medienkompetenz erlangen würden, sich trotz aller Hemmnisse besser und tiefer informieren würden, nein, ich meine damit unsere Ideologie.
Wir stellen unsere materielle Ideologie noch immer über ein Weltbild der Information. Überall. Information ist das Zauber- und Schlüsselwort des nächsten Jahrhunderts. Angewandt auf die Biologie, die Neurologie, die Natur, unser Weltverständnis.
Die Erforschung unseres (Bewusst-)seins, unserer Welt und ihrer Zusammenhänge auf der Basis von Information. Wo Energie Materie steuert.
Es wäre ein komplett neuer Blick auf die Welt.

Gedächtnisfelder und dezentrales Bewusstsein

Die Ordnung und Regelmäßigkeit an den Erscheinungen, die wir Natur nennen, bringen wir selbst hinein, und würden sie auch nicht darin finden können, hätten wir sie nicht, oder die Natur unseres Gemüts ursprünglich hineingelegt.
Immanuel Kant

Was haben Remote Viewer mit Menschen, die sich als wiedergeboren wähnen, mit Bodenbrütern und Hunden gemeinsam?
Ganz einfach: Sie haben oder gelangen an Wissen, das sie doch gar nicht haben könnten und dürften. Es ist das exakt gleiche Grundproblem wie weiter vorne bereits beschrieben.
Wer sich einmal mit Remote Viewing beschäftigt hat, kennt die Theorie der morphischen Felder und des externen Bewusstseins. Wer Remote Viewing betrieben hat, kennt sogar das tiefe Gefühl von Bilokalität. Ein Teil ist hier am Tisch, der andere irgendwo dort draußen. Und der Jargon der Remote Viewer bringt es immer wieder sehr genau auf den Punkt. Im Zielgebiet „lädt man sich Datenpakete herunter". Diese Ausdrucksweise ist nicht der Affinität des Remote Viewings zu technischen Sachverhalten geschuldet, was zweifelsfrei der Fall ist. Diese und andere Redewendungen beziehen sich auf das tiefe Gefühl, was man beim Viewen hat: Man steht in Kontakt mit etwas und Dinge fallen einem ein. Man hat einen Einfall. Etwas „fällt" – von außen – in unser Gehirn. Etwas, ein Wissen, kommt von draußen nach drinnen. Wir empfangen ein Datenpaket. Wir sind oder kommen in Resonanz mit dem Zielgebiet, anders ausgedrückt könnten wir sagen „wir schwingen

uns darauf ein“ bis die Wellenlänge identisch ist und damit eine Synchronisation vonstatten gehen kann.
Der Viewer erlebt ein klares „Hier bei mir“ und „dort bei den Daten“ und Teile davon kommen in unterschiedlicher Qualität in seinen Kopf. Man könnte auch sagen, die Daten werden von einem Ort auf den anderen kopiert. Mir gefällt in diesem Zusammenhang der Ausdruck „gespiegelt“ besser. Informationen, Daten können jederzeit und überall sein. Das Universum als Spiegelkabinett. Gleichen sich die Energien, *erscheinen* auch die zugehörigen Daten.
Die Erklärung für diesen Empfang von Informationen findet sich in einem anderen Schema, wie Bewusstsein organisiert sein könnte.
Ich möchte die Erklärung hier zweiteilen:
Einmal in die *Formbildung* dieser Felder (Sheldrake nannte sie auch formgebende Felder) und zum zweiten die *„inhaltliche Qualität“*. Wem die Ausführungen hier zu kurz sind, der möge bitte wirklich meine Vorbücher lesen – Bewusstsein ist dort aus vielen Facetten heraus betrachtet der grundlegende Gedanke und auch auf die Felder wird immer wieder eingegangen.
Zunächst also einige Gedanken zur Formgebung:
Es ist die alte Vorstellung, dass alle materiellen Erscheinungsformen um uns herum auf energetische Urbilder zurückzuführen sind. Dass Bewusstsein in seiner reinen Form materielle Strukturbildungsprozesse verursacht, also jede Form eine geistige Ursache hat. Dann sind Elefanten, Mäuse, Menschen und Bienen Blaupausen von Entstehungsfeldern und deren *Erscheinungsform* (etwas scheint nur so und so zu sein) geht auf geistige Archetypen zurück, so etwas wie eine ideelle, nicht körperliche Bauform, ein Entwurf. Biologisch-technisch ausgedrückt: Die *Software*, die in der DNS eingeschrieben ist, nicht die DNS. Diese steuert dann eben das Aussehen der Maus, womit ja naturwissenschaftlich längst nicht geklärt ist, *warum* sie so und so und nicht anders aussieht. „Ja, weil es vererbt ist!“ „Ja, aber woher kommt diese *Information* des dicken braunen Fells?“ Wo ist die Information? Wie kann man sie sichtbar machen? Wer erdachte sie?
Schulterzucken beim Naturwissenschaftler. Das sind unbequeme Fragen. Fragende werden oft abgekanzelt. Die sind unbequem. Die Wissenschaftsszene hat sich derart radikalisiert, ich meine, es ist erstaunlich, wie schnell fragende Menschen angegangen werden. Da erscheint meine Darstellung in diesem Buch noch als unpassender Witz, einen neugierig fragenden Menschen im Beriech der Biologie und Vererbungstheorie als „Verschwörer“ darzustellen, aber mir wird auch nicht

besser, wenn ich meine alten Bücher anschaue und bemerke, wie viel von dem eingetroffen ist, was wir vorausgesagt hatten. Aber man bleibt ein Spinner. Das ist lustig. Wettervorhersagen, die permanent nicht eintreffen, werden viel seriöser gesehen.
Also. Vielleicht liest man das in 20 Jahren mit einem ganz anderen Selbstverständnis und sagt dann: „Ja klar, natürlich sind das ketzerische und verschwörerische Gedanken! Was schreibt der da? Wie hat der gedacht damals?"
Merke: Derzeit wird die Ideologie immer zwingender, das Dogma immer härter ...
Aber zurück! Wir waren bei Informationen. Informationen, die zwingend der Form voraus gehen müssen. Woher sonst sollte eine jedwede natürliche Erscheinungsform kommen? Es geht nicht anders.
Der zweite Bereich dieser Felder, den ich oben als „inhaltliche Qualität" bezeichnet habe, beschäftigt sich nicht mit der Auswirkung auf Materie, sondern der bleibt ganz einfach im geistigen Bereich. Ok. Wie geht das jetzt?
Es sind dies eben die wohlbekannten Gedächtnisfelder. Rupert Sheldrake hat sich mit seinen morphischen Feldern dazu hervorgetan; überhaupt ist mittlerweile diese Theorie recht breitenwirksam geworden, obwohl seltsamerweise die Konsequenzen daraus nicht gezogen werden, zum Beispiel, dass das Wort „morphisch" im Grunde auch nichts aussagt als „eine irgendwie geartete Struktur".
Diese Felder haben seit Jahrtausenden in Philosophie und Naturwissenschaft Einzug gefunden. Bei Sheldrake sind es, wie gesagt Gedächtnisfelder, bei C.G. Jung war es das „kollektive Unbewusste", in der indischen Mythologie sind es die Palmblattbibliotheken mit ihren Inhalten aus der Akasha Chronik, in der Biologie war es früher das Kollektivbewusstsein, im 19ten Jahrhundert nannte man es Weltgedächtnis, in der Mystik heißt es die Akasha-Chronik, heute nennt man es Matrix, spirituelle Menschen sprechen oft von „Energien" und so weiter.
Praktisch wird es zum Beispiel bei Familienaufstellungen oder auch bei Remote Viewing angewandt.
Für unsere Abhandlung hier genügt es zusammenfassend, uns diese Felder als eine Schematik von Bewusstsein in reiner energetischer Form vorzustellen. Dieses riesige Geistfeld speichert Wissen, organisiert es und gibt es ab. Und bitte, das muss jetzt nicht als „schöngeistig" oder „esoterisch" klassifiziert werden, sondern kann ganz wertneutral als weitere Vorstellung gesehen werden, wie sich Bewusstsein, also Information, strukturiert und wechselwirkt,.

Man könnte sich vorstellen, wie wir alle mit diesem riesigen Bewusstseinsspeicher verbunden sind. Unser Innen ist vieldimensional, das Außen ebenfalls. Lauter Schichten oder Kulissen. Je tiefer man forscht, denkt und fühlt, umso mehr vereinigt sich das Innen und das Außen.

Buch- und Medienempfehlungen. Augenöffner – eine kleine Auswahl

Teilweise im Internet kostenlos und legal zu beziehen, äußerst wertvolle und bis heute gültige Grundlagenliteratur:

Rudi Berner – Auf ein Wort
Berta Butz – Methoden der Manipulation
Berta Butz – Blicke in eine andere Wirklichkeit
Edward Bernays – Propaganda: Die Kunst der Public Relations
Gustave le Bon – Psychologie der Massen
Hermes Trismegistos – Kybalion - Die 7 hermetischen Gesetze
Morpheus – Matrix Code
Kraft der Gedanken
Eckhart Tolle – Jetzt
Harun Yahya – Materie
Aldous Huxley – Schöne neue Welt
George Orwell – 1984
Armin Risi – Vegetarisch leben im Grunde alle Bücher von ihm. Besonders: Licht wirft keine Schatten.
Wolfgang Eggert – alle Bücher
Wolfgang Effenberger – Wiederkehr der Hasardeure: Schattenstrategen, Kriegstreiber, stille Profiteure 1914 und heute
Zbigniew Brzezinski – Die einzige Weltmacht
Thomas P.M. Barnett – Blueprint for action
Thomas P.M. Barnett – The pentagon‘s new map
Bücher von Bernd Senf
Alexander Solschenizyn – Der Archipel Gulag
Magisch reisen Deutschland (Kraftplätze)
Marco Bischoff – Biophotonen , das Licht in unseren Zellen
Illubrand von Ludwiger – Burkhard Heim; Unsterblich in der sechsdimensionalen Welt

...und viele mehr

Empfehlungen auf youtube:

SteinZeit, Kulturstudio, Tagesenergie, Frank Stoner Show, Nuo Viso, Jasinna und viele weitere alternative Kanäle auf youtube.

Bezug zu Klimakritik z.B.: Energiewende am Ende: Der große Klimaschwindel - Robert Stein (Regentreff 2018)

Leistungsgesellschaft, Seite 100 z.B.: In Youtube eingeben: „KenFM im Gespräch mit: Rüdiger Lenz (Nichtkampf-Prinzip)“ oder „Das Nichtkampf-Prinzip – Vom Reden ins Handeln kommen (Rüdiger Lenz)“

Die dunkle Seite der Wikipedia
Das Weltbild des Physikers Burkard Heim

ISIS Bandenwerbung: Suchen nach:
„Bayern Munich 4:0 Olympiakos UCL | All Goals & Highlights | 24.11.15 | HD“ Kanal „BaYoComps“. Länge des Videos: 01:56. Der Inhaber des Kanals hat mit den Darstellungen und Gedanken im Buch nichts zu tun. Im Video sieht man die erwähnte Überblendung bei 01:49 bis 01:50. Zwar sehr kurz und durch die Perspektive und Feldspieler gestört – aber sichtbar. Direkt bei der Großaufnahme der Flanke des Bayern-Spielers. Im Bild selbst sind nur zwei Spieler zu sehen (rotes Trikot – blaues Trikot). Zwischen beiden erscheint wieder einmal „ISIS“.

Kontakt zu mir: fkoestler@aol.com

Ich freue mich über Ihre Rückmeldung und bin immer interessiert an Quellenmaterial, Erlebnissen und Informationen zu den Themenbereichen (Kollektiv-)Bewusstsein, Synchronizität und menschlichem Geist einerseits und dem großen Bereich (Medien-)Manipulation andererseits.

Bildrechte:

Robert Müller (1859–1895), Titel: Der König überall, 1886
Beschreibung: König Friedrich der Große (1712-1786) inspiziert den Kartoffelanbau, Public Domain
Katze im Holzkasten: Mit freundlicher Genehmigung von „Der Postillon“
Das Auto von Sarajevo und der Thronfolger vor dem Attentat:
Heeresgeschichtliches Museum in Wien. Mit freundlicher Genehmigung.
http://www.hgm.at/
OM-Zeichen in Flamme (Kapitel Echo) – Photo by Bhakti Marga - Sri Peetha Nilaya Ashram, Germany, webseite:
https://www.bhaktimarga.org/
Foto „Befund“(Kapitel Echo) – Bettina Erdmann
Europaparlament in Straßburg: „CC-by-sa 3.0/de“ by J. Patrick Fischer
Turmbau zu Babel von Pieter Bruegel der Ältere, Public Domain
Costa Concordia: Mit freundlicher Genehmigung von Herrn Matteo Berlenga,
Sonne in Wald: Smileus
Covergestaltung: Ahead and Amazing, Frank Köstler
Die übrigen Bildrechte liegen direkt beim Autor.

Ich danke den Urhebern herzlich für die Druck – und Veröffentlichungsgenehmigungen. Sollte ich einen Urheber übersehen haben, bitte ich, sich mit mir in Kontakt zu setzen.

Genauer Wortlaut angesprochener Zitate:

Zum Klimawandel:

Klimawandel Weltklimabericht, 2001, Seite 774:

„Klimamodelle arbeiten mit gekoppelten nichtlinearen chaotischen Systemen, dadurch ist eine langfristige Voraussage des Systems Klima nicht möglich."

Zitat zu Seite 99, Feminismus:

Nicholas Rockefeller sagte dazu folgendes: "*Der Feminismus ist unsere Erfindung aus zwei Gründen. Vorher zahlte nur die Hälfte der Bevölkerung Steuern, jetzt fast alle, weil die Frauen arbeiten gehen. Außerdem wurde damit die Familie zerstört und wir haben dadurch die Macht über die Kinder erhalten. Sie sind unter unserer Kontrolle mit unseren Medien und bekommen unsere Botschaft eingetrichtert, stehen nicht mehr unter dem Einfluss der intakten Familie. Indem wir die Frauen gegen die Männer aufhetzen und die Partnerschaft und die Gemeinschaft der Familie zerstören, haben wir eine kaputte Gesellschaft aus Egoisten geschaffen, die arbeiten (für die angebliche Karriere), konsumieren (Mode, Schönheit, Marken), dadurch unsere Sklaven sind und es dann auch noch gut finden.*"

Zum Narrativ - Aus Wikipedia:

Ein Narrativ ist eine sinnstiftende Erzählung, die Einfluss hat auf die Art, wie die Umwelt wahrgenommen wird. Es transportiert Werte und Emotionen,[1] ist in der Regel auf einen bestimmten Kulturkreis bezogen und unterliegt dem zeitlichen Wandel. In diesem Sinne sind Narrative keine beliebigen Geschichten, sondern etablierte Erzählungen, die mit einer Legitimität versehen sind.[2][3]

Bekannte Beispiele sind der Mythos vom Tellerwäscher zum Millionär[4] und der Aufruf zum Wettlauf zum Mond, der in den USA starke Kräfte gebündelt und die Nation hinter einer Idee versammelt hat. Bestimmendes Element hinter einem Narrativ ist weniger der Wahrheitsgehalt,[5][4] sondern ein gemeinsam geteiltes Bild mit starker Strahlkraft.[6]

Weit verbreitet ist die Meinung, dass Narrative gefunden und nicht erfunden werden.[7] Konsens ist, dass Narrative eine Möglichkeit zur gesellschaftlichen Orientierung geben und Zuversicht vermitteln können.[4]

Mit dem verstärkten Interesse an den Neurowissenschaften und der Rolle von Emotionen und des Unterbewussten in Entscheidungsprozessen ist auch die Bedeutung von Narrativen in der öffentlichen Diskussion gewachsen.[8][9]

Zum Homo Oekonomicus:

Eduard Spranger bezeichnete 1914 in seiner Psychologie der Typenlehre den homo oeconomicus als eine Lebensform des Homo sapiens und beschrieb ihn wie folgt:

„Der ökonomische Mensch im allgemeinsten Sinne ist also derjenige, der in allen Lebensbeziehungen den Nützlichkeitswert voranstellt. Alles wird für ihn zu Mitteln der Lebenserhaltung, des naturhaften Kampfes ums Dasein und der angenehmen Lebensgestaltung."[1]

Zum Planck'schen Wirkungsquantum:

$h = 6{,}626 \times 10^{-34}$ Js (Joule × Sekunde)

„Die Bedeutung der Planck-Einheiten liegt zum einen darin, dass die Planck-Einheiten minimale Grenzen (z. B. für Länge und Zeit) markieren, bis zu denen wir Ursache und Wirkung unterscheiden können. Das heißt, unterhalb dieser Grenze sind die bisher bekannten physikalischen Gesetze nicht mehr anwendbar, z. B. bei der theoretischen Aufklärung der Vorgänge kurz nach dem Urknall (siehe Planck-Skala).

Die Unschärfe- oder Unbestimmtheitsrelation sagt somit aus, dass bei der Messung des Ortes eines Objekts zwingend dessen Impuls beeinflusst wird. Je genauer man den Ort bestimmen will, desto ungenauer ist die Impulsmessung und umgekehrt. Es lassen sich also Ort und Impuls nie gleichzeitig beliebig genau messen. Die Relation lässt sich auch auf andere konjugierte (zusammenhängende) Messgrößen erweitern. Für den makroskopischen Alltag spielt die Unschärferelation wegen der Winzigkeit von h keine Rolle, sie wird erst auf mikroskopischem Level relevant."

Yogananda:

„Hinter dem Licht jeder Glühbirne liegt die dynamische Kraft des elektrischen Stroms; hinter jeder kleinen Welle liegt der unermessliche Ozean, der zu den vielen Wellen geworden ist. So verhält es sich auch mit den menschlichen Wesen."

Für neueste Informationen oder ein persönliches Remote Viewing-Training schauen Sie bitte mal herein:

www.rv-akademie.com oder www.rv-akademie.de
Zusammenschluss engagierter deutschsprachiger Remote Viewer zum Zweck der Optimierung von Information, Ausbildung, Forschung und Projekten

www.remoteviewing.de
(1. REMOTE VIEWERS STORE: Bücher, Videos, Zubehör. Portofreier Versand innerhalb Deutschlands)

www.remoteviewing-news.de
Nachrichtenmagazin zum Thema Remote Viewing

www.rv-akademie.com/index.php/training
www.remoteviewing.de/training.htm (Training bei M. Jelinski)

Oder Sie schreiben an: info@rv-akademie.de

Weitere Bücher über Remote Viewing bei

www.aheadandamazing.de

Neuerscheinungen 2019/2020

Frank Köstler: Kulissenriss

Ein Buch über Denken, Bewusstsein, Welt und Realität. Alles ist Kulisse, was wir denken und was wir von der Welt gezeigt bekommen.
In diesem Buch erwartet den Leser ein Tieftauchgang in unsere eigenen Gedankenwelten und -schichten beim Remote Viewing und im Alltag.

2020, Paperback, 420 Seiten, viele Illustrationen
€ 24,90 ISBN (Print): 978-3-95990-002-7
ISBN (E-Book): 978-3-95990-502-2

Die Bar am Ende des Universums

Fünfter Anflug – inzwischen kennt man die Bar. Neben Erfahrungsberichten und Abenteuern gibt es in diesem Buch wieder Theorie, Blicke hinter die Kulissen, in die Wissenschaft und Tipps, die durch neueste wissenschaftliche Erkenntnisse unterstützt werden.

5. Anflug:
M. Jelinski (Hrsg.) 2019, Paperback,
275 Seiten, viele Illustrationen
€ 19,90 ISBN (Print): 978-3-95990-003-4
ISBN (E-Book): 978-3-95990-503-9

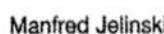

Bilokation und Herausführung

Remote Viewing | THEMENHEFT 1

Manfred Jelinski: Bilokation und Herausführung

Remote Viewing lebt von der Bilokation. Es ist aber ein Drahtseilakt zwischen AUL, AI und Phantasie. , bei dem man leicht die Kontrolle verlieren kann –

mit katastrophalen Folgen. Das Buch bietet Beispiele und Rat für den Umgang mit schwierigen Situationen.

2019, Paperback, 155 Seiten, viele Illustrationen
€ 15,- ISBN(Print): 987-3-95990-001-0
ISBN (E-Book): 987-3-95990-501-5

Andere deutsche Bücher über Remote Viewing

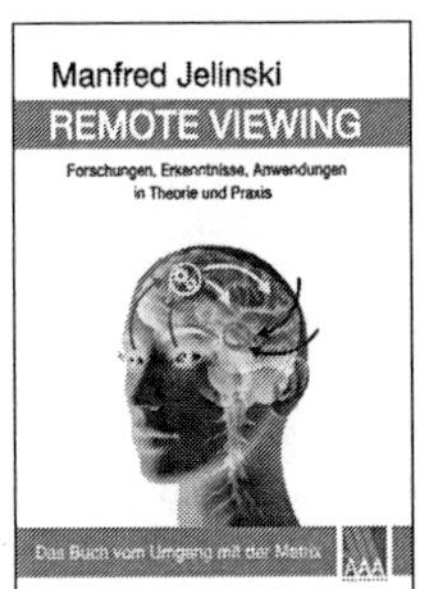

Manfred Jelinski: Remote Viewing

Forschungen, Erkenntnisse, Anwendungen in Theorie und Praxis
Über 20 Jahre ist Remote Viewing nun in Deutschland. Zeit genug für den Autor, viele Erfahrungen zu machen, Experimente anzustellen und Forschungsprojekte durchzuführen.
Daneben wurden unzählige Personen in dieser Technik ausgebildet und auch dies hat erheblich zur Anhebung unserer Kenntnisse über nichtbewusste Zustände und Gehirnfunktionen geführt. Nicht zuletzt muss auch die Beziehung von Remote Viewern zum Rest der Gesellschaft beleuchtet werden.
In diesem Buch finden Sie Erfahrungen zu allen relevanten Bereichen dieser Methode auch aus dem Dialog mit anderen Remote Viewern heraus sowie den neuesten Stand der Erklärung der cerebralen Funktionsweise dieser Technik.

2015, Paperback, 235 Seiten, viele Illustrationen
€ 19,90 ISBN (Print): 978-3-933305-25-1
ISBN (E-Book): 978-3-933305-37-4

Die Bar am Ende des Universums

Worüber sprechen Remote Viewer, wenn sie sich treffen, wenn sie in einer Bar irgendwo in diesem Universum zusammensitzen?
Kommen Sie mit auf die Reise ans Ende des Universums, in die Bar, in der die Remote Viewer erzählen.
Es gibt diese Bar wirklich, und sie ist keine Hafenbar, in der Kapitäne im Ruhestand ihr Garn spinnen. Alles in diesem Buch ist wahr, dafür stehen die beteiligten Autoren, und wenn sie (nur) eine Theorie entwerfen, dann sagen sie das auch.

1. Anflug:
M. Jelinski (Hrsg.) 2003, Paperback,
220 Seiten, viele Abbildungen
€ 17,80 ISBN 978-3-933305-16-9

2. Anflug:
M. Jelinski (Hrsg.) 2007, Paperback,
286 Seiten, viele Abbildungen
€ 17,80 ISBN 978-3-933305-17-6

3. Anflug:
M. Jelinski (Hrsg.) 2011, Paperback,
245 Seiten, viele Abbildungen
€ 17,80 ISBN 978 3 933305-22-0

4. Anflug:
M. Jelinski (Hrsg.) 2015, Paperback,
260 Seiten, viele Abbildungen
€ 17,80 ISBN 978-3-933305-39-8

Guido Schmidt: Schatzsucher der Matrix

Guido Schmidt sucht verlorene Gegenstände, Schmuck und Täter und schickt aufgrund von Sessionergebnissen Taucher tief hinab in die Irische See. Und er findet.
Ein Buch voller Abenteuer, aber auch voll kritischer Diskussion der Probleme von Remote Viewern als Schatzsucher der Matrix.

2004, Hardcover, 200 Seiten, viele Fotos
€ 17,80 ISBN 978-3-933305-19-0

Manfred Jelinski: Tanz der Dimensionen

Remote Viewing in Deutschland

Das erste umfassende deutsche Standardwerk über Remote Viewing. Remote Viewing in der Praxis, Forschungsergebnisse aus dem Gehirnlabor, Erfahrungsberichte, Projekte, Zusammenfassung der wichtigsten Erkenntnisse der amerikanischen Remote Viewer.

2000/2008, Paperback, 420 Seiten, viele Bilder und Skizzen
€ 24,90 ISBN 978-3-933305-15-2

Manfred Jelinski: Schritte in die Zukunft

Remote Viewing und die Gesetze der Veränderung

Was heißt "Wünschen" und "Beeinflussen"? Strategien zur Ermittlung der Zukunft und Interaktion mit der Matrix. Gesetze und Möglichkeiten.

2001/2002 Paperback, 224 Seiten, Abbildungen
€ 17,80 ISBN 978-3-933305-10 -7

Manfred Jelinski: Sportwetten mit Remote Viewing

Unterhaltsam, ertragreich und nicht ohne Tücken
Die inzwischen jahrzehntelangen Erfahrungen mit Remote Viewing haben gezeigt, dass man diese Technik zur Auffindung verborgener Information beinahe für jeden Zweck benutzen kann – warum also nicht auch für das Glücksspiel oder die Börse?

2009, Paperback, 180 Seiten, viele Abbildungen
€ 12,90 ISBN 978-3-933305-21-3

Frank Köstler: Geheimnisse des Remote Viewing

Auf der Spur der Matrix

Praxis des Selbststudiums mit Tipps und Hilfen sowie Beispielen aus eigener Erfahrung.

2002, Paperback, 244 Seiten, viele Abbildungen
€ 17,80 ISBN 978-3-933305-09-1

Frank Köstler: Der verborgene Plan

Jeder Remote Viewer hat sie bereist, die Datenmatrix, diese geheimnisvolle Ordnung hinter den Kulissen unseres Alltags. Einem Strickmuster vergleichbar, durchwebt sie Raum und Zeit. Alles scheint von ihr bestimmt. Frank Köstler ist ihrer Chiffrierung nachgegangen. Seine Recherchen führen zu einem erstaunlichen Fazit.

2006, Paperback , 350 Seiten, Abbildungen
€ 19,90 ISBN 978-3-933305-20-6

Frank Köstler: Verdeckte Ziele

RV, Massenbewusstsein, Targetschutz

Nachdem Frank Köstler einige Zeit Remote Viewing praktiziert hatte, störten ihn die Warnungen anderer Viewer über Niemands-länder der Matrix. Er ist trotz allem hinaus-gegangen: auf den Mond, auf den Mars, in UFOs und andere „verbotene Zonen". Frank Köstler steht mit beiden Beinen auf der Erde und hatte nie viel für Verschwörungstheorien übrig. Er versucht, so distanziert wie möglich seine sehr beunruhigenden Ergebnisse zu erörtern.

2003, Paperback , 220 Seiten,
€ 17,80 ISBN 978-3-933305-18-3

Frank Köstler: Alltägliche Wunder

Serien und das Gesetz der Anziehung ... ein Buch zum Staunen.

In diesem umfassenden Buch werden erstmals Ereignisse, Orte und Personen im Zusammenhang einer hintergründig wirkenden Kraft dargestellt. Sie ist seit Jahrtausenden bekannt, hat sogar in Physik und Biologie Einzug gehalten. Dinge passieren oft mehrmals kurz hintereinander. Flugzeugabstürze, Bahnunfälle, oft auch Kleinigkeiten im Alltag.
Dies wird an einer Vielzahl unterschiedlicher Beispiele des Weltgeschehens aufgezeigt und untersucht. Grund ist eine versteckte Kraft gegenseitiger Anziehung. Gleiches wird überall miteinander ver-bunden. Es wird Zeit, diese Kraft sinnvoll für das eigene Leben ein-zusetzen.
Die Autoren stoßen mit der Sicht der Remote Viewer in ein wenig bekanntes Gebiet vor.

2010, Paperback , 270 Seiten, viele Abbildungen
€ 19,90 ISBN 978-3-933305-23-7

Manfred Jelinski: Remote Viewing - das Lehrbuch

Einführung in die Technik des Remote Viewing
Das erste in Deutschland veröffentlichte Buch, das diese Technik der Fernwahrnehmung ausführlich erklärt! Jetzt komplett überarbeitet!

Teil 1 : Stufe 1-3
Paperback 270 Seiten, viele Abbildungen
Überarbeitung 2018
€ 19,90 ISBN 978-3-95990-000-3

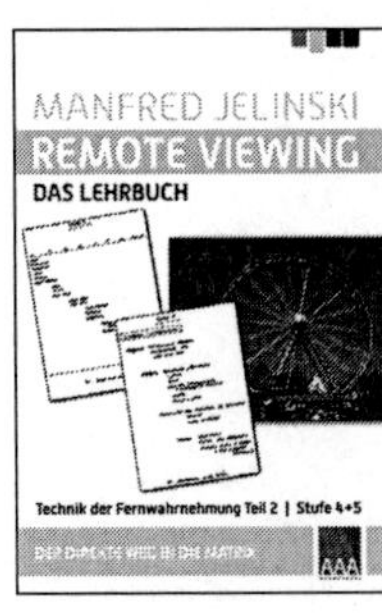

Der zweite Teil des Lehrbuches über Remote Viewing führt uns über die rein deskriptive Phase der Stufen 1-3 hinaus nun direkt hinein in die "Schatzkammer der Matrix". Dieses Buch versteht sich als Fortsetzung des ersten Teils und setzt die dort beschriebenen Schritte und Hintergründe voraus.

Teil 2 : Stufe 4+5, überarbeitete Fassung
Paperback 282 Seiten, viele Abbildungen
€ 19,90 ISBN 978-3-933305-12-1

Band 3 dieses Lehrbuches beendet mit der Beschreibung der Stufe 6 die Erklärung des investigativen Remote Viewing. Der Interessent findet erstmals für diesen Protokollabschnitt eine klare und übergreifende Systematik für die verwendeten Techniken und Werkzeuge. Neben der Ermittlung von vergangenen und zukünftigen Geschehnissen werden auch die geografische Ortung und die Persönlichkeitsanalyse eingehend behandelt.
Dieses Buch versteht sich als Fortsetzung des zweiten Teils und setzt die dort und im ersten Teil beschriebenen Schritte und Hintergründe voraus.

Teil 3 : Stufe 6
Paperback 210 Seiten, viele Abbildungen
€ 17,80 ISBN 978-3-933305-13-8

Manfred Jelinski: Remote Viewing - das Lehrbuch Teil 4

Es gibt erheblich mehr über Remote Viewing zu sagen, als man öffentlich zuzugeben wagt.
Band 4 dieses fundamentalen Lehrbuches wendet sich den aktiven Techniken zu. Das Wissen um Begegnungen in der Matrix, Remote Influence und Schutzfunktionen werden umso wichtiger, je mehr Menschen Remote Viewing lernen.
Dieses Buch versteht sich als Fortsetzung des dritten Teils. Damit ist das letzte, verborgene Kapitel von "Tanz der Dimensionen" veröffentlicht.
Teil 4: Interaktive Prozesse und Remote Influence
Paperback, 290 Seiten, viele Abbildungen
€ 29,90 ISBN 978-3-933305-14-5

Es gibt einige Leser, die Romane ablehnen, weil sie meinen, nur in Sachbüchern würden „Wahrheiten" stehen. Ein Roman muss sich ebenfalls in seiner Welt beweisen. Und er kann durchaus Denkanstöße geben.

Manfred Jelinski: Die Grauen in Louisas Landschaft

Der Albtraum beginnt mit der Nachricht vom Flugzeugabsturz. Louisa Lohmann muss nach New York, um die Leichen ihrer Eltern zu identifizieren. Sie bemerkt, wie sie beobachtet wird. Selbst in ihrem Geist nistet sich etwas ein. Als sie herausfindet, womit sich ihr Vater beschäftigt hat, ist sie bereits verzweifelt auf der Flucht. Manchmal glaubt sie, entkommen zu sein, aber als ihr Geliebter von einem dunklen Objekt entführt wird, begreift sie, dass sie nicht einmal in ihren intimsten Momenten allein waren.
Um ihn zu retten, geht sie in die Matrix und landet in einem gespenstischen Szenario, dessen Spielregeln ihr völlig unbekannt sind.
Der erste deutsche Remote Viewing-Thriller.
Paperback, 210 Seiten
€ 11,90 ISBN 978-3-933305-84-8
E-Book: € 6,99 ISBN 978-3-933305-94-7

Durch Remote Viewing kamen wir von einer ganz neuen Seite zu der Theorie des Universums, die in der wissenschaftlichen Welt immer mehr Verfechter unter den Physikern und Mathematikern hat, nämlich dass wir nur in einer von unzähligen wahrscheinlichen Welten leben. Über dieses „Universum nebenan“ lässt sich viel spekulieren. Was aber wäre, wenn man sich die Mühe machte, mittels einer Handlung den Gesetzmäßigkeiten nachzugehen?
Was wäre, wenn es gelänge, körperlich in andere Wahrscheinlichkeiten zu reisen?
Das ist der Inhalt der groß angelegten Multiversen-Romanserie

Wahrscheinliche Welten
Von M.O. Jelinski

Erster Zyklus (5 Bände): "Die Bücher Mühlheim"
Das geheime Tor der alten Mühle
265 Seiten, gebunden, mit Give-away "Alte Wassermühle in NF" 2003
ISBN 978 3-933305-55- 8 € 15,90
Das Tor der Dinosaurier
280 Seiten, gebunden, mit Mini-CD "FPM auf der Elektrischen Ranch"
2004 ISBN 978- 3-933305-56-5 € 15,90
Der Gesang der toten Welten
280 Seiten, Softcover, 2005 ISBN 978- 3-933305-58-9 € 9,90
Wahrscheinlich Ferien auf dem Mars
260 Seiten, Softcover, 2007 ISBN 978- 3-933305-63-3 € 9,90
Der Untergang von Mühlheim
271 Seiten, Softcover, 2008 ISBN 978- 3-933305-64-0 € 9,90

Zweiter Zyklus (5 Bände): „Die Hüter der Wahrscheinlichkeit“
Der Plan der Engel
270 Seiten, Softcover 1. Auflage 2010 ISBN 978- 3-933305-85-5 € 11,90
Verschollen im Abgrund
250 Seiten, Softcover 1. Auflage 2011 ISBN 978- 3-933305-86-2 € 11,90
Die Spur im Niemandsland
260 Seiten, Softcover, 1. Auflage 2013 ISBN 978-3-933305-87-9 € 11,90
Das Vermächtnis des Chaos
268 Seiten, Softcover, 1. Auflage 2015 ISBN 978-3-933305-88-6 € 11,90
Welten für die Ewigkeit
270 Seiten, Softcover, 1. Auflage 2016 ISBN 978-3-933305-89-3 € 11,90

Mehr Informationen: www.wahrscheinlichewelten.de
www.hueter-der-wahrscheinlichkeit.de

Manfred Jelinski:
Was ist und wie funktioniert Remote Viewing?
Hörbuch

Der erste Teil der Hörbuchreihe zum Thema "Remote Viewing" mit ausgewählten Texten von Manfred Jelinski verschafft einen Überblick über die Grundprinzipien und wissenschaftlichen Hintergründe dieser Methode der Fernwahrnehmung. Als Fachbuchautor, der seit 1996 Erfahrungen mit dieser Hirntechnik sammelt und in seinen Seminaren weitergibt, vermag es Jelinski, theoretische Zusammenhänge eines komplexen Gebietes verständlich für jedermann zu übermitteln.

Hörbuch, gelesen vom Autor
Gesamtlänge: 1 Stunde 12 Minuten
ISBN (mp3): 978-3-95990-951-8
ISBN (CD): 978-3-95990-975-4

Manfred Jelinski:
Remote Viewing – Was können wir damit erreichen?
Hörbuch

Der zweite Teil der Hörbuchreihe zum Thema "Remote Viewing" mit ausgewählten Texten von Manfred Jelinski beschreibt die Möglichkeiten des Einsatzes von Remote Viewing auf der Basis jahrzehntelanger Erfahrung. Eigene Erlebnisse spielen eine große Rolle, wenn es um die genaue Interpretation von Ergebnissen geht. Inzwischen gibt es viele auch unterhaltsame Geschichten zur praktischen Arbeit mit Remote Viewing.
Auch dieses Hörbuch ist eine Zusammenstellung von teilweise unveröffentlichten Texten zum Thema.

Hörbuch, gelesen vom Autor
Gesamtlänge: 1Stunde 13 Minuten
ISBN (mp3): 978-3-95990-952-5
ISBN (CD): 978-3-95990-976-1